아동관찰 및 행동연구

전남련 · 김기선 · 이은임 · 성은숙 · 남궁기순 · 이효수
한혜선 · 이은기 · 신미선 · 박은희 · 엄은옥 · 김연옥

태영출판사

머리말

유아교육기관에서 교사의 전문성을 제고할 수 있는 방법을 크게 두 가지로 나누어 보면 첫째는 영유아의 발달과업을 잘 알고 이를 국가 수준의 교육과정에 맞추어 통합교육 프로그램을 구성할 수 있는 것이고, 둘째는 영유아를 관찰할 수 있는 다양한 평가 방법을 숙지하고 이론에 맞는 관찰평가를 하여 이를 교육프로그램 구성 시 활용할 수 있는 것이다.

현재 어린이집 평가인증지표와 평가 기준에 보면 '대 3-7 보육과정 평가 및 영유아 활동 관찰'에 정기적으로 보육과정을 평가하고, 개별 영유아관찰이 이루어지고 있는가? 에 대한 지표가 있다. 영유아의 행동 관찰은 월 1회 이상 기록하고, 모든 흥미영역에서의 놀이나 활동, 실내의 공간, 견학이나 행사, 일과의 모든 시간에서 영유아가 나타내는 반응이나 행동을 고루 포함해야 하며 개별 영유아의 관찰 기록을 기초로 하여 영유아의 지도에 반영해야 한다. 또한 누적된 관찰 기록들은 분기별, 학기별로 종합하여 이를 부모 면담 시 기초자료로 활용할 수 있도록 되어 있다. 영아반의 경우에는 일상 양육에 대한 내용과 특별한 행동 등을 시간대별로 구체적으로 기록하여야 하며 관찰기록을 통해 어린이집과 가정 간의 일관성과 연속성이 유지되도록 하고 있어 영유아 관찰기록 및 평가가 유아교육기관에서 얼마나 중요한 가를 보여주고 있다.

영유아를 대상으로 관찰 평가를 할 수 있는 종류는 서술식 관찰평가는 표본식 기술과 일화기록이 있고, 시간표집법에는 적목놀이 발달단계, 사회적 놀이, 인지적 놀이, 사회 · 인지적 놀이가 있다. 그 외 사건표집법에는 ABC 서술식 사건표집법과 빈도 사건표집법이 있으며 평정척도에는 서술식 평정척도, 숫자 평정척도, 도식 평정척도, 표준 평정척도가 있고 그 외 행동목록법(check list)이 있다. 유아교육 현장에서 영유아를 대상으로 관찰평가할 수 있는 평가가 이렇게 많이 있음에도 불구하고 현재 유아교육기관에서 교사들이 주로 관찰평가 하고 있는 평가는 일화기록과 체크리스트가 주류를 이루고 있다. 그리하여 저자들은 우리나라 유아교육기관의 교사들이 관찰 평가에 대한 안목을 넓혀 다양한 종류의 관찰평가를 전문성 있게 해볼 수 있는 기회를 제공하고자 이 책을 집필하게 되었다.

이 책의 특징은 유아교육현장에서 영유아를 대상으로 관찰평가 할 수 있는 다양한 종류의 이론과 실제 사례를 연령별로 볼 수 있도록 체계적으로 정리한 것에 있다.

여러모로 부족한 제가 이 책을 완성할 수 있었던 것은 전적으로 하나님의 은혜이며 브살렐과 오홀리압처럼 지혜롭고 정교하게 구성하고 다듬을 수 있는 craft를 가진 많은 원장들과 교사들이 있었기 때문이다. 이 책이 완성되기까지 여러모로 힘을 모아주신 여러분들게 지면을 통해 감사의 말씀을 드린다.

먼저, 관찰평가 강의를 듣고 다양한 평가 기록의 자료를 제공해 주신 로야어린이집 한혜선 원장님과 교사들, 상계8동어린이집 이은기 원장님과 교사들에게 깊은 감사를 드린다. 또한 글로벌멘토링연구회 연구원이며 7감각글로벌영유아학교 연구교수로서 연령별 발달과업을 정리할 수 있도록 기초자료를 제공해 주신 김기선, 이은임, 남궁기순, 성은숙, 이효수 교수에게도 깊은 감사를 드린다. 또한 글로벌멘토링연구회 연구원으로 한결같은 마음으로 연구소를 아끼고 사랑하며 좋은 책이 나올 수 있도록 원고를 수정하고 마지막까지 힘을 모아주신 신미선, 박은희, 엄은옥, 김연옥 교수에게도 깊은 감사를 드린다. 또한 원고를 꼼꼼하게 정리해 준 최병민 선생과 김수영 조교와 이 책의 출판을 맡아 주신 태영출판사 김현태

사장님과 관계 직원 여러분, 그리고 이 책이 출판되기까지 기도와 마음을 모아 후원해 주신 글로벌멘토링연구회 회원 모두에게도 감사를 드린다.

이 책은 유아교육 관련학을 공부하는 학생들이나 유아교육현장에서 전문성 있는 관찰평가를 원하는 모든 교사들에게 좋은 지침이 될 수 있으리라 본다. 2016 학년도부터 유아학교로 전환되면서 유아교육계에도 전문성을 갖춘 교사가 대접받는 긍정적인 변화가 곧 있으리라 본다. 아무쪼록 이 책이 우리나라 미래의 재산인 영유아를 가르치는 모든 분들에게 귀하게 쓰임받기를 기원한다.

2014년 6월

글로벌멘토링연구소에서
대표 저자 전남련

차 례

제1부 아동 연구 방법 …

제2부 관찰평가의 이론과 실제 …

제 1 부

아동 연구 방법

제1장

아동발달의 연구 방법

1. 아동발달 연구의 목적
2. 자료수집의 방법
3. 연구 설계
4. 아동발달 연구의 접근법
5. 아동발달 연구의 윤리적 문제

아동발달에 대해 우리가 가지고 있는 질문에 대해 알아보고자 하는 것이 아동 연구이며 아동발달을 이해하기 위해서는 과학적인 연구가 필요하다. 과학적 연구란 행동 과학 또는 경험 과학에 기초하여 존재하는 사실이나 현상을 체계적으로 설명하기 위해 관찰된 변수들 간의 관계를 경험적으로 검증하는 일련의 과정이라 볼 수 있다. 과학적 연구는 경험적이며, 체계적이고, 논리적이고, 객관적이며, 구체적이고, 검증가능하며, 자기수정의 특성을 갖는다. 여기서는 아동발달 연구의 목적, 자료수집의 방법, 연구설계, 아동발달 연구의 접근법 등에 대해 개괄적으로 살펴보고자 한다.

1. 아동발달 연구의 목적

1) 목적

기술(description)이란 어떤 현상이 있으면 왜 그런 현상이 나타나게 되었는지를 설명하는 것이 아니라 그 현상의 속성이나 특성을 있는 그대로 관찰하여 기술하는데 주안점을 두고 있다. 예를 들면 만 1세 영아들의 운동발달이나 감각발달, 언어발달이 어떻게 이루어지는가를 있는 그대로 영아들의 행동을 관찰하여 사실적으로 기술하는 것이다. 이러한 기술을 통해서 연령별 영유아들의 평균적인 발달 수준과 개인차를 알 수 있게 된다.

2) 설명

설명(explanaion)이란 과학적 검증과정을 통해 특정 현상이 나타나게 되면 그 현상이 나타나게 된 이유를 제시하는 것이다. 즉, 어떤 현상이 있으면 왜 그런 현상이 나타나게 되었는지 그 이유를 설명하는 것이다.

예를 들어 연령에 따라 언어발달의 변화가 일어난다고 하면 연령에 따른 발달의 변화와 개인차를 설명해야 한다. 즉, 왜 이러한 변화가 일어났는지에 대해 규명하고 아동의 연령이 증가하면서 나타나는 현상과 개인의 경험 정도, 어휘력의 발달 등 그 이유가 무엇인지에 대해 설명하는 것이다.

3) 적용

아동발달 연구의 궁극적인 목적은 아동발달의 연구결과를 적용하고 다양한 영역에서 교육적으로 활용하여 아동복지의 증진과 삶의 질을 높이는 데 있다. 즉, 아동의 전인적인 발달을 도모하기 위해 창의적이고 효율적인 학습방법을 제시하고, 이를 유아교육현장에 실천적으로 적용하여 영유아들로 하여금 행복한 삶을 영위할 수 있도록 돕는 것이다. 예를 들면 하류층의 문화실조아들이 초등학교 입학할 무렵 지능검사를 했을 때 중상류층 아동보다 뒤떨어져 있다고 할 경우 이러한 차이를 낳게 하는 요인이 무엇인지 연구를 통해 밝힐 수 있다. 즉, 영양의 문제인지? 환경의 문제인지? 부모의 양육태도인지 등, 그리고 이 연구결과를 하류층 아동들의 문제를 극복할 수 있는 프로그램을 개발하는 데 사용할 수 있다. 예를 들면 헤드스타트 프로그램, 홈스타트 프로그램, 장난감 대여, 이동 도서관 등의 이와 같은 아동발달 연구는 이론적인 내용을 바탕으로 실천적인 프로그램으로 적용할 수 있기 때문에 매우 중요하다.

2. 자료수집의 방법

아동행동 연구를 위한 자료수집 방법에는 관찰법, 질문지법, 면접법, 사례연구, 검사법 등이 있다.

1) 관찰법

관찰법(observation)은 아동의 행동을 관찰하고, 관찰한 행동을 객관적인 방법으로 기록하는 것으로 아동을 대상으로 하는 연구에 있어서 역사적으로 가장 오래된 연구방법이다.

관찰이란, 일상생활에서 진행되는 자연스러운 인간의 행동을 연구하고 객관적인 자료를 수집하기 위하여 관찰 장면에 특별한 조작(operation)이나 제재(sanctin)를 가하지 않고 관찰자가 가지고 있는 기존의 지식을 사용하여 관찰대상의 행동을 있는 그대로 기술하는 활동이다.[1)]

아동을 대상으로 하는 관찰 연구의 유형에는 표본식 기술, 일화기록, 시간표집법, 사건표집법, 평정척도법, 행동목록법이 있다.

표본식 기술은 미리 정한 어떤 기준에 따라 관련된 행동이나 사건 내용을 기록하고, 그것이 일어나게 된 환경적 배경을 상세하게 이야기식으로 서술하는 것이다. 일화기록이란, 한 인간의 성격 및 행동 특성, 적응 양식을 이해하기 위해 구체적인 행동 사례를 될 수 있는 대로 상세하게 일기식으로 기술하는 기록방법이다. 시간표집법이란 관찰자가 관찰행동을 미리 선정하여 정해진 시간 동안 일정한 시간 간격을 두고 여러 차례 관찰하여 그 결과를 기록하는 방법이다. 사건표집법이란 어떤 행동이나 사건이 발생하면 그 행동의 순서를 일정한 형식에 따라 자세히 기술하는 방법이다. 평정척도법이란 관찰에서 얻은 자료를 수량화하기 위해 고안된 방법으로 연속성이 있는 어떤 행동의 차원이나 영역에 대해서 연구대상의 행동을 관찰한 후 일정한 위치에 평정하여 수량화된 점수를 부과하는 것이다. 행동목록법이란 관찰할 행동의 목록을 사전에 만들어 놓고 관찰하면서 해당되는 행동이 나타날 때마다 체크를 표기하는 방법이다.[2)]

관찰의 종류에는 자연적 관찰과 통제된 관찰, 참여관찰과 비참여관찰이 있다.

자연적 관찰은 있는 그대로의 자연스런 상황에서 관찰이 이루어지며, 관찰 장면에서 일어나는 다양한 현상을 아무 제한 없이 관찰하는 것을 뜻한다. 통제된 관찰은 연구자에 의해 어떤 환경 조건이 의도적으로 계획되고 그 조건하에서 행동이 관찰되는 것으로 흔히 실험실 상황에서 이루어진다.

참여관찰이란 연구자가 관찰하는 대상의 집단 속에 들어가서 그 집단의 한

---

1) 전남련 외(2008). 『유아관찰 평가의 이론과 실제』, 양서원, p. 19.
2) 전남련 외(2008). 전게서, pp. 27~30.

구성원으로서의 역할을 갖고 행동하면서 관찰하는 방법이다. 비참여관찰이란 관찰자가 현장에 있으나 그 장면에서 일어나는 활동에 전혀 개입하지 않고 관찰만 하는 것을 말한다.[3)]

아동을 대상으로 하는 연구에 있어서 관찰방법이 권장되는 이유는 첫째, 관찰대상아동의 행동이 일어나는 현장에서 즉시 아동의 행동이나 사실을 포착할 수 있으며, 둘째, 관찰자의 존재에 대해 크게 개의치 않기 때문에 관찰아동의 자연스러운 행동을 관찰할 수 있다. 셋째, 유아들의 의사소통이 원활하지 못하기 때문에 면접법이나 질문지, 검사보다 관찰이 더 적합한 경우가 많고, 넷째, 유아들에게 어떤 조작을 가하지 않는다는 점, 다섯째, 피관찰자(아동)의 협력을 덜 필요로 한다는 것이다.[4)]

관찰법을 사용할 때는 다음과 같은 오류를 범할 수 있으므로 오류를 최소화할 수 있는 방법을 모색해야 한다.

첫째, 관찰자가 관찰대상유아에게 미치는 영향이다. 즉, 관찰자가 관찰장면에 있다는 것 자체가 어떤 영향을 미치게 되어 오류를 범할 수 있으므로 이를 해결하기 위해서는 관찰대상유아가 관찰자의 존재를 덜 의식하도록 충분한 시간을 두고 관찰자의 존재에 익숙해지게 하거나, 관찰자가 관찰대상유아의 눈에 띄지 않는 방법을 선택하여 일방경(one-way mirrow)이 설치된 관찰실을 사용하거나 CCTV 카메라를 장치해 놓고 모니터를 통해 관찰할 수 있다.

둘째, 관찰자 자신이 범하는 오류이다. 즉, 관찰자가 관찰상황 속에서 일어나는 행동을 사실적으로 기술하는 것이 아니라 일어나기를 기대하는 방향으로 기록함으로써 오류를 범할 수 있다. 또한 관찰자 개인적인 경험에 의해 생기는 과대한 일반화와 관찰유아 주변의 요소가 평정에 적용되는 후광효과(halo effect), 관찰자가 자신의 느낌에 기초하여 해석하는 주관적 해석의 가능성 등이 있다.[5)]

그러므로 관찰법을 통해 자료수집을 할 때는 관찰자가 관찰법에 대한 기초적인 지식을 구축하고 관찰훈련을 통해 객관성 있는 관찰을 할 수 있도록 관찰기술

3) 전남련 외(2008). 전게서, pp. 22~24.
4) 전남련 외(2008). 전게서, pp. 19~20.
5) 전남련 외(2008). 전게서, pp. 30~31.

을 발전시켜야 한다.

2) 면접법과 질문지법

면접(interview)은 특정한 목적을 가지고 특정한 내용에 관하여 사람과 사람이 직접 얼굴을 맞대고 일정한 시간에 언어를 매개로 하여 정보를 얻거나 의사나 감정을 전하는 양식을 말한다. 면접법의 종류에는 구조화 면담(structured interview)과 비구조화 면담(unstructured interview)으로 구분한다.

구조화 면담은 면담의 내용이나 순서가 미리 일관성 있게 준비되고 이에 따라 면담이 실시되는 형태이다. 구조화된 면담의 내용은 사전에 면담표를 작성할 때 이미 결정되므로 면담하는 과정에 융통성이 거의 없다. 그러므로 면담자는 면담을 실시할 때 어법이나 문항의 순서 등을 거의 바꿀 수 없다. 구조화 면담의 장점은 면담자의 행동의 일관성이 높고 자료의 신뢰도와 객관도가 높으며, 면담자의 훈련은 비교적 쉽다. 단점은 면담에 융통성을 부여하지 않기 때문에 면담표에서 구체화되지 않을 정보나 새로운 사실을 발견할 가능성이 적다.

비구조화 면담은 면담자에게 상당히 많은 자유재량권을 주고 절차상 융통성을 부여하는 형태이다. 비구조화 면담은 연구목적에서 크게 벗어나지 않는 한 질문의 내용이나 어법, 순서 등을 면담자에게 일임하는 방법이다. 비구조화 면담의 장점은 면담상황 시 융통성이 많이 부여되므로 자료의 타당도가 높고 새로운 사실이나 가설을 발견할 가능성이 크다. 단점은 면담자의 자질과 훈련 정도에 따라 면접에 크게 영향을 미칠 수 있고, 자료의 신뢰도에 문제가 생길 수 있으며 면접결과의 분석이 쉽지 않다.[6)]

질문지법(questionnaire mathod)이란 어떤 문제에 대해 관해서 작성된 일련의 질문에 대해 피험자가 대답을 기술하도록 하는 방법으로 구두질문(oral question)에서 발전된 방법이다.

질문지의 유형은 개방식 질문, 찬부형식, 선다형식, 평정척도형식, 순위형식이

---

6) 전남련 외(2008). 전게서, pp. 254~255.

있다. 개방식 질문(open-ended question)은 자유기술형이라고 하며 응답자에게 선택의 범주를 제시해 주지 않고 자유롭게 응답하도록 하는 형식의 질문을 말하며, 찬부형식(checking method)은 체크리스트형이라고도 부른다. 어떤 질문에 대해 '예', '아니오', '있다', '없다' 등의 두 가지 중에 하나를 선택하는 방법이다.

선다형식(multiple choice method)은 선택형이라고도 하며, 문항의 질문에 대해 연구자가 사전에 3개 이상의 가능한 해답을 마련하고 그 중에 하나를 선택하는 형식이다. 평정척도형식(rating scale method)은 평정척도형이라고도 하며, 응답자가 가진 의견이나 태도를 조사하고자 할 때 응답자에게 사전에 정해진 척도에 따라 응답자의 생각을 평정하여 척도지 중의 하나를 선택하도록 하는 형식을 말한다. 순위형식(rating method)은 등위형이라고도 하며, 질문에 대한 응답에 어떤 제시된 기준에 따라 순위를 정하는 방법으로 순위 매기기, 서열식, 품등법이라고도 한다.

질문지의 장점은 경제적이며, 시간과 노력이 절약되고, 같은 질문을 동일한 방법으로 실시하게 되므로 표준화 검사를 사용하는 것과 같은 장점이 있으며, 연구대상에게 미치는 연구자의 영향이 가장 적으며, 수립하는 정보에 따라 익명으로 할 수 있기 때문에 솔직하게 자신의 의견을 밝힐 수 있고, 많은 자료를 조직적으로 수집하는데 효과적이다. 그러나 유아를 대상으로 할 때 문장이해능력이 제한적이므로 효과적이지 못하여 질문에 대한 응답 이외의 정보를 얻기 어렵고, 융통성이 부족하며 응답자의 동기수준을 알 수 없는 것이 단점이다.[7)]

3) 사례 연구

사례 연구(case study)는 독특한 상황을 경험하거나 인생에서 어려운 상황에 처해 있거나, 사회적으로 적응하지 못한 사람들을 주의 깊게 연구함으로써 인간의 본질에 대해 알아보고자 하는 것으로 한 명이나 두 명의 피험자를 깊이 있게 연구하는 방법이다.[8)]

7) 전남련 외(2008). 전게서, pp. 269~282.
8) 정옥분(2009). 전게서, p. 131.

임상적 사례 연구방법은 아동발달 연구에 필요한 많은 정보를 제공해 준다.

사례 연구의 목적은 아동의 심리적인 기능과 그와 관련된 경험에 관해 가능한 완전한 사실을 알고자 함이다. 임상방법은 숫자적으로는 적지만 광범위하고 다양한 특성을 가진 사람들의 발달 연구에 적절하다. 예를 들면 10세 전에 한 분야에서 전문가 수준의 능력을 가진 천재들의 성취요인이 무엇인지 알아내는 데 사용되었으며[9] Freud의 little Hans의 사례는 Oeidipus complex의 갈등을 겪고 있는 Hans가 아버지에게 거세불안을 느끼면서 억압된 성적충동이 말에 대한 공포심으로 나타나면서 집 밖을 나가지 못하는 예가 여기에 해당된다.

사례 연구는 통제된 연구에 아이디어를 제공해 주며, 발달에 영향을 주는 다양한 요인에 대한 통찰을 제공하고, 풍부하고 상세한 사례를 제공한다는 장점이 있으며 자료가 비체계적이며 주관적으로 수집되어 관찰의 객관성이 결여되어 있고, 연구자들의 이론적 선호에 따라 좌우될 수 있는 여지가 많이 있기 때문에 편파적인 해석을 내릴 수 있다. 또한 매우 제한된 수의 피험자의 경험에 의존하기 때문에 연구결과를 대상아동 외에 다른 사람에게 적용하거나 일반화하기 어렵다.[10]

4) 검사법

검사법이란 발달의 특성을 이해하기 위하여 개인의 행동 표집을 끌어내기 위해 설계된 표준화된 검사를 말한다.

검사법은 연구대상이 되는 변인을 수량화하는 기법을 사용하여 관심이 되는 행동 특성을 일련의 문항으로 체계적으로 제시하고 그 결과를 점수화하고 대표적 집단에 의해 얻은 규준이나 채점표에 기초하여 각 관찰 대상자의 상대적인 위치를 파악할 수 있도록 해 준다.

---

9) H. Gardner(1998). Extraordinary cognitive achivements(ECA) : A symbol systems appreach. In R. M. Learner(Ed.). *Handbook of child psycholosy ; vol. 1. Theoretical models of human development*(5th ed.). New York : Wiley. pp. 415~466.

10) 박낭자 외 공역(2007). 전게서, pp. 44~45.

검사법은 직접 관찰할 수 없는 심리 특성이나 구성개념을 수량화하여 개인차를 측정하는 것이 목표이다. 심리검사법은 인간의 능력, 지능, 흥미, 태도, 적성 등과 같은 심리적인 특성을 측정하기 위해 사용되며 지능검사나 발달검사 등이 이에 해당된다.11)

표준화된 검사(standardized test)는 피험자로 하여금 일련의 질문에 답하게 하는 것으로 다음과 같은 특징이 있다.12)

첫째, 개인의 점수가 집단 내 다른 사람들의 점수와 비교하여 상대적으로 어떠한가를 알아볼 수 있으며, 둘째, 표준화 검사는 개인차에 관한 정보를 제공해 준다. 표준화검사에 의해 측정되는 인성검사나 지능검사는 어느 정도의 안정성이 있기는 하지만 측정되는 상황에 따라 변할 수 있다.

표준화된 검사법의 장점은 첫째, 측정 순서와 방식이 표준화되어 있으며, 둘째, 반복하여 관찰할 수 있기 때문에 신뢰도를 얻기에 용이하며, 셋째, 체계적인 방법으로 수량화할 수 있다. 넷째, 검사결과 얻어진 자료를 기초로 개별 아동의 발달에 대한 상대적 비교가 가능하며 이를 바탕으로 개인차에 대한 구체적인 정보를 얻을 수 있다. 그러나 어린 유아에게 사용될 경우 검사 상황이 주는 심리적인 부담감으로 인해 올바른 결과를 파악하기 힘든 점이 있으며 검사도구의 개발에 있어서 검사문항이 특정문화나 성별에 편파성을 지닐 경우 검사결과에 부정적인 영향을 줄 수 있다는 것이 단점이다.13)

자료수집 방법의 특징과 장·단점을 정리하면 [표 1-1]과 같다.

11) 권민균 외(2006). 전게서, p. 76.
12) 정옥분(2009). 전게서, p. 132.
13) 권미균 외(2006). 전게서, p. 77.

표 1-1
자료수집 방법의 특징과 장 · 단점

자료수집 방법	개념 및 특징	장점	단점
1. 관찰법 (Observation)	• 아동의 행동을 자연스러운 상황에서 관찰된 행동을 객관적인 방법으로 기록하는 것으로 역사적으로 가장 오래된 연구방법이다.	① 관찰대상아동의 행동을 즉시 포착할 수 있다. ② 관찰자의 존재에 크게 개의치 않는다. ③ 관찰대상 유아의 의사소통능력에 지배를 받지 않는다. ④ 관찰대상유아에게 특별한 조작이나 제재를 가하지 않는다. ⑤ 피관찰자의 협력을 덜 필요로 한다.	① 관찰자가 관찰장면에 있는 그 자체가 어떤 영향을 미칠 수 있다. ② 관찰자가 기대하는 방향으로 기록하는 오류를 범할 수 있다. ③ 후광효과가 나타날 수 있다. ④ 주관적인 해석이 가능하다.
2. 면접법 (Interview)	• 특정한 목적을 가지고 특정한 내용에 관해 사람과 사람이 얼굴을 맞대고 일정한 시간에 언어를 매개로 하여 정보를 얻는 방법이다. • 구조화 면담 : 내용이나 순서가 일관성 있게 준비되어 있다. • 비구조화 면담 : 연구목적에 크게 벗어나지 않는 한 질문의 내용, 어법, 순서 등을 면담자에게 일임한다.	• 구조화된 면담 ① 면담자의 행동에 일관성이 높다. ② 자료의 객관도, 신뢰도가 높다. ③ 면담자의 훈련이 쉽다. • 비구조화된 면담 ① 면담상황 시 융통성이 많이 있다. ② 자료의 타당도가 높다. ③ 새로운 사실이나 가설을 발견할 수 있다.	• 구조화된 면담 ① 면담에 융통성을 부여하지 않는다. ② 면담표에 구체화되지 않는 정보나 새로운 사실을 발견할 가능성이 적다. • 비구조화된 면담 ① 면담자의 자질, 훈련정도에 따라 영향을 면접에 영향을 줄 수 있다. ② 자료의 신뢰도에 문제될 수 있다. ③ 면접결과의 분석이 쉽지 않다.

자료수집 방법	개념 및 특징	장점	단점
3. 질문지법 (Questionaire mathod)	• 어떤 문제에 관해서 작성된 일련의 문제에 대해 피험자가 대답을 기술하도록 하는 방법 – 개방식 질문 – 찬부질문 – 선다형식 – 평정척도형식 – 순위형식	① 경제적이다. ② 시간과 노력이 절약된다. ③ 표준화 검사를 사용하는 것과 같다. ④ 연구대상에게 연구자의 영향이 적게 미친다. ⑤ 익명으로 할 경우 자신의 의견을 솔직하게 밝힐 수 있다. ⑥ 많은 자료를 조직적으로 수립할 수 있다.	① 유아에게 적용하기 어렵다. ② 질문지에 있는 응답 이외에 정보를 얻기 어렵다. ③ 융통성이 부족하다. ④ 응답자의 동기수준을 알 수 없다.
4. 사례 연구 (Case study)	• 독특한 상황을 경험한 한두 명의 피험자를 깊이 있게 연구하는 방법이다. • 아동의 심리적 기능과 관련된 경험에 관해 완전한 사실을 알고자 한다.	① 아동발달 연구에 필요한 정보를 제공해 준다. ② 풍부하고 상세한 사례를 제공해 준다. ③ 통제된 연구에 아이디어를 제공해 준다.	① 자료가 비체계적이다. ② 관찰의 객관성이 결여될 수 있다. ③ 편파적인 해석을 내릴 수 있다. ④ 일반화하기에 어렵다.
5. 검사법 표준화된 검사 (Standarizied test)	• 직접 관찰할 수 없는 특성이나 구성개념을 수량화하여 개인차에 대한 정보를 제공해 준다. • 지능검사, 발달검사, 적성검사 등이 해당된다. • 집단에 다른 사람과 비교하여 상대적 위치를 알 수 있다.	① 특정순서와 방식이 표준화되어 있다. ② 신뢰도가 있다. ③ 체계적인 방법으로 수량화할 수 있다. ④ 검사결과 자료를 통해 개인차에 대한 정보를 얻을 수 있다.	① 유아에게 사용될 경우 심리적 부담감으로 올바른 결과파악이 어렵다. ② 검사문항에 편파성이 있을 경우 검사결과에 부정적인 영향을 줄 수 있다.

출처 : 전남련 외(2010). 아동발달. 형설출판사. pp. 41~42.

3. 연구 설계

연구설계는 연구자가 자료를 수집하고, 분석하고, 해석하기 위한 구체적인 방법이다. 아동행동을 연구하는 데 사용되는 연구설계는 기본적으로 기술 연구, 상관 연구, 실험 연구 3가지가 있다.[14)]

1) 기술 연구

기술 연구(descriptive)는 연구자가 연구상황에 어떤 조작이나 영향을 미치지 않고 현재 있는 상황과 조정들을 있는 그대로 기술하는 것으로 상관 연구(correlational study), 사례 연구(case study), 조사 연구(survey research), 면접(interview), 관찰(observation) 등의 방법이 있다.[15)]

아동행동 연구의 목표는 아동의 사고와 감정, 그리고 행동을 있는 그대로 기술하는 것이다. 기술 연구는 현재의 상태를 묘사하기 위해 고안된 것으로 기록도 현재형으로 기술한다.

기술 연구의 연구방법 중 조사의 대표적인 예는 인구조사를 들 수 있다. 기술 연구의 또 다른 연구방법은 관찰법을 들 수 있다. 관찰법의 구체적인 내용은 전게서 수집방법 중 관찰법의 내용을 참고하기 바란다.

기술 연구의 장점은 현재 상태에서 무슨 일이 일어나고 있는지에 대해 자세히 기술하기 때문에 복잡한 내용을 간단하게 하며 현재 일어나고 있는 일에 대한 이해를 도와 준다. 그러나 변수 간의 관계를 알 수 없는 것이 단점이다.

2) 상관 연구

상관 연구(correlation study)는 또는 그 이상의 변수 간의 관계를 알아보는 연구

---

14) 정옥분(2009). 전게서, pp. 134~137.
15) 한국유아교육학회(1996). 『유아교육사전』, 한국사전연구사, pp. 98~99.

로 연구자가 주어진 현상을 조작하거나 통제하지 않고 자연조건에서 변인 간의 관계를 규명하려는 데 목적을 둔 연구이다.

이 연구의 특징은 연구자가 주어진 현상을 조작하지 않는다는 것과 독립변인과 종속변인에 관한 자료수집에서도 시간적인 순서는 차이가 없으며, 변인 간의 인과관계를 직접적으로 내포하고 있지 못한다는 점이다.

상관 연구에서 어떤 변인들 간의 관계가 신뢰롭다면 이 결과를 실제 예언에 사용할 수 있다. 상관 연구는 기술연구에 속하는 것으로 연구의 특징에 따라 이를 다시 예언 연구, 비교 연구와 분석 연구, 발달 연구, 역사 연구, 조사 연구 등으로 나눌 수 있다.16)

상관 연구에서는 두 변수 간 관계의 정도를 밝히기 위해 통계적 분석에 기초한 상관관계를 사용한다. 상관 연구는 상관분석이라는 통계적 분석을 사용하여 두 변인 간의 상관관계를 밝히며, 상관분석에서는 변인 간의 관계를 나타내는 상관계수는 통계치로 산출하게 된다.

상관계수는 피어슨적률 상관계수(pearson product moment correlation coefficient)로 두 변인 간의 선형적 관계(liner relationship)에 기초하고 있다.

상관계수 r값은 −1에서 +1의 범위를 가지며, $r=0$일 경우, 두 변인 간에는 상관이 전혀 없음을 의미하며, 절대값이 1에 가까울수록 높은 상관관계가 있음을 의미한다. 대개의 경우 상관계수 $r=\pm.7\sim1.0$인 경우 높은 상관관계가 있음을 의미하며, $r=\pm.3\sim0$이면 낮은 상관관계를 의미한다.

상관관계 r값의 부호는 관계의 방향성에 대한 정보를 제공하는데 $r>0$인 경우 두 변인 간에는 정적인 상관관계가 있음을 의미하며, $r<0$인 경우에는 두 변인 간에 부적인 상관관계가 있음을 의미한다.17)

상관 연구의 장점은 두 변수 간의 예상되는 관계를 검증하고 예측할 수 있기 때문에 현재 우리가 가지고 있는 정보로 미래를 예측할 수 있다는 것이며, 예를 들면 고등학교 내신 성적이나 수능점수 등으로 대학에서 학업성취능력을 예언할

16) 한국유아교육학회, 앞의 사전, p. 275.
17) 권민균 외(2006). 전게서, p. 68.

수 있다는 것이다. 단점은 변수들 간의 인과관계를 알 수 없다는 것이다.

3) 실험 연구

실험 연구(experimental study)는 두 변인 간의 인과관계를 밝혀 내기 위한 연구 방법으로 체계적인 조작(manipulation)과 통제(control)에 의해 이루어진다. 실험 연구에서 변인(variable)이란 측정 가능한 조건으로서 양적으로 변하는 요인을 말한다. 실험에서 관심이 있는 사건과 행동은 독립변인과 종속변인 두 가지의 형태로 나누어진다. 독립변인(independent variable)은 다른 변인의 변화를 가져온 원인이고, 종속변인(dependent variable)은 독립변인에 의해 영향받는 것을 말한다. 즉, 독립변수는 원인이 되고 종속변수는 결과가 된다.

예를 들면, 임신 중 흡연이 신생아의 건강상태에 어떤 영향을 미치는가에 대해 알아보려고 한다면 흡연을 하는 임산부와 흡연을 하지 않고 임산부를 무작위로 할당해서 두 집단으로 나눈다. 무작위로 할당하는 이유는 종속변인에 영향을 미칠지도 모르는 연령, 사회계층, 성격 등의 가외변인을 모두 통제하려는 것이다.

이 연구에서 흡연을 하는지 안하는지 흡연과 비흡연이 독립변수가 되고 신생아의 건강상태가 종속변수가 된다. 실험 연구의 장점은 변수들 간의 인과관계를 알 수 있기 때문에 변인들 간의 관계연구가 가능하며, 단점은 실험실에서 연구가 이루어질 때 결과는 실세계에서 적용되지 않을 수 있으며 현장에서 연구가 이루어질 때, 통제가 어렵다. 결과는 처치와 다른 변인에 기인할 수 있다. 또한 모든 변수를 모두 조작할 수도 없다.

연구설계별 장·단점을 정리하면 [표 1−2]와 같다.

표 1-2
연구설계별 장·단점

연구설계 방법	내용	장점	단점
1. 기술 연구 (descriptive study)	• 연구자가 연구 상황에 어떤 조작이나 영향을 미치지 않고 현재 있	• 현재 상태를 상세히 기록하므로 현재 일어나고 있는 일에 대한	• 변수 간에 관계를 알 수 없다.

연구설계 방법	내용	장점	단점
	는 상황과 조건들을 있는 그대로 기술하는 연구이다.	이해를 돕는다.	
2. 상관 연구 (correlation study)	• 둘 또는 그 이상의 변수 간의 관계를 알아보는 연구로 연구자가 피험자들의 경험을 비교하지 않고 기존 집단의 정보를 얻을 수 있다.	• 변수들 간에 예상되는 관계를 검증하고 예측할 수 있다. 현재의 정보로 미래를 예측할 수 있다.	• 변수들 간의 인과관계를 알 수 없다. 인과관계에 대한 추론을 할 수 없다.
3. 실험 연구 (experimental study)	• 연구자가 독립변인을 조작하고 종속변인에 대한 효과를 볼 수 있기 때문에 독립변수가 종속변수에 미치는 영향을 알 수 있다.	• 변수들 간의 인과관계를 알 수 있기 때문에 원인과 결과에 대한 예측이 가능하다.	• 모든 변수를 모두 조작할 수 없다.

출처 : C. Stangor(1998). ***Research methods for the behavioral science***. Boston, New York : Houghton Mifflin Company, 정옥분(2009), 전게서, p. 137. 재구성.

4. 아동발달 연구의 접근법

아동발달 연구는 종단적 연구와 횡단적 연구, 종단 연구와 횡단 연구를 병행하는 순차적 연구로 나누어 볼 수 있다.

1) 종단적 연구

종단적 연구(longitudimal study)는 인간의 행동을 시간적으로 장기간에 걸쳐 관찰함으로써 한 개인의 정체성, 변화성을 세밀하게 연구하는 방법이다. 즉, 같은 집단 또는 개인을 연구대상으로 하여 그 대상의 특성을 일정기간 반복적으로, 계속적으로 연령마다 시간의 경과에 따라 변화해 가는 모습을 관찰하고 조사하는 방법이다. 성장과정에서의 개인차나 초기 경험과 후기 행동 간의 인과관계, 어떤 발달상의 변화를 가져오는 결정요소 등을 고찰하고자 할 때 흔히 종단적 연구방법을 선택한다. 연구기간은 몇 달이나 몇 년으로 짧을 수도 있고 십년 이상 혹은 평생에 걸쳐 연구할 수도 있다.

종단적 연구의 장점으로는 개인이나 집단의 성장과정 및 변화의 양상을 구체적으로 파악할 수 있어 개인차와 일반적인 발달형태를 알 수 있으며, 일상생활의 가능한 여러 측면과 함께 측정함으로써 변인들 간의 다양한 상호상관 혹은 인과관계를 규명할 수 있다. 단점으로는 비교적 장기간에 걸쳐 연구하는 것이므로 많은 노력과 경비가 들고, 오랫동안 일정한 대상을 추적해야 하기 때문에 연구대상자가 중간에 탈락할 수 있어 연구대상의 선정 및 관리가 쉽지 않다는 점이다. 또한 연구대상 집단이 오랜 시간 경과함에 따라 비교대상 집단과 매우 다를 수 있을 가능성이 있어 연구에서 얻은 결과를 직접 비교하기 어려울 수 있으며, 같은 특성을 반복적으로 측정함으로써 피험자들이 검사에 숙달되어 연습의 효과가 야기될 수 있는 문제가 연구의 초기에 사용되는 측정도구와 후기에 사용하는 측정도구가 달라짐에 따라 측정결과를 비교하기 어려운 기술적인 문제도 있다.[18]

2) 횡단적 연구

횡단적 연구(cross-sectional design)는 동시대에 속한 서로 다른 연령 집단을 연구하는 접근법으로 각각의 다른 연령집단에서 연구대상자를 표집하여 동시에 자료를 수집하여 연구하는 방법이다.

주로 관찰대상이 대표하는 연행구간을 행동발달이나 변화의 대략적인 양상을 파악할 때 사용한다. 예를 들면 1～5세 아동의 언어발달을 알아보고자 할 때 1세, 2세, 3세, 4세, 5세의 각각 다른 연령의 유아를 동시에 표집하여 비교한다.

횡단적 연구는 각 연령단계에서 표집된 사람들의 해당 연령층을 대표할 수는 없지만 그들의 사회적 · 역사적 배경 대체로 동질적이라고 가정해서 얻은 결과를

18) 한국유아교육학회, 앞의 사전, p. 522.

토대로 발달의 경향을 추정한다.19)

횡단 연구의 장점은 자료수집이 비교적 짧은 시간 내에 이루어질 수 있으므로 시간이 절약되고 경제적이며, 연령에 따른 변화의 경향을 알 수 있게 때문에 피험자가 나이가 들 때까지 기다릴 필요가 없다. 또한 일회 측정을 통한 자료수집으로 피험자의 탈락이나 연습효과와 같은 연구과정상의 어려움이나 오류를 피할 수 있다. 단점은 첫째, 발달상의 중요한 의미가 있는 개인차를 파악하기 어렵고 둘째, 연구결과에서 나타나는 발달적 차이가 연령에 따른 차이인지 출생동시집단(cohort effect : 동시대에 출생한 집단) 효과인지 알 수 없다는 것이다. 예를 들면 2010년을 기준으로 볼 때 5세 아동이 출생한 연도는 2005년이고 15세 아동이 출생한 연도는 1995년이다. 1995년에 태어나서 자란 아동의 시대적 배경과 2005년에 태어나서 자란 아동의 시대적 배경이 아동의 사회성 발달에 미치는 영향은 같다고 보기 어렵다. 횡단적 연구에 의한 연령 차이는 연령이 증가해서 나타나는 발달적 변화의 결과로 보기보다는 연령집단의 공통적인 경험(동시대에 출생 집단 효과)이 그 원인이 될 수 있다.20)

3) 순차적 접근법

순차적 접근법(cross-sequential design)은 계열적 설계라고도 하며, 종단적 연구와 횡단적 연구의 장 · 단점을 절충 · 보완한 연구방법으로 연령 효과와 동시대 출생 집단의 효과인 측정시기의 효과를 분리해 낼 수 있다.

이 설계는 몇 개의 동시대 출생 집단을 몇 차례에 걸쳐 측정하는 연구방법으로 몇 개의 종단적 연구를 합쳐 놓은 것과 같은 것이라 볼 수 있다.21)

순차적 접근법의 장점은 다른 해에 태어난 같은 연령이나 같은 학년의 아동을 비교함으로써 동류집단 효과의 유무를 파악할 수 있고 종단적 비교와 횡단적

---

19) 한국유아교육학회, 앞의 사전, p. 679.
20) 정옥분(2009). 전게서, pp. 138~139.
21) 정옥분(2009). 전게서, pp. 139~140.

비교가 모두 가능하다.[22] 순차적 접근법의 단점은 시간이 오래 걸리고 복잡하며, 발달의 변화를 일반화하기가 어렵다.

아동발달 연구접근법의 내용과 장 · 단점은 [표 1－3]과 같다.

표 1-3

아동발달 연구접근법의 내용과 장 · 단점

연구접근법	내용	장점	단점
1. 종단적 연구 (longitudinal study)	인간의 행동을 동일 연령의 사람들을 대상으로 장기간에 걸쳐 세밀하게 연구하는 방법이다.	① 개인이나 집단의 성장과정, 변화양상을 구체적으로 파악할 수 있다. ② 개인차와 일반적인 발달형태를 알 수 있다. ③ 변인들 간의 다양한 상호관계, 인과관계를 알 수 있다.	① 비용이 많이 든다. ② 시간 소모가 많다. ③ 피험자의 탈락이 있을 수 있다. ④ 반복되는 검사로 인한 연습효과가 있다. ⑤ 연구초기에 개발된 측정도구가 시간이 흐름에 따라 부적합한 도구가 될 수 있다.
2. 횡단적 연구 (cross-sectional design)	동시대에 속한 서로 다른 연령집단을 동시에 연구한다.	① 시간이 절약되고, 경제적이다. ② 연령에 따른 변화의 경향을 알 수 있다.	① 개인차를 파악하기 어렵다. ② 연령의 효과는 동시대 출생집단 효과의 반영일 수 있다.
3. 순차적 접근법	횡단적 접근법과 종단적 접근법의 장 · 단점을 절충 · 보완한 연구방법	① 동류집단효과의 유무를 파악할 수 있다. ② 종단적 비교와 횡단적 비교가 모두 가능하다.	① 시간이 많이 걸리고 복잡하다. ② 발달의 변화를 일반화하기 어렵다.

출처 : 전남련 외(2010). 전게서. p. 47.

5. 아동발달 연구의 윤리적 문제

아동은 성인의 비해 신체적 · 심리적으로 미성숙하기 때문에 아동을 대상으로

22) 박낭자(2007). 전게서, p. 54.

연구할 때는 여러 가지 어려움에 직면하게 된다. 인간을 대상으로 하는 연구는 그 대상 연령이 어떠하든지 간에 대상자의 권리가 존중되어져야 하고 권익을 보호받아야 한다.

미국 아동발달연구회(Society of Research in Child Development)[23)]

원칙 1. 연구자는 아동에게 신체적으로나 심리적으로 피해를 줄 수 있는 연구과정을 절대로 적용하여서는 안 된다(No-harmful procedures).

원칙 2. 연구자는 아동에게 연구의 절차와 내용에 대해 아동이 이해할 수 있도록 정보를 알려주어야 하며 연구참여에 대한 동의를 받아야 한다(Inquired consent).

원칙 3. 연구자는 아동의 부모나 보호자 또는 교사나 학교장의 동의를 받아서 연구를 수행해야 한다(Parental consent).

원칙 4. 연구자는 부모나 보호자 이외에도 교사 등 아동과 상호관계를 맺고 있는 인사에게도 연구의 전반적인 특성에 관한 정보를 제공하고 연구참여에 대한 동의를 받아야 한다(Additional consent).

원칙 5. 연구참여자에 대한 보상은 정해진 범위 내에서 공정하게 이루어져야 한다(Incentives).

원칙 6. 연구자가 연구의 절차와 내용에 대해 아동에게 정보를 제공하는 것이 원칙이기는 하지만, 연구의 성격상 정보를 주는 것이 연구결과에 긍정 또는 부정적인 영향을 줄 것으로 예측되는 경우 연구내용의 일부를 속이거나 정보제공을 유보하는 등의 필요한 조처를 취할 수 있다(Deception).

원칙 7. 학교나 기관에서 아동에 관한 기록에 접근할 때에는 담당자의 허락을 받아야 하며, 아동의 신상에 대한 익명성을 지켜야 할 뿐만 아니라 연구목적 이외에는 허가 없이 정보를 사용해서는 안 된다(Anonymity).

원칙 8. 연구의 시작에서부터 종료에 이르기까지 연구자, 부모 및 아동의 책임한계에 대한 분명한 상호동의가 있어야 하며, 동의된 모든 상황과 약속은 반드시 지켜져야 한다(Mutual responsibility).

원칙 9. 연구자는 연구동 중 아동의 복지를 위협하는 정보에 접하게 되었을 때 보호자 및 전문가와 의견을 나눔으로써 아동에게 도움을 줄 수 있는 적절한 조치를 취할 책임이 있다(Jeopardy).

23) 강문희, 신현옥, 정옥한, 정전옥(2006). 『아동발달』, 교문사, pp. 23~24.

원칙 10. 연구가 진행되면서 미리 예견하지 못했던 바람직하지 않은 결과가 아동에게 미칠 것이 예측되는 경우, 연구자는 즉시 이러한 결과를 수정할 적절한 조치를 취해야 하며 추후 연구에서는 연구과정을 재설계해야 한다(Unforeseen consequences).

원칙 11. 연구자는 연구참여자에 관한 모든 정보의 비밀을 보장해 주어야 한다(Confidenfiality).

원칙 12. 자료수집 종료 직후에 연구자는 연구참여자가 연구의 일반적인 결과에 대한 이해를 가질 수 있도록 보고할 의무가 있다(Informing participants).

원칙 13. 부모나 아동에게 연구결과를 알려줄 때는 아동에 대한 평가적 진술이나 제언 및 의견을 제시하는 데 매우 신중을 기해야 한다(Reporting results).

원칙 14. 연구의 결과를 발표할 때 연구자는 그 결과가 어떠한 사회적 · 정치적 · 인간적 의미를 가지게 될 것인지를 의식해야 한다(Implications of findings).

제2장

관 찰 법

1. 관찰의 정의
2. 관찰의 목적과 의의
3. 관찰의 종류
4. 관찰의 일반적 절차
5. 관찰연구의 유형
6. 관찰의 오류

관찰(Observation)은 아동을 대상으로 하는 연구에 있어서 역사적으로 가장 오래된 평가 방법 중의 하나이다. 1800년대 전후의 아동연구가들은 신생아와 영유아를 대상으로 행동발달을 상세히 기술하여 유아들에 관한 전기로서 영유아들의 초기 발달에 관한 자료를 남겼는데 이렇게 시작된 관찰 방법은 최근에도 아동행동 연구의 가장 기본적이며 필수적인 평가 방법이 되어 유아교육 현장에서 널리 사용되어지고 있다.[1)]

유아교육 현장에서 관찰평가 방법이 널리 사용되어지는 이유는 첫째, 유아들은 관찰자(교사)의 존재에 대해 크게 의식하지 않고 자연스런 행동을 보이기 때문이며 둘째, 영유아들은 발달상 언어를 통한 의사소통(communication)이 원활하지 못하기 때문에 질문지법(questionaire method)이나 면접법(interview)보다 관찰 평가가 더 적합한 경우가 많기 때문이다. 셋째, 영유아를 대상으로 하는 평가는 윤리적인 관점에서 영유아를 대상으로 실험조작을 하기가 불가능한 경우가 많다. 그러한 점에서 관찰 방법은 영유아들에게 어떤 조작을 가하지 않아도 되기 때문에 다른 어떤 연구방법보다도 더 바람직한 평가방법이 된다. 넷째, 관찰 방법은 자료수집 과정에서 유아들의 언어적 표현이나 비언어적 표현인 행동의 관찰을 통해 연구자가 중요한 정보를 얻을 수 있기 때문에 아동연구방법에서 중요한 위치를 차지하고 있다.

그러므로 저자는 관찰을 다음과 같이 비유한다. 즉, 천문대에서 '달을 관찰하는 관찰자'를 유아교육 현장의 '교사'에 비유하고 '달'을 유아에 비유한다. 왜냐하면 '달을 관찰하는 관찰자'가 어떤 조작(operation)이나 제재(sanction)를 가하지 않고 달의 움직임을 있는 그대로 관찰하는 것처럼 유아교육 현장에서 교사도 마찬가지로 유아에게 어떤 조작을 가하지 않고 유아의 행동을 있는 그대로 관찰 기술하기 때문이다.

관찰법(observation method)을 유아교육사전에서는 다음과 같이 정리하고 있다.[2)]

---

1) 이은해(1996). 『아동연구방법』, 교문사, p. 135 참조.
2) 한국유아교육학회, 앞의 사전, p. 55 참조.

관찰법은 연구자가 자신의 감각기관을 사용하여 자료를 수집하는 방법이다. 이 방법은 언어를 매개체로 하는 질문지법이나 면접법과는 대립된다. 행동기록을 위한 비디오 카메라 등의 기계를 이용하는 사례도 있으나 이 경우에도 기록하고 나서 후에 관찰하는 것으로 기본적으로는 연구자가 측정도구의 역할을 하는 것이다. 관찰법의 분류 기준에 따라 여러 가지로 나눌 수 있다.

① 조건통제의 유무에 따라 실험적 관찰과 자연적 관찰
② 관찰의 계획성 여부에 따라 조직적 관찰과 비조직적 관찰
③ 관찰자가 장면 상황에 들어가느냐 들어가지 않느냐에 따라 참여관찰과 비참여관찰
④ 관찰시간 설정 방법에 따라 지속적 관찰법과 시간표집법
⑤ 관찰기록 방법에 따라 일화기록법, 행동목록법, 평정척도법 등으로 나눌 수 있다.

1. 관찰의 정의

유아교육사전에서는 관찰(觀察: observation)이란 “사물의 상태나 현상을 기존의 지식을 사용해서 주의 깊게 자세히 탐색하고 기술하는 활동이다.”[3]라고 말하고 있으며, 김병선과 이윤옥은 관찰이란 “특정 현상에 대한 객관적 자료를 수집하기 위한 절차로써 아동연구에 있어서의 관찰은 흔히 일상적인 상태에서 진행되는 자연스러운 인간의 행동을 직접 관찰하여 기록하는 절차를 말한다.”[4]라고 했다. 그러나 저자는 ‘관찰’을 다음과 같이 정의한다. ‘관찰이란 일상생활에서 진행되는 자연스러운 인간의 행동을 연구하고 객관적인 자료를 수집하기 위하여 관찰 장면에 특별한 조작(operation)이나 제재(sanction)를 가하지 않고 관찰자가 가지고 있는 기존의 지식을 사용하여 관찰대상의 행동을 있는 그대로 기술하는 활동’이다.

3) 한국유아교육학회, 앞의 사전, p. 54.
4) 김병선, 이윤옥 공저(1998). 『아동연구방법』, 양서원, p. 130.

관찰은 아동을 대상으로 하는 연구에 있어서 역사적으로 가장 오래된 방법 중의 하나이다.[5] 1930년대와 1940년대에는 주로 현장관찰 연구가 이루어지다가 1950년대에 들어서면서 점차로 비자연적 관찰기법(예: 면접 interview)이 주류를 이루게 되었고 1960년대 초반에는 실험연구로 바뀌게 되었다(Parke, 1979). 이로부터 관찰연구에 대한 관심이 지난 10년 동안 고조되기 시작했고 이렇게 시작된 관찰방법은 최근까지도 아동행동연구의 가장 기본적인 방법이며 필수적인 방법으로 다루어지고 있다. 아동을 대상으로 하는 연구에 있어서 관찰방법이 권장되는 이유는 다음과 같은 특징에서 찾아볼 수 있다.

첫째, 관찰은 관찰자가 관찰대상이나 관찰대상 아동의 행동이 일어나는 현장에서 즉시 어떤 행동이나 사실을 포착할 수 있다.

둘째, 대부분의 아동은 관찰자의 존재에 대해 크게 개의치 않으므로 관찰아동의 자연스러운 행동을 관찰할 수 있다.

셋째, 아동연구에서 관찰대상자인 아동들은 언어를 통한 의사소통이 원활하지 못하기 때문에 면접이나 질문지, 검사보다 관찰이 더 적합한 경우가 많다.

넷째, 유아들에게 실험조작을 하거나, 어떤 정보를 얻기 위해 통제와 조작을 가하는 것이 윤리적인 관점에서 문제가 제기될 수 있는 곤란한 경우에 관찰은 유아에게 어떤 조작을 가하지 않는다는 점에서 다른 연구방법과는 다른 특징을 갖고 있다.

다섯째, 관찰은 피관찰자의 협력을 덜 필요로 한다.

조사연구(survey research), 면접(interview), 질문지(questionnaire)의 경우에는 대상자의 협력이 절대적으로 필요하지만 관찰의 경우에는 비중이 훨씬 덜하다.

---

5) 이은해(1995). 『아동연구방법』, 교문사, p. 135.

2. 관찰의 목적과 의의

관찰은 일상생활 속에서 진행되는 자연스러운 행동을 연구하는 데 가장 적합한 방법이다. 넓은 의미에서의 관찰은 어떤 현상에 대한 객관적 자료를 수집하기 위한 절차이다(예를 들면, 천문학자가 천체망원경으로 별자리의 움직임을 조사하는 것). 그러나 좁은 의미에서의 관찰은 일상생활 속에서 진행되는 자연스러운 인간의 행동을 연구하되, 연구자와 대상 사이에 미리 특별한 장치를 계획하지 않고 관찰 직후에 곧 기록하는 것을 전제로 하는 방법이다.[6] 이와 같은 관찰을 Wright는 직접적인 관찰(direct observation)이라고 하였다.

아동연구에서 관찰을 적용할 때 그 목적을 Wright는 다음과 같이 네 가지로 나누어 정의하였다.[7]

1) 환경적인 목적(ecological aim)

인간의 행동과 환경조건 간의 관계를 기술하기 위해서 관찰을 적용하는 경우다(예를 들면, 아파트 지역의 유아들과 일반 주택에 사는 유아들의 놀이 유형과 또래 집단 형성에 있어서 어떤 차이점이 있는가를 알아보고자 할 때 또는 다양한 크기의 유치원 교실을 선정하여 공간의 과밀현상에 따른 유아의 공격적 행동 수준을 알아보고자 할 때 이 때의 연구 목적은 환경적인 목적으로 볼 수 있다).

2) 규준 발견적인 목적(normative aim)

관찰을 통해서 유아들의 발달적인 규준을 기술하고자 하는 경우 관찰 연구의 목적은 규준 발견적인 목적이라 볼 수 있다.

---

6) 이은해, 앞의 책, p. 136.

7) H. F. Wright(1960). Observation child study, *Handbook of research methods in childdevelopment*, ed. Paul H. Mussen (New York: John Wiley & Sons, 1960), pp. 77-79. 이은해, 앞의 책, p. 136에서 재인용.

3) 이론적으로 체계화하려는 목적(systematic aim)

관찰을 통해서 인간행동의 보편적인 어떤 변인들 간의 관계를 조사함으로써 이론적으로 정리하고 이를 일반화시키려는 의도를 말한다.

4) 개체 기술적인 목적(idiographic aim)

특정한 아동을 선정하여 그를 하나의 개체로서 통합적으로 연구하고자 할 때 관찰은 개체 기술적인 목적을 갖는다(예를 들면, Axline의 「딥스」에서 아동의 성격에 따라 어떻게 문제 상황을 해결하고 적응해 나가는가 하는 독특한 방식을 상세히 관찰하여 기술하고 있는 것을 들 수 있다).

이상의 4가지 목적은 일반화의 형태나 강조점에 있어서 차이가 있으므로, 관찰 방법을 적용할 때 관찰의 사용 목적을 분명히 하여야 한다.

Wright의 직접적인 관찰(direct observation)을 유아교육 현장에서 관찰함으로써 교사가 도움을 받을 수 있는 내용은 다음과 같다.[8)]

① 유아가 각 발달 영역에서 어느 정도 발달하고 있는지를 알 수 있다.
② 자연스러운 상황 속에서 여러 번에 걸쳐 관찰된 유아들의 행동에서 유아 개개인의 독특한 개성을 발견할 수 있다.
③ 유아가 가지고 있는 문제점이 무엇인지 분석하고 진단해 볼 수 있는 기회가 된다.
④ 관찰에서 얻어진 자료는 교사가 환경을 구성하고, 교수방법을 선택하고, 교육 Program을 개발하고, 평가하는 모든 교육활동의 기초자료가 된다.
⑤ 관찰에서 얻어진 모든 자료들은 학부모와의 정기적인 면담에서 중요한 자료가 된다(원아를 위한 학부모 상담 시 그 동안 실시한 관찰자료를 토대로 하여 원아의 발달사항, 개별성, 문제점 등을 알려주면 교사가 짐작해서 말하는 것보다는 훨씬 더 신뢰성이 있으며 더 객관적이기 때문이다).

---

8) 이정환, 박은혜(1995). 『유아관찰 워크북』, 한국어린이육영회, pp. 12~13.

⑥ 관찰은 교사가 자신의 수업을 평가해 보는 기초를 제공해 줄 수 있다.
⑦ 여러 가지 관찰 방법을 통하여 정기적으로 유아를 관찰했을 때 일정 기간이 지나면 관찰된 유아가 어떻게 성장해 왔는지를 알 수 있으며 또한 유아의 전체적인 발달을 볼 수 있다.
⑧ 관찰의 결과를 토대로 교사들의 편견을 줄이고 객관적으로 유아를 볼 수 있게 해 준다.
⑨ 유아의 성장기록에 관한 자료는 Program의 효과를 나타내 주는 중요한 증거자료가 된다.

그러므로 관찰은 관찰 방법을 통해 얻어진 자료들은 유아를 전인적인 관점에서 볼 수 있게 해 준다. 또한 관찰은 유아의 성장·발달에 대한 정보를 제공해 줌으로써 발달에 적합한 활동을 계획하고 문제점을 밝혀 내며 학부모에게 필요한 정보를 제공해 준다. 뿐만 아니라 관찰은 교사들의 교수-학습 방법에 대한 효과를 평가하고 수정할 수 있는 기초 자료를 마련해 주며 유아교육의 질적 향상을 위해 프로그램과 환경을 평가할 수 있도록 교사를 도와주기 때문에 의의가 있다고 보고 있다.

3. 관찰의 종류

1) 자연적 관찰과 통제된 관찰

관찰은 관찰 장면에 가해지는 통제의 유무에 따라 자연적 관찰(naturalistic observation)과 통제된 관찰(controlled observation)로 나눌 수 있다.

(1) 자연적 관찰(naturalistic observation)

자연적 관찰은 있는 그대로의 자연스런 상황에서 관찰이 이루어지며, 관찰 장면에서 일어나는 다양한 현상을 아무 제한 없이 관찰하는 것을 뜻한다.[9] 즉, 관찰

9) 이은해, 앞의 책, pp. 142~144.

장면에서 발생하는 행동과 사상을 있는 그대로 관찰하는 것이다(예: 유아의 성장 발달을 기록하는 유아전기, 유아들의 놀이활동 등을 들 수 있다).

(2) 통제된 관찰(controlled observation)

관찰 장면에서 일종의 통제가 가해지는 관찰이다.

- 실험적 조작을 뜻하는 통제: 연구자에 의해 어떤 환경 조건이 의도적으로 계획되고 그 조건하에서 행동이 관찰되는 것으로 흔히 실험실 상황에서 이루어진다.[10]
- 관찰될 행동이나 시간을 미리 일정한 형태로 계획해 놓고 특정한 영역의 행동에 대해서만 관찰하는 것으로 대부분 자연스런 현장에서 이루어진다.[11]

아동연구에서 통제된 관찰이란 연구대상에게 주어지는 통제가 아니라 연구자 자신이 관찰을 계획할 때 한계와 체계를 갖고 있음을 뜻한다.

2) 참여 관찰과 비참여 관찰

관찰자가 대상 집단의 일원으로 현장에 참여하는가 하지 않는가에 따라 참여 관찰과 비참여 관찰로 나눈다.

(1) 참여 관찰(participant observation)

연구자가 관찰하는 대상의 집단 속에 들어가서 그 집단의 한 구성원으로서의 역할을 갖고 행동하면서 관찰하는 방법이다(예: 유아의 놀이 활동에 함께 참여하여 어떤 역할을 하거나 특수한 집단의 생활을 알아보기 위해 일정한 기간 동안 그 집단에서 함께 생활하면서 집단의 일원이 되어 관찰할 때를 말한다). 참여 관찰은 관찰의 기회가 많고 다량의 정보를 수집할 수 있으나 대체로 시간의 소비가 많고, 관찰 장면에 연구자가 참여하기

10) M. Lewin (1979). *Understanding Psychological Research* (New York : John Wiley & Sons), p. 274.
11) G. R. Medinnus (1976). *Child Study and Observation Guide* (New York : John Wiley & Sons), p. 17.

때문에 객관성 유지에 문제가 있다.

(2) 비참여 관찰(nonparticipant observation)

관찰자가 현장에 있으나 그 장면에서 일어나는 활동에 전혀 개입하지 않고 관찰만 하는 경우를 말한다. 가장 바람직한 비참여 관찰의 예는 일방경(one-way mirror)을 통해서 관찰이 이루어질 때라고 할 수 있다. 참여 관찰에서보다 관찰의 기회가 적고 정보는 제한되지만, 연구자가 객관성을 유지하기에 더 쉽다.

4. 관찰의 일반적 절차

관찰은 그 절차에 있어서 대체로 세 단계의 과정을 거친다.[12]

첫째 단계는 관찰한 것을 기록하는 단계이고, 둘째 단계는 추론이다. 추론은 눈앞에 보이는 것을 넘어서서 행동의 원인, 그 행동을 할 때의 감정 등을 추측해 보는 것이다. 셋째 단계는 평가이다. 평가는 어떤 행동이 바람직한가 혹은 바람직하지 않는가, 긍정적인가 아니면 부정적인가?, 정상적인 발달을 하고 있는가 아니면 발달이 늦는가? 등을 판단하는 것이다. 추론 및 해석은 객관적인 관찰 기록에서 얻어지는 2차적인 자료이다. 즉, 객관적인 기록 및 관찰이 이루어진 다음 단계에서 행해지는 것이 추론이다. 그러므로 관찰을 하면서 이 세 가지 과정은 분명히 구분되어야 하고 특히 실제로 어떤 행동에 대한 객관적인 기술 없이 이루어진 추론이나 평가는 그 타당성을 인정받을 수 없다. 그러므로 서술적인 관찰을 할 때는 기록하고 추론하고 해석하는 것을 분명히 구분할 줄 알아야 하며 추론을 할 때나 해석을 할 때는 반드시 객관적이고 충분한 관찰 기록을 근거로 하여야 함을 잊지 말아야 한다.

12) 이은해, 앞의 책, pp. 138~142.
이정환, 박은혜, 앞의 책, pp. 19~20.
김병선, 이윤옥 공저, 앞의 책, pp. 133~139.

관찰 계획 시 반드시 결정되어야 할 사항은 다음과 같다.

1) 무엇을 관찰할 것인가?(행동표집)

연구자가 관찰계획을 세울 때 관찰할 행동이 무엇인지에 관해 명료하고 분명하게 결정해야 한다. 연구자는 대상의 행동을 가장 잘 대표하는 표집을 얻어 내는 일이 매우 중요하다. 목표행동을 가장 잘 대표하는 행동표집을 결정하여 정확하게 관찰해야 한다. 행동적 차원에서 표집이란 관찰자가 한 번 관찰할 때 대상의 어떤 행동에 초점을 두며 행동 단위를 얼마나 세분화하여 관찰할 것인가를 말한다.

2) 언제, 어디서 관찰할 것인가?(관찰 장면 선정)

관찰 장면(setting)의 선정은 관찰목표행동을 어느 곳에서 가장 잘 관찰할 수 있는지 그리고 그 행동이 나타나는 한 장면을 택할 것인지 아니면 여러 장면을 택할 것인지에 대한 결정이다. 관찰 장면은 어떤 행동이 일어나는 물리적 환경 및 장소를 의미한다. 따라서 유아교육기관의 활동실, 실외놀이터, 교실, 소아과 병원 등은 유아의 행동을 쉽게 관찰할 수 있는 장면에 속한다.

3) 어떻게 관찰할 것인가?(관찰기록)

관찰의 내용은 일정한 형식에 따라 일관성 있게 기록되어야 한다.

관찰을 기록하는 형식에는 대체로 다음의 세 가지 방법이 있다.

첫째는 서술형식(narrative type)으로써 일정한 양식에 구애됨이 없이 행동과 사건의 전모를 그대로 이야기체로 기술하는 형식이다.

둘째는 행동목록 형식(checklist type)으로써 일정한 행동의 영역에 대해 사전에 준비된 행동목록표를 사용하여 특정 행동이 출현할 때마다 표기하는 방식이다. 정의가 분명할 때 많이 사용된다(예: 공격성, 반사회적 행동 등).

셋째는 평정척도(rating scale)이다. 평정척도에 의한 기록은 관찰에 기초하여 어떤 특정 영역의 행동에 대해 판단을 한 후 준비된 척도에 표기한 방식을 말한다.

이상의 방법 중 어떤 형식을 택하든지 관찰기록에서 공통적으로 유의해야 할 점은 다음과 같다.

- 관찰기록 용지에 반드시 기입해야 할 사항은 관찰자, 관찰 유아의 이름, 성별, 생년월일, 관찰일 현재 유아의 연령, 관찰 일시, 관찰 장면 등이다.
- 관찰기록에서 유의할 사항은 실제 관찰된 사실과 관찰자의 해석을 분명히 구분해야 한다. 관찰대상의 언어는 가능한 한 실제 그대로 인용되어야 하고, 행동의 서술은 직접 관찰된 사실을 기술한다.
- 관찰기록은 가능한 한 관찰과 거의 동시에 또는 직후에 이루어져야 한다.
- 관찰 장면에서 완전히 기록을 하지 못한 경우에는 관찰 직후 확실히 기억할 수 있을 때 누락된 부분에 대해 보완해야 한다.

최근에는 여러 가지 관찰도구의 기술적인 발전으로 녹음기나 비디오 카메라를 사용하거나 관찰연구용 자동 기록 및 분석기계(automated recording and analysis devices) 등을 활용하고 있다. 이와 같이 기기를 사용하면 유아의 행동이나 언어를 하나도 빠짐없이 기록할 수 있고 연구자가 수시로 재관찰을 할 수 있으며, 신속히 움직이는 행동의 속도를 느리게 조정하여 분석을 쉽게 하게 하고 언제나 재분석을 할 수 있어서 좋다.

5. 관찰연구의 유형

아동을 대상으로 하는 관찰연구에는 여러 가지 유형이 있다.

여기에서는 유아교육기관에서 흔히 사용되어지고 있는 표본식 기술(specimen description), 일화기록(anecdotal records), 시간표집법(time sampling method), 사건표집법(event sampling method), 평정척도법(rating scale method), 행동목록법(behavior checklist)에 대하여 간단히 살펴보고 각각의 장에서 평가지와 함께 평가의 실제를 자세히 설명하고자 한다.

1) 표본식 기술(specimen description)

미리 정한 어떤 기준에 따라 관련된 행동이나 사건 내용을 기록하고, 그것이 일어나게 된 환경적 배경을 상세하게 이야기식으로 서술하는 것이다. 연구자는 관찰대상 유아, 관찰 장면, 관찰 시간을 미리 선정한 후 그 장면에서 일어나는 유아의 행동과 상황을 모두 집중적으로 기술한다. 유아교육 현장에서 관찰할 때 어떤 부분만을 선택하여 관찰하는 것이 아니라 어떤 상황이나 행동을 자세히 묘사하기 때문에 연구자에게 유용한 자료를 제공해 준다.

2) 일화기록(anecdotal records)

한 인간의 성격 및 행동 특성, 적응양식을 이해하기 위해서 구체적인 행동사례를 될 수 있는 대로 상세하게 기록하는 방법이다. 즉, 한 가지 행동이나 상황에 초점을 맞추어 기록하기 때문에 일화기록은 다양한 상황에서 아동의 자연적 행동에 관한 정보를 제공해 주므로 개인의 기본적이고 중요한 성격 특성을 이해할 수 있도록 해 준다.

3) 시간표집법(time sampling method)

관찰자가 관찰행동을 미리 선정하여 정해진 시간 동안 일정한 시간 간격을 두고 여러 차례 관찰하여 그 결과를 기록하는 방법이다. 이 방법은 어떤 행동의 특정한 측면에 대해 일정한 간격을 두고 일정한 시간 단위씩 측정하여 관찰함으로써 그 측정치를 통해 과정 전체를 추정하려는 직접관찰의 한 방법이다.

시간표집법을 사용하는 데 가장 큰 제한점은 다음과 같다.

첫째, 시간표집법의 사용은 비교적 자주 일어나는 행동의 연구에만 적절하다.

Arrington은 관찰하려는 행동이 평균 15분에 한 번 정도는 나타나야 사용할 수 있다고 했다.

둘째, 시간표집법은 관찰이 가능한 외적 행동(overt behavior)의 연구에 가장 적합하다. 내적 행동, 정신적 기능, 사고, 백일몽 등 인간의 내적 기능과 활동은 시간표집법에 의해 연구될 수 없다.

4) 사건표집법(event sampling method)

사건표집법은 단순히 어떤 행동의 발생 유무만을 관찰하기보다는 행동의 순서를 자세히 기술하려는 시도이다.

관찰자가 관심을 갖고 있는 어떤 특정 행동이나 사건이 나타나기를 기다렸다가 그 행동이나 사건이 일어나면 그 때 일정한 형식에 따라 기록을 남기는 방법이다.

사건표집의 방법은 어떤 행동이나 사건 그 자체에 있으므로 사건이 발생하기를 기다렸다가 관찰하는 것이 특징이라 하겠다.

사건표집법을 적용할 때 유의사항은 다음과 같다.

- 관찰하고자 하는 행동이나 사건을 명확히 정하고 이것을 조작적으로 정의해 둔다.
- 관찰하려는 행동 특성을 분명히 규정한 다음에 언제, 어디서 그러한 행동을 관찰할 것인지를 결정한다.
- 어떤 종류의 정보를 기록할 것인지를 미리 결정해 놓는다.

5) 평정척도법(rating scale method)

관찰에서 얻은 자료를 수량화하기 위해 고안된 방법이다. 평정척도는 연속성이 있는 어떤 행동의 차원 또는 영역에 대해서 연구 대상의 행동을 관찰한 후 일정한 위치에 평정하도록, 즉 수량화된 점수를 부과하도록 작성된다. 평정척도법은 관찰과 동시에 행할 수 없으며 관찰을 충분히 한 후에 그 결과를 요약하는 수단으로 사용된다. 평정척도의 대표적인 유형으로는 ① 기술 평정척도, ② 숫자 평정척도,

③ 도식 평정척도, ④ 표준 평정척도 등이 있다.

각 평정척도에 대해 간단히 살펴보면 다음과 같다.

(1) 기술 평정척도(category rating scale)

행동의 한 차원을 연속성 있는 몇 개의 범주로 나누어 기술하고 관찰자로 하여금 대상의 행동을 가장 잘 나타내는 진술문을 선택하는 방법이다. 이 때 진술문은 가능한 한 행동적으로 기술되어야 하며 범주간 차이가 구별될 수 있어야 한다. 한 행동에 대해 흔히 3~5개의 기술적인 범주에 따라 평정하게 된다.

(2) 숫자 평정척도(numberical rating scale)

각 척도치에 숫자를 부여함으로써 이루어진다. 이 때 숫자를 일종의 점수로써 평정된 자료를 수량화하고 통계적 분석을 가능하게 한다. 숫자를 배정하는 일반적인 규칙은 가장 긍정적인 척도치에 가장 높은 점수를 주는 것이다. 즉 5점 척도인 경우 5, 4, 3, 2, 1로 배정한다.

(3) 도식 평정척도(graphic rating scale)

도식 평정척도는 관찰자의 판단을 돕기 위해 기술적 유목에 어떤 선을 첨가시킨 형태를 말한다. 도식 평정에서 일정한 직선을 제시하고 직선상의 위치에 따라 판단을 할 때 관찰자는 직선을 하나의 시각적 단서로 활용하여 관찰하는 행동의 연속성을 가정하게 된다. 선은 일반적으로 횡축이 많이 사용된다. 선의 형태도 동간으로 나누어진 선 또는 나누어지지 않은 선, 연속선, 또는 점선 등으로 다양하다. 대체로 척도치에 따라 몇 개의 동간으로 나누어진 직선을 많이 사용한다.

(4) 표준 평정척도(standard rating scale)

관찰자에게 평정의 대상을 다른 일반 대상과 비교할 수 있도록 구체적 준거를 제시하는 방법이다. 이 유형은 기술 평정에서의 각 범주를 보다 객관적인 유목으로 기술한 형태라 할 수 있다.

6) 행동목록법(behavior checklist)

관찰할 행동의 목록을 사전에 만들어 놓고 관찰하면서 해당되는 행동이 나타날 때마다 체크로 표기하는 방법이다. 관찰 시 사용되는 기록양식을 행동목록 또는 행동목록표(behavior checklist)라고 한다. 이 방법은 관찰시간이 절약되고, 유아의 행동을 쉽게 관찰할 수 있으며, 그 결과를 학습계획 및 유아의 행동평가 등에 간편하게 적용될 수 있다. 그러나 목록에 없는 유아의 행동에 대한 평가는 할 수 없는 문제점이 있다.

6. 관찰의 오류

유아를 관찰하는 동안 다음과 같은 오류를 범할 수 있으므로 오류를 범하는 몇 가지 요인과 오류를 최소화시킬 수 있는 방법에 대해 살펴보고자 한다.

1) 관찰대상 유아에게 미치는 관찰자의 영향 오류[13)]

관찰자가 관찰 장면에 있다는 것 자체가 어떤 영향을 미치게 되어 관찰자가 있는 장면은 특수한 상황이 된다. 이것을 해결하기 위해서는 관찰대상 유아가

13) 김병선, 이윤옥 공저, 앞의 책, pp. 140~141.
이은혜, 앞의 책, p. 149.

관찰자의 존재를 덜 의식하도록 충분한 시간을 두고 관찰자의 존재에 익숙해지게 하는 것이다.

- 관찰자가 관찰대상 유아의 눈에 띄지 않는 방법을 택하는 것이다. 즉, 일방경(one-way mirror)이 설치된 관찰실을 사용하거나 CCTV 카메라를 장치해 놓고 모니터를 통해 관찰, 기록하거나 관찰행동을 녹화한 후 나중에 평정하는 방식을 택할 수 있다.
- 관찰 상황에 유아에게 친근한 사람, 부모나 교사에 의해 관찰을 수행하게 하는 방법을 사용할 수 있다.

2) 관찰자 자신이 범하는 오류[14)]

(1) 관찰자의 기대

관찰자가 관찰상황 속에서 일어나는 행동을 사실적으로 기록하는 것이 아니라 일어나기를 기대하는 방향으로 기록함으로써 오류를 범하는 것이다. 관찰자가 관찰결과에 대해 어떤 개인적인 기대를 할 때 이로 인해 편견이 생길 수 있는 것이므로 주의해야 한다.

(2) 과대한 일반화

이 오류는 관찰자 개인적인 경험에 의해 생기는 지나친 일반화 문제이다. 관찰자에게 어느 정도 익숙한 경험은 어떤 현상을 당연한 것으로 간주하게 되는 경향이 있으므로 이 같은 경향은 어떤 행동의 중요성이나 특성을 상세히 변별하기 어렵게 만들 수도 있다.

---

14) 김병선, 이윤옥 공저, 앞의 책, pp. 140~141.
이은해, 앞의 책, pp. 150~151.

(3) 후광효과

후광효과(halo effect)는 평가할 때 관찰 유아 주변의 요소가 평정에 적용하는 영향을 말한다. 즉, 관찰 유아에 대한 사전 정보나 호감, 인상이 평정에 영향을 주어 관찰 유아를 과대 혹은 과소평가할 수 있다. 원래 halo란 달이나 태양이 갓을 쓰고 있을 때 희미한 빛이 원둘레에 나타나는 현상으로 한 가지 요소가 주변까지 영향을 끼치는 것을 말한다. 예를 들면, 어떤 아이의 성적이 좋았으면 그 아이는 성격도 좋을 것이라고 생각하거나 용모나 자태가 의젓하면 지능이나 품성도 좋을 것이라고 판단하는 경우다. 관찰자는 관찰 유아의 어떤 특정한 행동 때문에 관찰 유아의 전반적인 평가에 영향을 미치지 않도록 주의해야 한다.

(4) 주관적 해석의 가능성

관찰자가 범하기 쉬운 또 다른 오류는 타인의 행동에 대한 주관적 해석으로 자신의 느낌에 기초하여 행동을 해석하는 경향이다. 다른 사람의 행동도 자신의 경험 내용과 같으리라는 가정은 어떤 현상에 대해 사실과는 전혀 다른 설명과 해석을 하게 하므로 관찰자는 의도적으로 이 같은 요인의 개입을 최소화시키도록 노력하고 관찰 훈련을 통해 보다 객관성 있는 관찰을 할 수 있도록 기술을 발전시켜야 한다.

제 2 부

관찰평가의 이론과 실제

제1장

표본식 기술

1. 표본식 기술의 정의
2. 표본식 기술의 특징과 목적
3. 표본식 기술 관찰양식의 작성요령
4. 표본식 기술의 장점과 단점
5. 표본식 기술의 관찰양식
6. 표본식 기술의 실제

1. 표본식 기술의 정의

표본식 기술(specimen description)은 미리 정한 어떤 기준에 따라 관련된 행동이나 사건내용을 기록하고, 그것이 일어나게 된 환경적 배경을 상세하게 이야기식으로 서술하는 것이다. 표본식 기술은 상황이나 행동을 자세히 묘사하기 때문에 유아들을 직접 다루는 교사들에게 유용한 자료를 제공해 주며 표본식 기술의 가치는 시간이 흐르면서 수집되는 정보의 양이 증가되고, 수집된 정보들을 서로 비교할 수 있고, 진행 상황을 도표화하거나 변화 양상을 검토하고 평가할 수 있다.[1)]

표본식 기술은 서술 형식의 기록이라는 점에서 일화기록과 비슷하지만, 행동의 일화를 더욱 자세하고 완전하게 기록한다는 점에서는 일화기록과 차이가 있다. 표본식 기술은 관찰대상 유아, 관찰 장소, 관찰시간 등을 미리 선정한 후 그 상황에서 일어나는 유아들의 행동과 주변 상황을 상세하게 서술하는 방식이다. 정해진 시간 내에 발생하는 관찰대상 유아의 모든 행동을 충실히 기록하기 때문에 관찰자가 관찰대상 유아의 특별한 행동이나 의미있게 보이는 여러 가지 행동을 선택하여 기록하는 일화기록과는 차이가 있다.[2)]

표본식 기술은 행동의 일화를 가장 자세하고 완전하게 기술하는 방법이다. 그러므로 관찰대상 유아의 행동이 일어난 상황을 지켜보지 않은 사람도 표본식 기술만을 보고도 그 당시의 상황을 그대로 재현할 수 있다. 또한 표본식 기술은 어떤 계획을 수정하고 문제를 해결하기 위한 정보를 수집하는 방법으로서도 유용한 가치가 있다.

시간이 흐르면서 수집정보가 축적되고 정보의 양이 많아질수록 교사에게 더 유용한 자료를 제공해 줄 뿐 아니라 유아들의 비사회적인 행동이나 행동수정을 요하는 여러 가지 부정적인 행동이 출현될 때 이들의 행동을 수정하는 데 많은 도움을 줄 수 있는 자료를 제공해 줄 수 있다. 유아들의 행동이 진행된 상황들은

1) 한국유아교육학회, 앞의 사전, p. 633.
2) 김병선, 이윤옥 공저, 앞의 책, pp. 151~152.

수집된 정보를 통해 서로 비교될 수 있고, 이런 자료들을 토대로 올바른 평가를 할 수 있을 것이다. 그러므로 저자는 표본식 기술을 다음과 같이 정의한다.

'표본식 기술'이란 관찰자(교사)가 관찰기록지에 미리 일정한 시간을 정해 놓고 유아의 어떤 행동이나 활동이 시작된 때부터 끝날 때까지 관찰대상 유아가 한 말과 행동을 될 수 있는 대로 상세히 유아의 행동이나 활동이 일어난 순서대로 객관적으로 기록하는 관찰 방법을 말한다.

2. 표본식 기술의 특징과 목적

표본식 기술은 서술적 관찰 방법 중에서도 행동의 일화를 가장 자세하고 완전하게 표현하는 방법이다. 관찰자는 관찰대상 유아의 관찰 장면, 관찰 시간을 미리 선정한 후 그 장면에서 일어나는 유아들의 행동과 상황을 있는 그대로 집중적으로 기록한다.[3)]

좀 더 완전하고 자세한 기록을 원한다면 관찰자가 녹음기를 이용하여 관찰대상 유아들의 육성을 녹음하여 그들이 사용한 언어를 구체적으로 기록할 수 있고 비디오 카메라를 이용하여 관찰대상 유아들의 활동 장면이나 사건이 일어난 상황을 자세히 촬영하여 사용할 수 있다.

표본식 기술은 유아들의 행동이나 어떤 사건이 일어난 상황을 보지 않은 사람도 그 기록만을 보고도 그 당시의 상황을 그대로 재현할 수 있을 정도로 자세하게 쓴다는 것이 특징이다. 어느 정도로 자세하게 기록해야 한다는 정해진 규칙은 없지만 가능한 한 내용을 자세하게 기록해야 평가시에 많은 도움이 된다. 교사가 아무리 자세하게 기록한다 해도 하나도 빼놓지 않고 모든 것을 다 기록하는 것은 불가능하다. 그러므로 이럴 때는 관찰의 목적이 무엇인지를 염두에 두고 기록하면 된다.

표본식 기술의 목적은 관찰대상 유아들의 행동이나 상황을 있는 그대로 기록한

3) 이정환, 박은혜, 앞의 책, p. 22.

원자료를 가능한 한 많이 수집하려는 것이다.[4] 이렇게 수집된 원자료들은 다음에 관찰자나 또는 교사, 다른 연구자에 의해 재분석될 수 있다.

표본식 기술의 또 다른 목적은 유아들의 행동과 언어를 자세하고 객관적으로 기록함으로써 관찰대상 유아의 발달을 여러 측면에서 볼 수 있도록 하는 것이다. 따라서 표본식 기술은 교사가 어떤 유아가 갖고 있는 문제행동을 해결해야 할 경우나 학기 초에 새로운 환경의 적응도를 알고 싶을 때, 또는 유아들의 여러 가지 발달을 알아보고자 할 때, 유아들이 사용하는 언어에 대한 정보나 친구들과 놀이 상황에서 사회성 정도를 알아보고자 할 때 사용하면 많은 도움을 받을 수 있다.

3. 표본식 기술 관찰양식의 작성요령

표본식 기술에서 관찰자는 관찰대상, 관찰 장면, 관찰 시간을 미리 선정한 후 그 상황에서 일어나는 모든 행동이나 말 등을 기록해야 하는데 관찰자가 관심을 갖고 있는 어떤 특정한 부분만을 선택해서 하는 것이 아니라 모든 행동이나 말을 순서적으로 기록해야 한다. 표본식 기술에서는 관찰자가 일정한 시간 혹은 미리 정해진 활동이 끝날 때까지 유아가 말하고 행동한 모든 것을 자세하게, 객관적으로, 일이 발생한 순서대로 기록해야 한다.

표본식 기술 관찰양식의 작성요령은 다음과 같다.[5]

첫째, 관찰지에 관찰 날짜, 관찰 시간, 관찰 유아, 관찰자의 이름, 관찰 유아의 생년월일, 관찰일 현재 유아의 나이, 관찰 유아의 성별 등을 미리 적어 놓는다.

둘째, 관찰 유아의 행동이 관찰된 장소, 관찰 장면을 꼭 적는다.

셋째, 1회의 관찰은 보통 10분 내외가 적당하며 30분을 초과하지 않도록 한다.

---

4) 이정환, 박은혜, 앞의 책, pp. 22~23.

5) 김병선, 이윤옥 공저, 앞의 책, pp. 152~153 참조.
이정환, 박은혜, 앞의 책, p. 24 참조.
김희진, 박은혜, 이지현 공저(2000). 『유아교육 기관에서의 관찰』, 창지사, pp. 23~24 참조.

모든 행동을 전체적으로 기록한다. 즉, 사건이 일어난 순서대로, 행동이 출현된 순서대로 객관적으로 기록한다.

넷째, 관찰대상 유아들의 말과 행동을 있는 그대로 일상적인 용어를 사용하여 기록한다. 객관적인 사실만 기록하고 관찰자의 해석이나 주관적인 판단 또는 추론을 포함시키지 않는다. 꼭 필요할 경우에는 관찰 기록지의 오른쪽 한 면을 이용하여 활동에 대한 보충 설명이나 관찰자의 해석을 별도로 적어서 상황을 이해하는 데 도움이 되게 한다.

다섯째, 관찰대상 유아의 말과 행동뿐만 아니라 그 유아와 상호작용을 하고 있는 사람들(예: 다른 유아, 교사, 학부모, 보조교사)의 말과 행동도 기록한다.

여섯째, 사건이 일어난 순서대로 적는다.

일곱째, 표본식 기술은 사건이 일어나고 있는 현장에서 기록하는 것이므로 현재형으로 기록하고 직접화법을 이용하여 유아들의 대화를 그대로 기록한다. 관찰대상 유아가 한 말은 인용부호(“ ”) 속에 넣어서 기록한다.

여덟째, 유아들의 행동 지속시간이나 관찰 장면이 바뀔 때마다 시간 표시를 해 둔다. 왼쪽 여백을 이용하여 표시한다. 이것은 유아가 어떤 활동에 관심을 보이고 주의 집중시간은 어느 정도 되는가를 알아보는 데 유용한 자료가 된다.

아홉째, 관찰대상 유아들의 행동을 긍정적으로 기술한다. 예를 들면, 이런 말을 하지 않았다라고 부정적으로 기술하는 것보다는 이런 이런 말을 했다라고 긍정적으로 표현하도록 한다.

열째, 표본식 기술 관찰양식지 마지막에 발달 영역별로 간단하게 요약을 한다.

4. 표본식 기술의 장점과 단점

표본식 기술의 장점과 단점을 정리하면 다음과 같다.[6]

---

6) 이정환, 박은혜, 앞의 책, p. 28 참조.
김병선, 이윤옥 공저, 앞의 책, p. 153 참조.

1) 장점

첫째, 표본식 기술은 모든 장면을 아주 자세히 기록해 놓으므로 유아에 대한 많은 정보를 얻을 수 있으며 이 정보를 토대로 교육과정 계획에 큰 도움을 준다.

둘째, 표본식 기술은 특별한 관찰기술과 특별한 도구가 필요하지 않다. 유아들의 행동이나 상황을 있는 그대로 기록하면 되고 관찰 기록지와 필기도구만 있으면 된다.

셋째, 표본식 기술은 관찰된 행동이나 사건을 통해 사건의 전후관계를 알 수 있다.

넷째, 표본식 기술은 상황 묘사가 정확하기 때문에 객관적이고 체계적으로 잘 기록된 표본식 기술은 다른 교사가 그 장면을 이해하는 데 어떤 관찰 평가보다 이해를 쉽게 할 수 있고 정보를 더 많이 수집할 수 있게 한다.

2) 단점

첫째, 표본식 기술은 기록하고 평가하는 데 시간이 많이 걸린다. 체크리스트나 평정척도법보다 훨씬 많은 시간을 요한다.

둘째, 수집된 자료를 분류하고 분석하는 일이 쉽지 않다. 너무 많은 자료를 수집했을 때 교사가 일일이 그 많은 내용을 읽고 분석하려면 시간 손실과 에너지 손실이 따르게 된다(정보를 기록하기 위해 일단 수집된 자료를 축소하고 분석하는 데 많은 시간이 소요된다).

셋째, 관찰자의 주관적인 해석이나 판단 추론으로 흐를 수 있다.

넷째, 한 번에 한 명의 유아밖에 관찰하지 못한다.

교사나 관찰자가 관찰대상 유아를 주시하고 기록해야 되기 때문에 한 번에 여러 명을 관찰하면 유아들의 중요한 행동이나 말을 놓칠 수 있기 때문에 한 번에 한 명을 관찰하는 것이 좋다.

5. 표본식 기술의 관찰양식

표본식 기술 관찰양식

관찰아동 :________ 생년월일 :__________ 관찰일 현재 유아 연령 : 년 월

관 찰 자 :________ 성 별 : 남 · 여 관찰일자 : ____________________

관찰장면 :____________________ 관찰시간 : ____________________

시간	기 록	주석

요 약

6. 표본식 기술의 실제

표본식 기술 관찰양식

〈사례 1〉

관찰아동 : 유다현　　**생년월일** : 2009. 05. 28　　**관찰일 현재 연령** : 1년 10월
관 찰 자 : 김윤희　　**성　　별** : 남 · (여)　　**관찰시간** : AM 9:50~9:56
관찰장면 : 자유놀이 중 역할영역, 음률영역, 미술영역　　**관찰일자** : 2011. 03. 10

시간	기 록	주석
09:40	다현이가 왼손에 연두색 접시를 잡은 채 바닥에 있는 파란색 그릇을 몸을 숙여 오른손으로 잡고 가슴에 갖다 댄 후 바로 보예와 한비가 개수대에 서 있는 그 사이를 비집고 들어가서는 수도꼭지에 오른손에 잡은 그릇을 2초간 갖다 대고 한 발 뒤로 물러서 바로 입에 대어 그릇과 함께 고개까지 뒤로 젖혀서 마시는 흉내를 낸다. 또다시 그 개수대로 다가가 보예와 한비가 서 있는 사이를 비집고 들어가 수도꼭지에 오른손에 잡은 파란색 그릇을 갖다 대는데 한비가 뺏으려 하자 "아!" 하고 찡그리며 큰 소리를 지른다. 그리고는 뒷걸음질치며 접시를 잡은 손까지 함께 파란색 그릇을 잡는다. 그러자 한비가 멈추고 다른 국자를 수도꼭지에 갖다 대는 것을 보고는 다시 앞으로 걸어가 수도꼭지에 오른손에 잡은 파란색 그릇을 갖다 대고 바로 입에 갖다 대어 마시는 시늉을 한다. 그리고 각각의 손에 든 접시와 그릇을 들고 미술영역 쪽으로 천천히 걸어가	• 놀이상황: 다현이는 역할영역에서 물을 마시는 놀이를 하다가 음률영역으로 이동해 카세트를 눌러 노래를 듣다가 다시 미술영역으로 이동하여 색종이를 접는다.
09:42	더니 바닥에 허리를 숙여 양손에 잡은 것들을 내려놓고 바닥에 있는 동그란 모양의 초록색 반짝이 모루를 잡고 일어서면서 머리에 양손으로 끼우고 목에 건다. 그때 보예가 다가오자 얼른 접시와 그릇을 잡고 앞으로 걸어가다가 뒤를 돌아본다. 보예가 미술영역의 교구장 서랍을 여는 것을 보고 음률영역의 책상 위에 놓인 카세트 앞으로 다가가 무릎을 꿇고 양손에 잡은 각각의 그릇을 동시에 책상 위에 내려놓은 후 왼손으로 볼륨버튼을 돌리고 오른손 검지손가락으로 빨리감기 버튼을 누른다. 그런데 노래가 안 나오자 교사를 바라보며 "엄마! 안 나왔띠요"라며 고개를 가로저으며 바로 오른손 검지손가락으로 재생 버튼을 또 누른다. 그런데 "숲 속 작은집 창가에"라고 음악이 나오자 양손을 가슴 앞에 모은 채 "허? 엄마! 때!"라고 말하고는 박수를 치면서 흥얼거리고 동시에 다리를 구부렸다 펴면서 몸을 움직인다. 그런데 바로 그때 별이가 다가와 카세트를 만지려고 하자 박수를 치던 왼손으로 별이 가슴을 밀어 버리고 또다시 박수를 치면서 "편히 쉬어라!"를 허밍으로 따라 흥얼거린다. 노래가 끝나자 다시 선 채로 왼손을 이용하여 카세트의 재생버튼을 오른손 검지손가락으로 누른다. 그러자 또 "순종이란 나를"이라고 노래가 나오자 박수를 치다가 건이가 다현	

09:45	이 쪽으로 다가오자 몸으로 카세트를 막는다. 그래도 건이가 가지 않자 목에 건 초록색 반짝이 모루를 벗어 버리고 왼손으로 카세트의 버튼부분만 가린다. 그리고는 친구가 다가오는지 움직이지 않고 바라만 본다. 계속해서 뽀뽀뽀 노래가 나오자 카세트가 놓인 책상 옆에 앉아서 바닥에 떨어진 동그란 모양의 빨간색 반짝이 모루를 보고 목에 걸었다가 즉시 빼낸다. 그리고는 바닥을 양손으로 짚고 일어나서 미술영역으로 다가가 교구장 모서리를 왼손으로 잡고 교구장 안에 있는 것들을 살핀다. 그러더니 앞으로 걸어가는데 색종이가 담긴 투명 서랍장 안에 오른발을 넣어 천천히 미끌리듯 밟는다. 순간 왼손으로 교구장을 잡고 오른발을 뒤로 끌어당겨 서고는 허리를 숙여 색종이 서랍장을 오른손으로 집어 들고 비어 있는 교구장 안에 양손으로 들어 교구장 안에 넣는다. 그때 준서가 요플레 숟가락을 한 개 들고 오자 아무 말 없이 왼손으로 방금 집어넣었던 교구장 서랍을 열고 준서가 숟가락을 넣자 다시 다현이가 닫는다. 그리고 왼손으로 교구장 위에서 아래로 쓸어내리며 살피다가 색종이 서랍장 칸을 왼손으로 열고 오른손으로 주황색 색종이를 골라서 꺼낸다. 뒤로 돌아 책상 앞에 무릎을 꿇고 앉으며 책상 위에 내려놓고는 양손으로 색종이를 1/5 가량을 접어 계속 앞으로 접어 말아서 꼭꼭 눌러 접는다. 그리고는 계속 그만큼씩 앞으로 접어 올려 막대모양을 접더니 오른손에 잡고 일어서서 접은 색종이의 끝을 턱에 한 번 갖다 대어 보고 왼손 검지손가락을 색종이 사이에 끼워 넣어도 본다. 계속해서 양손으로 그것을 왼쪽 눈에 갖다 대어 보고 오른쪽 눈을 감는다. 즉시 떼고는 접은 색종이 끝을 턱에 5번 짧게 연속으로 찌른다. 그런 후에 접은 색종이를 즉시 반으로 접고 또 반으로 접으며 걸어가더니 쓰레기통에 버린다. 다시 교구장쪽으로 빠른 걸음으로 걸어가서 즉시 왼손으로 색종이 서랍을 열어 오른손으로 주황색 색종이를 꺼내어 색종이를 뒤집어 보며 살펴보더니 책상에 앉는다. 그때 다현이의 오른쪽에 준서가 앉자 한번 보기만 하고서 색종이를 책상 위에 올려놓고 빠르게 종전처럼 양손을 이용하여 앞으로 접어 위로 올린다. 그리고 다 접은 것을 왼손에 잡더니 교구장을 한번 살펴보고 오른손으로 색종이를 왼쪽에서 오른쪽으로 3번 쓸어내린다. 그리고는 휴지통 쪽으로 뛰어가서 접은 색종이를 버리고 다시 미술영역으로 빠르게 걸어간다.	

요 약
• 다현이는 흉내놀이(~하는 척)를 한다. • 스스로 카세트를 사용할 줄 알고 있다. • 바르게 정리 정돈을 할 수 있다. • 색종이를 접어 올리고 다양한 방법으로 탐색할 수 있다.

표본식 기술 관찰양식

〈사례 2〉

관찰아동 : 강준서　　**생년월일** : 2009. 01. 25　　**관찰일 현재 연령** : 2년 2월
관 찰 자 : 고금연　　**성　　별** : ㊚ · 여　　**관찰시간** : AM 9:35~9:45
관찰장면 : 자유선택놀이활동 중 쌓기영역　　**관찰일자** : 2011. 03. 22

시간	기 록	주석
9:35	준서가 레고블록 바구니 속에 있는 제일 얇은 보라색, 하늘색, 노랑색 블록을 꺼내 십자가 모양을 만든다. 수민이가 다가와 "작은 거 할꺼?"라고 묻는데도 아무런 말없이 레고를 하나씩 붙이면서 "이거 이렇게 하는 거"라고 말한다.	• 놀이상황: 준서는 쌓기영역에서 레고를 가지고 놀이하다가 다시 자동차를 가지고 놀고 있다. • 놀이친구: 김수민, 김영해, 임석영
	수민이가 "나도 만들어 주라"라고 말하자 십자가 모양으로 만들어진 것을 수민이에게 준다. 수민이가 들고 일어서는 순간 바닥에 떨어져 부서지자 준서가 "내가 해 줄게"라고 하며 흩어진 블록을 모아 십자가 모양을 만들고 오른손바닥으로 위를 두 번 탁탁 치고 완성된 것을 수민이에게 준다.	
	수민이가 오른손으로 잡고 일어서면서 "안 부서진다"라고 이야기하자 준서는 "우리가 더 세지~!"라고 말하며 언어영역으로 이동한다.	
9:38 9:40	준서는 언어영역 쿠션 위에 누워 블록으로 만든 칼모양 블록을 만지면서 "이거하면 손 잘라져?"라며 수민이에게 묻자 수민이가 "아니~ 손 안 잘라져~ 여기 뼈 있어서 못 잘라~"라고 말하며 오른손을 만지며 준서에게 말한다. 그러자 준서가 "우리 작은아빠 집에 잘라진 가위이서~ 그리고 우리 집에 경찰차도 인~, 우리 집에 경찰차 인~"이라고 점점 큰 소리로 이야기한다. 준서는 언어영역에서 일어나 자동차 놀잇감이 있는 쌓기영역으로 다시 이동하여 불도저 자동차를 앞뒤로 밀면서 "붕붕~" 하고 소리를 낸다.	
	카펫 위에 있는 여러 개의 사각블럭을 차례대로 불도저 자동차 앞쪽에 싣는다. 불도저를 양손으로 잡은 후 언어영역으로 이동한다.	
9:43	언어영역에서 불도저 자동차를 쿠션 위에 올려놓고 위에서 아래로 밀고 당기며 움직인다. 불도저 자동차에 있는 사각블럭이 앞쪽으로 쏟아지려고 하자 사각블럭이 떨어지지 않도록 불도저 앞을 왼손으로 잡는다. 자동차를 양쪽 손으로 잡아 책상 위에 올려놓고 가지고 있던 불도저 자동차를 양손으로 잡고 위로 올렸다 내린다.	
	석영이가 다가와 "포크레인 나도 할꺼"라고 말하며 가지고 가려고 하자 준서가 "내가 하는 거네~"라고 말하며 포크레인과 트럭을 가져가지 못하게 하며 책상 위에 올려놓는다. 불도저에 실려있던 사각블럭을 포크레인으로 옮기면서 "윙~" 하고 소리를 내며 트럭 짐칸에 사각블럭을 쏟아 넣는다.	
	석영이가 "나도~ 나도"라고 이야기하자 준서가 "너 이거 해~"라고 하며 불도저를 석영이에게 준다. 석영이가 "이거 아니~"라고 하며 짜증을 내며 자동차를 밀자 책상 위에서 떨어진다.	
	트럭 뒤에 실려 있던 사각블럭을 다시 책상 위로 쏟아놓자 그것을 포크레인에 옮겨 다시 트럭으로 옮기는 것을 반복한다.	

요 약
• 준서는 친구에게 자신이 만든 놀잇감을 나누어 주는 친사회적 행동을 보인다. • 포크레인과 트럭 같은 자동차가 하는 일과 자동차 명칭에 대해 알고 있다.

표본식 기술 관찰양식

〈사례 3〉

관찰아동 : 김기태 **생년월일** : 2010. 02. 07 **관찰일 현재 연령** : 2년 8월
관 찰 자 : 정정은 **성 별** : (남) · 여 **관찰시간** : PM 3:45~ 4:00
관찰장면 : 자유선택활동 중 쌓기영역 **관찰일자** : 2012. 10. 8

시간	기 록	주석
3:45	기태가 쌓기영역으로 가서 벽돌블록을 하나씩 꺼내어 벽면에서부터 자신의 몸이 들어갈 수 있도록 오른쪽에서 왼쪽으로 주위를 둘러가며 벽돌블록을 한 줄로 5개 연결한다. 5개 연결한 벽돌블록 끝에 친구 윤진이가 놀이하고 있는 와플블록 바구니를 2초간 바라보더니 바구니를 두 손으로 잡고 울타리 밖으로 밀어낸다. 윤진이가 아무 말 없이 울타리 밖을 걸어 나오자 기태는 계속해서 벽돌블록을 하나씩 꺼내어 들고 연결하여 12개의 벽돌블록으로 울타리를 만든다.	• 놀이상황: 기태가 벽돌블록으로 울타리를 만들어 집을 완성하고자 한다.
3:50	윤진이가 와플블록 바구니를 들고 키태가 만든 울타리 안으로 들어가 앉자 벽돌블록 2개가 쓰러져 버린다. 기태가 이 모습을 3초간 바라보더니 "윤지니~" 하고 크게 이름을 부른 후 쓰러진 벽돌블록 옆에 앉아 2층으로 벽돌블록 4개를 쌓아 다리를 구성한다. 구성한 다리가 2초 뒤 쓰러져 버리자 "아이~~"하며 다시 쌓는다.	• 놀이친구: 손하율
3:52	벽돌블록 4개를 이용해 2개씩 2층으로 양족 다리를 세우고 맨 위에 벽돌블록 하나를 올려놓은 후, 벽돌블록 사이 틈을 손가락으로 가리키며 "하율~ 통과하는 거야. 이렇게~" 라고 말하며 손가락을 블록 사이에 넣었다 뺀다. 하율이가 소리 없이 함께 눈을 마주치며 2초간 웃는다. 기태가 몸을 돌려 뒤에 있는 블록을 2개 더 가져와 위로 쌓으며 " 하율~ 이거 집이야. 우리 집 맞지~"라고 한다. 하율이가 대답 없이 바닥에 놓인 인형을 앉고 기태 반대 방향으로 돌아앉자 기태는 윤진이를 바라보며 "우리 집이지~!!!" 하고 말한다. 윤진이가 바라보지 않고 하율이와 인형만 토닥이고 있자 벽돌블록을 하나씩 들어 더 높이 쌓는다.	• 놀이교구: 벽돌블록: 벽돌무늬의 종이블록
3:57	기태의 머리만큼 쌓아올린 벽돌블록 사이 틈을 손가락으로 가리키며 "하율~ 인형 들어가봐"라고 말한다. 하율이가 벽돌블록을 1초간 바라보고 인형을 자신의 옆에 앉히며 "인형, 인형 안한대" 라고 말한다. 기태가 앉아 있는 인형 손목을 끌어당기자 하율이가 "안돼~~!!" 라고 크게 말한다. 하율이를 2초간 바라보더니 쌓인 블록을 위에서부터 하나씩 던져 버린다.	

요 약

- 기태는 블록으로 다리구성, 울타리 쌓기, 설계 등을 하고 논다.
- 기태는 친구들과 함께 집단놀이를 하고 논다.

표본식 기술 관찰양식

〈사례 4〉

관찰아동 : 임예지	**생년월일** : 2010. 01. 10	**관찰일 현재 연령** : 2년 9개월
관 찰 자 : 이아라	**성 별** : 남 · ⓨ	**관찰시간** : AM 10:35~10:48
관찰장면 : 자유놀이 시간		**관찰일자** : 2012. 10. 15

시간	기 록	주석
10:35	예지는 역할영역에 있는 곰돌이 가방에 헝겊 제질의 음식 모형 중 바나나, 수박, 가지, 옥수수의 음식모형을 손으로 하나하나 집어서 넣는다. 야채와 과일이 가득 담긴 곰돌이 가방을 등에 매고 난 뒤에 양 가방을 손에 집어 들고 아현이에게 다가가 "아현이, 우리 놀이하자"라고 이야기하며 아현이에게 예지가 양 가방을 건넨다. 아현이는 웃으며 가방을 받아 한 손으로 가방의 끝을 오른손으로 잡아 매고 왼손으로는 다른 쪽의 끈을 잡으려 하는데 잘 안 되자 "선생님 가방이 잘 안 되요. 선생님이 도와 주세요."라고 이야기한다. 그러자 예지는 "내가 도와 줄게" 라고 하며 아현이가 잡으려 했던 가방 끈을 잡아 왼쪽에 맬 수 있도록 도와 준다. 아현이와 예지는 가방을 매고 난 뒤 손을 잡고 교사에게 다가와 "선생	• 놀이상황: 예지는 역할영역에서 아현이와 놀이하다 언어영역에서 책을 본다. 다시 역할영역에 돌아와 화장놀이를 하다, 어부바 놀이로 바꾼다. • 놀이친구: 이아현, 박규랑
10:39	님 우리 소풍가요"라고 예지가 이야기한다. 예지와 아현이는 손을 잡고 곰 세 마리 노래를 부르며 교실을 빙글빙글 돌기 시작한다. 3바퀴 돌고 난 뒤 "아현이 우리 책 읽을 까"라고 예지가 이야기하자 아현이는 "응" 이라고 대답한다. 언어영역에 가서 예지가 먼저 책을 골라 소파에 앉으며,	
10:43	"내가 읽어 줄게" 라고 이야기하며 선생님처럼 아현이와 마주 앉아 왼손으로 책을 잡고 오른손으로 책장을 넘기며 '아기사자는 슬펐어요.' 라고 이야기하며 책을 읽는다. 책을 읽는 도중 아현이가 다른 영역으로 가려 하자 예지는 "아현이, 우리 이제 병원가자" 라고 이야기한다. 아현이가 "병원?"이라 하자 "응" 이라고 한다. 그 때 곁에 있던 규랑이가 다가와 립스틱, 파우더, 드라이기, 빗이 들어 있는 화장놀이 교구가방을 예지에게 건넨다. 그러자 예지는 "규랑아 화장해 줄까?" 라고	
10:46	이야기하며 화장놀이 교구를 받는다. 규랑이와 예지는 역할영역에 앉는다. 예지는 규랑이에게 받은 화장품이 들어 있는 가방 속에서 눈 화장 도구와 립스틱을 꺼내 규랑이에게 곰 세 마리 노래를 부르며 노래가 끝날 때까지 눈 화장도 해 주고, 립스틱을 발라 준 다음 "다 되었어요"라고 이야기한다. 갈색 곰돌이 인형을 파란색 스카프로 업고 있는 주현이가 예지 앞을 지나간다. 인형을 업고 있는 친구를 보고 난 뒤 음률영역에 있는 보라색 스카프를 들고 역할영역으로 간다. 역할영역에서 아기인형을 들고 난 뒤 교사에게 다가와 "선생님 어부바해 주세요."라고 이야기한다. "예지가 가방을 매고 있는데 어부바를 어떻게 하면 좋을까요?" 라고 교사가 이야기하자 "앞으로 어부바 하면 되요" 라고 이야기한다. 교사가 어부바를 해 주자 "이렇게 하면 되죠?" 라고 이야기하며 어부바를 하고 있는 주현이에게 다가간다.	

요 약

- 예지는 친구를 도와주는 친사회적 행동을 보인다.
- 예지는 자신의 의견을 자유롭게 이야기하며, 놀이를 이끌어 간다.
- 예지는 높은 단계의 사회적 놀이인 집단놀이와 높은 단계의 인지적 놀이인 역할놀이를 하고 논다.

표본식 기술 관찰양식

〈사례 5〉

관찰아동 : 김다정　　생년월일 : 2009. 01. 10　　관찰일 현재 연령 : 3년 8월
관 찰 자 : 정혜미　　성　　별 : 남 · (여)　　관찰시간 : AM 10:10~10:20
관찰장면 : 자유놀이시간 중 역할영역　　관찰일자 : 2012. 10. 16

시간	기 록	주석
10:10	다정이는 싱크대에 서서 설거지를 하고 있고 그 옆으로 진희가 다가온다. 진희가 "뭐해?"라고 묻자 다정이가 진희에게 "진희야! 우리 엄마, 아빠 놀이하자!"라고 말한다. 다정이는 설거지 놀이를 멈추고 소꿉놀잇감이 담긴 바구니에서 칼을 꺼낸다. 벽돌블록 위에 칼을 대고 "쓱쓱싹싹 맛있는 요리, 쓱쓱싹싹"이라고 말을 하며 음식을 써는 시늉을 한다. 그러다가 자리에서 일어나 진희에게 "우리 피자 먹자! 맛있는 피자!"하며 헝겊으로 된 피자 모형을 가져온다.	• 놀이친구: 피자모형: 6조각의 헝겊으로 된 피자모형
10:13	피자모형과 바구니에서 빨강색 스카프를 꺼내어 선생님에게 건네 준다. "선생님, 피자 싸 주세요. 소풍갈 때처럼 묶어 주세요"라고 말한다. 교사가 "피자를 스카프 위에 올려놓고 피자 모형들이 떨어지지 않게 묶어 주면 될까?"라고 묻자 "네! 선생님 지금 이거는 친구들한테 피자 배달하는 거예요!"라고 말한다. 선생님이 스카프에 싸 준 피자 보따리는 왼손에 들고 역할장으로 이동하여 소방관 모자를 꺼내더니 머리 위에 쓴다. 친구들이 있는 자리로 다시 가서 "피자 배달 왔습니다. 피자 배달이에요!"라고 외친다.	• 놀이친구: 수정, 은수
10:15	아기인형을 업은 수정이가 다정이 옆으로 오더니 아기인형을 바닥 위에 내려놓고 "아기야, 엄마랑 피자 먹자."한다. 수정이가 다정이에게 "피자 하나만 주세요"라고 말하자, 다정이는 스카프를 풀어서 6조각으로 나누어진 피자 중에서 1조각을 떼어내려다가 잠시 멈추고 수정이에게 "어떤 것으로 줄까요? 무슨 맛 피자를 줄까요?"라고 묻는다. 수정이가 손가락으로 노란색으로 토핑이 된 피자를 가리키며 "이거! 이거 하나 주세요"라고 하자 다정이는 수정이가 가리킨 피자 조각을 떼어내며 수정이에게 "자 먹어보세요. 피자가 맛있어요. 그런데 뜨거워요. 조심하세요"라고 말한다.	• 놀이상황: 아기엄마: 수정 피자배달: 다정 피자배달을 하는 다정이가 친구들에게 피자를 나누어 주는 놀이를 한다
10:17	북을 두드리며 놀이하던 은수가 놀이를 멈추고 다정이와 수정이 옆으로 온다. "나도 피자 주세요"하며 다정이 옆 자리에 앉는다. 다정이는 "여기 있습니다"라며 은수에게 빨강색의 피자를 건네준다. 은수가 빨강색 피자 조각을 건네받고는 "냠냠 맛있다" 소리를 내면서 먹는 흉내를 낸다. "후~~근데 맵다! 피자는 매워. 빨강색이라서 피자가 매운거야. 김치맛 같아. 친구들아, 나 물 먹고 올게. 선생님 나 물 먹고 올게요" 하며 물을 마시러 밖으로 나간다.	
10:20	물을 마시고 온 은수가 빈 바구니를 들고 친구들에게 와서 "윙~청소기가 왔어요. 청소기에요"라고 말한다. 은수를 본 다정이가 "청소기가 왔으니 이제 치워요. 청소는 엄마가 하는 거에요.. 다 담아요. 엄마말 들어요"라고 말한다. 수정이와	

	다정이가 바닥에 놓여 있는 피자모형과 스카프, 접시로 사용한 소꿉 놀잇감들을 모두 모아 은수가 들고 있는 바구니에 담으며 "고마워요 청소기! 안녕"하며 웃는다.	

요 약
• 다정이는 친구들 사이에서 놀이를 제안할 수 있다. • 극화놀이(흉내놀이, 역할놀이)를 할 수 있다. • 다정이는 높은 단계의 사회적 놀이인 집단놀이와 높은 단계의 인지적 놀이인 역할놀이를 하고 논다

표본식 기술 관찰양식

〈사례 6〉

관찰아동 : 이승예　　**생년월일** : 2008. 08. 17　　**관찰일 현재 연령** : 4년 2월
관 찰 자 : 최현아　　**성　　별** : 남 · ㊍　　**관찰시간** : AM 11:00~11:15
관찰장면 : 자유선택시간-조형영역　　**관찰일자** : 2012. 10. 12

시간	기 록	주석
11:00	승예가 출석판에서 자신의 이름표를 떼고 달려가 조형영역에 붙인다. 종이접기 순서도판을 2초 보더니 "한복 접기다.!"라고 말한 후 빨간색 색종이 한 장을 꺼내며, "선생님, 한복 접기예요."라고 말한다. 교사가 "그러네. 승예 혼자 접을 수 있겠어? 접다가 어려우면 도와 주세요라고 말해요."라고 말하자 "네"라고 말한 뒤 순서도판을 2초 보고 세모 접기를 한다. 그리고 아이스크림 접기를 한 후 "선생님, 모르겠어요."라고 말한다. 교사가 "이제 꼬리를 이만큼만 올려주면 되요."라고 말하며 꼬리를 올려 주자 "아!"라고 말하고 방긋 미소를 지으며 교사를 쳐다본 후 "그 다음에는요?"라고 묻는다. 교사가 접혀진 색종이의 모서리를 가리키며 "여기 모서리를 조금만 접어 주면 되요. 반대쪽도 똑같이 승예가 해봐요."라고 말하자 모서리를 세모모양으로 4cm 정도 올려 접는다.	• 놀이상황: 승예가 조형영역에서 종이접기를 하다가 윤이와 함께 책을 만든다. • 놀이친구: 곽윤
11:08	선생님이 "자, 이제 완성됐다."라고 말하자 승예가 옆에 있던 윤이에게 "윤아, 나 한복 접었다."라고 말한다. 윤이가 "치마만 있자나."라고 말하자 승예가 "이따가 조끼랑 윗도리 만들거야."라고 말한다.	
11:10	윤이가 "나는 책 만들 건데."라고 말하며 이면지 4장을 들자 승예가 "책 어떻게 만들어?"라고 묻는다. 윤이는 "이렇게"라고 말하며 물레방아 테이프를 4번 돌린다. 그리고 왼손으로 이면지를 들고 오른손 검지손가락으로 이면지 왼쪽 가장자리를 가리키며 "자, 여기에 테이프를 붙이는 거야."라고 말하고는 이면지 가장자리에 테이프를 약 2cm 간격으로 3개 붙인다. 승예가 보고는 "아~ 나도 해볼래."라고 말하며 이면지 3장을 꺼내고 이면지 묶음 왼쪽 끝에 물레방아 테이프를 3개 떼어 약 3cm 간격으로 붙인다. 그리고는 "선생님, 책 만들었어요. 엄마한테 보여줄래요."라고 말하고는 가방이 있는 사물함 앞으로 가서 가방에 만든 작품을 넣는다.	

요 약
• 자신의 작품에 자신감을 가지고 교사와 친구들에게 소개할 수 있다. • 자신의 생각을 상대방에게 전달할 수 있고 질문에 알맞은 대답을 할 수 있다.

표본식 기술 관찰양식

〈사례 7〉

관찰아동 : 최은미 **생년월일** : 2008. 04. 06 **관찰일 현재 연령** : 4년 6월
관 찰 자 : 윤현주 **성 별** : 남 · ㊊ **관찰시간** : AM 11:20~11:30
관찰장면 : 실외놀이시간 **관찰일자** : 2012. 10. 15

시간	기 록	주석
11:20	은미는 래미안 아파트 모래 놀이터에 있는 미니탁자에서 모래놀이를 한다. 은미가 납작한 돌멩이를 4개 주워 미니탁자 철망 위에 올린 후, "고기 구워 먹어야지. 나랑 같이 고기 구워 먹을 사람 여기여기 붙어라~"라고 외친다. 놀이터 옆 언덕에서 바닥에 떨어진 작은 열매를 줍고 있던 범진이가 손을 들고 은미에게 다가가며 "내가 체리 가져왔어. 체리도 고기와 같이 구워 먹자"라고 말하고 나무 열매 5개를 철망 위에 내려놓는다. 아민이는 "고기는 원래 깻잎에 쌈싸서 먹는거야"라고 말하며 낙엽을 양손 가득 가져와 탁자 위에 올린다. 수영이가 다가와 "고기에는 소금 뿌려서 먹는건데"라고 말하자 은미는 모래를 한 움큼 쥐더니 돌멩이 위에 뿌리며 "그럼 이렇게 뿌리면 되지"라고 말한다. "이제 다 구웠다. 먹자"라고 말하며 낙엽 위에 돌멩이와 체리를 놓고 먹는 시늉을 한다. 범진이는 "우리 캠핑 온 것 같다"라고 말하고 은미가 "이제 다 먹었으니깐 다른 거 또 가져와서 구워 먹자"라고 말한다. "그래"라고 말하며 수영이와 범진이, 아민이는 모래 놀이터 옆에 있는 나무들의 아래를 살피기 시작한다. 나무 아래를 살피는 범민이에게 교사가 찾은 게 있는지 물어 보자 범민이는	• 놀이상황: 모래 놀이터에서 자연물을 이용하여 고기를 구워 먹는 놀이를 하고 있다. • 놀이친구: 이수영, 김범진, 김아민
11: 23	나무 아래 떨어진 솔방울을 가져오며 "교실에 있는 솔방울하고 똑같은 거다"라고 말한 후, 은미에게로 가져간다. 강아지풀을 주워 온 수영이도 교사에게 "이건 아주아주 긴 고기예요."라고 말하며 모래 놀이터로 간다. 크고 작은 크기의 돌멩이와 길고 짧은 낙엽들을 제각각 모은 후, 다시 한 번	
11: 27	고기 굽는 놀이를 하던 은미는 교사를 향해 손짓하며 "선생님도 와서 드세요. 우리 맛있는 고기 구워 먹고 있어요." 한다. 은미에게 다가가 어떻게 먹어야 하는지 물어 보자 낙엽 위에 돌멩이와 나무 열매를 올린 후, "선생님 아~ 하세요" 한다. 옆에 있는 다른 친구들도 "나도나도 선생님 줄래"하며 음식을 싸 교사에게 준다. 교사가 "잘 먹겠습니다."라고 말하며 먹은 후, "이제 배가 불러서 운동하러 갈게요"라고 말하며 놀이에서 빠져 나오자 은미가 "운동하고 배 고프면 또 오세요~"라고 말하며 다시금 남은 돌멩이와 나무열매를 굽기 시작한다.	

요 약
• 은미는 놀이를 친구에게 제안하며 역할놀이를 활발하게 하고 있다. • 놀이상황을 잘 묘사하며 상징하여 놀이할 수 있다. • 친구와 높은 단계의 사회적 놀이인 집단놀이를 하고 논다.

표본식 기술 관찰양식

〈사례 8〉

관찰아동 : 김소연　　**생년월일** : 2004. 04. 29　　**관찰일 현재 연령** : 4년 7월
관 찰 자 : 이정아　　**성　　별** : 남 · ㊛　　**관찰시간** : PM 03:23~03:34
관찰장면 : 자유선택놀이 활동 중 소꿉영역　　**관찰일자** : 2008. 11. 24

시간	기　록	주석
3:23	소연이가 미용실 앞치마를 꺼내 입으며 옆에 있는 재원이에게 "재원아 너 손님해라"하고 말한다. 재원이는 말없이 미용실 거울을 보고 방석에 앉는다. 소연이는 "손님 무슨 머리 할 거예요?" 하고 말하며 머리 스타일 책을 준다. 재원이가 머리 스타일 책을 보며 "음음…"하며 머리 스타일 책을 넘기다가 책을 들고 옆 친구에게 가려고 한다.	• 머리 스타일 책 : 여러 가지 머리 스타일별로 그 머리를 한 사람들을 모아 사진을 붙여 놓은 책(짧은머리, 긴머리, 파마머리등 등…)
3:25	소연이가 "김재원 너 머리하고 가야지"하고 말하며 재원이의 팔을 잡으며 웃는다. 재원이는 다시 자리에 앉는다. 소연이가 미용실 가운을 꺼내 목을 돌려주며 "잠깐만요" 한다. 재원이는 손가락으로 파마머리를 한 사람 사진을 가리키며 "이 머리로 해 주세요."라고 말한다. 소연이는 "네 손님"하며 책을 정리한다. 소연이는 재원이의 머리를 찍찍이롤을 이용하여 만다. 옆에서 서은이가 다가	찍찍이롤 : 파마머리를 말 때 사용하는 미용도구
3:26	와 "나도 할래"하고 말하자 소연이는 "그래"하며 서은이에게 손에 있는 찍찍이 1개를 준다. 소연이와 서은이가 재원이 머리에 찍찍이 롤을 다 붙이고는 "와~ 다 붙었네."하고 말한다. 서은이가 "우리가 다했지? 끝!"이라고 말하자 소연이가 "아니야! 머리 안 감았어. 머리 감아야 끝나는 거야."하고 말하고는 재원이를 쳐다보며 "머리 감을 꺼에요."라고 한다. 소연이는 교실 양옆을 3초간 둘러본다. 그리고는 서은이에게 "우리 여기서	• 놀이친구: 김소연, 김재원, 최서은
3:28	머리 감을까?"하며 싱크대를 보고 웃는다. 서은이가 "그래" 하고 말하자 소연이는 재원이에게 "머리 감을 꺼에요"하며 재원이 팔을 당기며 일으킨다. 재원이가 싱크대를 보고 서 있자 소연이가 "뒤 돌아야 해" 한다. 재원이가 뒤 돌자 재원이의 머리를 살짝 잡으며 "머리 더 내려"한다. 재원이는 고개를 뒤로 젖혀 머리를 싱크대에 댄다. 서은이가 "머리 감자"하고 싱크대 수도를 한번 누르고는 "쒸~"하며 입으로 물이 나오는 소리를 낸다. 소연이와 서은이가 함께 손으로 머리카락을 흔든다. 서은이가 "머리 다 감았어요"하자 소연이는 "우리 샴푸도 안했잖아"하며 웃는다. 소연이가 옆에 있는 화장품 로션통을 들고는 재원이 머리에 붓는다. 재원이가 "그만할래"하며 일어나려고 하자 소연이는 "눈에 안 들어가게 할게. 하나도 안 따갑다. 다했다. 다했다."한다. 서은이가 "이제 말리자" 하자 소연이는	• 놀이상황: 헤어디자이너: 소연 헤어디자이너: 서은 손님 : 재원
3:30	재원이에게 "다했어요. 저기 가서 앉아요."한다. 재원이는 방석에 다시 앉아 양손을 흔들며 머리 말리는 행동을 한다. 서은이가 "휴"하고 크게 숨을 쉬자 소연이는 "이제 머리만 자르면 되요	
3:31	하고 말한다. 소연이가 서은이에게 "넌 머리 잘라 난 파마 뺄게." 하며 찍찍이롤을 뺀다. 서은이가 손으로 가위 모양을 만들어 자르는 흉내를 내자 소연이는 "가위랑 빗으로 잘라야지"하며 서은이에게 장난감 가위랑 빗을 준다. 서은이가	

3:33	재원이 머리를 몇 번 자르는 흉내를 하더니 "다했습니다."한다. 재원이가 "와~" 하자 소연이는 "이제 돈 내고 가요" 하고 말한다. 재원이와 소연이가 손에 무언가 서로 건네는 행동을 하며 "여기요" 하고 다른 영역으로 이동하려고 하자 소연이는 재원이를 따라가며 "가운은 벗고 가야지" 하며 가운을 벗기며 크게 웃는다.	
요 약		
• 소연이는 높은 단계의 사회적 놀이(집단놀이)와 높은 단계의 인지적 놀이(역할놀이)를 한다. • 소연이는 놀이를 친구에게 제의하며 역할놀이를 활발하게 하고 있다.		

표본식 기술 관찰양식

〈사례 9〉

관찰아동 : 최성식　　생년월일 : 2007. 07. 12　　관찰일 현재 연령 : 5년 3월
관 찰 자 : 이지영　　성　　별 : 남 · ㈒　　관찰시간 : AM 09:40~09:50
관찰장면 : 자유선택 놀이 활동시간 언어영역　　관찰일자 : 2012. 10. 8

시간	기 록	주석
9:40	성식이가 언어영역으로 걸어가면서 “지금은 언어영역에서 놀고 점심 먹고 쌓기영역 해야지”라고 영우랑 동현을 쳐다보면서 큰 목소리로 이야기한다. 언어영역 이름표판에 선 성식이가 왼쪽으로 돌아보며 “영우야 나랑 같이 언어영역에서 편지쓰기하자”라고 이야기한다. 쌓기영역에서 활동을 하던 영우가 성식이가 부르는 소리에 오른쪽으로 고개를 돌리며 성식이를 3초간 쳐다보다가 레고블럭 여러 개를 끼운 비행기를 손으로 만지작거리더니 “그래 같이 놀자”라고 이야기한다. 영우는 여러 겹 끼워 있던 레고블록을 양손으로 잡아당겨 모두 빼서 바구니에 정리를 하고 언어영역 이름표판 앞에서 기다리는 성식이게 빠른 걸음으로 걸어간다.	• 놀이상황: 성식이가 영우랑 언어영역에서 한자쓰기 활동을 하고 있다. • 놀이친구 : 영우, 동현
9:45	영우가 성식이에게 다가오자 서로 까르르 웃으며 이름표를 붙인다. 성식이와 영우는 언어영역 책상에 나란히 앉아서 성식이는 보라 색깔 색연필을 꺼내 오른손으로 잡고 글자를 쓰기 시작하고 영우는 파란 색깔 색연필을 꺼내서 오른손으로 잡고 종이에 글자를 쓰기 시작한다. 성식이가 “영우야 우우 우리 집에 진짜 한자책 있다”라고 이야기하자 듣고 있던 영우가 “우리 집에는 없는데…”라고 천천히 이야기를 한다. 성식이는 글자를 쓴 종이를 오른쪽에 앉아 있는 영우에게 보여주며 빠르고 큰 목소리로 “이거는 불 화,이거는 물 수야, 8급 한자에 나와~”라고 이야기한다. 이 말을 듣고 있던 영우가 성식이가 만든 책을 가리키면서 “이거 나주라”라고 이야기하자 성식이는 “싫어, 내가 이거 만들어 줄게”라고 이야기하며 종이를 꺼내서 “불 화, 물 수”라고 써서 영우에게 건넨다. 한자책을 받은 영우는 크크크 웃으며 책 앞면에 자기 이름 조영우라고 쓴다.	
9:48	언어영역을 지나가던 동현이가 앉아 있는 성식이와 영우에게 다가가서 “그거는 갑골문자야”라고 이야기하자 성식이가 “그게 뭔데?”라고 물어 본다. 동현이는 활동이름표를 언어영역에 붙이고는 성식이 왼쪽에 앉아서 왼손으로 여러 가지 모양을 그리며 “이게 갑골 문자야” 라고 이야기한다. “모양을 본떠서 만든 거야”라고 하며 여러 가지 모양을 그린다. 동현이는 “이거는 5급 한자에 나오는 거야” 라고 이야기하면서 ‘번개 전’ ‘눈 설’ 한자를 써서 성식이와 영우에게 보여 준다. 동현이의 말을 듣고 있던 영우가 입고 있던 파란색 티셔츠 앞에 붙은 번개맨 모양을 양손으로 쭉~앞으로 잡아당기며 “번개~~맨~”하고 큰 소리로 이야기한다. 성식이도 함께 “번개~~맨”하고 큰 목소리로 이야기한다. 그리고 성식이는	

9:50	한자책에 번개 표시를 하고 "영우야 번개맨 그렸어" 라고 이야기하자 영우도 자기가 만든 책에 5개의 번개 표시를 그린다. 성식이와 영우는 만든 책을 들고 일어서며 "번개~~파워~~"하고 큰 소리로 말을 한다. 동현이도 함께 "번개 파워~"하며 언어영역에서 일어선다. 성식이가 "우리~번개맨 놀이 하자"라고 이야기하며 연필을 연필꽂이에 정리하고 이름표를 떼서 역할영역으로 간다. 재빠르게 영우랑 동현이도 역할영역으로 따라 간다.	

요 약
• 성식이는 친구들에게 놀이를 제안할 수 있다. • 성식이는 자기의 주장을 이야기하고 친구를 도와줄 수 있다.

표본식 기술 관찰양식

〈사례 10〉

관찰아동 : 한혜연　　생년월일 : 2007. 05. 21　　관찰일 현재 연령 : 5년 5월
관 찰 자 : 오현정　　성　　별 : 남 · ㊛　　관찰시간 : PM 3:55~4:05
관찰장면 : 오후 자유 선택 활동 시간 중 역할영역　　관찰일자 : 2008. 08. 06

시간	기 록	주석
15:55	혜연이가 할로윈 호박 옷을 입고 오른손엔 나무 도마와 칼을, 왼손에는 모형 과일이 들어 있는 바구니를 들고, 모형 식탁 앞에 앉는다. 도마와 칼을 내려놓고, 왼손으로 과일 모형이 담긴 바구니를 연다. 바구니에서 오이, 고추 모형을 꺼내 도마 위에 놓고 오른손으로 '탁, 탁' 소리를 내며 야채 써는 시늉을 한다. 요정 옷을 입은 민아에게 왼손으로 모형 접시를 건네며 "여기에 담아."하고 말한다. 민아는 건네어 받은 접시를 식탁에 놓으며 혜연이를 2초간 바라본다.	• 놀이상황: 혜연이는 민아와 함께 음식 및 식기 모형을 가지고 주방놀이를 하고 있다. • 놀이친구: 최민아
15:57	혜연이가 고추, 오이, 당근, 무의 순서로 야채 써는 시늉을 하고, 큰 냄비에 하나씩 넣는다. 단비가 가방을 메고 뛰어와 민아의 옆에 앉으며 "민아야! 안녕!" 하고 말하자 민아도 "응. 안녕"하고 답한다. 혜연이가 그 모습을 2초간 바라보다가 도마로 시선을 돌린다.	
16:00	민아가 자리에서 일어나 그릇마다 과일을 1개씩 놓자 혜연이도 뒤따라 일어나 작은 나무냄비를 왼손으로 잡아 식탁에 중간 자리에 놓는다. 큰 냄비에 있던 모형 바나나, 오이를 꺼내어 다시 써는 시늉을 한 후민아와 함께 두 냄비에 나누어 담는다. 민아가 오른손에 국자를, 왼손에 작은 나무냄비를 들고 가스레인지로 가서 불판 위에 냄비를 올리고 불 켜는 시늉을 한다. 민아가 냄비를 들고 자리에 와서 앉자 혜연이가 곧바로 일어나 큰 냄비를 불판 위에 올리고 좌우를 본다. 다시 냄비로 눈을 돌린 혜연이가 카프라 블록 두 개를 집어 들고 '탁, 탁' 소리를 내며 6번 냄비 위에서 흔든다.	
16:02	혜연이는 블록을 제자리에 놓고 미술영역으로 갔다가 좌우를 한 번 바라보고는 다시 역할영역으로 돌아와 불판 위의 냄비를 들어 식탁에 놓는다. 민아는 혜연이가 놓은 냄비를 들어 바닥에 내려놓으며 "피망은 그릇에 놓자."하고 말한다. 혜연이가 1초간 피망을 바라보다가 피망을 들어 접시에 담는다. 고추 모형을 집어 들고 같은 접시에 올린 후 복숭아를 들어 접시에 놓다가 복숭아가 바닥에 굴러 떨어지자 "오!"하고 소리를 내며 복숭아를 주워 온다. 왼손으로 접시를 들어 복숭아를 담아 식탁 위에 놓은 후 무와 키위도 차례로 둥근 접시에 놓는다.	
16:04	민아가 호박을 식탁 위에 놓으며, "고추는 매우니까 빼자."하고 말하자 혜연이가 "그래."하며 고추 모형을 들어 바구니에 넣는다. 민아가 "피망도 매워."하고 말하니 혜연이가 "그럼 이것도 뺄까?"하고 말하며 피망을 집어 들고 민아를 바라본다.	

요 약
• 음식 모형을 보고 음식의 이름을 정확하게 말할 수 있다. • 음식의 특성에 대해 알고 있다. • 높은 단계의 사회적 놀이(집단놀이)와 인지적 놀이(역할놀이)를 하고 논다.

표본식 기술 관찰양식

〈사례 11〉

관찰아동 : 유은혜　　생년월일 : 2003. 03. 18　　관찰일 현재 연령 : 5년 7월
관 찰 자 : 김현정　　성　　별 : 남 · ㊛　　관찰시간 : PM 5:10 ~ 5:25
관찰장면 : 자유선택놀이 활동 중 소꿉영역　　관찰일자 : 2008. 11. 17

시간	기　록	주석
5:10	은혜는 은서와 수현이랑 소꿉영역에 있는 책상에 앉는다. 은혜가 은서에게 "우리 엄마 놀이할까?"하고 묻자 은서는 은혜에게 "그럼 내가 애기 할게."라고 말한다. 옆에 앉아 있던 수현이가 "그럼 엄마는 누구 해? 내가 할까?"라고 은혜에게 물어 보자 은혜는 "내가 엄마 할 테니까 너희 둘 다 애기해. 엄마는 너희들이 배고플까봐 음식을 차린다. 저녁을 먹을 준비를 하자."라고 말하고 그릇과 음식모형을 꺼낸다.	• 놀이상황: 은혜가 은서, 수현이와 소꿉영역에서 저녁상을 차리는 중에 상민이와 우영이가 들어와 같이 놀이하는 상황 • 놀이친구: 유은혜 : 엄마 최상민 : 아빠 정우영 : 아빠친구 송은서 : 아기 1 조수현 : 아기 2
5:13	조작영역에서 공구놀이로 팽이를 만든 상민이가 수현이에게 "야, 무슨 놀이 해?"라고 묻자 그릇을 꺼내던 은혜가 "엄마 놀이해."라고 말한다. 상민이는 은혜에게 "나도 할래. 난 아빠."라고 말하고 조작영역에 가서 같이 놀이하던 우영이에게 "우리 소꿉영역에 가서 엄마, 아빠 놀이하자."라고 제안을 한다. 상민이는 우영이와 함께 조작영역에서 만든 팽이를 두고 소꿉영역으로 이동한다. 은혜는 우영이에게 "아빠 친구 분이세요? 애들아, 인사해야지."라며 은서와 수현이에게 인사를 시킨다. 그리고는 우영이에게 "이쪽으로 앉으세요."하고는 자리에 한쪽 자리를 내 주며 앉도록 한다. 그리고 차려진 밥상 위에 포크와 수저를 놓는다. 은서와 수현이가 우영이에게 "아저씨는 뭐하세요?"라고 묻자 우영이는 "아빠랑 같이 장난감 연구소에서 장난감을 만들어 과학자야."하고 말한다. 상민이는 은혜에게 "뭐 도와 줄거 없어요?" 라며 은혜를 도우려고 하자 은혜는 "아니에요. 이제 다 차렸어요. 여기 앉으세요."라고 한다. 그리고 은서와 수현이에게 "이건 아빠 밥이야. 많으니까 너희는 저기로 가서 앉아."하고 우영이 옆에 상민이가 앉도록 한다. 모두 한 상에 같이 둘러앉아 있자 은혜가 "미리 드세요. 난 아직 요리가 안 끝났어요."라며 냄비에 다른 음식모형을 넣고 주걱으로 휘젓는다. 그리고 접시에 담아 상에 앉아서 "나도 배고프다야."라고 말하고 먹는 시늉을 한다.	
5:20	상민이가 우영이에게 같이 살기로 하자고 제안을 한다. 우영이가 "그래. 그런데 우리 둘 중에 누가 키가 더 크지?"하고 상민이를 일으켜 키를 잰다. 은혜와 은서, 수현이가 "우영이가 더 크다."고 하자 우영이는 "그럼 요한이가 1등, 내가 2등, 넌 3등이야."라고 말한다. 은혜는 "갑자기 왜 키 얘기야. 빨리 밥 먹어."라고 한다.	
5:22	인터폰이 와서 교사가 은혜에게 "은혜야, 아빠 오셨어. 집에 가세요."라고 말하자 3초간 말이 없다가 상민, 우영, 은서, 수현이에게 "그럼, 엄마는 일찍 돌아가셨다고 그래."라고 말한다. 상민이가 "그럼 아빠가 대신 요리를 할게. 아빠도 요리 잘 할 수 있어. 그렇지?"라고 말하자 모두 "응"이라고 말한다.	

<table>
<tr><td></td><td>상민, 우영, 은서, 수현이는 5초 정도 먹는 시늉을 하다가 상민이가 먼저 "배가 부르다."며 그릇을 넣어 설거지를 하자 귀가를 위해 외투를 입은 은혜가 "수고해. 나 간다. 내일 봐."라며 인사를 한다.</td><td></td></tr>
<tr><td colspan="3">요 약</td></tr>
<tr><td colspan="3">• 은혜는 친구들에게 놀이를 제안할 수 있다.
• 자신의 주장을 할 수 있고, 친구와의 협동놀이를 할 수 있다.
• 은혜는 높은 단계의 인지적 놀이(역할놀이)를 한다.</td></tr>
</table>

표본식 기술 관찰양식

〈사례 12〉

관찰아동 : 유해영　**생년월일** : 2005. 01. 11　**관찰일 현재 유아 연령** : 5년 8월
관 찰 자 : 박민숙　**성　　별** : 남 · ㊛　**관찰시간** : PM 13:30~13:40
관찰장면 : 자유선택놀이활동 중 역할영역　**관찰일자** : 2011. 03. 22

시간	기　록	주석
13:30	해영이는 역할영역으로 이동하더니, "아, 깜빡했네" 하고는 다시 돌아와서 이름표를 가지고 영역에 붙인 후, "채원아, 같이 하자" 하며 채원이를 큰 소리로 부른다. 채원이는 "조금만 기다려 주라. 그림 다 못 그렸거든" 하고 대답한다. 해영이는 계속 채원이를 바라보며 "그럼 언제까지 기다리냐? 그럼 좋은 방법이 있어. 큰바늘이 7에 35분에 갈 때까지 기다리면 될꺼?" 하면서 채원이에게 묻는다. 채원이는 "알았어, 그만 얘기해. 내가 시계 보면서 빨리 그리면 되네. 너도 그 때까지 조금 참고 인내해야 된다. 알았지?" 하고 약속한다. 해영이는 채원이 손을 바라보더니, "야, 이름표 붙이고 들어와야지? 친구들하	• 놀이상황: 채원 : 택배아저씨 이진 : 물건주인 해영 : 집주인 • 놀이친구: 임채원, 이진
13:34	고 약속한 거 잊어버련?"하고 웃는다. "깜빡한 나도 그렇게 할려고 했거든?"하고 조금 퉁명스럽게 이야기한다. "채원아, 우리 택배차 놀이하자. 너 생각은 어때, 너 생각도 얘기해 봐" 하면서 손을 잡는다. 해영이는 먼저, 채원이에게 "너가 택배 아저씨할 꺼? 아니면 내가 할까?" 하고는 고개를 좌우로 흔든다. 해영이는 갑자기 무릎을 치며 "채원아, 좋은 생각이 난, 완전 지혜로운 생각이 떠올란, 가위바위보 해서 정하자" 하고 얘기하자마자 옆에 있던 진이는 해영이 곁으로 다가가더니, "나도 같이 하자. 나도 할래" 하며 해영이와 채원이를 바라본다. 채원이와 해영이는 고개를 끄덕끄덕거린다. 가위바위보를 부른 후 해영이는 채원이를 보며 "채원아, 너가 먼저 이겼으니까 첫 번째 택배 아저씨 해,	
13:38	두 번째는 진이 물건 주는 사람, 나는 제일 마지막으로 이겼으니까 집주인할꺼? 우리 계속 바꾸면서 하면 되잖아, 응?" 하고 손을 가운데 모아 "화이팅" 하고 외친다. 채원이는 초인종 소리를 내며 "딩동딩동, 여기 효돈어린이집 창의반 교실이지요?" 하고 해영이를 계속 바라본다. 해영이는 설거지를 하는 도중 앞치마에 손을 닦고서 "예, 예. 창의반 교실이에요. 잠깐만요, 기다리세요, 문 열어 줄께요" 하고 문을 열어 준다. 채원이를 바라보며 "다음에는 핸드폰으로 전화하고 오세요. 우리 엄마가요, 아무나 문 열어 주지 말라고 했어요" 하면서 얘기한다. 채원이를 보면서 "아저씨, 커피 한 잔 드실래요?" 하고 "조금만 기다리세요" 하며 쟁반에 컵을 올려서 "여기 있어요. 맛있게 드세요" 하며 택배 아저씨에게 전한다. 채원이는 다시 해영이를 보면서 "커피 잘 먹겠습니다" 하며 인사한다. 채원이는 쟁반을 전해 주며 "안녕히 계세요" 하고 차를 타고 진이를 향해 빠르게 이동한다. 진이는 채원이를 보며 "택배 아저씨는 배달가면 일찍 와야지, 왜 늦게 오는	
13:40	데?" 하며 엄마 목소리를 하며, 큰 소리로 화를 낸다. 진이는 화가 나서 발을 쿵쿵거리며 미술영역으로 이동하더니 다시 역할영역으로 다가와 "유해영, 우	

	리 다시 가위바위보 해서 정하게? 나 화났거든. 채원이가 빨리 안 오니깐" 하고 빙그레 웃는다. 해영이와 채원이와 진이는 가위바위보를 부른 후에 다시 역할을 정한다.	
요 약		
• 해영이는 친구에게 놀이를 먼저 제안한다. • 역할을 정할 때 친구의 의견을 듣고 정한다. • 해영이는 높은 단계의 사회적 놀이인 집단놀이와 높은 단계의 인지적 놀이인 역할놀이와 가장 높은 단계의 인지적 놀이인 규칙있는게임을 하며 놀이한다.		

표본식 기술 관찰양식

〈사례 13〉

관찰아동 : 이미지 **생년월일** : 2006. 04. 04 **관찰일 현재 연령** : 6년 5월
관 찰 자 : 김선희 **성 별** : 남 · ㉾ **관찰시간** : AM 11:05~11:17
관찰장면 : 자유선택활동 시간 중 역할영역 **관찰일자** : 2012. 10. 15

시간	기 록	주석
11:05	미지는 역할영역 교구장 바구니에 있는 전화기를 꺼내 들고 서서 “여기 복숭아, 바나나 갖다 주세요”라고 하고 전화기를 역할장 위에 올려놓는다. 그리고 주위를 3초 둘러보더니 수빈이에게 우리 택배놀이 할래? 라고 묻고 수빈이가 그래라고 하자 “그럼 내가 너한테 전화 할테니까 너는 택배 아저씨 해”라고 한다. 수빈이는 “알았어. 근데 너 뭐 살거야?”라고 하자 미지는 2초간 가만 있더니 바구니에 복숭아, 바나나, 사과, 키위, 감자, 오이를 넣어 수빈이에게 주고 역할영역 매트 밖으로 손을 잡고 데려다 주며 내가 전화하면 오라고 하고 미지는 다시 자리에 온다.	• 놀이상황: 자신이 전화로 음식을 시키다가 옆의 친구에게 택배놀이를 제안하고 택배로 온 음식으로 아기에게 음식을 만들어 줌 •자유선택활동 • 놀이친구: 수빈, 소라
11:08	역할장 위에 있는 전화기를 들고 “따르르릉~ 따르르릉” 입으로 소리를 내고 4초간 가만이 있다가 수빈이를 보고 “전화받아야지”라고 한다. 미지는 엄지 손가락과 새끼 손가락을 펴서 전화기를 만들고 귀에 대며 여보세요라고 한다. 미지는 역할장 위에 전화기를 내려놓고 역할장 위를 양 손가락으로 두드리며 벽을 보고“나는 컴퓨터를 보고 주문한대~” 라고 말하고 “사과, 복숭아, 감자, 고기를 지금 갖다 주세요”라고 한다. 그리고 미지는 뒷짐을 지고 앞뒤로 한번 왔다 갔다 하더니 “ 왜 안오지” 라고 하고 수빈이를 본다.	
11:10	수빈이는 목소리를 굵게 하여 “딩동~ 택배왔습니다”라고 말한다. 미지는 “네~ 안녕하세요”라고 하며 바구니를 받아 한 손에 들고 한 손으로는 들어 있는 것을 뒤적거리더니 “맞네요. 고맙습니다”라고 한다. 수빈이는 “오천원입니다. 돈 주세요”라고 하고 미지는 “네. 돈 줘야죠. 잠깐만요” 하며 역할장에 있는 지갑을 꺼내자 수빈이는 “이천원, 이천원, 천원 주면 됩니다.” 한다. 미지는 천원짜리 세장을 수빈이에게 건네주고 “맞죠?”라고 하자 수빈이는“네 맞아요. 다음에 또 불러 주세요“라고 하고 웃으며 나간다. 미지는 소라에게 “너는 아기 해. 내가 음식 만들어 줄게”하자 소라는 “우리 엄마 애기났어 나 애기처럼 울 수 있어” 하며 바닥에 누워 다리를 폈다 오므렸다	
11:11	를 반복하며 “응애응애” 소리를 낸다. 미지는 “ 우리 애기 배고팠어? 엄마가 밥 줄게. 그런데 밥은 좀 기다려야 돼. 하고 있는데 비빔밥이니까 시간이 좀 걸린대” 하며 아까 택배로 온 바구니에서 사과를 꺼내 도마 위에 올려놓고 칼로 8번을 자르고 다시 바구니에 넣는다. 그리고 일어나 싱크대로 가서 그릇과 숟가락을 가지고 소라곁에 앉는다. “엄마 왔어. 엄마가 이유식을 가지고 왔어. 얼마나 맛있는지 몰라 우리 아기	

11:14	먹어 보자. 아~"하며 미지도 입을 벌린다. 그리고는 "근데 너는 먹기 싫어서 입을 다문대. 반찬을 줘야지 먹는다고 한대" 하고 숨을 들이마시며 "쓰읍" 소리를 내며 표정을 무섭게 한다. "이거 먹어야 코코아 줄거야" 하고 "맘마아~" 하며 숟가락을 소라 입 가까이에 가져간다. 소라가 입을 벌려 먹는 시늉을 하자 "아이구 잘 먹네. 엄마가 잘 먹으면 코코아 준다고 했지? 우리 애기 코코아 줘야 겠네" 하자 수빈이가 싱크대에 있는 컵을 가지고 와서 소라에게 주고 소라는 "코코아는 맛있는데 뜨겁대. 그래서 불어서 먹어야 된대" 하고 컵을 두 손으로 감싸고 2번의 바람을 불어 컵을 바닥에 내려놓는다. 미지는 양손으로 소라를 일으켜 세워 앉히고 컵을 입에 대어 준다. "맛있지? 우리 애기 이제 잘 시간이네. 엄마가 재워 줄게." 하며 소라를 눕힌다. 그리고 일어나 역할장에서 의사 가운을 꺼내 누워 있는 소라에게 덮어 주고 가슴을 토닥토닥 두드리며 "엄마는 너를 사랑하니까 맛있는 것도 주고 잠도 재워 주는 거야" 한다.	

요 약

- 미지는 자기 주장을 하며 친구에게 놀이를 제안할 수 있다.
- 미지는 높은 단계인 사회적 놀이(집단놀이)와 높은 단계의 인지적 놀이(역할놀이)를 하고 놀이한다.
- 미지는 사물을 대치하여 '~하는 척'을 할 수 있다.

표본식 기술 관찰양식

〈사례 14〉

관찰아동 : 권현우　　**생년월일** : 2006. 04. 11　　**관찰일 현재 연령** : 6년 6월
관 찰 자 : 정미현　　**성　　별** : ㊚ · 여　　**관찰시간** : AM 11:30 ~ 11:45
관찰장면 : 자유선택 - 수조작영역　　**관찰일자** : 2012. 10. 10

시간	기　록	주석
11:30	현우와 원우, 현준이가 자유선택 활동영역 이름표를 떼어서 수조작영역으로 뛰어간다. 현우가 현준이에게 "우리 유니트블록 가지고 놀까?"라고 묻는다. 그러자 현준이가 "그럴까? 원우야, 너도 우리랑 같이 놀래? 말래? " 라고 묻는다. 원우가 "난 아무 놀이나 해도 상관없어~ 괜찮아." 라고 한다. 현우가 "그럼, 내가 이 블록으로 무엇을 만들테니 너희들이 똑같이 따라 만들어야 해. 할 수 있지?" 라고 하자 현준이가 "그래, 난 잘 따라 만들 수 있어." 라고 말하고 원우는 "난 잘 못하는데 한번 해볼게." 라고 말을 한다.	• 유니트블록 사진첨부  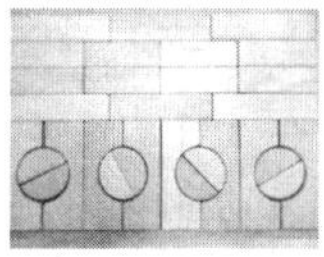
11:33	현우는 5초 동안 가만히 앉아 있더니 15cm 길이의 나무블록을 2개를 집고 길게 세로로 10cm 간격을 두고 세운다. 그러자 현준이도 현우와 같은 블록을 집어서 현우가 세운 블록 사이에 손가락을 넣어 3초 동안 손가락을 바라보더니 블록을 약 10cm 간격을 두고 가로로 세운다. 그리고 현우에게 "봐봐, 나 똑같이 세웠어."라고 한다. 현우가 "그래, 좋았어. 원우야, 이제 니 차례야." 라고 말하자 원우는 15cm의 블록을 집어 들고 약 6cm 간격으로 세운다. 그러자 현우가 원우에게 "너 틀렸어~ 간격이 나랑 다르잖아. 이상해~"라고 한다. 원우는 "아니야, 맞아, 똑같이 세웠잖아~ 뭐가 틀렸니?" 라고 말을 한다. 현우는 손가락으로 블록 사이의 간격을 가리키며 "여기가 틀렸다고~ 여기!"라고 말을 하며 엄지와 검지를 쭈욱 펼치며 자신의 블록 사이와 원우 블록 사이를 왔다 갔다 하며 "봐봐, 니가 조금 좁게 블록을 놓았잖아~그렇지?" 라고 말을 하며 두 손을 허리에 올리며 가슴을 쭈욱 내민다. 원우는 블록을 두 손으로 옆으로 밀치며 "그래, 너 잘났다~ 흥! 난 안할거야, 너희 둘이 잘 놀아라~" 라고 말을 하며 자유선택 이름표를 떼어서 들고 언어 영역으로 간다.	• 놀이친구: 이현준, 강원우
11:38	현우와 현준이는 3초 동안 둘이 눈을 마주치고는 웃더니 현우가 "이제 니가 그 다음을 만들면 내가 따라 만들어 볼게." 라고 말한다. 현준이가 "좋아." 라고 말을 하며 15cm의 긴 네모 블록을 아까 세운 블록 사이에 놓고는 6cm의 세모 블록 2개를 이어서 15cm의 긴 네모 블록이 세워져 있는 위에 올려놓고 현우를 바라본다. 현우가 현준이가 세운 유니트 블록을 5초 동안 앞, 뒤로 고개를 움직이며 바라보더니 15cm의 긴 네모 블록과 6cm의 세모 블록 2개를 자신의 앞으로 가져다 놓고 현준이와 똑같이 만든다. 그리고 두 손을 팔짱을 끼고 현준이를 바라보며 "어때? 나 똑같이 잘 만들었지?" 라고 말한다. 현준이는 박수를 3번 치며 "역시 내 친구야." 라고 말한다.	
11:41	그러자 현우가 "고마워, 이젠 내가 또 만들어 볼게." 라고 말을 하며 6cm	

	세모 블록을 들어 아까 세운 세모 블록 앞에 들고 가서 거꾸로 뒤집으며 엄지와 검지만 이용해서 잡는다. 그리고 현준이를 바라보며 왼손 검지손가락을 펼쳐 입에 가져가 조용히 하라는 표현을 한다. 현준이는 고개를 2번 끄덕인다. 현우는 거꾸로 세운 세모 블록을 산모양의 세모블럭 사이에 올려놓는다. 1초가 지난 후에 모든 블록이 쓰러져 버린다. 현우와 현준이는 박수를 여러 번 치며 큰 소리로 "하하하하하하하" 웃으며 두 발을 모아 깡충깡충 뛰며 "야, 진짜 재밌다, 그렇지?" 라고 말한다. 현준이가 "내꺼도 한번 올려볼까? 쓰러질까? 안 쓰러질까?" 라고 말을 하며 세모블록을 들어 자신이 쌓아놓은 블록 위에 올려놓는다. 그런데 현준이가 쌓은 블록이 쓰러지지 않자 현준이와 현우가 2초 동안 서로를 바라보더니 현준이가 자신의 손으로 오른쪽에서 왼쪽으로 블록을 쓰러뜨린다. 그리고 현우와 현준이가 둘이 손을 마주 잡으면서 같이 위로 폴짝폴짝 뛰며 현우가 "너무 재밌다. 우리 이따가 밥 먹고 이 놀이 또 할까?" 라고 말한다. 현준이는 "그래, 그럼 너 밥 빨리 먹어야 돼~ 알았지?" 라고 말을 한다.	
11:43	그리고 교사가 "자, 이제 우리 정리하기 5분 전이예요. 5분 뒤에 정리하고 점심 먹을 준비해요." 라고 하자 현우가 "우리 밥 빨리 먹어야 하니까 지금 정리하자." 하고 말을 한다. 현준이가 현우를 바라보며 "응" 이라고 대답을 하며 쓰러져 있는 블록들을 제자리에 정리하기 시작한다. 현우도 자신이 꺼낸 블록들을 2개를 집어 제자리에 정리한다.	

요 약

- 현우는 친구들과 연합해서 놀이하며 놀이에서 주도적인 역할을 한다.
- 길이의 짧고 긴 차이를 알고 비교할 수 있으며 그 차이를 친구에게 설명할 수 있다.
- 도형의 모양과 특징을 잘 이해하며 모형을 보고 똑같이 구성할 수 있다.

제2장

일화기록

1. 일화기록의 정의
2. 일화기록의 특징
3. 일화기록 관찰양식의 작성요령
4. 일화기록의 장점과 단점
5. 일화기록의 관찰양식
6. 일화기록 관찰의 실제
7. 일화기록을 위한 관찰의 발달별 범주

1. 일화기록의 정의

일화기록(anecdotal records)은 한 인간의 성격 및 행동특성, 적응양식을 이해하기 위해서 구체적인 행동사례를 될 수 있는 대로 상세하게 기록하는 방법이다.

이 방법은 주로 아동의 정의적 학습과 사회적 적응의 평가에 사용되나 일반 지적 영역에 대한 평가를 위해서도 이용된다. 하나의 문제행동을 해결하는 데 그것이 어떠한 발달과 변화과정을 거쳐 왔는가에 관한 과거의 지식이 중요하기 때문에 이 방법은 특정한 아동의 문제행동을 연구하는 데 특히 도움이 된다.[1)]

일화기록은 일기식 기술과 거의 비슷한 시기에 발달하여 두 번째로 오래된 역사를 갖고 있는 관찰의 한 기록 형태이다. 일화기록은 어떤 짧은 내용의 사건, 즉 일화에 대한 서술적인 기록이다. 사건이나 행동을 서술할 때 마치 사진을 보는 것과 같이 사실적으로 묘사되는 글이라 하여 일화기록은 글로 묘사된 사진(word picture)이라고 표현하기도 한다.[2)]

일화기록은 한 가지 행동이나 상황에 초점을 맞추어 기록하기 때문에 관찰자는 유아 행동의 패턴이나 변화, 발전, 특기할 만한 사건 혹은 미리 정해진 범주에 따라 유아들의 행동을 관찰할 수 있다.[3)]

일화기록은 다양한 상황에서 아동의 자연적인 행동에 관한 정보를 제공해 주므로 개인의 기본적이고 중요한 성격 특성을 이해할 수 있게 해 준다. 일화기록은 최근까지도 아동교육 현장에서 많이 사용되고 있는 관찰의 한 형태이며 교사가 아동을 이해하고 그들의 발달을 파악하는 데 중요한 역할을 한다.

---

1) 한국유아교육학회, 앞의 사전, p. 458.
2) 이은해, 앞의 책, p. 157 참조.
3) C. A. Cartwright and G. P. Cartwright(1974). *Developing observation skills*(New York: McGraw-Hill Book Co.), p. 131. 이은해, 앞의 책, p. 156.

2. 일화기록의 특징

일화기록은 특정한 시간이나 사건에 제한 없이 언제 어디서나 관찰 기록할 수 있다. 뿐만 아니라 어떤 일정한 행동의 범주나 다른 부호를 가지고 어떤 패턴에 맞추어 기록하는 것이 아니므로 특별한 준비나 계획이 없어도 관찰자가 흥미 있다고 생각되는 것이라면 어떤 것이라도 그때 그때 기록하면 된다. 일화기록은 서술식으로 기록하는 것과 특별한 준비나 시간의 제한이 없다는 점에서 일기식 기술과 유사한 점이 많다. 그러나 일기식 기술은 극히 제한된 소수의 아동에 대한 연속적인(연속성이 있는) 기록인데 반해, 일화기록은 아동에 대한 연속성보다는 행동이나 반응의 일반적인 특성에 더 관심을 둔다.[4)]

관찰자는 유아들의 특정한 영역의 발달에 관심을 갖고 그 영역에 관련된 일화만을 기록할 수 있는데 예를 들면 다음과 같다.

① 관찰자가 유아의 공격성에 관심이 있다고 하면 유아들의 자유놀이 시간에 장난감을 갖고 놀이하는 것을 관찰하면서 장난감을 서로 빼앗기지 않기 위해 친구를 때린다거나 언어적인 공격을 가한다면 그 상황을 있는 그대로 묘사하여 기록할 수 있다.

② 유아들의 가상행동이나 상징놀이(symbolic play)에 관심이 있다면 놀이시간에 빈 컵으로 물을 마시는 척한다거나 적목을 갖고 전화를 거는 척하거나 역할놀이(role play)를 하면서 엄마처럼, 아빠처럼 말하고 행동하는 장면을 있는 그대로 기술하여 유아의 발달이 어느 정도인지를 분석할 수 있을 것이다.

③ 유아들의 편식이나 식생활 습관을 알고 싶으면 간식시간이나 점심시간을 이용해서 기록할 수 있다.

이와 같이 일화기록은 직접관찰의 형태로서는 가장 다양하게 적용할 수 있는 방법이며 다음과 같은 특징을 갖는다.

---

4) 이정환, 박은혜, 앞의 책, p. 34.

첫째, 일화기록은 관찰된 사건에 대한 사실적, 객관적인 기록이다.

둘째, 일화기록은 여러 가지의 직접적인 관찰방법 가운데 가장 쉽고 간단한 기록 방법이다. 일화기록은 어떤 일정한 패턴에 정해진 행동의 범주에 따라 부호를 갖고 기록하는 것이 아니라 관찰자가 기록할 만한 가치와 흥미가 있는 일화라면 언제 어디서나 관찰하여 간단하게 기록할 수 있기 때문이다.

셋째, 일화기록은 예기치 않던 행동에 대한 기록이다. 유아교육 현장에서 가끔 교사가 전혀 기대하지 않은 상상 외의 행동을 유아가 할 때가 있는데 이 때 우발적인 행동을 기록하는 방법으로 일화기록이 가장 적합하다고 볼 수 있다.

넷째, 일화기록은 관찰자가 관심이 있는 특정한 어떤 행동이나 영역에 초점을 두고 관찰하여 기록할 수 있다. 예를 들어, 입학 초기에 엄마와 격리될 때 유아들의 표정, 반응의 크기, 울음 소리, 인사말 등을 있는 그대로 기록함으로써 유아들의 행동을 통해 격리 불안 정도를 알 수 있을 것이다.

일화기록 방법에 일정한 양식이 있는 것은 아니지만 일반적으로 다음과 같은 내용과 특징이 있다.[5)]

① 어떤 행동이 언제, 어떤 조건하에서 발생되었는가의 사실적인 기술이 있어야 한다.

② 이러한 행동에 대한 해석과 처리 방안은 분리되어 기록하여야 한다.

③ 하나의 일화기록은 하나의 사건의 기록이 되어야 하며 여러 시기의 사건을 총괄하여 종합적으로 기록해서는 안 된다.

④ 하나의 기록된 사건은 그 아동의 발달과 성장을 이해하는 데 의의가 있는 것이어야 한다.

3. 일화기록 관찰양식의 작성요령

일화기록은 신문기사를 쓰듯이 사실적으로 어떤 상황이 언제, 어디서, 어떻게

5) 한국유아교육학회, 앞의 사전, p. 458.

일어났으며 유아가 그 상황에서 무슨 말을 하고 행동했는지를 있는 그대로 적는 것이다.

Brandt는 일화기록이 아동에 관해 유용한 자료로 수립되기 위해서는 관찰양식의 작성에 있어서 몇 가지 유의해야 할 점을 다음과 같이 설명하고 있다.[6]

첫째, 일화기록은 어떤 일화나 사건이 발생한 후 될 수 있는 대로 즉시 기록해야 한다. 관찰자는 항상 필기도구와 메모지를 준비하여 주머니 속이나 교실 내의 선반 또는 적당한 위치에 놓아두었다가 관찰자가 관심을 갖고 있던 유아들의 행동이 발생하면 즉시 내용을 기록하여야 한다.

둘째, 관찰대상 유아의 행동과 말을 구별해서 기록한다. 관찰대상 유아가 어떤 말을 했고 어떤 행동을 했는지를 구별하여 구체적으로, 간단 명료하게 적는다.

셋째, 일화기록지에 관찰 날짜, 관찰 시간, 관찰 장소, 관찰 장면, 관찰 아동의 이름, 생년월일, 관찰자 등을 꼭 기록한다. 관찰 장면, 장소, 시간, 날짜 등을 기록해 둠으로써 그 때의 상황이나 사건의 배경 등을 잘 알 수 있는 지침이 되기 때문이다.

넷째, 관찰대상 유아의 행동과 언어를 기록할 뿐 아니라 그 상황에 있는 다른 사람들의 반응도 기록한다. 예를 들면, 옆에 있던 친구들의 행동이나 반응이 어땠는지 그 상황에 같이 있었던 다른 유아들의 행동이나 언어적 반응도 있는 그대로 기술한다.

다섯째, 일화가 일어난 순서대로 기록한다. 즉, 일화의 시작과 중간 끝의 내용이 있어야 한다.

여섯째, 대상의 정확한 의미를 파악하기 위해 관찰대상 유아가 사용한 말을 그대로 인용한다. 사건 내의 주요 인물이 한 말과 행동도 그대로 기록하여야 하며 특히 관찰대상 유아가 한 말을 인용 부호(“ ”) 속에 삽입하여 있었던 그대로를 기록한다.

일곱째, 관찰대상 유아가 한 행동을 기술할 때 동일한 용어로 일관성 있게 기록

---

6) R. M. Brandt (1972). *Studying behavior in natural settings* (New York: Holt, Rinehart and Winston), pp. 84~85. 이은혜, 앞의책, p. 159 참조.

한다. 예를 들면, 관찰대상 유아가 놀이에 참여하지 않고 가만히 있을 때(비놀이 활동) 아무 말 없이 가만히 서 있었다, 또는 얌전하게 서 있었다, 또는 무표정하게 서 있었다라고 기록할 때 이와 같은 언어가 갖는 각기 다른 의미 때문에 주관적인 해석을 할 수 있으므로 동일한 용어로 일관성 있게 기록한다.

여덟째, 객관적이고 사실적이며 완전한 기록이어야 한다. 관찰자의 주관적인 관점이나 편견이 배제되어야 하며 관찰대상 유아의 행동을 있는 그대로 사실적으로 기록하여야 한다.

4. 일화기록의 장점과 단점

일화기록의 장점과 단점을 살펴보면 다음과 같이 정리할 수 있다.[7]

1) 장점

첫째, 일화기록은 유아들의 언어나 행동을 집중적으로 관찰함으로써 좀 더 명확하고 분명하게 그 때의 상황을 기록으로 남길 수 있다.

둘째, 일화기록은 사전 준비나 별도의 계획 없이도 진행될 수 있기 때문에 다른 관찰 기록방법에 비해 실시하기가 간편하다. 일화기록을 위해 필요한 것은 메모지와 필기도구뿐이고 사건 직후에 일어난 일에 대해 교사가 아무 때나 편리할 때 적을 수 있기 때문에 여러모로 편리하다.

셋째, 일화기록은 아주 간결한 형태로 기록되므로 표본식 기술에 비해 시간을 많이 필요로 하지 않는다.

넷째, 여러 번에 걸쳐 관찰된 일화기록은 다른 관찰 기록들과 비교될 수 있으며 교사가 유아의 독특한 발달 패턴, 행동 변화, 흥미, 유아의 능력, 필요로 하는 것 등을 정확하게 이해할 수 있다.

7) 이정환, 박은혜, 앞의 책. p. 39 참조.

2) 단점

첫째, 정확하고 객관적인 관찰기록이 아닐 경우 오히려 유아에 대한 잘못된 인상을 심어 줄 우려가 있다.[8] 예를 들면, 관찰자의 주관적인 판단이나 감정적인 내용이 포함되어 있을 경우다.

둘째, 시간이 지난 후에 기록하게 되는 경우에 관찰자의 편견이 들어가거나 그 때의 상황을 잊어버리는 경우가 생길 수 있다.

셋째, 표본식 기술보다는 덜 하지만 일화기록은 기록하는 데 시간이 많이 소요되기 때문에 관찰자가 부담을 가질 수 있다. 체크리스트나 평정척도보다는 훨씬 더 많은 시간을 요하기 때문에 하루 일과를 바쁘게 보내야 하는 교사로서는 평가에 대한 심적인 부담을 가질 수 있다.

넷째, 유아들의 행동 중 일부만(한 가지 사건) 기록하기 때문에 해석할 때 오류를 범할 가능성이 있다. 바람직하지 못한 행동이나 관찰자의 눈에 띄는 행동일 경우에 그같은 행동이 관찰대상 유아의 모든 것을 대표하는 것처럼 판단될 가능성이 있다.

다섯째, 표본식 기술에 비해 상황 묘사가 적다.

8) 김병선, 이윤옥 공저, 앞의 책, p. 151.

5. 일화기록의 관찰양식

일화기록 관찰양식

관찰유아 : ________　　생년월일 : ________　　성 별 : 남 · 여
관 찰 자 : ________　　관찰일자 : ________　　관찰시간 : ________
관찰일 현재 유아 연령 : 　년　　월　　관찰장면 : ________

기　　록
• 발달영역 :

요　　약

※ 일화기록 양식지는 특별한 형식이 없으므로 교사가 기록하기 좋은 형식을 만들어 사용하면 된다.

6. 일화기록 관찰의 실제

일화기록 관찰양식

〈사례 1〉

관찰유아 : 유진영　　**생년월일** : 2008. 11. 04　　**성　별** : 남 · ㊛
관 찰 자 : 고금연　　**관찰일자** : 2011. 03. 29　　**관찰시간** : AM 9:35~9:43
관찰일 현재 유아 연령 : 2년 4월　　**관찰장면** : 자유선택활동 중 역할영역

기　록

진영이가 역할영역에 있는 싱크대 문을 열고 그릇 한 개와 수저를 꺼낸다.

수저를 빈 그릇에 넣어 빙글빙글 돌리다가 수저를 입에 넣어 먹는 흉내를 내고 그릇은 싱크대에 있는 수도꼭지에 물을 받아 씻는다. 싱크대 위에 놓여 있는 머리빗을 오른손으로 잡고 그릇 둘레를 머리빗을 앞뒤로 왔다갔다 한다. 예은이가 다가와 "정리 깨끗이 했네"라고 이야기하자 진영이가 예은이를 곁눈질로 보며 "아니거든" 하며 머리빗으로 그릇을 소리나게 친다. 오른손에 잡고 있던 머리빗을 내려놓고 초록색 밥주걱을 라면그릇에 넣고 "야야~ 야야야~"라고 혼잣말로 노래를 흥얼거린다.

도연이가 옆 싱크대로 다가와 음식을 만들자 역할영역 주위를 둘러보고는 하얀색 빈 바구니를 가지고 온 후 그 안에 음료수병을 넣고 "음음음~ 다다다"라고 하며 혼잣말로 흥얼거리다가 라면그릇을 들고 쌓기영역에서 놀이하고 있는 수민이에게 아무런 말 없이 주고 온다. 역할영역 싱크대 문을 열고 그 안에 앉았다가 다시 일어나 그릇을 잡고 서 있는데 지현이가 다가와 "엄마!"라고 부르자 진영이가 "나 엄마 아니거든?"이라고 말하며 예은이를 가리키자 예은이는 "나 엄마 아니!"라며 언어영역을 가버린다.

승주가 진영이 옆으로 다가와 머리빗으로 바나나 꼭지부분을 여러 번 빗는 것을 가만히 서서 쳐다본다. 승주가 머리빗과 바나나를 놓고 가버리자 진영이가 머리빗으로 바나나를 빗긴다. 인형을 가지고 걸어오던 세연이를 보며 "바나나"라고 하며 준다. 역할영역으로 다시 가서 냉장고 문을 열어 그 안에 있는 것들을 꺼내는 흉내를 내고는 "이거 먹어~"라며 교실 가운데 서서 친구들 모두에게 주는 척한다. 가지고 있던 그릇을 내려놓고 인형을 갖는다. 빨간 바구니에 인형을 넣고 수건으로 덮고 세연이에게 다가가며 "엄마~아기 아팠어요"라며 말한다. 세연이가 "약 주세요"라고 말하자 진영이가 역할영역에서 보라색 주스병을 가지고 온 후 "약 먹어라 쉬~"라고 하며 인형 입에 넣는다. 진영이가 세연이를 보며 "야~오세연 엄마가 주사 꼭 핸"이라고 하며 검지 손가락으로 엉덩이를 꾹 찌른다. 세연이에게 다시 다가가 "엄마손 꼭 잡고 가자"라고 하며 세연이 손을 잡고 교실을 돌아다닌다. 교실을 돌아다니던 진영이가 수민이를 보며 "아빠"라고 부르자 수민이는 "나 아빠 아니거든~"이라고 말하며 쌓기영역으로 간다. 수민이를 보며 진영이가 "이모야? 이모냐?"라며 묻는다.

- 발달영역 : 사회성 발달 · 정서발달

요　약

- 진영이는 친구와 흉내놀이를 할 수 있다.
- 사물을 대치하여 ~하는 척하는 놀이를 한다.

일화기록 관찰양식

〈사례 2〉

관찰유아 : 손하율　　**생년월일** : 2012. 04. 15　　**성　별** : 남 · ㊊

관 찰 자 : 정정은　　**관찰일자** : 2012. 10. 10　　**관찰시간** : AM 10:40~10:47

관찰일 현재 유아 연령 : 2년 5월　　**관찰장면** : 정리시간

기 록

하율이가 포대기를 펼쳐 놓고 인형을 그 위에 눕히고 있다. 교사가 "정리할 시간이에요. 정리해 볼까요?!" 하고 말한 후, "모두 제자리~ 모두 제자리" 노래를 부른다. 하율이가 교사를 2초간 바라보더니 포대기와 인형을 양손에 들고는 빠른 걸음으로 교실 모퉁이 구석으로 가지고 가서 앉더니 다시 포대기를 펼치고 인형을 눕힌다. 교사가 다시 하율이를 바라보며 "하율아 ~ 정리해 볼까요?" 하고 말을 건네자 교사를 2초간 바라보더니 빠른 걸음으로 걸어가서 길게 늘어뜨린 포대기, 인형을 양손에 들고 정리 바구니에 그대로 넣는다. 교사가 "하율아~ 포대기 어떻게 정리해야 할까요?" 라고 묻자 하율이는 "음…응…"하며 오른쪽으로 고개를 갸우뚱한다. 교사가 바구니 속 포대기를 꺼내어 반으로 접고 또 접는 시범을 보여주자 하율이가 포대기를 3초간 바라보더니 바구니 속에 있는 또 다른 포대기를 꺼내어 펼쳐 들고 교사 곁에 앉는다. 하율이는 양손을 펼쳐 포대기를 반으로 접고 난 후, 긴 끈을 접었다 폈다를 5번 반복한다. 6번째 포대기 접기를 시도한 후, 끝에 끈을 접고 들고 일어나지만 하율이가 일어남과 동시에 포대기의 긴 끈이 흘러내린다. 하율이는 2초간 흘러내린 끈을 바라보더니 두 손바닥으로 포대기를 신문지 구기듯 뭉쳐 그대로 바구니에 넣는다.

요 약

- 하율이는 교사의 말을 알아듣고 반응을 보인다.
- 교구를 제자리에 정리할 수 있다.

일화기록 관찰양식

〈사례 3〉

관찰유아 : 김진 **생년월일** : 2010. 01. 02 **성 별** : (남) · 여
관 찰 자 : 이아라 **관 찰 일** : 2012. 10. 16 **관찰시간** : AM 10:05~10:10
관찰일 현재 유아 연령 : 2년 9개월 **관찰장면** : 자유선택활동 중 역할영역

기 록

진이가 역할영역에 있는 미용실놀이 교구를 손으로 가리키며 "선생님 이건 뭐지?" 라고 묻는다. 교사는 가방을 들어 보이며 " 이건 미용실놀이 할 수 있는 장난감이 들어 있는 가방이지요." 라고 이야기하자 "아, 드라이기와 빗이 들어 있는 가방?" 이라고 이야기한다. "선생님 진이는 오늘 미용놀이 할래요. 가방주세요." 라고 이야기하며 두 손을 펼치며 파우더, 립스틱, 드라이기, 빗이 들어 있는 화장놀이 교구 가방을 달라고 한다. 교사가 진이에게 분홍색 가방을 건네주자 진이는 가방을 받아 역할영역 매트에 앉는다. 가방에서 분홍색 드라이기, 갈색 빗을 꺼내 든 진이는 혼잣말로 "드라이기는 빗에다가 꽂는 거야" 라고 이야기한다. 교사가 진이를 바라보자 "아니, 장난감이니깐 이렇게 해도 돼." 라고 이야기하며 드라이기를 꽂으며 교실을 둘러본다. 간식을 다 먹고 방금 일어난 예민이가 진이 곁으로 다가 오자 진이는 "예민아 우리 미용놀이 할까" 라고 이야기한다. 예민이는 "예민이도 할래." 라고 이야기하며 가방 속에서 립스틱과 화장도구를 꺼내 든다. 진이는 분홍색 드라이기와 갈색 빗을 들고 머리를 하는 흉내를 내며 "윙~~~~~~~" 소리는 10초간 낸다. 예민이가 진이를 바라보자 "장난감이니깐 내가 소리를 내는 거야." 라고 이야기하며 "윙~~~~~~" 소리를 계속 낸다.

• 발달영역 : 사회성 발달 · 언어발달

요 약

• 사물을 대치하여 ~하는 척하는 놀이를 한다.
• 진이는 또래와 장난감을 서로 나누어 사용하려고 시도한다.
• 진이는 자신의 생각이나 느낌을 언어로 표현한다.

일화기록 관찰양식

〈사례 4〉

관찰유아 : 권희철 **생년월일** : 2009. 08. 22 **성 별** : ㊚ · 여
관 찰 자 : 정혜미 **관 찰 일** : 2012. 10. 16 **관찰시간** : AM 10:30~10:35
관찰일 현재 유아 연령 : 3년 1월 **관찰장면** : 자유선택활동 중 창의적 영역

기 록

희철이가 창의적 영역에서 밀가루 반죽이 담겨 있는 통을 꺼내어 뚜껑을 연다. 밀가루 반죽을 보자 "노랑색이네. 밀가루 반죽은 노랑색이야. 노랑색"하며 혼잣말을 한다. 뒤에서 희철이를 보고 있던 민지가 "밀가루 반죽 나도 줘"라고 말한다. 희철이가 손에 들고 있는 밀가루 반죽을 떼어 내어 민지에게 준다. 민지가 "나 조금만 더 많이 줘"라고 하자, 희철이가 또 한 번 민지에게 반죽을 나누어 준다. 15초 동안 민지와 아무 말 없이 밀가루 반죽을 책상 위에 올려놓고 손가락으로 꾹꾹 누르고 있다. 희철이 옆에서 그림을 그리던 영주가 하던 놀이를 멈추고 희철이에게 "나도 하나만 줄래?"라고 하자 "그래! 여기 있어 이영주"하고 대답하며 희철이가 놀이하는 밀가루 반죽을 떼어 영주에게 준다. 희철이가 밀가루 반죽을 손바닥 위에 올려놓고는 두 손으로 비비며 "나는 똥 만들어야지"라고 한다. 옆에 있던 민지가 "어떻게 만드는 건데?"라고 묻자, "그냥 이렇게 동그랗게 만드는 거야. 동글동글~"이라고 말하며 두 팔을 앞으로 뻗어 민지에게 보여 준다. 희철이의 밀가루 반죽이 동그랗게 되자 "이건 똥이야. 김영희 똥!"하며 책상 위에 올려놓는다. 민지와 영주는 희철이가 동그랗게 만들어 책상 위에 올려놓은 밀가루 반죽을 쳐다보면서 "김영희 똥? 김영희는 여기 없는데!"하며 큰 소리로 웃는다. 민지가 "그럼 나는 이영주 똥 만들어야지"하며 민지가 밀가루 반죽을 손바닥 위에 올려놓고 양손으로 비빈다. 양 손바닥으로 굴린 밀가루 반죽이 동그랗게 되자 책상에 올려놓으며 "짜잔~이영주 똥이다!"라고 말한다. 영주, 희철, 민지가 서로를 바라보며 큰 소리로 웃는다. 영주가 "나는 권희철 똥 만들거야 권희철 똥!"하자 옆에 있던 희철이가 일어나서 "희철이 똥? 희철이 똥은 여기 있지! 여기!" 하며 엉덩이를 영주 쪽으로 가져다 대며 큰 소리로 웃는다.

- 발달영역 : 사회성 발달 · 정서발달

요 약

- 희철이는 다른 사람과 물건을 나누어 쓸 수 있다.
- 친구와 연합해서 놀이를 할 수 있다.
- 상징놀이를 할 수 있다.

일화기록 관찰양식

〈사례 5〉

관찰유아 : 서유진　　**생년월일** : 2008. 05. 05　　**성　별** : 남 · ㉳
관 찰 자 : 최현아　　**관찰일자** : 2012. 10. 10　　**관찰시간** : AM 10:05~10:10
관찰일 현재 유아 연령 : 4년 5월　　**관찰장면** : 자유선택시간-언어영역

기 록

유진이와 지민이가 언어영역에서 책을 한 권씩 가져온다. 유진이가 지민이에게 "우리 선생님 놀이하자. 나는 최현아 선생~님"이라고 말하자 지민이가 "음~그럼 나는 이지영 선생님."이라고 말한다. 그러자 인상을 찌푸리며 유진이가 "야, 안돼. 너는 학생해야지. 선생님은 한 명이야."라고 말한다.

지민이가 "싫어. 나도 선생님하고 싶어."라고 말한다. 그러자 유진이는 눈을 크게 뜨며 "그럼 나 먼저하고 너 그다음에 하면 어때?"라고 말하자 지민이가 미소를 지으며 "응"이라고 한다.

유진이가 방긋 미소를 지으며 "그럼 너 앞에 앉아."라고 말한다. 그리고 "아침인사 해 볼까요?"라고 말하고 함께 양 손을 안녕하듯이 흔들며 "안녕~ 안녕~ 선생님~안녕~ 안녕~ 친구들. 오늘 다시 만나 반갑습니다. 안녕~안녕~ 아~안녕~안녕!"하며 아침인사를 하자 지민이도 바닥에 앉아 손을 안녕하면서 흔들며 바닥에 앉아 유진이를 따라한다. 다현이가 쌓기영역에서 보고는 달려오자 유진이가 "안돼. 너는 이름표 안 붙였자나." 라고 말한다.

- 발달영역 : 사회성 발달

요 약

- 유진이는 친구에게 놀이를 제안할 수 있고 놀이를 주도할 수 있다.
- 유진이는 자유선택활동영역의 규칙을 이해하고 있다.

일화기록 관찰양식

〈사례 6〉

관찰유아 : 김제희 **생년월일** : 2008. 01. 06 **성 별** : 남 · (여)
관 찰 자 : 윤현주 **관찰일자** : 2012. 10. 15 **관찰시간** : AM 10:30~10:42
관찰일 현재 유아 연령 : 4년 9월 **관찰장면** : 오전실내자유선택 시간 중 역할영역

기 록

오전실내자유선택활동시간 중에 제희는 팝아티 교구로 꼭지를 구멍에 끼워 길게 연결한다. 동그라미모양, 별모양 등을 길게 연결하여 팔찌와 목걸이를 만들어 끼고 귀걸이까지 하자 옆을 지나가던 희영이가 제희를 보며 “우와~ 공주님 같다. 제희 공주님이다.”라고 말한다. 옆에서 다른 놀이를 하고 있던 은미가 다가와 “진짜 예쁘다. 선생님~ 제희 공주님처럼 예뻐요~”라고 말한다. 준성이도 “제희 공주님 예뻐요. 난 제희랑 결혼할래” 라고 말한다. 가만히 듣고 있던 제희가 준성이에게 “나랑 결혼하려면 왕자님 되어야지”라고 말한다. 옆에서 희영이가 “그럼 내가 준성이 왕자님 꾸며 줄게”라고 말한다.

제희는 희영이와 함께 남은 팝아티 교구를 길게 연결하며 끼워 준성이에게도 팔찌와 목걸이를 만들어 걸어 준 후, 교사를 향해 “우리 결혼해요”라고 외친다. 교사가 “누구랑 누가?”라고 묻자 “제희 공주님이랑 준성이 왕자님이요.”라고 말하며 웃는다. 희영이가 “이제 결혼식 해. 공주님이랑 왕자님이랑 손잡고 딴따따따~ 딴따따따~”라고 말하며 결혼식 노래를 부르기 시작하자 제희가 “잠깐만, 나 아직 드레스 안 입었어. 결혼식에는 웨딩 드레스 입어야 해”라고 말한다. 제희는 옷을 바꿔입는 흉내를 낸 후, 음률영역에 있는 스카프를 가지고 교사에게 와서 “선생님, 원래 결혼식할 때 여자는 머리에 예쁜 거 쓰는 거예요. 제희도 이거 예쁘게 해 줘요”라고 말하며 스카프를 머리에 달아달라고 요청한다. 교사가 “예쁜 신부는 면사포를 쓰고 결혼하지”라고 말하며 제희 머리에 스카프를 달아 준다.

제희가 “이제 준비 다 됐다.” 라고 말하자, 희영이와 은미가 다시금 “딴따따따~ 딴따따따~” 노래를 부른다. 제희와 준성이는 손을 잡고 교실을 행진하듯 한 바퀴 돌고 다른 친구들은 함께 노래 부르며 박수친다.

• 발달영역 : 사회성 발달 · 언어발달

요 약

• 제희는 높은 단계의 사회적 놀이인 집단놀이와 높은 단계의 인지적 놀이인 역할놀이를 하고 논다.
• 자신의 생각을 언어로 표현한다.

일화기록 관찰양식

〈사례 7〉

관찰유아 : 김건우　**생년월일** : 2007. 05. 31　**성　별** : ㊚ · 여
관 찰 자 : 이지영　**관찰일자** : 2012. 10. 10　**관찰시간** : PM 03:00~03:08
관찰일 현재 유아 연령 : 5년 4월　**관찰장면** : 오후간식 및 정리정돈 시간

기　록

건우가 화장실에 가려고 줄서 있는 의찬이에게 작은 목소리로 "의찬아, 사진 찍어 줄까?"라고 색종이로 만든 카메라를 보여 준다. 그러자 의찬이는 "싫어, 나 손씻고 간식 먹을 거야"라고 이야기하며 파란색 슬리퍼를 신고 세면대로 간다. 2초 정도 서성거리던 건우는 성현이에게 다가가서는 "성현아 , 사진 찍어 줄까?"라고 말을 하자 성현이는 "강남 스타일"하고 손을 다리 사이 가운데에 넣고는 콩콩 뛰며 포즈를 취한다. 그러자 건우가 "움직이면 사진 이상하게 나와"라고 이야기한다.

그러자 성현이는 강남 스타일 포즈를 취하며 멈춰 선다. 건우가 "하나 · 둘~"하고 숫자를 세는데 화장실에서 의찬이가 나오면서 "강남 스타일"하고 콩콩 뛴다. 옆에 서 있던 성현이도 "강남 스타일" 하고 외치며 콩콩 뛴다. 차례대로 줄 서 있던 아이들이 모두 "강남 스타일"하고 콩콩 거리며 뛴다. 색종이 카메라를 들고 있던 건우가 교사와 눈이 마주치자 큰 소리로 "간식 먹어야 돼 얼른 자리에 앉아" 라고 이야기하며 교사를 쳐다본다. 그리고는 씩 웃으며 색종이 카메라를 주머니 속에 넣고 자기자리로 간다.

• 발달영역 : 사회성 발달 · 정서발달

요　약

• 건우는 높은 단계의 사회적 놀이인 집단놀이와 높은 단계의 인지적 놀이인 역할놀이를 하고 논다.

일화기록 관찰양식

〈사례 8〉

관찰유아 : 최소연 **생년월일** : 1999. 01. 19 **성 별** : 남 · (여)
관 찰 자 : 한아름 **관찰일자** : 2004. 09. 06 **관찰시간** : AM 10:15~10:22
관찰일 현재 유아 연령 : 5년 7월 **관찰장면** : 역할놀이 중 미용실놀이

기 록

역할놀이 영역에서 소연이와 혜린이, 재형이가 미용실놀이를 하고 있다. 소연이와 혜린이는 미용사이고 재형이는 손님이다.

소연이는 재형이에게 "너 조금 있다가 들어와" 하고 살짝 작은 말로 속삭인 후 의자 하나를 앞에 놓고 그 위에 커다란 바구니를 올려놓더니 "재형이 어린이 들어오세요"라고 두 손을 입에다가 가져다 대고 소리를 지른다.

재형이가 들어오자 의자 하나를 더 가지고 와서 앉힌 후 재형이 머리를 왼손으로 두 번 크게 쓰다듬더니 "어떤 머리로 해줄까?" 라고 물어 보자, 재형이가 "어, 군인 머리요" 라고 대답한다. 소연이는 옆에 서 있던 혜린이에게 "가위 좀 주세요" 라고 말하고 혜린이가 병원놀이의 가위를 두 개 꺼내 소연이와 하나씩 나눠 갖는다. 혜린이는 뒷머리, 소연이는 옆의 머리를 자르는 시늉을 한다.

소연이는 한 손으로 포크를 들고 머리를 누르고 다른 한 손으로 가위질을 한다. 혜린이가 분첩을 가지고 와서 머리에 탁탁탁 3번 두드리자 소연이는 "끝~ 멋진 머리다" 라고 말하고 웃으며 앞에 빈 바구니가 있는 의자를 앞으로 끌고 나온다. 재형이게 "자, 숙여 봐" 라고 말하고 재형이의 머리를 잡고 엎드리게 해 바구니에 머리를 들어가게 하고 샴푸를 하는 시늉을 한다. 혜린이가 옆에서 로션통으로 머리 위에 짜는 흉내를 내자 소연이는 손톱으로 소리가 나게 몇 번 긁으며 머리를 들어올린 후 말려 주는 척을 한다.

마지막으로 포크로 머리를 뒤로 넘기며 "다 됐다 이제 가세요"라고 말하고 "다음 손님~" 하고 두 손을 입에 대고 주위를 두리번거린다.

- 발달영역 : 사회성 발달 · 정서발달

요 약

- 소연이는 친구와 활발하게 흉내놀이를 한다.
- 소연이는 ~하는 척하는 놀이(pretend play), 상징놀이(symbolic play), 극화놀이(dramatic play)를 할 수 있다.

일화기록 관찰양식

〈사례 9〉

관찰유아 : 장마리　　**생년월일** : 2007. 01. 05　　**성　별** : 남 · (여)
관 찰 자 : 오현정　　**관찰일자** : 2012. 10. 16　　**관찰시간** : PM 04:35~04:40
관찰일 현재 유아 연령 : 5년 9월　　**관찰장면** : 오후 실내자유선택 활동 중 쌓기영역

기 록

마리와 윤미가 블록영역에 앉아 벽돌 블록을 차곡차곡 쌓은 후 양 손으로 모형 자동차를 움직이며 놀이한다. 교사가 "마리, 윤미, 지금 뭘 만들고 있어요?"하고 묻자 마리가 "집이요."하고 답하며 교사를 바라본다. 교사가 다시 "무슨 집을 만드는 거예요?"하고 묻자 마리와 윤미가 동시에 "자동차 집이요!"하고 답한다. 현수가 "여긴 내 집이예요."하며 구성물 한쪽 공간을 오른손으로 가리킨다. 곧바로 윤미가 "사람하고, 자동차하고 지내는 집이예요."하고 말한다. 그러자 마리가 "자동차 집이랑 사람 집이랑 합쳤어요."하며 교사를 바라본다. 교사가 "아, 합친 거구나. 누구, 누구 집을 합친 걸까?"하고 되묻자 윤미가 "나랑 현수랑 합친 거예요."하고 말한다. 그때 마리가 다가와 "마리야, 나 이거 두 개만 빌려 주면 안 돼?"하고 말하며 블록을 가리킨다. 마리는 "나도 이거 써야 하는데……."하고는 3초간 생각하다가 "아, 이거는 줄 수 있는데?"하고 구성물 제일 위에 올려진 블록 2개를 집어 올린다. 마리가 "그럼 그거 나 주라."하고 말하자 마리가 고개를 두 번 끄덕이며, "그래. 가져가."하고 일어난다. 현수가 마리가 가진 노란색 자동차를 보며 "아빠~!"하고 말하자 마리가 빨간 사다리차를 손으로 가리키며 "얘가 아빠야 이거는 엄마고"하고 말한다. 진영이가 자석블록으로 만든 커다란 자동차를 밀면서 구성물 옆으로 오자 마리가 "아~! 무서워~"하고 소리를 내면서 오른손으로 잡고 있던 자동차를 뒤로 당긴다. 좌우를 번갈아가며 살피더니 작은 모형자동차 3개를 꺼내서 큰 모형자동차의 사다리 위에 올린다. 사다리차를 앞으로 밀면서 진영이와 현수가 자동차를 부딪치며 놀이하고 있는 곳으로 다가간다. 현수가 오른손에는 빨간색 작은 자동차를 왼손에는 노란색 큰 자동차를 들고 가서 마리의 빨간 자동차 앞에 마주 댄다. 마리가 자동차에서 손을 떼고 20cm 뒤로 물러나서 앉자 현수가 "이우우"하고 소리를 내면서 손에 쥔 자동차를 뒤로 빼며 몸을 돌려 진영이 뒤쪽으로 돌아간다. 마리는 자기 앞에 놓인 자동차를 5초간 바라보다가 "사람이 너무 없어서 재미가 없다. 사람을 더 만들어 와야겠네."하고 말하며 모형자동차를 바구니에 넣고 미술영역으로 이동한다.

• 발달영역 : 사회성 발달 · 정서발달

요 약

• 마리는 극화놀이를 할 수 있다.
• 친구들 사이에서 놀이할 수 있으며 친구들의 의견을 듣고, 양보하며 의견을 조율할 수 있다.

일화기록 관찰양식

〈사례 10〉

관찰유아 : 강기민	**생년월일** : 2005. 04. 13	**성 별** : ㊚ · 여
관 찰 자 : 박민숙	**관 찰 일** : 2011. 03. 29	**관찰시간** : PM 1:00~1:10
관찰일 현재 유아 연령: 5년 11개월		**관찰장면** : 자유선택활동 중 쌓기영역

기 록

기민이는 양치질이 끝나자마자 귀철이에게 "귀철아, 우리 쌓기영역에서 했던 자동차 계속 만들자" 하며 이야기를 한다. 귀철이가 "알았어" 하고 대답하자 기민이는 귀철이를 보면서 "그럼 이름표를 붙여야지" 하며 기민이에게 이름표를 떼어서 전해 준다. 기민이와 귀철이는 손을 잡고서 쌓기영역으로 가서 자동차를 만들기 시작한다. 기민이는 귀철이 만드는 모습을 계속 바라만 보고 있더니,"귀철아 너 정말 잘 만든다. 나도 너처럼 똑같은 자동차 하나만 만들어 주라" 하고는 귀철이 곁으로 다가가 앉는다. 옆에 있던 지민이가 기민이에게 "기민이, 이제 넌 창의반 형안데 혼자 만들어야지 왜 귀철이에게 만들어 달라고 하냐?" 하며 퉁명스럽게 이야기하자, 기민이는 아주 큰 소리로 "귀철이가 잘 만드니까 하나 만들어 달라고 했어, 너가 귀철이냐?" 하고 기민이 다리를 손으로 밀친다. 귀철이는 "지민아, 알았어. 조용히 해, 시끄러워. 내가 만들어 줄게" 하고는 귀철이 손에 있던 자동차를 기민이에게 맡긴다. "기민아, 이거 잘 갖고 있어. 부수면 안 돼?" 귀철이가 만들고 있는 동안 기민이는 자리에서 일어서서 역할영역으로 움직이더니, 친구들에게 보여주며 "이것 봐라, 자동차 너무 멋있지. 귀철이껀데, 귀철이가 똑같은 거 만들어 준대!"라며 책상 주위를 빙빙돈다. 옆에 있던 진혁이는 "우와~진짜 멋있다. 한번 구경하자" 하고 자동차를 만져 보자 "안 돼, 건들지마" 하며 손을 옆으로 피하다 자동차가 부서져 버린다. 기민이는 아주 큰 소리로 "오진혁, 이거 뭐냐? 내꺼 아니고 귀철이 꺼야, 난 몰라" 하며 교실 바닥에 주저 앉고 소리를 크게 지른다. 귀철이는 기민이 곁으로 다가오더니, "기민이, 너 잘 잡고 있으라고 했잖아, 왜 망가뜨렸냐고?" 하며 눈을 크게 뜨며 화를 낸다. 귀철이는 몰펀 끼우기 블록 조각을 가지고 교사 곁으로 다가오더니, "선생님, 기민이가 내 자동차 가지고 있기로 약속했는데 망가뜨렸어요" 하고 울먹이며 말한다. 귀철이 말을 다 듣고 교사는 귀철이를 보며 "우리 귀철이 많이 화났겠구나. 그럼 기민이에게 어떻게 된 일인지 자세히 얘기 들어볼까?" 하고 기민이와 자동차를 망가뜨리게 된 과정의 이야기를 듣고 있는데 귀철이가 기민이를 보며 "기민이, 너 자동차 안 만들어 줄꺼야. 내꺼 이리 내놔" 하고 언어영역으로 이동한다. 기민이는 귀철이가 만들던 자동차를 마무리하며 다시 귀철이 곁으로 다가가서 "너가 만든 자동차를 잘 잡고 있지 않아서 미안. 진짜 미안. 그런데 자동차 조금만 도와 주라, 응? 사실은 내가 망가뜨리지 않았거든. 진혁이 때문이라고" 하자 진혁이는 귀철이를 보며 "귀철이 형, 미안해. 내가 보여 달라고 하다가 부서진 거야. 나도 미안" 하며 사과한다. 귀철이는 아무 말 하지 않고 쌓기영역에서 다시 자동차를 만든다.

• 발달영역 : 사회성 발달 · 정서발달

요 약

• 자신의 잘못한 부분을 감추기 위해 귀철이의 이야기를 끝까지 경청하지 않는 행동을 보인다.
• 지민이는 친구에게 도움을 요청할 수 있다.

일화기록 관찰양식

〈사례 11〉

관찰유아 : 고예지　　**생년월일** : 2006. 09. 18　　**성　별** : 남 · ㊛
관 찰 자 : 정미현　　**관 찰 일** : 2012. 10. 08　　**관찰시간** : AM 11:30~11:40
관찰일 현재 유아 연령 : 6년 1월　　**관찰장면** : 자유선택 - 역할영역

기　록

예지가 영은이, 현지에게 "나랑 같이 역할영역에서 놀이할래?" 라고 하자 영은이와 현지가 약 3초 정도 있다가 둘이 서로 눈을 마주치고는 "그래." 라고 말을 한다. 예지가 "그럼 우리 음식점 놀이할까? 너희는 어떻게 생각해?" 라고 묻자 영은이가 "그래~좋아" 라고 말을 한다. 영은이 말이 끝나자마자 예지는 그릇이 들어있는 노란색 바구니 1개와 냉장고에서 음식을 꺼낸다. 그리고 현지에게 번호표 바구니를 건네 주며 "이 번호표들을 잘 들고 있어~ '내가 몇 번 손님 오세요.'라고 하면 니가 번호표를 들고 음식을 받으러 오는 거야." 현지가 "알았어~ 무슨 말인지 알겠어~ 어서 음식을 만들어 봐봐~ 그럼 난 무슨 음식 먹고 싶다고 주문을 할 수 있는 거지?" 라고 말을 하니 예지는 "그래, 그럼 니가 주문을 하면 내가 그 음식을 만들게" 라고 한다. 옆에 서서 둘의 대화를 듣고 있던 영은이가 "그럼 나는? 나는 뭐해? 나는 음식 만들고 싶은데 니가 하면 나는 할게 없잖아!" 라고 말을 한다. 이야기를 다 들은 예지가 영은이의 오른손 팔을 잡아 자신의 쪽으로 끌면서 "그럼 내가 너 보조를 할게~ 니가 시키는 거 내가 하면 되잖아~ 어때? 마음에 들어?" 라고 하니 영은이가 웃으면서 "그래~ 그럼 내가 주방장이다~ 넌 저기 가서 음식 재료를 꺼내와." 라고 말을 한다. 예지가 "네~ 주방장님! 분부대로 하겠습니다~" 라고 말을 하며 음식을 가지러 냉장고 앞으로 간다. 그리고 영은이에게 당근, 양파, 고기, 빵, 베이컨, 딸기, 스테이크 모형의 음식을 쟁반에 담아서 영은이에게 가져다 준다.

그런 다음 현지가 앉아 있는 책상 앞으로 가서 오른손을 왼손 위에 겹쳐 모으며 "손님, 어떤 음식을 주문하시겠어요?" 라고 한다. 현지는 "전 스테이크와 딸기주스를 주세요." 라고 말을 하며 1번 번호표를 예지에게 건넨다. 예지는 번호표를 들고 영은이가 있는 싱크대 앞으로 가서 "주방장님~ 1번 손님께서 스테이크와 딸기주스를 주문하셨어요." 라고 말을 한다. 영은이는 "오케이~ 보조~ 딸기를 깨끗이 씻어 주세요." 라고 말을 한다. 예지는 딸기를 볼에 담아 싱크대 앞에서 씻는 시늉을 한다.

- 발달영역 : 사회성 발달 · 정서발달

요　약

- 친구들에게 놀이를 제안하며 친구의 의견을 존중해 준다.
- 예지는 높은 단계의 사회적 놀이인 집단놀이(협동놀이)와 높은 단계의 인지적 놀이인 역할놀이를 하고 논다.

일화기록 관찰양식

〈사례 12〉

관찰유아 : 이수진　　**생년월일** : 2006. 01. 23　　**성　별** : 남 · (여)
관 찰 자 : 김선희　　**관 찰 일** : 2012. 10. 15　　**관찰시간** : PM 12:30~12:45
관찰일 현재 유아 연령 : 6년 9월　　**관찰장면** : 자유놀이 시간에 미술영역

기　록

수진이는 떠먹는 요구르트통으로 강아지를 만들겠다고 교사에게 이야기하고 만들기를 시작한다. 먼저 껍질을 벗기고 벗긴 껍질을 쓰레기통에 버리며 매직통과 가위를 가지고 와서 앉는다. 가위를 들고 요구르트 통을 자르는데 자르기 어렵다면서 두 입을 꼭 다물고 눈을 크게 뜨고는 왼손으로는 요구르트통 밑면을 잡고 오른쪽 손가락은 힘을 주어 가위로 천천히 자른다.

가위질을 3번 하여 나온 두 개의 막대 모양을 "이건 다리"하며 위로 치켜 올려 접고 가위를 책상에 올려놓는다. 그리고는 요구르트병을 두 손으로 잡고 돌려 다리라고 자른 곳의 반대편이 오자 멈춘다. 그리고 가위를 다시 들어 반대편과 똑같이 자른 후 "이것도 다리"하며 위로 치켜 올라 접는다. 이제 앞다리, 뒷다리가 다 완성됐으니 남은 것은 자르면 된다고 하며 접히지 않은 부분을 가위로 잘라낸다. 통을 눈 위에까지 들어 한 바퀴 돌려본 후 "됐어"하며 책상 위에 올려놓고 이제 그림을 그리면 돼"하며 검정색으로 눈을, 하늘색으로는 코, 빨강색으로 입을, 이어서 양 볼에는 하트를 그려 준다.

그리고 다리는 주황색으로 색칠을 하며 "하얀색이 안 보이게" 라고 이야기하고 윗부분은 머리라고 하며 노란색으로 다 색칠을 한다.

그리고 일어서 미술장 안에 있는 끈 바구니를 꺼내 노란 지끈을 고른다. 감아 있는 노란 지끈을 한 손을 쭉 뻗어 풀은 다음 그 만큼을 가위로 자른다.

그리고는 물레방아 테이프를 하나 떼어 자른 지끈을 머리 가운데에 테이프로 붙이고 만든 것을 바닥에 놓고 교사를 부르더니 교사를 보고 "선생님 물어~" 한다.

요　약

- 자신이 만들고 싶은 것을 다양한 재료를 이용해 표현할 수 있다.
- 자기가 활동을 스스로 선택할 수 있고 계획한 대로 끝까지 마무리한다.

7. 일화기록을 위한 관찰의 발달별 범주

유아들을 대상으로 일화기록을 할 때 발달별로 포함되어질 수 있는 범주는 다음과 같다.9)

1) 신체발달

(1) 신체적 특징

- 다른 유아들과 구분되는 신체적 특징이 있는가?
  뚱뚱하다, 말랐다, 키가 크다, 키가 작다…
- 유아의 일반적인 자세는 어떠한가?
  앉을 때, 걸을 때, 서 있을 때의 자세…
  행동이 어떠한가?

(2) 대근육 활동

- 관찰대상 영유아가 주로 하는 대근육 활동은 어떤 것이 있는지 관찰해 본다.
- 바닥을 기어다니기, 계단 오르내리기, 깡충뛰기, 기어오르기, 높이뛰기, 뒤로 걷기, 옆으로 걷기, 높은 데서 뛰어내리기, 구르기, 걷기…
- 영유아의 힘 세기 정도를 알아본다.
- 밀기, 당기기, 들어 올리기, 던지기, 끌기, 구부리기, 잡기…
- 균형잡기의 능력을 알아본다.
- 평균대에서 걷기, 교실이나 유희실에 줄을 그어 놓고 줄따라 걷기, 모래영역에서 가장자리를 따라 걷기
- 위의 행동을 통해 유아가 균형을 잡으려 할 때 몸의 균형을 어떻게 하는지

9) 이정환, 박은혜, 앞의책, pp. 39~44를 참조하여 재정리함.

관찰해 본다.

- 신체를 이용한 활동에 적극 참여하는지 알아본다.
- 깡총뛰기, 뜀뛰기, 말처럼 뛰어보기(gallop), 음악에 맞추어 몸 움직이기, 줄넘기하기, 훌라후프, 그네뛰기, 미끄럼타기, 터널 통과하기, 공놀이, 고무줄놀이, 게임에 참여하기 등
- 활동을 얼마나 오래 하는지 지속도를 관찰해 본다.
- 달리기, 뛰기, 밀기, 자전거 타기, 공 주고받기…
- 여러 가지 신체적 기술을 종합하여 사용하는지를 관찰해 본다.
- 목표를 정해 놓고 사물을 던진다(고리 던지기, 전통놀이 사방치기), 두 바퀴 자전거를 탄다, 롤러스케이트를 탄다, 고무줄 뛰기를 한다, 유아용 농구놀이를 한다, 제기차기를 한다.

(3) 소근육 발달

- 영유아들의 기본생활 습관과 관련된 활동을 할 때 소근육 활동을 관찰해 본다. 숟가락, 포크의 사용, 주스, 우유, 물 따르기, 병따기, 단추 채우기, 지퍼 올리기, 양말 신기, 장갑 끼기, 손씻기, 용변 보기, 세수하기, 양치하기, 흘린 물건 주워 담기, 간식 먹은 자리 정리 정돈하기 등…
- 조작놀이를 하는 동안 어떤 소근육 활동을 하는지 관찰해 본다.
- 사물이나 교구를 넣기, 빼기, 퍼즐 맞추기, 끈 끼우기, 종이 직조, 매트 짜기…
- 미술활동을 하는 동안 어떤 소근육 활동을 하는지 관찰해 본다.
- 색종이를 뜯어 붙이기, 종이접기, 가위질하기, 색연필, 크레파스 칠하기, 풀칠하기, 그리기

(4) 기타

- 양손 중 어느 쪽의 손을 더 선호하는지를 관찰해 본다.
- 건강 상태가 어떠한지 관찰해 본다.

2) 언어발달

(1) 말하기, 듣기

- 유아들이 사용하는 단어들을 관찰해 본다.
- 식물, 동물, 사람, 색깔, 가족관계, 공간, 시간, 도형, 의복, 날씨, 음식, 기계, 신체 부위, 장난감, 책, 인형, 정서와 관련된 단어, 부정적인 언어, 긍정적인 언어, 격려하는 말 등…
- 교사의 언어적 지시를 잘 이해하고 따르는지를 관찰해 본다.
  예: 이야기 나누기 시간에 카펫 앞으로 모이기
  간식시간에 손닦고 예쁘게 앉아 있기
  작업시간에 친구와 함께 용품 나누어 쓰기
- 상황에 알맞은 말을 하는지 관찰해 본다.
- 자신의 감정을 말로 표현할 수 있는지 관찰해 본다.
  자신의 의사나 느낌을 말로 표현하는가?
- 동화나 동시를 즐겨 듣는지 관찰해 본다.
- 교사나 친구의 말을 주의 깊게 듣는지 관찰해 본다.
- 어떻게(how)로 시작되는 질문을 하는지 관찰해 본다.
- 그리고(and), 그러나(but) 등의 접속사를 사용하여 말하는지 관찰해 본다.
- 사물을 비교하여 말할 수 있는지 관찰해 본다.

(2) 읽기, 쓰기

- 글자의 기초모양을 알고 있는지 관찰해 본다.
- 주변의 글자에 관심을 갖고 있는지 관찰해 본다.
- 상표나 간판을 보고 읽어 달라고 하거나, 글자 모양대로 따라 쓰기를 하고 있는지를 알아본다.

- 글자를 읽고 쓸 때는 왼쪽에서 오른쪽으로 해야 하는 것을 이해하고 있는지를 관찰해 본다.
- 쓰기에 관심을 가지는지 관찰해 본다.
- 글자 모양대로 따라 쓰기, 자기 이름 쓰기, 친구 이름 쓰기, 동시 쓰기
- 읽는 것에 관심을 가지는지 관찰해 본다.
- 동화책, 그림책을 읽어 달라고 한다.
- 교사나 윗사람의 도움 없이 혼자 책을 읽는다.
- 사물함에 적힌 친구의 이름을 보고 읽는다.
- 자주 책 읽기를 좋아한다.

3) 인지발달

- 분류 개념이 있는지 관찰해 본다.
  같은 사물끼리 분류를 할 수 있다.
  같은 모양끼리 분류를 할 수 있다.
  같은 색깔끼리 분류를 할 수 있다.
  같은 크기끼리 분류를 할 수 있다.
- 수의 기초개념을 이해하고 있는지를 관찰해 본다.
  1:1 대응을 할 줄 안다.
  생일케이크의 수만큼 초를 가져간다.
  사물의 수량이 많고 적음을 변별한다.
    -많다, 적다.
  사물의 크기를 변별한다.
    -크다, 작다.
  사물의 높이를 변별한다.
    -높다, 낮다.
  1~10까지를 알고 있는지를 사물을 통해 관찰한다.

일상생활에서 수를 활용하는지 관찰해 본다.

-"내가 한 번 하고 너에게 줄게"

-"다섯까지 세면 줄게"

-"내가 열번 타고 네가 일곱번 타" …

측정에 대한 기초적인 개념이 있는지 관찰해 본다.

사물의 무게, 사물의 크기, 높이, 길이에 따라 비교한다.

인과관계를 이해하는지 관찰해 본다.

예: -"오늘은 비가 와서 우산을 쓰고 왔어요."

-"내일 또 비가 오면 장화를 신고 올게요."

-"밤이 되어서 깜깜했어요."

-"날씨가 더워서 반팔옷을 입었어요."

-"날씨가 추워서 코트를 입었어요."

공간 개념이 있는지 관찰해 본다.

위, 아래, 안, 밖, 앞, 뒤, 옆, 넓다, 좁다, 깊다, 얕다, 왼쪽 · 오른쪽 구분하기

시간 개념이 있는지 관찰해 본다.

하루의 일과 순서를 안다.

과거, 미래에 대한 개념이 있다.

어제, 오늘, 내일을 알고 사건의 순서를 안다.

도형의 이름을 알고 형태를 구분할 수 있는지 관찰해 본다.

동그라미, 네모, 세모의 이름을 안다.

각 도형의 모양을 찾아낼 수 있다.

어떤 일을 예측할 수 있는지 관찰해 본다.

-"봄이 되면 따뜻해서 꽃이 피어요."

-"여름이 되면 더워서 물놀이를 할 수 있어요."

-"겨울이 되면 춥고 눈이 와요."

4) 사회성 발달

- 다양한 놀이에 참여하는지 관찰해 본다.
- 친구와 함께 장난감을 나누어 쓸 수 있는지 관찰해 본다.
- 친구의 의견을 존중하는지 관찰해 본다.
- 자신의 물건과 다른 사람의 물건을 구별할 수 있는지 관찰해 본다.
- 놀이에서 주로 어떤 역할을 하는지 관찰해 본다.
- 또래와 주로 어떤 방법으로 놀이나 활동을 제안하는지 관찰해 본다.
- 문제 상황이 생겼을 때, 친구와 갈등이 생겼을 때 어떻게 해결하는지 관찰해 본다.
- 다른 친구의 물건을 사용할 때 어떻게 허락을 구하는지 관찰해 본다.
- 친구로부터 도움을 받았을 때 어떻게 하는지 관찰해 본다.
- 집단생활에서 협동을 하는지 관찰해 본다.
- 학급 내의 규칙을 지키고 이행하는지 관찰해 본다.
- 차례를 지키고 기다리는지 관찰해 본다.
- 친구의 놀이나 활동을 방해하지 않는지 관찰해 본다.
- 친하게 지내는 친구가 많은지 관찰해 본다.
- 인사하는 태도를 관찰해 본다.
- 친숙한 성인에게 어떻게 반응하는지 관찰해 본다.
- 자기보다 약한 동생에게 어떻게 대하는지 관찰해 본다.
- 교사의 지시 없이도 스스로 하는 활동이 어떤 것이 있는지 관찰해 본다.
  예: 휴지 줍기, 간식 책상 치우기, 친구나 교사 돕기…
- 자신의 능력이나 기술에 대해 어떻게 생각하는지를 관찰해 본다.
  예: 교사가 특정 유아에게 일을 시키면 "저도 시켜 주세요," "저도 할 수 있어요." 한다.

5) 정서발달

- 자기의 감정을 말이나 신체로 표현하는지 관찰해 본다.
- 유아의 흥미를 끄는 사물이나 활동이 무엇인지 관찰해 본다.
- 유아의 기분을 상하게 하는 것이 어떤 것이 있는지 관찰해 본다.
- 유아가 어떨 때 공포와 두려움을 느끼는지 관찰해 본다.
- 유아의 성격을 관찰해 본다.
- 다른 사람의 감정에 어떤 반응을 보이는지 관찰해 본다.
- 음악을 들었을 때 어떤 반응을 보이는지 관찰해 본다.
- 친구가 다쳤거나 울고 있으면 어떤 관심을 갖고 반응하는지 관찰해 본다.
- 자신의 감정이나 행동을 어떻게 상황에 맞게 조절하는지를 관찰해 본다.
- 자신이 하고자 하는 일에 방해를 받거나 요구가 거절되었을 때 어떻게 반응하는지 관찰해 본다.
- 예쁜 꽃이나 좋은 그림을 보여주면 어떻게 반응하는지를 관찰해 본다.
- 자신이 원하던 일이 달성되면 어떻게 하는지를 관찰해 본다.
- 슬퍼하는 친구를 보고 어떻게 반응하는지를 관찰해 본다.
- 유아가 자신의 신체나 용모에 대해 어떻게 생각하고 있는지 관찰해 본다.
  예: "나 이쁘지?" "나 공주님 같지?" "나는 왕자야."
- 자신의 가치를 어떻게 생각하는지를 관찰해 본다.
- 새로운 환경에 어떻게 적응하는지를 관찰해 본다.
- 어떤 상황에서 잘 우는지를 관찰해 본다.
- 친구에게 장난감을 빼앗겼을 때 어떻게 하는지를 관찰해 본다.

6) 친사회적 행동발달

- 타인의 감정을 이해하고 있는지를 관찰해 본다.
- 친구가 아프거나 울 때 어떻게 위로하는지를 관찰해 본다.

- 친구나 교사에게 나누어 주기를 하는지를 관찰해 본다.
- 친구나 교사에게 양보를 하는지를 관찰해 본다.
- 친구나 교사에게 친절한지를 관찰해 본다.
- 친구에게 관용을 베푸는지를 관찰해 본다.
- 친구와 대화를 교환하는지를 관찰해 본다.
- 친구와 장난감을 교환하는지를 관찰해 본다.
- 장애물이 접근했을 때 자기를 방어하는지를 관찰해 본다.
- 또래와 언어적 논쟁이 일어났을 때 자기 주장을 할 수 있는지를 관찰해 본다.
- 친구를 안심시켜 주는 행동을 하는지를 관찰해 본다.
- 친구에게 격려를 하고 있는지를 관찰해 본다.
- 친구를 위해 돕는 행동을 하고 있는가를 관찰해 본다.
- 나보다 어려운 처지에 놓여 있는 사람에게 동정심을 보이는가를 관찰해 본다.
- 놀이시간에 친구와 협동해서 노는지를 관찰해 본다.
- 미술작업 시간에 친구와 협력하는지를 관찰해 본다.
- 교사나 친구를 도와주는지를 관찰해 본다.
- 다른 사람의 부탁을 들어 주는지를 관찰해 본다.
- 자신의 것을 다른 사람에게 그저 주는지를 관찰해 본다.
- 어떤 일이 발생했을 때 그것을 언어적으로 인정하는지를 관찰해 본다.
- 친구에게 장난감을 나누어 주는지를 관찰해 본다.

제3장

시간표집법

1. 시간표집법의 정의
2. 시간표집법의 절차
3. 시간표집법의 지침
4. 시간표집법의 장점과 단점
5. 시간표집법의 관찰양식
6. 시간표집법의 실제

1. 시간표집법의 정의

시간표집법(time sampling method)은 특수한 시간 체계 내에서 행동을 표집하는 방법으로, 미리 선정된 행동을 정해진 짧은 시간 동안 관찰하며 시간 간격에 맞추어 여러 차례 반복하여 관찰하는 것이다. 이 때 정해진 시간에 나타나는 행동은 일상적인 행동의 표집으로 간주된다.[1]

유아교육사전에서는 시간표집법을 "일정한 시간 간격을 두고 일정한 시간 단위씩 측정 또는 관찰함으로써 그 측정치를 통하여 과정 전체를 추정하려는 직접 관찰의 한 방법으로써, 시간선택 관찰법이라고 한다."고 정의한다.[2] 최초의 시간표집법 연구는 정상아의 습관에 관한 연구를 들 수 있는데, 최근에 미네소타 대학교에 아동발달 연구소를 설립한 Willard C. Olson이 1926~1927년 사이에 이 기법을 고안했다.

Olson의 동료인 Florence L. Goodenough는 1934년 Development Psychology에서 "시간표집법 절차에서는 아동이나 성인을 짧은 시간 동안 관찰하고 그 시간 동안에 그들이 한 행동을 일상적인 행동의 표본으로 간주한다." 라고 설명하고 있다.[3]

표집을 위해 짧은 시간 동안 행동을 관찰할 경우 행동이 어느 정도로 자주 나타나야 하는가 하는 문제가 발생하는데 Ruth Arrington(1943)은 관찰하는 행동이 15분 동안 평균 한 번이 채 나타나지 않으면 시간표집법을 사용할 수 없다고 주장했다.[4]

시간표집법을 이용한 가장 유명한 초기의 연구 중 하나는 Mildred B. Parten의 유아놀이에 관한 연구(1932~1933)이다. Parten은 1926년 10월부터 1927년 1월까

1) 이은해, 앞의 책, p. 164.
2) 한국유아교육학회, 앞의 사전, p. 326.
3) 홍순정(1993). 『아동연구』, 한국방송통신대학교 출판부, p. 113.
4) R. Arrington (1943). Time sampling in studies of social behavior: Acritical review of techniques and results with research suggestions, *Psychological Bulletin*, 40, pp. 81~124.

지 2세 미만에서부터 5세에 이르는 유아들을 관찰했는데, 여기서 유아의 사회적 참여와 놀이참여의 6가지 범주(비참여놀이, 관망, 혼자놀이, 병행놀이, 연합놀이, 협동놀이)에 관심을 가졌다.

시간표집법이 사용되기 시작한 후 제2기의 다른 연구자들은 주로 시간 간격의 길이, 거리, 횟수에 관심을 가졌으며 오랫동안 시간표집법은 자연적 연구와 실험연구에 중요한 도구가 되었다.[5)]

시간표집법은 서술식 관찰기록과는 달리 관찰을 하기 전에 언제, 어디서, 무엇을, 어떻게 기록할 것인지를 미리 결정해야 한다. 시간표집법에서 관찰을 실시하는 기준은 시간이다. 즉 관찰자가 관찰을 할 때 미리 정해 놓은 시간 간격에 맞추어 그 시간 동안 관찰자가 관심을 갖고 있는 특정한 행동이 발생했는지, 또한 관찰 횟수는 얼마나 되는지를 기록하는 것이다(예: 1분 내에 유아가 몇 번이나 친구와 장난감을 교환하며 놀았나). 시간표집법은 계획된 시간 내에 계획된 방법으로 행동을 표집하기 때문에 서술적인 관찰기록처럼 풍부한 정보를 얻을 수 없으며 행동이나 사건에 대한 연속적인 기록을 하기가 어렵다. 그러나 시간표집법은 일정한 기간 동안에 어떤 특정한 행동이 얼마나 발생했는가를 양적으로 알아볼 수 있기 때문에 통계처리가 편리하고 객관적이다. 또한 시간표집법을 사용하면 짧은 시간 내에 다양한 상황 속에서 여러 유아들을 관찰할 수 있는 이점이 있다.

2. 시간표집법의 절차

시간표집법을 이용하려면 다음의 절차를 고려해서 작성한다.

① 시간표집법에서 관찰하고자 하는 행동이나 사건을 설명하는 데 쓰이는 용어가 분명하게 정의되어야 한다. 관찰자나 관찰결과지를 읽는 사람들이 각 용어가 어떤 의미로 사용되었는지를 분명히 이해하고 있어야만 정확한 의사전달이 가능

5) 홍순정, 앞의 책, pp. 114~115.

하기 때문이다.

② 관찰하고자 하는 행동을 보기 위해 미리 시간 단위를 정해야 한다.

이 때 시간의 간격은 한 개인을 얼마 동안 관찰할 것인가, 그리고 관찰결과를 기록하는 시간을 얼마로 할 것인가에 따라 전체 관찰시간이 달라진다(예: 30초 관찰 10초 기록, 15초 관찰 5초 기록에 따라 관찰 기록에 소요되는 시간이 달라진다).

시간표집법을 사용한 과거의 연구를 살펴보면 시간의 길이가 5초에서 20분까지 다양하고, 대부분의 연구에서 5분 이하의 시간 단위를 사용하였다.

그리고 관찰시간 단위 간에 얼마나 간격을 둘 것인가에 대해서는 관찰시간 단위의 길이, 관찰대상 유아의 수, 얼마나 상세한 기록을 요구하느냐 등의 요인에 의해 결정된다(관찰시간과 시간의 간격, 기록 시간 등은 관찰자가 관찰내용에 따라 다르게 결정할 수 있다).

③ 관찰 횟수는 연구 대상별로 총 몇 회에 걸쳐서 관찰할 것인지, 즉 관찰에만 소요된 총 시간의 결정은 대표적인 표집을 얻는데 필요하다고 생각되는 시간에 따라 다르게 할 수 있다. 일반적으로 행동의 변산이 크고 많이 연구되지 않은 영역의 행동에 대해서는 더 많은 횟수의 관찰이 필요하며 따라서 관찰시간도 더 많이 소요된다.

④ 관찰결과의 기록을 위한 관찰 범주에 대한 부호체계는 관찰자가 빨리 기억할 수 있도록 논리적이고 일정한 규칙을 지니고 있어야 한다. 관찰 범주에 대한 부호를 기록하는 데는 직접 부호를 기록하는 방법이 있다(예: S=단독놀이(solitary behavior)). 이 부호는 각기 범주의 첫 글자를 가지고 만들어서 기억하기 쉽게 한 것을 알 수 있다. 우리말로 할 때에도 역시 기억하기 쉽게 우리말의 첫 글자를 따서 부호화하든가 또는 글자의 획을 줄이기 위해 첫 글자의 첫 자음만 가지고 사용할 수도 있다(예 단독놀이 = 단 또는 ㄷ).

직접 부호를 기록하는 것 외에도 미리 마련된 하위 행동의 범주들의 관찰시간 내 해당되는 칸에 행동의 출현 유무를 체크(V)로 표시하는 방식과 일정한 시간 단위 내에서 같은 행동의 출현이 있을 때마다 그 범주에 세기표(/)로 표시하는 방식이 있다. 대체로 이 두 가지 방식이 많이 쓰인다.

이외 행동의 지속시간을 추가하여 표시하는 방법이 있다.

이것은 일정한 행동이 나타났을 때 체크나 세기표를 한 후 그 행동이 잠시 일어난 것인지 아니면 지속적인 것이었는지를 구분하기 위해 지속시간을 기록하는 방식이다. 이 세 번째 방식은 관찰의 시간 단위가 아주 짧을 때는 물론 적용되지 않으며 적어도 30초나 1분 이상의 단위가 적용될 때 사용된다.[6]

⑤ 관찰 기록 용지에는 예기치 않게 생긴 사건이나 어떤 방해가 있을 때 이것을 기록할 수 있는 여백을 남겨 두어야 한다. 이 같은 사건은 관찰하는 현상과 무관해 보일지라도 그 상황에 있는 대상의 행동에 중요한 영향을 미칠 수 있으며 후에 참고가 될 수 있으므로 기록해 둘 필요가 있다.

3. 시간표집법의 지침

① 시간표집법은 자주 나타나는 행동에 대해서만 적합하다(평균 15분마다 한 번 나타나는 행동). 만약 이 점에 의심이 가면 예비관찰을 통해서 그 행동이 자주 나타나는 것인지 아닌지를 결정하고 행동에 영향을 미치는 개인적이거나 상황적인 요인을 규명해야 한다.

② 시간표집은 행동이 관찰 가능할 때만 사용한다.

시간표집은 외현 행동(overt behavior)의 연구에 가장 적당하다. 내적 행동, 즉 정신기능, 사고, 백일몽 등 인간의 내적 기능과 활동은 시간표집법에 의해 연구될 수 없다.

③ 관찰자는 조작적 정의를 내림으로써 다른 사람들이 모든 용어를 분명히 이해할 수 있도록 해야 한다.

④ 시간표집 연구의 구성 방법을 결정하기 위해서 관찰의 목적을 밝히는 것이 중요하다. 관찰 목적은 다음과 같은 사실을 결정하는 데 도움을 준다.

- 관찰하는 데 필요한 피험자의 수를 결정하는 데 도움을 준다.

6) 이은혜, 앞의 책, p. 171.

• 관찰의 초점이 개인인지 집단인지의 문제를 결정하는 데 도움이 된다. (예: 유아가 교실에서 하는 행동을 변화시키려고 한다면 그 유아만 관찰하고 유아들에 대한 아버지의 반응이나 어머니와의 애착관계를 알아보고자 할 때는 많은 피험자가 필요하게 된다.)

• 대표성 있는 표본이 되기 위해 필요한 관찰 횟수와 시간을 정하는 데 도움을 준다(예: 주로 행동 수정에 관심 있는 교사들은 유아들에게 나타나는 반사회적인 행동이나 부적응 행동을 일주일에 며칠씩 관찰해서 기초자료를 얻을 수 있는 것이다).[7]

⑤ 기록용지의 형식을 결정한다.

기록용지는 쉽게 기록할 수 있도록 단순하게 작성하고 예기치 않게 생긴 사건이나 어떤 방해가 있을 때 이것을 기록할 수 있는 여백을 두는 것이 좋다.

4. 시간표집법의 장점과 단점

시간표집법은 연구자가 실제 관찰을 하기 전 계획 단계에서 상당한 시간과 노력을 들여야 한다. 즉 연구자는 관찰의 행동 범주를 나누고, 조작적으로 정의하고, 부호화하여 기록 양식을 만든다. 또한 관찰에 어떤 시간 단위를 사용하고 얼마나 자주 관찰할 것인가도 결정해야 한다. 사전계획에서 위와 같은 노력이 있음으로 인해 연구자는 결과를 종합하고 분석할 때 서술적 자료보다 훨씬 쉽고 빠르게 할 수 있다.

시간표집법은 다른 관찰 유형과 비교할 때 몇 가지 장·단점이 있다.[8]

1) 장점

첫째, 서술적인 관찰 방법에 비해 시간과 노력이 덜 들고 효율적으로 관찰할 수 있다.

---

7) 홍순정, 앞의 책, pp. 115~116.
8) 이은혜, 앞의 책, pp. 172~173.
홍순정, 앞의 책, pp. 121~122.

둘째, 특수한 행동에 초점을 두고 있는 연구일 경우에 시간표집법은 다른 어느 관찰 유형보다 신뢰도, 객관성, 대표성이 높다. 이는 관찰하는 시간의 한계가 분명하고 관찰하려는 행동에 대한 조작적 정의로 인해 통제가 이루어지는 관찰이기 때문이다.

셋째, 단시간 내에 많은 정보를 얻을 수 있다. 이것은 일정한 시간 내에 대표성 있는 행동을 표집하기 쉽게 해 준다.

넷째, 행동이나 사건 발생 빈도를 파악함으로써 행동 수정 프로그램을 작성하거나 평정척도 같은 측정도구를 만드는 데 기초자료가 될 수 있다.

다섯째, 시간표집은 수량화가 용이하다. 시간표집의 결과로 수집된 자료는 통계적으로 처리될 수 있으며 다른 변인과의 관계를 발견하고자 할 때도 도움이 된다.

여섯째, 관찰 대상 유아들의 일상생활을 방해하지 않고서도 기록과 채점이 가능하다.

2) 단점

첫째, 시간표집법은 자주 나타나는 비교적 높은 빈도로 발생하는 행동과 외현행동에는 적합하나 그렇지 못한 경우에는 적용이 어렵다(예: 어떤 행동이 최소 15분에 한 번 정도는 나타나야 시간표집이 적용될 수 있고 관찰자가 시각적으로 분별하기 어려운 사고나 백일몽 등 인간 내적 기능이나 활동은 연구하기가 부적합하다).

둘째, 자료를 기록체계에 따라 기록하지 않으면 행동이 어떤지 또는 그 질에 관한 정보를 얻을 수 없다.

셋째, 시간표집법은 측정 행동에만 초점을 두기 때문에 수많은 인간 행동 간의 상호관계는 밝히기 어렵다.

넷째, 체크리스트 관찰 형식에 미리 정해 놓은 범주만 사용함으로써 관찰의 내용을 편견으로 이끌 가능성이 있다.

다섯째, 인과 관계를 밝혀 주지 못한다.

5. 시간표집법의 관찰양식

시간표집법에서 관찰을 기록하는 세 가지 방법은 첫째는 행동의 출현 유무를 표시하는 체크(V) 방식과 둘째는 행동이 나타나는 빈도수를 표시하는 세기표(/)로 표시하는 방식과, 셋째는 행동의 지속시간을 추가하여 표시하는 방식이 있으나 대체로 체크 표시(V)와 세기표(/) 두 가지 방식이 많이 쓰인다.

1) 적목놀이의 발달단계 시간표집법

여기서는 이정환과 박은혜가 정리한 내용을 중심으로 살펴본다.[9)]

적목은 유아교육기관에서 가장 널리 사용되는 교구 중의 하나이다. 적목놀이도 여러 단계의 발달단계를 거치는데 각 유아마다 각기 다른 발달단계를 거치면서 놀이가 성숙되어져 간다. 관찰자는 관찰에 들어가기 전에 적목놀이 행동의 정의와 범주를 자세히 읽고 이것을 ( ) 속의 약칭과 함께 기억해야 한다.

관찰 양식은 단순한 그 행동의 출현 여부만을 체크하여 기록하도록 한다.

〈적목놀이 행동의 정의 및 범주〉

- **단계 1 : 적목 나르기** - 유아는 적목이 쌓기에 이용된다는 것을 잘 모르는 단계로 적목을 가지고 그냥 들고 돌아다닌다거나 아니면 탁탁 부딪쳐서 소리를 내게 한다거나 적목을 이쪽에서 저쪽으로 나르는 행동을 적목 나르기 행동으로 정의한다.

  이 단계는 유아가 적목에 대해 배우기보다는 시작하는 단계로 촉감, 소리, 무게, 모양 등의 속성을 파악하게 된다.

- **단계 2 : 적목 늘어놓기와 쌓기** - 이 단계는 유아가 적목을 쌓기 시작하는데

9) 이정환, 박은혜, 앞의 책, pp. 63~64.

단순히 수평이나 수직으로 반복적인 쌓기나 늘어놓는 행동을 말한다.

- 단계 3 : **다리 만들기** - 몇 개의 적목을 이용하여 다리 만드는 행동을 말한다.

- 단계 4 : **울타리 쌓기** - 적목으로 담을 두르듯이 빙 둘러 쌓는 행동을 말한다.

- 단계 5 : **설계하기** - 적목이 충분히 있을 때 장식적인 패턴이 나타나는데 대게 양쪽에 균형잡힌 형식으로 나타난다. 이 때 유아들은 대칭, 평형, 그리고 형태에 매력을 느낀다.

- 단계 6 : **이름 붙이기** - 자기가 만든 것에 이름을 붙이기 시작하며 적목으로 만든 것을 가지고 극화놀이를 하기도 한다.

- 단계 7 : **정교한 구성물 만들기** - 유아들이 일상생활에서 보았던 구조물들을 재생하고 이들을 극화놀이에 자주 이용한다.

(1) 적목놀이의 발달단계 관찰기록 양식지

관찰아동 : 생년월일 : 관찰일 현재 유아 연령 : 년 월
관 찰 자 : 성 별 : 남 · 여 관찰시간 :
관찰일자 :

단계 / 시간	1단계 나르기	2단계 나르기	3단계 다리 구성	4단계 울타리 만들기	5단계 설계	6단계 이름 붙이기	7단계 구성물 만들기	메모 (Memo)
15초								
15초								
15초								
15초 (1분)								
15초								
15초								
15초								
15초 (2분)								
15초								
15초								
15초								
15초 (3분)								
15초								
15초								
15초								
15초 (4분)								
15초								
15초								
15초								
15초 (5분)								
합계 (Total)								

자료 : 이정환, 박은혜, 『유아 관찰 워크북』, 1995.

- 유아의 연령에 따라 단계를 줄이거나 늘릴 수 있다.
- 비놀이 활동 란을 따로 만들 수 있다.
- 관찰시간을 좀더 짧게, 길게 구성할 수 있다.

(2) 적목놀이의 발달단계 관찰기록 양식지의 작성요령

- 적목 영역에서 놀이를 하고 있는 유아들의 이름을 관찰기록 용지 1매에 유아 1인씩 이름을 적는다.
- 이름을 적어 놓은 순서대로 제일 처음 유아를 15초 관찰하고 5초간 기록한다.
  예: 오종환, 김지웅, 강현민, 김세원 4명의 유아가 적목영역에서 놀이를 하고 있으면 제일 처음 오종환을 15초 관찰하고 5초간 기록하고 그 다음 김지웅, 강현민, 김세원 순으로 4명을 1회씩 관찰한다. 15초 내에 관찰한 행동이 어느 단계에 속하는지를 평가하여 적합한 항에 V로 표시한다.
  만약 관찰 유아가 15초 동안 여러 단계에 속하는 놀이 행동이 나타나면 나타난 여러 단계 놀이 행동 중 가장 길게 놀이한 항에 V표시한다.
  예: 나르기를 5초 동안 하고 설계를 10초 동안 했을 경우에는 설계에 V표시하고 메모란에 나르기 5초라고 Memo한다.
- 1회 관찰이 끝나면 다시 오종환, 김지웅, 강현민, 김세원 순으로 하여 15초 관찰 5초 메모로 20회를 관찰한다.
- 한 번에 관찰하는 유아 수가 너무 많으면 놀이상황도 복잡하게 되고 교사가 관찰하는 데도 많은 어려움이 있으므로 1회 관찰을 유아 3~5명 선으로 하는 것이 가장 적절하다.
- 각 유아당 20회씩 관찰한다.
  (15초×20회=5분)한 유아당 5분씩을 관찰하게 된다.

2) 사회적 놀이(social play)

(1) 사회발달적 입장

여기서는 지성애가 정리한 놀이 이론을 중심으로 살펴보면 다음과 같다.[10]

---

10) 지성애(1994). 『유아놀이지도』, 정민사, pp. 58~61.

사회발달적 입장에서 본 놀이는 1932년 유아들에게 제공할 수 있고 적절한 교육환경에 관한 연구를 했던 Parten(1932; 1933)의 연구결과를 기초로 한다.

Parten(1932; 1933)은 관찰의 연구에서 남녀 유아들이 선호하는 놀이 자료와 영역에 관한 정보와 유아의 사회놀이 발달단계에 대해 설명했는데 이것은 오늘날에도 유아의 사회적 놀이 발달단계의 준거가 되고 있다.

유아의 사회적 놀이행동은 유아의 사회적 능력과 문제해결 기술이 반영되어 표출된다. 많은 학자들은 유아의 사회적 놀이 행동은 유아의 인지능력과 깊은 관계가 있음을 명시하고 있다.

(2) 사회적 놀이의 가치

놀이는 사회성 발달에 큰 영향을 미칠뿐 아니라 다음과 같은 가치가 있다.

① 사회적 기술(social skill)을 발달시킨다.

② 사회 · 인지능력을 배양한다.

③ 사회적 놀이 행동에 유아는 사회능력의 발달 정도를 표출하므로 사회성 발달 특정에 준거가 된다.

(3) 사회적 놀이 이론의 배경

놀이활동을 통해 유아는 '탈중심화'되어 가며 사회적 세계에 관한 관찰의 지식을 확장한다.

Piaget는 "자기 중심형(self-centrism)을 감소시키는 것이 사회적 놀이의 가장 중요한 기능"이라고 했다.

유아는 사회적 상호작용 참여에 본능적으로 동기유발되어 있다고 Piaget(1962)는 시사하고 있다. 유아는 사회적 놀이에 참여함으로써 '탈중심화(decentration)'와 동시에 한 가지 이상의 견해를 생각할 수 있게 된다.

탈중심화는 사회기술(social skill) 발달에 기본적인 요소가 된다.

(4) Parten의 사회적 놀이 발달단계

Parten은 1932, 1933년에 미네소타 대학 부속 유아원 유아들을 대상으로 자유놀이 시간 동안 사회놀이 행동을 관찰·분석하여 다음과 같은 사회적 놀이 단계를 발표했다.

① 몰입하지 않은 행동(unoccupied behavior)

놀이에는 참여하지 않으면서 놀이를 하는 다른 유아들을 쳐다본다. 유아가 다른 유아의 놀이 활동에 관심이 있는지 없는지를 판단할 수 없으며, 놀이하는 영역에서 있거나 왔다 갔다 하는 것을 말한다.

② 쳐다보는 행동(onlooker beharior)

대부분의 시간을 다른 유아가 노는 것에 관심을 갖고 쳐다보며 보낸다. 놀이를 하는 유아들을 쳐다보면서 주의집중을 끌기 위해서 보다는 집단에 좀 더 접근하기 위해 질문이나 제안을 하는 것을 말한다.

③ 혼자놀이(solitary play)

혼자서 장난감을 갖고 독립적으로 노는 놀이로써 다른 유아와 가까이 놀면서도 다른 사람이 무엇을 하든지 상관없이 서로 다른 놀이를 하며 사회적 접촉 또는 어떤 대화도 이루어지지 않는 것을 말한다.

④ 평행놀이(parallel play)

같은 공간에서 또래들과 비슷한 놀이 자료를 가지고 옆의 유아를 의식하고 놀이를 하고 있지만 옆의 유아들의 활동에 영향을 미치려 하지 않는다. 다른 유아와 함께 상호작용하며 놀이를 하는 것이 아니라 단지 옆에서 노는 것을 말한다.

⑤ **연합놀이**(associative play)

서로 장난감을 교환하기도 하며, 다른 유아를 따르기도 한다. 집단의 유아들이 비슷한 활동을 함께 하고 있을지라도 놀이활동의 특별한 목적(예: 집을 짓기) 아래 각 유아에게 할당된 역할이 조직되어 있지 않은 것을 말한다.

⑥ **협동놀이**(cooperative play)

유아들 서로 협동하여 놀이 활동을 하는데 멤버십(membership)이 있다. 놀이 규칙에 따라 각각의 역할이 정해져 있고 그에 따라 놀이를 조직적으로 진행시키고 있는 것을 말한다.

사회적 놀이 척도 관찰기록지

관찰일자 : 　　성 별 : 남 · 여 　　생년월일 : 　　관찰시간 :
관 찰 자 : 　　이 름 : 　　관찰일 현재 유아 연령 : 　년 　월

초 (Second)	사회적 놀이 (Social play)			비놀이 (Non play)			활동 (Activity)	메모 (Memo)
15초 동안	혼자 놀이	평행 놀이	집단 놀이	몰입하지 않는행동	쳐다보는 행동	전환		
15초								
15초								
15초								
15초 (1분)								
15초								
15초								
15초								
15초 (2분)								
15초								
15초								
15초								
15초 (3분)								
15초								
15초								
15초								
15초 (4분)								
15초								
15초								
15초								
15초 (5분)								
합계 (Total)								
요약								

(5) 사회적 놀이 평가 방법

① 관찰지에 관찰하고자 하는 유아들의 이름과 날짜, 생년월일 등을 기록한다.

② 1회 관찰에 3~5명을 관찰한다.

③ 1회 15초 동안 1명을 관찰한 후 그 다음 유아를 관찰, 또 그 다음 유아를 관찰한 후 3~ 5명의 유아가 1회씩 관찰되면 2회 관찰로 들어간다.

④ 1회 15초 관찰하고 5초 기록한다. Piaget / Parten척도의 한 관찰 사례의 관찰시간은 15초로 하는 것을 추천하고 있다. 15초 동안 관찰자는 유아의 놀이행동 유형을 충분히 판단할 수 있을 뿐 아니라 15초의 관찰시간 동안 유아가 다른 유형의 놀이활동을 할 수 있는 확률이 낮기 때문이다.

⑤ 15초 관찰 중 6초는 혼자놀이를 하고 9초는 평행놀이를 했을 경우 평행놀이에 체크한다.

⑥ 본 관찰지는 Piaget / Parten척도의 놀이행동을 사용하게 되므로 사회적 놀이 단계는 혼자놀이, 평행놀이, 집단놀이로만 구분한다.

- 혼자놀이(solitary play): 서로 이야기할 수 있는 거리에서 떨어져 사물과 함께 혹은 사물 없이 혼자 하는 놀이로서, 다른 유아들과 사회적 접촉 혹은 어떤 대화도 이루어지지 않는다.
- 평행놀이(parallel play): 다른 유아들과 아주 근접한 거리에서 놀이 자료를 가지고 놀이활동을 하든가 비슷한 놀이활동에 참여하는 놀이 상대를 인식하고 있으나 놀이를 같이 하자고 시도하지 않는다.
- 집단놀이(group play): 다른 유아들과 함께 사회적 상호작용을 이행하면서 참여하는 놀이로서, 각자 역할이 할당되기도 한다. 15초 동안 관찰한 후, 어느 곳에 해당되더라도 해당되는 놀이에 체크한다.

⑦ 비활동놀이

- 몰입하지 않는 행동(unoccupied behavior): 놀이를 하지 않고 순간적으로 흥미있는 것을 쳐다보고, 흥미로운 일이 발생하지 않으면 자기의 몸을 이용해서 놀거나 의자에 오르내리거나 주위를 두리번거리거나 교사를 따르거나 또는

한 장소에 앉아서 주의를 흘끗 보는 등의 행동을 말한다.

- 쳐다보는 행동(onlooker behavior): 집단 내에서 다른 유아들이 하는 것을 관찰하는 것에 많은 시간을 보내며 언어적 상호작용을 하기도 하지만 신체적으로 그들과 상호작용하거나 연합하지는 않는 행동을 말한다.
- 전환(transition): 유아가 한 활동에서 다른 활동으로 옮겨가는 행동을 말한다.
- 예를 들면, 유아가 한 영역에서 놀다가 다른 영역으로 옮겨가는 동안의 행동을 말한다.
- 위의 내용이 관찰되면 해당되는 란에 체크한다.

⑧ 활동: 학술적 활동과 교사가 분담하여 준 과업을 수행하는 것으로 놀이가 아닌 다른 활동으로서, 예를 들면 책읽기, 금붕어 먹이 주기, 화분에 물주기, 색칠하기, 컴퓨터하기 등이 포함된다. 놀이가 아닌 활동을 했을 경우 활동에 체크한다.

⑨ 어느 쪽에 해당되는지 인식이 잘 되지않을 경우 Memo란을 이용해서 기술해 놓고 관찰이 끝난 후 참고하여 체크한다.

⑩ 1인에 20회씩 관찰이 끝나면 각 영역에 체크된 수만큼의 수을 기록한다.

⑪ 사회적 놀이 발달단계와 유아의 연령을 비교하여 놀이 상황이나 내용을 간단히 요약한다.

⑫ 작성된 자료는 잘 보관했다고 학부모 상담 시나 원아 발달을 평가할 때 유용한 자료로 활용한다.

3) 인지적 놀이(cognitive play)

(1) 인지발달적 입장

인지적 놀이에 대해 지성애는 다음과 같이 정리하고 있다.[11)]
1960년대에 들어오면서 유아의 지적 발달에 있어서 놀이가 중요한 역할을 담당

11) 지성애, 앞의 책, pp. 52~55.

한다고 주장한 Piaget와 더불어 동 시대 러시아의 학자 Vygotsky에 의해 많은 영향을 받게 되었다. Smilansky는 Piaget의 이론을 준거로 하여 유아놀이에 관한 연구를 교사들과 연구자들에게 실제에 적용할 수 있도록 조직하여 1968년에 발표했으며 Burner와 Sutton-Smith도 놀이가 인지 발달에 중요한 효과가 있다는 것을 시사했다.

(2) 인지적 놀이의 가치

① 유아의 인지, 언어 발달 정도가 놀이 행동에 표출되므로 인지 발달 정도를 파악하는 준거가 된다.

② 호기심, 탐구력, 창의력, 사물 상황, 역할의 상징적 전환능력, 물리적 표상능력, 논리적 추리력, 사회적 지식, 보존능력, 공간능력, 연속성, 시간의 순서, 분류, 조망능력 등과 연결된 인지능력을 발달시킨다.

③ 유아놀이 활동을 인지 발달의 도구적 기능으로 규정하고 있는 또 다른 측면은 놀이가 활동에 적극적으로 참여하도록 내적으로 동기를 유발하는 매체가 된다는 것에 있다.

(3) 인지적 놀이 이론의 배경

1960년대에 들어오면서 Piaget와 Vygotsky의 인지이론에 학계의 관심이 모아지자 정서적 적응에서의 놀이의 역할을 관망하던 추세에서 인지 발달에 놀이가 미치는 영향에 관심을 갖기 시작했다.

스위스의 심리학자 Jean Piaget(1962)는 유아의 인지발달에 관해 세부적인 이론을 설명했다. 유아는 성인과 같은 사고 능력을 갖게 될 때까지 4단계의 인지발달 단계-감각운동기(sensorimotor period), 전조작기(preoperatimal period), 구체적 조작기(concrete operational period), 형식적 조작기(formal operaional period)를 거치면서 발달한다.

유아를 발달하는 과정에서 관찰의 인지능력과 부합된 유형의 놀이에 참여한다고 보았다.

〈Piaget의 놀이 발달단계와 놀이 유형〉

연령	인지발달단계	놀이유형
0~2세	감각운동기(sensorimotor period)	연습놀이(practice play)
2~7세	전조작기(preoperational period)	상징놀이(symbolic play)
7~11세	구체적조작기(concrete operational period)	규칙있는 게임(game with rules)

(4) Smilansky의 인지적 놀이 발달단계

Smilansky(1968)는 놀이가 창의력과 지적 발달에 중요한 역할을 담당한다고 했으며 그는 Piaget의 놀이 발달 유형을 준거로 인지 발달에 따른 놀이 유형을 재조직했다. Smilansky가 제시한 인지놀이 유형은 오늘날 인지놀이 유형의 준거가 된다. 놀이의 단계 및 형태는 다음과 같다.

① 기능놀이(functional play)

사물을 가지고 혹은 사물 없이 운동의 움직임을 계속 반복하는 놀이이다(예: 뛰기, 달리기, 기기, 모으기, 부수기, 물건 · 자료 조작하기).

② 구성놀이(constructive play)

사물(예: 블록, 장난감) 또는 자료(예: 모래 · 점토, play dough, 물감)를 가지고 새로운 것을 창조하거나 무엇을 만드는 놀이이다.

③ 역할놀이(dramatic play)

역할 이행 / 또는 가상하는 놀이이다.

• 역할 모방(role playing) : 부모, 아기, 소방관, 영웅, 괴물, 공주, 슈퍼맨 등의

역할 이행하기

• 가상전환(make believe transformation) : 자동차 운전하는 척하기(팔동작 움직임), 연필로 주사 놓는 척하기

④ 규칙있는 게임(games with rules)

미리 정해진 혹은 새롭게 정해진 규칙을 확인하고 그것을 인식하고 수용하면서 진행하는 놀이 활동이다(예 : 말뚝박기, 과녁 맞추기, 카드 게임 등이 있다).

인지적 놀이 척도 관찰기록지

관찰일자 : 성 별 : 남 · 여 생년월일 : 관찰시간 :
관 찰 자 : 이 름 : 관찰일현재 유아 연령 : 년 월

초 (Second)	인지적 놀이 (Cognitive play)				비놀이 (Non play)			활동 (Activity)	메모(Memo)
15초 동안	기능 놀이	구성 놀이	역할 놀이	규칙있는 게임	몰입하지 않는행동	쳐다보는 행동	전환		
15초									
15초									
15초									
15초 (1분)									
15초									
15초									
15초									
15초 (2분)									
15초									
15초									
15초									
15초 (3분)									
15초									
15초									
15초									
15초 (4분)									
15초									
15초									
15초									
15초 (5분)									
합계 (Total)									
요약									

(5) 인지적 놀이 평가 방법

① 관찰지에 관찰하고자 하는 유아들의 이름과 날짜, 생년월일 등을 기록한다.

② 1회 관찰에 3~ 5명을 관찰한다.

③ 1회 15초 동안 1명을 관찰한 후 그 다음 유아를 관찰 또 그 다음 유아를 관찰한 후 3~ 5명의 유아가 1회씩 관찰되면 2회 관찰로 들어간다.

④ 1회 15초씩 관찰하고 5초 기록하다.

⑤ 15초 관찰 중 5초 구성놀이를 하고 10초는 역할놀이를 했을 경우 역할놀이에 체크한다.

⑥ 본 관찰지는 Smilansky의 인지적 놀이 발달단계에 맞춰 사용하게 된다. 인지적 놀이 발달단계는 기능놀이, 구성놀이, 역할놀이, 규칙있는 게임으로 구분한다.

- 기능놀이: 사물을 가지고 혹은 사물 없이 운동의 움직임을 계속 반복하는 놀이(예: 뛰기, 달리기, 기기, 모으기, 부수기, 물건 · 자료 조작하기)
- 구성놀이: 사물(예: 블록, 장난감) 또는 자료(예: 모래, 점토, play dough, 물감)를 가지고 새로운 것을 창조하거나 무엇을 만드는 놀이
- 역할놀이: 역할 이행 / 또는 가상하는 놀이(symbolic play)
  - 역할 모방－부모, 아기, 소방관, 영웅, 괴물, 공구, 슈퍼맨 등의 역할 이행하기
  - 가상전환－자동차 운전하는 척하기(팔동작 움직임), 연필로 주사 놓는 척하기 등
- 규칙있는 게임: 미리 정해진 혹은 새롭게 정해진 규칙을 확인하고 그것을 인식하고 수용하면서 진행하는 놀이활동(말뚝 박기, 과녁 맞추기, 카드 게임 등이 있다)

15초 동안 관찰한 후, 어느 곳에 해당되더라도 해당되는 놀이에 체크한다.

⑦ 비활동놀이

- 몰입하지 않는 행동: 놀이를 하지 않고 순간적으로 흥미있는 것을 쳐다보고, 흥미로운 일이 발생하지 않으면 자기의 몸을 이용해서 놀거나 의자에 오르내

리거나 주위를 두리번거리거나 교사를 따르거나 또는 한 장소에 앉아서 주의를 흘끗 보는 등의 행동을 말한다.

- 쳐다보는 행동: 집단 내에서 다른 유아들이 하는 것을 관찰하는 것에 많은 시간을 보내며 언어적 상호작용을 하기도 하지만 신체적으로 그들과 상호작용하거나 연합하지는 않는 행동을 말한다.
- 전환: 유아가 한 활동에서 다른 활동으로 옮겨가는 행동을 말한다. 예를 들면, 유아가 한 영역에서 놀다가 다른 영역으로 옮겨가는 동안의 행동을 말한다.

위의 내용이 관찰되면 해당되는 란에 체크한다.

⑧ 활동: 학술적 활동과 교사가 분담하여 준 과업을 수행하는 것으로 놀이가 아닌 다른 활동으로서, 예를 들면, 책읽기, 금붕어 먹이 주기, 화분에 물주기, 색칠하기, 컴퓨터하기 등이 포함된다.
놀이가 아닌 활동을 했을 경우 활동에 체크한다.

⑨ 어느 쪽을 체크해야 될지 혼란이 오면 메모란에 간단히 메모만 해놓고 관찰이 끝난 후 참고하여 체크한다.

⑩ 1인에 20회씩 관찰이 끝나면 각 영역에 체크된 수만큼의 수를 기록한다.

⑪ 인지적 놀이 발달단계와 유아의 연령을 비교하여 놀이 상황이나 내용을 간략히 요약한다.

⑫ 완성된 자료는 잘 보관했다가 학부모 상담 시나 원아 발달을 평가할 때 유용한 자료로 활용한다.

4) 사회 · 인지적 놀이(Social · cognitive play)

(1) Piaget / Parten 척도

여기서는 지성애가 정리한 내용과 전남련이 정리한 내용을 중심으로 살펴본다.[12] 유아들은 발달하여 감으로써 점차 타인과의 사회놀이에 참여하게 되며,

---

12) 지성애, 앞의 책, pp. 142~146 참조.
전남련, "극화놀이 주제에 따른 유아의 놀이 행동이 유아의 놀이에 미치는 영향", 중앙대학교 대학원 석사학위 논문, 1997, pp. 24~26 참조.

구성놀이, 역할놀이, 그리고 규칙이 있는 게임과 같은 성숙된 단계의 인지놀이 유형에 참여한다.

Rubin, Maioni, 그리고 Hornung(1976)은 Parten(1932)의 사회참여 척도를 보완하여 혼자놀이, 평행놀이, 집단놀이 행동으로 사회놀이 단계를 분류했다.

보완된 Parten의 사회놀이 단계와, Piaget(1962)의 인지놀이 발달단계를 보완하여 Smilansky(1968)가 제시한 인지놀이 단계를 복합하여 한 번에 유아의 사회 · 인지적 놀이 행동을 평가할 수 있도록 Rubin과 그의 동료들(1776)은 Piager/ Parten 척도를 고안했다.

〈유아놀이의 사회적 · 인지적 놀이 준거〉

사회적 놀이 인지적 놀이	혼자놀이	평행놀이	집단놀이
기능놀이	혼자-기능놀이	평행-기능놀이	집단-기능놀이
구성놀이	혼자-구성놀이	평행-구성놀이	집단-구성놀이
역할놀이	혼자-역할놀이	평행-역할놀이	집단-역할놀이
규칙있는 게임	혼자-규칙있는 게임	평행-규칙있는 게임	집단-규칙있는 게임

Rubin과 그의 동료들(1976)은 Parten(1932)의 사회참여 척도 중 '연합놀이'와 '협동놀이' 행동을 구분하기 어려운 점을 보완하고자 이 둘의 놀이 유형을 합쳐 '집단놀이'로 수정 · 보완했다.

Piaget/ Parten척도는 12개의 놀이 유형에 따른 행동목록들과 '쳐다보는 행동', '몰입하지 않는 행동' 등 놀이활동에 포함될 수 없는 특별한 행동 등이 비놀이 활동 목록에 포함되고 있다.

(2) Parten/ Piaget 놀이 범주의 종류와 조작적 정의

① 인지적 수준(cognitive paly level)

- 기능놀이: 사물을 가지고 혹은 사물 없이 운동의 움직임을 계속 반복하는 놀이로서 뛰기, 달리기, 모으기, 쌓기, 부수기, 조작하거나 만지작 거리기 등이 포함된다.
- 구성놀이: 적목, 레고 블록, 모래, 점토, 물감 등의 재료를 가지고 무엇인가 만들고 구성하는 놀이이다.
- 극화놀이: 유아가 상상을 사용하여 ~하는 체하는 행동을 하는 것으로서 신체를 이용한 가상 전환과 사물을 이용한 가상 전환이 포함된다.
- 규칙있는 게임: 유아가 규칙을 정하고 그 규칙에 의해 놀이하는 것으로서 말뚝 박기, 카드 놀이, 과녁 맞추기 등이 포함된다.

② 사회적 놀이 수준(social play level)

- 혼자놀이: 유아가 사물과 함께 혹은 사물 없이 혼자 하는 놀이로 다른 유아들과의 사회적 접촉, 또는 어떤 대화도 이루어지지 않는다.
- 평행놀이: 유아가 다른 유아들과 아주 근접한 거리에서 하든가 비슷한 활동에 참여하는 놀이로서 상대를 인식하고 있지만 같이 놀이를 하고자 시도하지 않고 서로 상호작용하지 않는다.
- 집단놀이: 다른 유아들과 함께 사회적 상호작용을 하면서 놀이하는 것으로 공통의 목표에 따른 역할 분담이 일어난다.

③ 비놀이 행동(non play)

- 비참여 행동: 놀이를 하지 않고 순간적으로 흥미있는 것을 쳐다보고, 흥미로운 일이 발생하지 않으면 자신의 몸을 이용해서 놀거나 의자에 오르내리거나 주위를 두리번거리거나 교사를 따르거나 또는 한 장소에 앉아서 주위를 흘끗 보는 등의 행동을 말한다.

- 쳐다보는 행동: 집단 내에서 다른 유아들이 하는 것을 관찰하는 것에 많은 시간을 보내며 언어적 상호작용을 하기도 하지만 신체적으로 그들과 상호작용하거나 연합하지는 않는 행동을 말한다.
- 전환: 유아가 한 활동에서 다른 활동으로 옮겨가는 행동을 말한다. 예를 들면, 유아가 한 영역에서 놀다가 다른 영역으로 옮겨가는 동안의 행동을 말한다.
- 활동: 학술적 활동과 교사가 분담하여 준 과업을 수행하는 것으로 놀이가 아닌 다른 활동으로서, 예를 들면, 책읽기, 금붕어 먹이 주기, 색칠하기, 컴퓨터하기 등이 포함된다.

(3) Piaget/ Parten 척도의 관찰기록 실례

다음은 여러 종류의 유아놀이 행동들을 Parten/ Piaget 척도로 부호화하는 방법을 설명한 것이다.

① 두 유아가 역할놀이 영역에서 놀이 활동을 하고 있다. 각각 요리를 하는 시늉을 하고 있고, 가상적인 음식을 준비한다. 유아들은 상대 유아가 놀이 활동을 하는 것을 인식은 하고 있으나 서로 상호작용은 하지 않는다(평행 역할놀이).

② 여러 유아가 교실에서 서로 뒤쫓고 있는 중이다(집단 기능놀이).

③ 한 유아가 블록으로 구조물을 만들고 있다. 다른 유아들은 가까이 하지 않는다(혼자 구성놀이).

④ 여러 유아들이 윷놀이를 한다(집단 게임).

⑤ 세 명의 유아들이 블록으로 자신의 로봇을 만들고 있다. 서로 인식은 하고 있으나 상호작용을 하지 않을 뿐 아니라 관심을 갖지 않는다(평행 구성놀이).

⑥ 세 명의 유아들이 의사, 아기, 간호사의 역할을 분담하여 역할놀이 활동을 하고 있다(집단 역할놀이).

⑦ 한 유아가 장난감 전화기로 혼자서 전화하는 가상놀이를 한다(혼자 역할놀이).

⑧ 한 유아가 역할놀이 영역에서 놀이 활동하는 것을 쳐다보고 있다(쳐다보는 행동).

⑨ 유아들이 도서 영역에서 책을 읽고 있는 중이다(비놀이 활동).

⑩ 두 유아들이 각각 장난감 자동차를 바닥 위에 굴리고 있다. 서로 인식은 하고 있으나 가상놀이 활동은 하지 않을 뿐 아니라 상호작용도 하지 않는다(평행 기능놀이).

⑪ 한 유아가 공을 바닥에 튀기면서 놀이를 하고 있다. 많은 유아들 중 관찰 대상 유아가 근처에 있으나, 아무도 이 유아와 상호작용하지 않으며 관심도 갖지 않는다(혼자 기능놀이).

⑫ 유아가 특별한 활동을 하지 않으면서 주위를 배회하고 있다(비참여 행동).

⑬ 여러 유아들이 함께 블록으로 고속도로 건설을 함께 하고 있는 중이다(집단 구성놀이).

⑭ 두 유아가 과학놀이 영역에서 쥐들에게 먹이를 주고 있는 중이다(비놀이 활동).

⑮ 여러 유아가 음식을 만드는 흉내를 내거나 음식을 먹는 척하고 있다(집단 역할놀이).

(4) 사회 · 인지적 놀이 관찰기록지

관찰일자 : 성 별 : 남 · 여 관찰일 현재 유아 연령 : 년 월
생년월일 : 이 름 : 관 찰 자 :

초	사회적 놀이			인지적 놀이				비놀이			활동	메모
15초 동안	혼자 놀이	평행 놀이	집단 놀이	기능 놀이	구성 놀이	역할 놀이	규칙 있는 게임	몰입하지 않는행동	쳐다보는행동	전환		
15초												
15초												
15초												
15초 (1분)												
15초												
15초												
15초												
15초 (2분)												
15초												
15초												
15초												
15초 (3분)												
15초												
15초												
15초												
15초 (4분)												
15초												
15초												
15초												
15초 (5분)												
합계 (Total)												

6. 시간표집법의 실제

1) 적목놀이의 발달단계 관찰기록의 실제

〈사례 1〉

관찰아동 : 이영진　생년월일 : 2010. 06. 19　관찰일 현재 유아 연령 : 2년 4월
관 찰 자 : 이아라　성 별 : (남) · 여　관찰시간 : AM 9:40~9:44
관찰일자 : 2010. 10. 15

단계 / 시간	1단계 나르기	2단계 쌓기	3단계 다리 구성	4단계 울타리 만들기	5단계 설계	6단계 이름 붙이기	7단계 구성물 만들기	비놀이			활동	메모(Memo)
								몰입하지 않는 행동	쳐다보는 행동	전환		
15초	V											적목영역에서 큰 벽돌블록을 꺼내 매트로 옮김
15초	V											적목영역에서 작은 벽돌블록 5개를 매트로 옮김
15초		V										큰 벽돌블록으로 쌓음
15초 (1분)		V										작은 벽돌블록을 큰 벽돌블록 위에 쌓음
15초		V										작은 벽돌블록을 큰 벽돌블록 위에 쌓음
15초						V						'미끄럼틀'이라고 이름을 정함
15초							V					미끄럼틀을 완성함
15초 (2분)	V											블록을 분리해 다른 공간으로 나름
15초	V											블록을 분리해 다른 공간으로 나름
15초		V										작은 벽돌블록을 쌓음
15초						V						'아이스크림'이라고 부름
15초 (3분)							V					아이스크림을 만들어 먹는 흉내를 냄

15초							V					아이스크림을 만들어 먹는 흉내를 냄
15초						V						교사가 “무슨 맛이예요?”이라고 묻자 “딸기”라 대답함
15초								V				아이스크림이라 부르던 벽돌을 바닥에 내려 놓음
15초 (4분)										V		벽돌블록을 양발로 하나씩 밟고 밀고 다님
15초										V		벽돌블록을 양발로 하나씩 밟고 밀고 다님
15초	V											교사가 “발로 밟으면 안되요” 라고 이야기하며 “정리할까?” 라고 이야기하자 블록장에 정리함
15초	V											블록을 나르며 정리함
15초 (5분)	V											블록을 나르며 정리함
합계 (Total)	7	4				3	3	1		2		
요약	• 영진이는 적목놀이를 즐겨하며, 구성물을 만들어 이름 붙이기를 한다. • 영진이는 블록을 같은 크기 끼리 분류할 수 있다. • 영진이는 상징놀이가 나타난다.											

〈사례 2〉

관찰아동 : 정예원　　생년월일 : 2010. 03. 30　　관찰일 현재 유아 연령 : 2년 6월
관 찰 자 : 정정은　　성 별 : 남 · ㉧　　관찰시간 : AM 10:40~10:45
관찰일자 : 2012. 10. 12

단계 / 시간	1단계 나르기	2단계 쌓기	3단계 다리 구성	4단계 울타리 만들기	5단계 설계	6단계 이름 붙이기	7단계 구성물 만들기	비놀이			활동	메모(Memo)
								몰입하지 않는 행동	쳐다보는 행동	전환		
15초	V											벽돌블록을 바닥에 내려놓음
15초		V										벽돌블록을 가로로 연결함
15초		V										연결된 벽돌블록 위에 벽돌블록을 다시 쌓음
15초 (1분)				V								바닥의 벽돌블록을 울타리 모양으로 다시 길게 연결함
15초				V								계속해서 울타리를 만듦
15초						V						“문이 닫혀요”하며 블록 사이를 막음
15초	V											울타리 안에 블록을 나름
15초 (2분)	V											남은 블록을 계속 나름
15초										V		우는 친구를 안아주며 달램
15초				V								벌어진 벽돌블록을 다시 연결함
15초									V			벽돌블록 울타리 안에 들어가 앉아 친구를 바라봄
15초 (3분)	V											울타리 밖으로 나와 벽돌블록을 울타리 안으로 나름
15초						V						다시 울타리 안으로 들어가 앉으며 “문이 닫혀요”라도 말함
15초						V						“문이 열려요”라고 말하며 울타리 밖으로 나옴
15초		V										벽돌 블록울타리를 한층 더 쌓음

15초 (4분)	V											벽돌블록을 나름
15초										V		벽돌블록 울타리를 발로 차 넘어뜨림
15초								V				교실을 뛰어 다님
15초								V				벽돌블록을 유모차에 싣고 유모차를 밀고 다님
15초 (5분)								V				계속해서 싣고 다님
합계 (Total)	5	3		3		3		3	1	2		
요약	• 하율이는 적목으로 높은 단계의 이름 붙이기를 하고 놀이한다. • 적목영역에서 비놀이 활동이 많이 나타난다.											

〈사례 3〉

관찰아동 : 박지원　　생년월일 : 2009. 01. 05　　현재 유아 연령 : 3년 9월

관 찰 자 : 정혜미　　성　　별 : (남) · 여　　관찰시간 : AM 10:20~10:24

관찰일자 : 2012. 10. 15

단계 시간	1단계 나르기	2단계 쌓기	3단계 다리 구성	4단계 울타리 만들기	5단계 설계	6단계 이름 붙이기	7단계 구성물 만들기	비놀이			활동	메모(Memo)
								몰입 하지 않는 행동	쳐다 보는 행동	전환		
15초	V											와플블록을 꺼내어 바닥에 내려놓음
15초			V									와플블록 4개를 양쪽으로 연결하여 네모모양을 만듦
15초						V						"망치"라고 이름을 정함
15초 (1분)		V										벽돌블록 6개를 꺼내어 옆으로 늘어놓음
15초	V											"망치"로 벽돌블록을 반복적으로 두드림
15초					V							와플블록 4개를 사용하여 네모모양을 만듦
15초					V							와플블록 4개를 사용하여 네모모양을 만듦
15초 (2분)					V							와플블록 3개를 꺼내어 네모모양과 연결시킴
15초									V			교사가 구성물의 이름이 무엇이냐고 묻자, "뭐라고 할까?"구성한 블록을 쳐다봄
15초						V						"공룡동물원"이라고 이름을 정함

15초							V					공룡동물원 만들기를 완성함
15초 (3분)	V											갈색의 벽돌블록을 나름
15초		V										갈색 벽돌블록 4개를 세로로 세워 위로 쌓음
15초						V						"티라노사우르스"라고 이름을 정함
15초						V						"캬, 나는 무서운 공룡이다"라며 말함
15초 (4분)	V											초록색의 벽돌블록을 나름
15초		V										초록색 벽돌블록 5개를 세로로 세워 위로 쌓음
15초						V						"브라키오사우르스"라고 이름을 정함
15초									V			현주를 보면서 "너도 똑같이 만들어줄까?"라고 함
15초 (5분)		V										초록색 벽돌블록을 세워 위로 쌓음
합계 (Total)	4	4	1		3	5	1		2			20
요약	• 지원이는 높은 단계의 적목놀이 이름 붙이기를 한다.											

〈사례 4〉

관찰유아 : 서유진　　생년월일 : 2008. 05. 05　　관찰일 현재 유아 연령 : 4년 5월
관 찰 자 : 최현아　　성　　별 : 남 · ㉾　　관찰시간 : AM 11:00~11:15
관찰일자 : 2012. 10. 12

단계 / 시간	1 단계 나르기	2단계 쌓 기	3단계 다리 구성	4단계 울타리 만들기	5단계 설 계	6단계 이름 붙이기	7단계 구성물 만들기	메모 (Memo)
15초	V							적목을 한 개씩 꺼내어 바닥에 내려놓는다.
15초		V						네모난 적목을 기차모양으로 길게 늘어 놓는다.
15초						V		친구에게 "이거 기차다. 칙칙 폭폭."이라고 말한다.
15초 (1분)		V						네모난 적목을 쌓는다.
15초					V			네모난 적목 5개를 쌓고 그 위에 세모난 적목을 놓는다.
15초						V		친구에게 "집 만들었어. 여기 맨 위에 공주가 살아."라고 말한다.
15초					V			세모 적목을 내려 놓고 네모 블록을 더 높게 쌓는다.
15초 (2분)					V			적목을 무너 뜨린 후 친구에게 "마을 만들자"라고 말하고 둥근기둥 적목을 둥그렇게 세운다.
15초					V			동그란 공간 안에 네모 적목을 놓는다.
15초					V			네모 적목 위에 세모 적목을 올린다.
15초							V	만든 적목을 가리키며 ''집 완성!"이라고 말한다.

15초 (3분)						V		친구에게 네모 적목 두 개를 쌓아 주며 “너도 여기에 세모 올리면 집이 돼.”라고 말한다.
15초			V					세모 적목 2개를 5cm 간격으로 놓는다.
15초				V				직사각형 적목 4개를 길게 붙여서 세워 놓는다.
15초		V						세모 적목 꼭지에 네모 적목을 올려놓으며 “아 자꾸 쓰러져.”라고 말한다.
15초 (4분)					V			세모 적목 2개를 나란히 옆에 놓고 그 위에 네모 적목을 놓는다.
15초		V						네모 적목을 5개 눕혀 늘어 놓는다.
15초		V						네모 적목 위에 세모 적목을 1cm 간격으로 3개 놓는다.
15초		V						둥근 기둥 적목을 한 개를 놓고 그 위에 둥근 기둥 적목을 올린다.
15초 (5분)		V						둥근기둥 적목 위에 세모 적목을 올린다.
합계 (Total)	1	7	1	1	6	3	1	
요약	• 유진이는 적목놀이 발달 단계의 높은 단계인 설계, 이름 붙이기를 하고 논다.							

〈사례 5〉

관찰아동 : 이동훈 생년월일 : 2008. 01. 18 관찰일 현재 연령 : 4년 9월
관 찰 자 : 윤현주 성 별 : (남) · 여 관찰시간 : PM 4:10~4:15
관찰일자 : 2012. 10. 15

단계 / 시간	1단계 나르기	2단계 쌓기	3단계 다리 구성	4단계 울타리 만들기	5단계 설계	6단계 이름 붙이기	7단계 구성물 만들기	비놀이			활동	메모(Memo)
								몰입하지 않는 행동	쳐다보는 행동	전환		
15초	V											· 벽돌블록을 매트 위로 나름
15초									V			· 매트위에 있는 벽돌블록을 쳐다봄
15초			V									· 블록을 좌우로 연결함
15초 (1분)		V										· 위로 쌓아올림
15초						V						· 탑이라고 이야기함
15초						V						· 맨 위에 고릴라 인형을 올려 나쁜 놈이 들어오지 않게 지키는 놀이를 함
15초				V								· 좌우연결하여 울타리를 확장함
15초 (2분)							V					· 나무블록을 이용하여 한쪽 공간에 숲을 만듦
15초										V		· 동물 인형을 가져 옴
15초				V								· 동물 인형 주위로 울타리 만듦
15초						V						· 교사가 무엇인지 묻자 "동물원이요"라고 답함
15초 (3분)				V								· 동물원 울타리를 확장함

15초					V							· 울타리 위에 깃발을 앞, 뒤 대칭적으로 세우며 장식함
15초									V			· 범민이가 동물들이 운동하는 곳이 필요하다는 이야기를 함
15초				V								· 블록으로 울타리 만들며 또 하나의 공간 만듦
15초 (4분)						V						· 어떤 공간인지 묻자 "야구장이요" 라고 답함
15초						V						· 동물인형을 들고 동물들이 공을 던지고 치는 듯한 놀이를 함
15초						V						· 범민이와 함께 야구놀이를 계속함
15초						V						· 이제 밥을 먹어야 한다고 이야기함
15초 (5분)										V		· 음식모형을 가지고 옴
합계 (Total)	1	1	1	4	1	7	1		2	2		
요약	• 동훈이는 높은 단계의 적목놀이 이름 붙이기를 한다. • 동훈이는 나무블록을 이용하여 나무숲을 구성할 수 있다.											

〈사례 6〉

관찰유아 : 김성현　　생년월일 : 2007. 08. 08　　관찰일 현재 유아 연령 : 5년 2월
관 찰 자 : 이지영　　성　　별 : (남) · 여　　관찰시간 : PM 12:40 ~12:45
관찰일자 : 2012. 10. 12

단계 / 시간	1 단계 나르기	2단계 쌓기	3단계 다리 구성	4단계 울타리 만들기	5단계 설계	6단계 이름 붙이기	7단계 구성물 만들기	메모 (Memo)
15초	V							벽돌블럭을 차례대로 나른다.
15초		V						벽돌블럭을 수평으로 넓게 편다.
15초		V						수평으로 편 블록에 수직으로 벽을 만든다.
15초 (1분)					V			벽을 세워 만든 벽돌블록에 가운데를 비우고 지붕을 만든다.
15초						V		주차장을 완성했다며 레고블록 자동차를 가지고 온다.
15초							V	레고블록을 벽돌블록 비어 있는 공간에 넣는다.
15초		V						주차장을 만든 옆으로 벽돌블록을 수평으로 붙인다.
15초 (2분)						V		일자로 만든 곳을 찻길이라고 하였다.
15초							V	레고블록 자동차를 움직이며 벽돌블록 위를 지나가게 한다.
15초	V							다시 벽돌블록 큰것을 옮긴다.
15초		V						수평으로 넓게 편다.
15초 (3분)							V	침대라고하며 성현이가 눕는다.
15초		V						다시 더 붙인다.
15초						V		문이라고 하며 움직인다.
15초					V			주차장과 침대를 연결한다.

15초 (4분)	V							침대를 만들었던 벽돌블록을 옆으로 나른다.
15초					V			나른 벽돌을 세워서 연결한다.
15초						V		처음 만든 주차장과 연결을 하여 차 만드는 공장이라고 한다.
15초							V	레고블록으로 차를 만들어서 모두 공장안으로 집어 넣는다.
15초 (5분)							V	차를 판매한다며 아이들을 부른다.
합계 (Total)	3	5			3	4	5	
요약	• 성현이는 적목놀이 발달단계의 높은 단계인 이름 붙이기, 구성물 만들기를 하고 논다.							

〈사례 7〉

관찰아동 : 이현수　　　생년월일 : 2007. 06. 23　　　관찰일 현재 유아 연령 : 5년 4월
관 찰 자 : 오현정　　　성　　별 : (남) · 여　　　관찰시간 : PM 3:30~3:35
관찰일자 : 2012. 10. 15

단계 / 시간	1단계 나르기	2단계 쌓기	3단계 다리 구성	4단계 울타리 만들기	5단계 설계	6단계 이름 붙이기	7단계 구성물 만들기	비놀이: 몰입하지 않는 행동	비놀이: 쳐다보는 행동	비놀이: 전환	활동	메모(Memo)
15초			V									11자 모양으로 쌓은 블록 위에 블록을 하나 더 쌓음
15초		V										블록을 2개 겹쳐 쌓음
15초	V											블록 9개를 들고 나름
15초 (1분)		V										큰 블록 위에 11자 모양으로 블록을 쌓음
15초			V									11자 모양블록 위에 블록 하나를 쌓아 ㅠ모양의 다리를 만듦
15초		V										블록 4개를 차례로 쌓음
15초	V											옆에 있는 블록 2개를 나름
15초 (2분)				V								블록 4개를 구성물 주변에 덧붙여서 ㅁ모양의 울타리를 만듦
15초						V						"이거 주차장이니까 자동차는 여기에 넣어야 해."하고 말함
15초		V										블록 3개를 옆으로 나란히 쌓음
15초								V				혜연이의 그림을 봄
15초 (3분)								V				가지고 있던 블록을 내려놓음
15초								V				아현이와 혜연이가 놀이하는 모습을 바라봄

15초										V		아현이와 혜연이가 만든 모형음식을 들고 먹는 시늉을 함
15초									V			만들어 두었던 구성물을 바라봄
15초 (4분)		V										교구장 각 층에 블록을 1개씩 쌓음
15초				V								13개의 블록으로 울타리를 넓힘
15초				V								울타리 옆에 블록을 눕혀 울타리와 연결함
15초						V						“이건 자동차 길이니까 조심해.”하고 예서에게 말함
15초 (5분)							V					블록을 이용하여 길이 끝이 다시 집을 향하게 구성하고 나무와 건물을 세운 후 “다했다!”고 말함
합계 (Total)	2	4	3	3	0	2	1	3	1	1	0	
요약	• 현수는 높은 단계의 적목놀이인 이름 붙이기를 한다.											

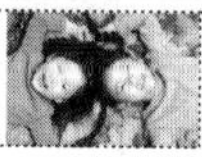

〈사례 8〉

관찰유아 : 이서흔　　　생년월일 : 2006. 03. 02　　　관찰일 현재 유아 연령 : 6년 7월
관 찰 자 : 정미현　　　성　　별 : (남) · 여　　　관찰시간 : AM11:30~11:35
관찰일자 : 2012. 10. 12

단계 / 시간	1 단계 나르기	2단계 쌓기	3단계 다리 구성	4단계 울타리 만들기	5단계 설계	6단계 이름 붙이기	7단계 구성물 만들기	메모 (Memo)
15초		V						적목을 자신의 앞으로 가져와서 쌓아 놓는다.
15초					V			친구에게 "우리 성 만들기할까? 누가 멋진지 보자" 라고 말한다.
15초					V			긴 네모 블록을 4개 세우고 그 위에 긴 네모 블록을 옆으로 놓아 연결한다.
15초 (1분)					V			자신이 만든 구성물 위에 원기둥 블록과 직사각형, 정사각형 블록들을 쌓는다.
15초					V			세모 블록을 이용하여 좌우 모습을 똑같이 보며 같은 블록을 세운다.
15초					V			아까 세운 구성물 앞에 직사각형 블록을 2개 세우고 그 위에 직사각형 블록의 2/1 크기의 블록을 2개 연결하여 쌓는다.
15초					V			앞에서 만든 구성물 위의 양 옆에 정사각형 블록을 좌, 우에 한 개씩 놓고 또 쌓아올린다.
15초 (2분)					V			세모 블록을 집어 들고 자신이 만든 구성물의 직사각형 블록 위에마다 쌓는다.
15초						V		자신이 세모 블록을 올려 놓은 것을 가리키며 "이건 성에서 보면 지붕이야.어때, 멋지지?" 라고 말한다.

15초							V	친구가 만든 성과 자신의 성을 가리키면서 "우리 성을 빼앗는 전쟁놀이 할까?"라고 말한다.
15초				V				성을 보호해야 한다며 블록을 이용하여 성 주변에 울타리를 만든다.
15초 (3분)						V		울타리를 가리키면서 "이건 성벽이야" 그리고 직사각형 작은 블록들을 세우면서 "이건 성을 지키는 군인들이야." 라고 말한다.
15초					V			납작한 네모 블록을 울타리와 성 사이에 길게 나열을 한다.
15초						V		"이건 성에 걸어 올 수 있는 다리야" 라고 말한다.
15초					V			"다리가 너무 안튼튼한거 같아" 라고 말하며 세모블록을 다리의 양옆에 길게 나열한다.
15초 (4분)							V	네모 블록을 밑에 놓고 그 위에 작은 원기둥을 올린다. 이렇게 6개를 만든다.
15초						V		앞에서 만든 것을 가리키며 "이건 대포야. 성을 지켜주지."라고 말한다.
15초							V	긴 원기둥을 성 뒤에 세워 놓는다. 그리고 그 뒤에 작은 원기둥을 10개 세운다.
15초						V		긴 원기둥을 가리키며 "이건 왕자와 공주고 그 뒤에 작은 블록은 병사들이야." 라고 말한다.
15초 (5분)							V	옆의 친구를 바라보며 "아직 다 못만들었어? 그럼 내가 도와줄게, 우리 어서 만들고 군인놀이하자" 라고 말하며 친구의 구성물 만들기를 도와 준다.
합계 (Total)		1	0	1	9	5	4	20
요약	• 서흔이는 높은 단계의 적목놀이 발달단계인 이름 붙이기와 구성물 만들기 놀이를 하고 논다. • 적목영역에서 높은 단계의 인지적 놀이인 극화놀이가 나타난다.							

〈사례 9〉

관찰아동 : 박민수　　생년월일 : 2006. 03. 24　　관찰일 현재 유아 연령 : 6년 7월
관 찰 자 : 김선희　　성　　별 : (남) · 여　　관찰시간 : AM 11:00~11:05
관찰일자 : 2012. 10. 16

단계 / 시간	1단계 나르기	2단계 쌓기	3단계 다리 구성	4단계 울타리만들기	5단계 설계	6단계 이름 붙이기	7단계 구성물 만들기	비놀이: 몰입하지 않는 행동	비놀이: 쳐다보는 행동	비놀이: 전환	활동	메모(Memo)
15초		V										□블록을 가로로 쌓음
15초					V							"길게 세워볼까? 라고 함
15초		V										□블록을 세로로 쌓음
15초 (1분)									V			지금까지 쌓은 것을 한 걸음 물러서 감상해봄
15초		V										쌓은 블록 옆에 또 쌓음
15초						V						성이라고 이름을 정함
15초					V							불이 나오는 것을 만들까 함
15초 (2분)							V					성이 완성됨
15초		V										더 큰 성을 쌓는다고 함
15초					V							△모양 블록을 두 개씩 붙여 □모양을 만듦
15초					V							△모양 블록을 두 개씩 붙여 □ 모양을 만듦
15초 (3분)				V								왕을 지켜 준다고 울타리를 만듦
15초	V											□ 모양의 블록을 나름
15초						V						가운데 부분의 블록을 빼서 대포가 다니는 길을 만듦
15초									V			대포가 들어갈 수 있겠지?하며 쳐다 봄
15초 (4분)				V								울타리를 이어 만들어 줌

15초				V								⊣⊣⊣ 모양으로 만듦
15초				V								⊣⊣⊣ 모양으로 만듦
15초						V						맨 위에 ∩모양을 올려놓음
15초 (5분)						V						대포가 통과하는 성이라고 함
합계 (Total)	1	4		4	4	4	1		2			
요약	• 민수는 높은 단계의 적목놀이 중 이름 붙이기를 한다. • 적목으로 사물을 구성하고 이름을 대치하여 붙일 수 있다.											

2) 사회적 놀이의 발달단계 관찰기록의 실제

〈사례 1〉

관찰유아 : 박규연　　생년월일 : 1997. 01. 21　　관찰일 현재 유아 연령 : 1년 2월
관 찰 자 : 김서현　　성　　별 : 남 · ㉧　　관찰일자 : 1998. 03.27

초 (Second)	사회적 놀이 (Social play)			비놀이 (Non play)			활동 (Activity)	메모 (memo)
15초 동안	혼자놀이	평행놀이	집단놀이	몰입하지않는행동	쳐다보는 행동	전환		
15초				V				교실을 돌아다닌다.
15초				V				교실에 앉아 있다.
15초				V				기저귀를 만지고 있다.
15초 (1분)	V							블록을 세우고 있다.
15초						V		영역 밖으로 나가려 하고 있다.
15초					V			의자를 쳐다보며 가만히 서 있다.
15초	V							딸랑이 인형을 흔들고 있다.
15초 (2분)				V				"언니"를 부르고 교실을 돌아다닌다.
15초		V						찬우와 손을 잡고 있다.
15초				V				교실 벽에 기대 앉아 울먹거린다.
15초	V							자동차를 굴리고 있다.
15초 (3분)					V			선생님을 쳐다보고 있다.
15초				V				혼자 앉아서 이야기한다.

15초	V							자동차를 굴리면서 이야기한다.
15초	V							친구들을 쳐다보며 혼자 이야기한다.
15초 (4분)				V				교실을 돌아다닌다.
15초	V							공을 안고 있다.
15초		V						지아 옆에 앉아 공을 만지고 있다.
15초			V					찬우와 이야기하며 공을 만지고 있다.
15초 (5분)		V						공을 손으로 두등기고 있다(찬우 옆에서).
합계 (Total)	6	3	1	7	2	1		
요약	• 규연이는 혼자놀이를 주로 한다. 하지만 평행놀이도 나타난다. • 비활동놀이가 많이 나타난다.							

〈사례 2〉

관찰유아 : 김태완　　생년월일 : 1996. 01. 07　　관찰일 현재 유아 연령 : 3년 2월
관 찰 자 : 김호정　　성　　별 : (남) · 여　　관찰일자 : 1999. 03. 05

초 (Second)	사회적 놀이 (Social play)			비놀이 (Non play)			활동 (Activity)	메모 (memo)
15초 동안	혼자놀이	평행놀이	집단놀이	몰입하지않는행동	쳐다보는 행동	전환		
15초		V						벽돌을 쌓음
15초			V					그릇을 친구에게 줌
15초			V					"물"하며 친구를 먹여 줌
15초 (1분)		V						칼로 자르는 시늉
15초						V		그릇 들고 싱크대로 감
15초			V					"불 껐어." 하며 가스렌인지를 봄
15초			V					냉장고에 음식을 넣으며 "여기"한다.
15초 (2분)		V						그릇을 정리함
15초			V					"나도 줘." 하며 그릇 챙김
15초					V			지혜를 쳐다봄
15초	V							음식을 자르는 시늉
15초 (3분)			V					"엄마"하며 친구를 흔듦
15초			V					음식을 서로 먹여 줌
15초						V		접시 찾으러 다님
15초		V						그릇 씻는 시늉
15초 (4분)			V					친구와 누워 자는 시늉
15초					V			친구들을 바라봄
15초			V					"물" 하며 친구를 줌

15초		V						음식을 만드는 시늉
15초 (5분)	V							벽돌을 쌓음
합계 (Total)	2	5	9		2	2		
요약	• 태완이는 높은 수준의 사회적 놀이를 주로 한다. • '~하는 척'하는 놀이를 할 수 있다. • 친구에게 물을 먹여 주는 친사회적 행동을 보인다.							

〈사례 3〉

관찰유아 : 전재민　　생년월일 : 1995. 05. 12　　관찰일 현재 유아 연령 : 3년 11월
관 찰 자 : 조현희　　성 별 : (남) · 여　　관찰일자 : 1999. 03. 19

초 (Second)	사회적 놀이 (Social play)			비놀이 (Non play)			활동 (Activity)	메모 (memo)
15초 동안	혼자놀이	평행놀이	집단놀이	몰입하지않는행동	쳐다보는행동	전환		
15초		V						둘이서 버스놀이를 하고 있음
15초			V					여럿이서 도둑놀이를 함
15초		V						둘이서 버스놀이를 하나 대화하지 않음
15초 (1분)						V		바구니에서 적목을 고른 다음 자리에 앉음
15초		V						둘이 인형을 가지고 놀지만 대화하지 않음
15초	V							혼자서 자동차 놀이를 함
15초		V						둘이서 운전하는 놀이를 함
15초 (2분)	V							적목 위를 걸어다님
15초							V	도서 영역에 가서 책을 봄
15초				V				혼자 책상 주위를 뛰어다님
15초		V						둘이서 소방차 놀이를 함
15초 (3분)			V					친구들과 함께 불을 끄러 가는 시늉을 함
15초	V							아이스크림이라며 적목을 먹는 시늉
15초			V					친구와 함께 아이스크림을 먹는 시늉

15초			V					친구들에게 사진을 찍어 주는 시늉
15초 (4분)		V						둘이서 자동차놀이를 함
15초	V							벽돌 위를 걸어다님
15초			V					친구들과 벽돌 위를 걸어다님
15초			V					벽돌에서 떨어져 다쳤다고 함
15초 (5분)			V					친구들에게 119를 불러달라고 이야기함
합계 (Total)	4	6	7	1		1	1	
요약	• 재민이는 집단놀이를 주로 한다. • '~하는 척'하는 놀이, 상징놀이가 나타난다. • 친구에게 물을 먹여 주는 사회적 행동을 보인다.							

〈사례 4〉

관찰유아 : 박수민　　생년월일 : 2007. 07. 04　　관찰일 현재 유아 연령 : 5년 3월

관 찰 자 : 이지영　　성 별 : 남 · ㊊　　관찰시간 : AM 09:40~09:55

관찰일자 : 2012. 10. 22

초 (Second)	사회적 놀이 (Social play)			비놀이 (Non play)			활동 (Activity)	메모 (memo)
15초 동안	혼자놀이	평행놀이	집단놀이	몰입하지않는행동	쳐다보는 행동	전환		
15초			V					혜민이와 함께 스카프를 가지고 바닥에 놓고 하나 둘 정리함
15초			V					접은 스카프로 바닥을 닦음
15초		V						실로폰을 손으로 비비다가 실로폰채를 꺼냄
15초 (1분)		V						실로폰을 두두리며 귀로 소리를 들음
15초			V					혜민에게 보라고 하며 실로폰체로 마라카스 머리를 비비며 돌림
15초			V					수민이는 실로폰을 치고 혜민이,아연이는 마라카스를 흔들며 노래를 부름
15초			V					혜민이에게 마라카스를 들고 흔들며 "쌀"소리가 난다고함
15초 (2분)			V					다시 탬버린을 잡고 두드리며 아현이에게 노래를 부르라고 함
15초			V					정아가 들어오자 음율영역으로 오라고 함
15초					V			정아가 조형영역으로 들어가자 쳐다봄
15초						V		역할영역으로 아현이와 혜민과 함께 이동함

15초 (3분)			V					곰인형의 옷을 벗기며 혜민이에게 목욕을 시키라고함
15초			V					혜민이와 아현이는 앉아있고 수빈이는 앞치마를 함
15초			V					뿅뿅이를 꺼내서 호떡을 만들었다며 혜민이와 아현이에게 먹으라고 함
15초			V					싱크대 서랍을 꺼내서 혜민이와 아현이에게 나눠줌
15초 (4분)			V					뿅뿅이를 군데군데 바닥에 놓고는 아현이와 혜민이에게 시작과 함께 주우라고 함
15초			V					누가 먼저 담았는지 보더니 혜민이 쪽이 양이 적자 다시 바닥에 놓고는 주우라고 함
15초			V					다시 줍는 혜민이와 아현이를 보더니 자기가 주운 것을 혜민이에게 줌
15초			V					아현이가 눈물을 보이자 안아줌
15초 (5분)					V			가만히 아현이를 쳐다봄
합계 (Total)		2	14	1	2		1	
요약	• 수민이는 높은 단계의 사회적 놀이인 집단놀이를 한다.							

3) 인지적 놀이의 발달단계 관찰기록의 실제

〈사례 1〉

관찰유아 : 김기태　　생년월일 : 2010. 02. 07　　관찰일현재 유아의 연령 : 2년 8월
관 찰 자 : 정정은　　성　　별 : (남) · 여　　관찰시간 : AM 9:40~9:50
관찰일자 : 2012. 10. 24

초 (Second)	인지적 놀이 (Cognitive play)				비놀이 (Non play)			활동 (Activity)	메모(Memo)
15초 동안	기능 놀이	구성 놀이	역할 놀이	규칙있는 게임	몰입하지 않는행동	쳐다보는 행동	전환		
15초		V							벽돌블록으로 울타리를 만들고 있다.
15초		V							벽돌블록을 계속 가져다 연결한다.
15초			V						친구에게 “예원이 집이야. 들어와~”라고 말한다.
15초 (1분)		V							들어가 앉아 블록으로 계속 집을 만든다.
15초			V						블록사이 구멍을 가리키며 친구에게 “이리 들어와”라고 말한다.
15초			V						들어오는 친구에게 자리를 내어 준다.
15초			V						친구와 마주보며 웃는다.
15초 (2분)							V		집에서 나와 역할영역으로 이동한다.
15초						V			친구들의 놀이를 쳐다본다.
15초							V		소꿉바구니를 들고 다시 집으로 들어간다.
15초		V							집에서 바구니에 와플블록을 계속 담는다.

15초 (3분)			V						집에서 바구니 속 와플블록을 하나 꺼내어 친구에게 "먹어봐"라고 말한다.
15초			V						집 밖의 친구에게 블록 사이 구멍을 가리키며 "카드 줘봐."라고 말한다.
15초			V						친구가 카드를 건네니 "고맙습니다"라고 말한다.
15초						V			구성한 벽돌블록이 무너지는 것을 쳐다본다.
15초 (4분)			V						친구에게 "집이 망가졌어.' '라고 말한다.
15초						V			친구가 다시 쌓는 것을 쳐다본다.
15초			V						친구에게 "아니야! 이렇게 해야지."라고 소리친다.
15초	V								친구가 쌓는 블록을 집어던진다.
15초 (5분)	V								남은 블록도 부셔버린다.
합계 (Total)	2	4	9			3	2		
요약	• 예원이는 높은 단계의 인지적 놀이인 역할놀이를 하고 논다.								

〈사례 2〉

관찰유아 : 박수빈 　　　생년월일 : 2009. 12. 09 　　　관찰일 현재 유아 연령 : 2년 11월
관 찰 자 : 소은경 　　　성　　별 : 남 · ⓔ 　　　관찰시간 : AM 09:35~09:40
관찰일자 : 2012. 10. 22

초 (Second)	인지적 놀이 (Cognitive play)				비놀이 (Non play)			활동 (Activity)	메모 (Memo)
15초 동안	기능 놀이	구성 놀이	역할 놀이	규칙있는 게임	몰입하지 않는행동	쳐다보는 행동	전환		
15초			V						역할영역에서 "엄마놀이 하자!"라고 말함
15초			V						아기 인형과 포대기를 꺼낸다.
15초			V						포대기를 바닥에 깔고 블록으로 베개를 만든 후 아기 인형을 눕힌다.
15초 (1분)			V						"이불이 있어야지"라고 말함
15초			V						스카프를 가지고 와서 아기 인형을 덮어준다.
15초			V						음식모형을 꺼내어 "아기야, 이거 먹자!" 라고 말함
15초							V		옆에 있는 쌓기영역으로 간다.
15초 (2분)		V							삭가블록으로 딸랑이를 만든다.
15초							V		만든 딸랑이를 다시 역할영역으로 가지고 온다.
15초			V						아기 인형에게 만든 딸랑이를 흔들며 소리를 들려준다.

15초			V						만든 딸랑이를 교구장 위에 올려놓으며 "아기 장난감은 여기다 놔두자!" 라고 말함
15초 (3분)			V						친구와 똑같이 놀이하며 "이제 잘 시간이야"라고 말함
15초		V							과일모형 조각을 꺼내어 붙임
15초			V						"내가 이거 만들어 줄께"라고 말함
15초		V							과일을 완성한 뒤에 나무로 된 칼을 꺼낸다.
15초 (4분)			V						"내가 자른 다음에 주께" 라고 말함
15초		V							도마 위에 올려놓고 자른다.
15초			V						자른 수박 과일모형을 건내주며 "나 수박 먹어 봤다"라고 말함
15초						V			옆에 다른 놀이를 하고 있는 친구를 바라본다.
15초 (5분)		V							다시 아기 인형에게로 가서 흐트러진 이불을 가지런히 펴줌
합계 (Total)		5	12			1	2		
요약	• 수빈이는 높은 단계의 인지적 놀이인 역할놀이를 하고 논다. • 수빈이는 ~하는 척, 시늉하는 가상놀이를 한다.								

〈사례 3〉

관찰유아 : 전재민　　생년월일 : 1995. 05. 12　　관찰일현재 유아 연령 : 4년 10월
관 찰 자 : 조현희　　성　　별 : ㊚ · 여　　관찰일자 : 1999. 03. 05

초 (Second)	인지적 놀이 (Cognitive play)				비놀이 (Non play)			활동 (Activity)	메모(Memo)
15초 동안	기능 놀이	구성 놀이	역할 놀이	규칙있는 게임	몰입하지 않는행동	쳐다보는 행동	전환		
15초		V							밀가루 점토를 칼로 자름
15초			V						계란 모형을 가스레인지에 굽는 시늉
15초		V							계란을 깨서 그릇에 담는 행동
15초 (1분)			V						계란이 담겨진 그릇을 전자레인지에 넣음
15초			V						인형을 눕히고 이불을 덮어 줌
15초			V						인형을 소파에 앉히며 “여보” 부름
15초			V						“여보 또 자요” 하며 인형을 눕힘
15초 (2분)			V						인형에게 계란 먹이는 시늉함
15초			V						식탁 위에 그릇 올려놓고 인형을 앉힘
15초						V			유민이 활동을 그냥 바라봄
15초			V						“여보 나 코 잘게” 하며 인형 눕힘
15초 (3분)			V						음식을 만드는 행동을 함
15초			V						식탁 위에 음식을 차림
15초			V						아빠 인형을 들고 회사간다고 함
15초			V						아빠 인형에게 밥먹이는 시늉

15초 (4분)			v						설거지 하는 행동
15초			v						"당신"하며 엄마 인형 부름
15초			v						엄마 인형이 아프다고 함
15초			v						인형에게 약 먹이는 행동
15초 (5분)					v				활동 없이 앉아 있음
합계 (Total)		2	16		1	1			
요약	• 재민이는 높은 단계의 인지적 놀이인 역할놀이를 주로 한다. • 인형을 이용하여 상징놀이를 한다. • '~하는 척'하는 놀이를 한다.								

〈사례 4〉

관찰유아 : 김세원　　생년월일 : 1994. 02. 28　　관찰일 현재 유아 연령 : 5년 11월
관 찰 자 : 조현희　　성　　별 : (남) · 여　　관찰일자 : 1999. 03. 04

초 (Second)	인지적 놀이 (Cognitive play)				비놀이 (Non play)			활동 (Activity)	메모(Memo)
15초 동안	기능 놀이	구성 놀이	역할 놀이	규칙있는 게임	몰입하지 않는행동	쳐다보는 행동	전환		
15초			V						소꿉놀이 도구를 꺼내 요리함
15초			V						컵에 물 따르는 시늉
15초			V						설거지하는 시늉
15초 (1분)			V						행주로 그릇을 닦는 시늉
15초							V		적목을 가지러 감
15초			V						친구와 세수하는 시늉
15초			V						화장하는 시늉(크림)
15초 (2분)			V						화장하는 시늉(립스틱)
15초			V						외출을 하는 시늉
15초			V						시장을 보러 갔다 함
15초			V						냉장고에 음식을 정리하는 시늉
15초 (3분)			V						잠자는 시늉
15초			V						양치하는 시늉
15초		V							적목을 나열함
15초			V						적목을 이용해 빨래판을 만듦
15초 (4분)			V						적목을 흔들어 세제를 푸는 행동을 함
15초			V						손수건을 적목 위에 올려 빨래하는 시늉
15초			V						적목을 흔들어 세제를 넣는다고 함

15초			v						빨래를 줄에 너는 시늉
15초 (5분)							v		도서 영역으로 감
합계 (Total)		1	17				2		
요약	• 세원이는 높은 수준의 인지적 놀이가 많이 나타난다. • 가상놀이, 상징놀이를 한다. • '~하는 척'하는 pretend play가 활발하다.								

〈사례 5〉

관찰유아 : 이현준　　생년월일 : 2006. 11. 01　　관찰일 현재 유아 연령 : 5년 11월
관 찰 자 : 정미현　　성　　별 : ㊚ · 여　　관찰시간 : AM 11:30~11:35
관찰일자 : 2012. 10. 23

초 (Second)	인지적 놀이 (Cognitive play)				비놀이 (Non play)			활동 (Activity)	메모(Memo)
15초 동안	기능 놀이	구성 놀이	역할 놀이	규칙있는 게임	몰입하지 않는행동	쳐다보는 행동	전환		
15초		V							현준이가 미술영역에서 종이를 꺼내어 자리에 앉는다.
15초		V							종이를 접어서 비행기를 만든다.
15초		V							정현이가 현준이를 보며 "나도 비행기 접어줘."라고 말한다.
15초 (1분)		V							현준이가 정현이의 비행기를 접어 준다.
15초			V						현준이가 정현이에게 "우리 역할영역에서 비행기 놀이 할래?" 라고 묻는다.
15초							V		정현이와 함께 비행기를 들어 역할영역으로 이동한다.
15초			V						현준이가 " 난 조종사 하고 싶어, 넌 모 할래?" 라고 묻는다.
15초 (2분)			V						정현이가 "그럼 나도 조종사 할래~조종사 2명 해도 돼." 라고 한다. 현준이가 고개를 끄덕인다.

15초			V						현준이가"그럼, 이제 여기를 비행기 안처럼 꾸미자~."라고 한다.
15초		V							바구니와 의자를 가져와서 조종석을 만든다.
15초		V							전화기와 휴대폰을 가지고와서 바구니 옆에 놓는다.
15초 (3분)			V						병원놀이 영역에 있는 안경을 꺼내서 현준이와 정현이가 쓴다.
15초			V						현준이가 전화기와 휴대폰을 가리키며 "이건 인터폰이야."라고 한다.
15초			V						"정현아, 앉아~ 이제 비행기가 떠날 시간이야."라고 한다.
15초			V						현준이가 전화기에 입을 대고 "자, 이제 비행기가 출발합니다. 모두 자리에 앉아주세요."라고 한다.
15초 (4분)			V						현준이가 바구니 위에 있던 동그란 접시를 손으로 왼쪽, 오른쪽으로 돌린다.
15초			V						정현이는 아까 접은 비행기를 손에 들고 현준이가 "올라갑니다."라고 말하니 비행기를 위로 올린다.

15초			V						현준이가 "이제 곧 도착합니다."라고 하니 정현이는 비행기를 들고 앞으로 쭈욱 내민다.
15초			V						현준이가 "이제 착륙하겠습니다."라고 하니 정현이가 비행기를 밑으로 내린다.
15초 (5분)			V						현준이가 "자, 모두 수고하셨습니다. 무사히 도착을 했군요."라고 말하니 정현이가 박수를 치며 웃는다.
합계 (Total)		6	13				1		
요약	• 현준이는 높은단계의 인지적놀이인 역할놀이를 주로 하며 논다. • 현준이는 다양한 활동 도구를 이용하여 극화놀이를 한다.								

4) 사회 · 인지적 놀이의 발달단계 관찰기록의 실제

〈사례 1〉

관찰일자 : 1998년 5월 14일 　　성 별 : (남) · 여 　　관찰일 현재 유아 연령 : 2년
생년월일 : 1997년 7월 9일 　　이 름 : 임우진 　　관 찰 자 :

초	사회적 놀이			인지적 놀이				비놀이			활동	메모
15초 동안	혼자 놀이	평행 놀이	집단 놀이	기능 놀이	구성 놀이	역할 놀이	규칙 있는 게임	몰입하지 않는행동	쳐다보는행동	전환		
15초	V			V								풍선을 입에 물고 부는 시늉을 한다.
15초	V			V								소꿉 집안의 장난감을 만지며 논다.
15초	V			V								소꿉집 창문을 열었다 닫았다 하며 옹알이한다.
15초 (1분)	V			V								다혜가 놀던 풍선을 가지고 논다.
15초										V		걸어 나와 의자를 끌며 왔다.
15초								V				의자에서 앉았다 일어났다 한다.
15초	V			V								걸어 나와 사물함 안의 분통을 만진다.
15초 (2분)								V				다시 와 변기에 앉는다.
15초		V		V								다혜가 앉아 있는 의자를 만진다.
15초								V				걸어다닌다.
15초	V			V								다시 와 풍선을 만지작거린다.
15초 (3분)									V			그림을 본다.

15초	V			V								주사기 피스톤을 넣었다 뺐다 한다.
15초								V				걸어 나와 벽을 잡고 소리를 지른다.
15초	V			V								다시 와 피리를 입에 물고 소리를 낸다.
15초 (4분)								V				피리를 불며 걸어 다닌다.
15초	V			V								휴지로 바닥을 닦는다.
15초	V			V								장난감을 다리에 대고 두들기거나 문지른다.
15초									V			몸을 흔들며 장난감들을 본다.
15초 (5분)									V			장난감을 양손에 들고 미성이를 본다.
합계 (Total)	10	1		11				5	3	1		

〈사례 2〉

관찰일자 : 1998년 5월 15일　　성 별 : 남 · (여)　　관찰일 현재 유아 연령 : 2년 1월
생년월일 : 1996년 4월 4일　　이 름 : 지윤상　　관 찰 자 :

초	사회적 놀이			인지적 놀이				비놀이			활동	메모
15초 동안	혼자 놀이	평행 놀이	집단 놀이	기능 놀이	구성 놀이	역할 놀이	규칙 있는 게임	몰입하지 않는행동	쳐다보는행동	전환		
15초	V			V								혼자 냉장고 문을 열고 닫는 행동을 반복
15초	V			V								혼자 오븐 물을 열었다가 닫음
15초			V			V						지아와 컵을 전자레인지 안에 넣음
15초 (1분)								V				혼자 국자를 들고 교실을 돌아다님
15초			V			V						지아와 국 뜨는 시늉을 하며 이야기
15초	V					V						혼자서 전화기를 들고 이야기
15초	V					V						혼자 계란프라이를 들고 돌아다님
15초 (2분)								V				바구니를 머리에 쓰고 가만히 서있음
15초	V			V								개수대의 수도꼭지를 돌림
15초								V				"와오와오" 하면서 교실을 돌아다님
15초	V			V								전자레인지 버튼을 누름

15초 (3분)			V			V						지아에게 전화를 바꿔 주며 이야기
15초			V			V						찬우, 지아와 밥 먹는 시늉
15초	V					V						혼자 국자에 달걀을 올려놓고 흔듦
15초								V				이불에 가서 기댐
15초 (4분)								V				혼자 교실을 돌아다님
15초			V			V						지아와 냉장고 안에 음식을 넣음
15초	V					V						혼자 국자를 가지고 음식을 뜨는 시늉
15초			V			V						지아와 음식을 모두 그릇에 담고 있음
15초 (5분)		V				V						찬우 옆에서 음식을 접시에 옮겨 담고 있음
합계 (Total)	8	1	6	4		11		5				

〈사례 3〉

관찰일자 : 1999년 3월 5일　　성 별 : 남 · ㊛　　관찰일 현재 유아 연령 : 3년 2월
생년월일 : 1996년 1월 2일　　이 름 : 장다연　　관 찰 자 :

초	사회적 놀이			인지적 놀이				비놀이			활동	메모
15초 동안	혼자 놀이	평행 놀이	집단 놀이	기능 놀이	구성 놀이	역할 놀이	규칙 있는 게임	몰입하지 않는행동	쳐다보는행동	전환		
15초									V			친구를 쳐다보기만 함
15초			V			V						"맘마"하며 친구가 주자 "나 애기 아니야" 함
15초			V			V						내가 "119 전화할게"하며 전화함
15초 (1분)		V		V								자동차를 굴리며 놈
15초			V			V						"지혜야, 물"하며 가져다 줌
15초		V				V						설거지 하는 시늉
15초			V			V						친구가 "많이 먹어"하며 음식을 주자 먹음
15초 (2분)										V		그릇을 찾으러 다님
15초		V				V						가스레인지에 그릇 올리고 끓이는 시늉
15초			V			V						"내가 만들었어" 하며 친구에게 줌
15초			V			V						친구가 음식 주자 먹음
15초 (3분)										V		컵을 가지러 돌아다님

15초			V			V						손닦는 시늉을 함
15초			V			V						친구에게 "커피?" 하며 마시는 시늉을 함
15초			V			V						"다 먹었어" 하며 친구에게 그릇 줌
15초 (4분)									V			친구들 노는 것을 바라봄
15초			V			V						벽돌을 "컴퓨터 만들자"하며 쌓음
15초			V			V						컴퓨터 치는 시늉을 하며 친구를 도와줌
15초			V			V						가스레인지에서 그릇 꺼내 "여기 있어" 함
15초 (5분)			V			V						"국물 먹어"하는 친구 말에 먹는 시늉
합계 (Total)		3	13	1		15			2	2		

〈사례 4〉

관찰일자 : 2004년 10월 29일　　성 별 : 남 · ㊛　　관찰일 현재 유아 연령 : 4년
생년월일 : 2000년 8월 6일　　이 름 : 이의정　　관 찰 자 :

초	사회적 놀이			인지적 놀이				비놀이			활동	메모
15초 동안	혼자 놀이	평행 놀이	집단 놀이	기능 놀이	구성 놀이	역할 놀이	규칙 있는 게임	몰입하지 않는행동	쳐다보는행동	전환		메모
15초			V			V						친구들과 동물놀이를 하며 "곰이 누워 있어"라고 함
15초			V			V						공룡의 입을 벌려 동물 먹는 흉내를 낸다.
15초		V			V							동물을 차례로 세워 놓는다.
15초 (1분)			V			V						"여기는 동물 가게야" 라고 한다.
15초			V			V						친구가 공룡을 주자 "이건 너무 커서 안돼"라고 한다.
15초			V			V						"이 코끼리는 1000만원"하며 재역에게 준다.
15초		V		V								곰을 들고 이리저리 살펴본다.
15초 (2분)			V			V						친구에게 "이거 코알라 줄게요"라고 한다.
15초			V			V						돈을 주는 시늉을 한다.
15초			V			V						치타를 들며 "이건 1100원이야" 라고 한다.
15초			V			V						재역이가 그냥 가져가자 "돈 내야지"라고 말한다

15초 (3분)			V			V						상운이가 얼룩말을 달라고 하자 "이건 천십만원" 하고 말한다.
15초			V			V						블록 돈을 주자 '으악'하고 소리 지르며 웃는다.
15초			V			V						상운에게 "또 뭐 살 건데요?" 하고 묻는다.
15초			V			V						"이제 돈 내지마" 하며 개미핥기를 준다.
15초 (4분)		V			V							곰, 호랑이를 바구니에 넣는다.
15초			V	V								재역이가 호랑이를 달라고 하다가 "이건 내꺼야" 하며 꼭 잡는다.
15초		V		V								소리나는 호랑이를 귀에 대고 듣는다.
15초			V	V								재역이가 달라고 하자 " 안돼" 하며 귀에 대고 있는다.
15초 (5분)			V			V						공을 보고 손가락으로 가리키며 "나 이거 사고 싶다" 라고 말한다.
합계 (Total)		4	16	4	2	14						
요약												

〈사례 5 〉

관찰일자 : 2004년 10월 29일　　성 별 : 남 · (여)　　관찰일 현재 유아 연령 : 4년
생년월일 : 2000년 8월 6일　　이 름 : 이의정　　관 찰 자 :

초	사회적 놀이			인지적 놀이				비놀이			활동	메모
15초 동안	혼자 놀이	평행 놀이	집단 놀이	기능 놀이	구성 놀이	역할 놀이	규칙 있는 게임	몰입하지 않는행동	쳐다보는행동	전환		
15초	V					V						소꿉놀이에서 인형을 들고 달래는 시늉을 한다.
15초			V			V						소정이가 인형을 안으려 하자 "안돼 애기 울어~"라고 말한다.
15초		V				V						아기를 내려놓고 전화를 받는 척한다.
15초 (1분)			V			V						옆에 있던 민지와 같이 전화하는 척 한다.
15초		V				V						전화를 끊고 부엌으로 와서 그릇을 든다(설거지하는 시늉)
15초			V			V						민지가 옆에서 "따르릉~" 하자 다시 전화를 받는다.
15초			V			V						전화기를 내려놓고 소정이와 함께 식탁 위에 음식을 차린다.
15초 (2분)			V			V						소정이와 그릇 놓은 것을 다시 정리한다.
15초			V			V						식탁 옆에 소정이와 앉아 먹는 시늉을 한다(카프라 블록이 젓가락).

15초			V			V						인형을 들고 와 안으며 음식을 먹이는 흉내를 낸다.
15초			V			V						소정이, 의교 인형을 들고 의교가 골고루 먹여 주는 흉내를 낸다.
15초 (3분)			V			V						"다 먹었다" 하며 일어나서 그릇을 싱크대로 옮긴다.
15초		V				V						하나하나 다 옮기고 설거지하는 척 한다.
15초		V				V						그릇을 정리하고 다시 인형을 안는다.
15초			V			V						"우리 집에 놀러오세요" "중국집입니다" 하며 손을 모아 "니하오마" 하고 인사한다.
15초 (4분)			V			V						민지와 같이 손을 ' '니하오마" 인사하며 고실을 돈다.
15초											V	사물함에 가서 과학결과물을 본다.
15초	V			V								다시 소꿉놀이로 와서 남자 목각인형을 들고 앉는다.
15초	V			V								목각인형을 책상위에서 움직인다.
15초 (5분)			V			V						민지가 옆에 와 앉자 "니하오마"하며 인형을 인사시킨다.
합계 (Total)	3	4	12	2		17					1	

〈사례 6〉

관찰일자 : 2012. 10. 25　　성 별 : 남 · ⓨ　　관찰일 현재 유아 연령 : 6년
생년월일 : 2006. 10. 05　　이 름 : 이영은　　관 찰 자 : 정미현

초	사회적 놀이			인지적 놀이				비놀이			활동	메모
15초 동안	혼자 놀이	평행 놀이	집단 놀이	기능 놀이	구성 놀이	역할 놀이	규칙 있는 게임	몰입하지 않는행동	쳐다보는행동	전환		
15초			V			V						영은이는 예지와 지윤이, 원우와 함께 역할영역으로 들어가서 “우리 무슨 놀이할까?”라고 이야기를 한다.
15초			V			V						영은이가 “우리 브라우니 놀이하자~”라고 한다.
15초			V		V							역할영역의 바구니와 화장대 의자 등을 이용하여 브라우니 집을 만든다.
15초 (1분)			V		V							브라우니의 밥그릇, 담요로 자는 곳을 만든다.
15초			V			V						영은이가 친구들에게 “누가 브라우니 할래?”라고 묻는다.
15초			V			V						2명이 브라우니를 하고 싶다고 하자 “그래, 괜찮아. 너희가 브라우니해.”라고 한다.
15초			V			V						“그럼 나하고 예지가 언니들 할게. 됐지?”라고 한다.

15초 (2분)			V		V							언니들이 앉을 곳을 블록을 이용하여 울타리를 만든다.
15초			V			V						울타리 안에 원우와 함께 영은이가 들어간다. 그리고 "브라우니~이리와."라고 한다.
15초			V			V						지윤이와 원우가 "멍멍~"하면서 울타리 쪽으로 기어온다.
15초			V			V						영은이가 바나나를 반대편으로 던지며 "브라우니~물어!"라고 한다.
15초 (3분)			V			V						지윤이와 원우가 바나나가 있는 쪽으로 "멍멍멍" 소리를 내며 기어간다.
15초			V			V						바나나를 입으로 물어서 영은이와 예지쪽으로 온다. 그리고 영은이의 손에 바나나를 올려놓는다.
15초			V		V							영은이와 예지가 바나나와 다른 과일들을 접시에 담는다.
15초			V			V						브라우니의 밥그릇에 음식을 올리고 "브라우니~밥먹자."라고 한다.
15초 (4분)			V			V						브라우니가 와서 "멍멍" 소리를 내며 얼굴을 영은이의 손등에 부빈다.

15초			V			V						영은이가 지윤이의 얼굴을 손으로 쓰다듬으며 "브라우니 잘했어~ 맛있게 먹어."라고 말한다.
15초			V			V						브라우니가 밥그릇에 얼굴을 대며 혀를 내밀고 먹는 시늉을 한다.
15초			V			V						브라우니가 밥을 다 먹자 영은이가 예지에게 "우리 브라우니 운동시키러 산책갈까?"라고 한다.
15초 (5분)			V			V						엎드려 있는 원우와 지윤이의 등을 쓰다듬으며 "브라우니, 우리 이제 산책가자~"라고 말한다.
합계 (Total)			20		4	16						
요약	• 영은이는 높은 단계의 사회적 놀이인 집단놀이와 높은 단계의 인지적 놀이인 역할놀이를 한다.											

제4장

사건표집법

1. 사건표집법의 정의
2. 사건표집법을 위한 지침
3. 사건표집법의 종류
4. 사건표집법의 장점과 단점
5. 사건표집법의 관찰양식
6. 사건표집법의 실제

1. 사건표집법의 정의

사건표집법(event sampling method)은 일화기록법과 시간표집법의 단점을 보완하기 위해 개발된 것으로 단순히 어떤 행동의 발생 유무만을 관찰하기보다는 행동의 순서를 자세히 기술하려는 시도이다. 관찰자가 관심을 갖고 있는 어떤 행동이나 사건이 나타나기를 기다렸다가 그 행동이나 사건이 일어나면 그 때마다 일정한 형식에 따라 기록을 남기는 방법이다. 사건표집법의 방법은 어떤 행동이나 사건 그 자체에 있다. 따라서 관찰자가 관찰대상 유아의 특정 행동이 나타날 때까지 기다렸다가 관심 있는 행동이 발생하면 관찰하고[1] 기록함으로써 언제 꼭 관찰해야 한다는 시간적 제약이 없고 유아들의 행동이나 사건의 존재 유무보다는 사건의 특성을 탐색하는 데 더 관심을 둔다. 즉, 어떤 행동이 일어난 원인이 무엇인지를 알아내는 데 관찰의 목적이 있다 하겠다.

사건표집법으로 연구할 수 있는 행동이나 사건의 종류는 다양하고 행동의 범위는 제한이 없다.

사건표집법을 적용한 초기의 연구 가운데 대표적인 것은 Dawe의 유아원 유아동들의 싸움에 관한 것이었다.[2]

Sluckin과 Smith는 취학 전 유아들을 대상으로 자유놀이 시간에 공격적인 행동과 유아가 지각한 지배성 간의 관계를 연구했으며[3] 그 밖의 공포, 좌절, 성공, 실패, 경쟁, 협동, 문제해결, 적응행동, 부적응행동 등 많은 행동 특성의 연구에 적용되고 있으므로 유아교육기관에서 많은 유아들의 행동 특성을 광범위하게 적용하여 관찰할 수 있는 방법이라 하겠다.[4]

---

1) 한국유아교육학회, 앞의 사전, p. 244.
2) H. C. Dawe (1934). An analysis of two hundred quarrels of preschool children, *Child Development*, 5. pp. 139~157.
3) A. M. Sluckin and P. K. Smith (1977). Two approaches to the concept of dominance in preschool children, *Child Development*, 48 (3), pp. 917~923.
4) 이은해, 앞의 책, p. 175.

2. 사건표집법을 위한 지침

사건표집법으로 관찰할 때 다음과 같은 사항에 유의한다.[5]

첫째, 관찰자는 관찰하고자 하는 유아들의 행동을 명확히 규정할 수 있도록 조작적 정의를 내린다.

둘째, 유아들의 행동을 관찰할 장소와 시간에 대해 충분히 알고 있어야 한다. 관찰자는 유아들의 행동이나 사건을 언제, 어떤 장소, 장면에서 관찰할 것인가를 결정할 수 있어야 한다.

셋째, 기록하고자 하는 정보나 자료의 종류를 결정한다.

사건표집법은 서술식 사건표집법으로 행동을 기술할 수도 있고 빈도 사건표집법으로 미리 정해진 행동의 범주에 따라 표기할 수도 있으므로 어떤 관찰지를 사용할 것인지를 미리 계획해 두어야 한다.

Dawe의 연구에서 아동의 싸움에 대해 수집한 자료는 다음과 같다.[6]

① 싸움이 계속된 시간

② 싸움이 시작되었을 때 하고 있던 활동의 종류

③ 싸움 중에 나타난 행동의 유형: 비참여, 촉진, 공격, 보복의 4가지 행동 범주 중의 하나로 표기한다.

④ 싸움 중에 아동이 실제로 한 말과 행동: 일화기록을 한다.

⑤ 싸움의 결말 : 제3자의 중재로 끝이 났는지 또는 스스로 해결했는지의 두 가지 범주 중 하나로 표기한다.

⑥ 싸움이 끝난 후에 생긴 일

넷째, 관찰기록지는 가능한 한 쉽게, 편리하게 만들어야 한다. 빈도 사건표집법

---

5) 홍순정, 앞의 책, p. 126.
이은해, 앞의 책, pp. 177~178.

6) Dawe(1934). pp. 139~157.
이은해, 앞의 책, p. 178.

을 사용할 경우 미리 정해진 행동 범주를 분명하게 쉽게 찾을 수 있도록 하고 서술식 사건표집법을 이용할 경우에는 시간, 사건 전 행동, 사건행동, 사건 후 행동을 충분히 기록할 수 있는 여백을 두어야 한다.

3. 사건표집법의 종류

1) ABC 서술식 사건표집법

ABC 서술식 사건표집법은 어떤 행동의 원인을 알려고 할 때 가장 적합하게 사용할 수 있는 방법이다.[7)]

예를 들면, 아주 심하게 자주 우는 유아가 있다고 할 때 관찰의 목적이 유아가 왜 우는지 그 원인을 알아내야 하는 것이므로 일화기록이나 체크리스트나 평정척도법으로는 적당하지 않다.

유아들이 우는 원인은 여러 가지가 있을 수 있다. 어린이집에서 하루 종일 지내는 시간이 너무 길고 피곤해서 울 수도 있고, 엄마와 격리될 때 불안을 느껴서 울 수도 있고, 엄마나 교사의 관심을 더 받고 싶어서 자그마한 일에도 울음으로 해결하려고 시도할 수 있고, 친구와 갈등 · 공격 · 싸움이 일어났거나, 배가 고프거나, 기저귀가 젖었을 때 생리적인 문제를 해결하기 위해 울음으로 표출할 수 있을 것이다.

교사는 유아의 우는 행동에만 초점을 맞출 것이 아니라 왜 유아가 우는지에 대한 우는 행동의 원인에 대해 알게 되면 우는 유아에게 적절한 행동지도를 할 수 있을 것이다.

Bell과 Low(1977)는 자연스러운 상태에서 일어나는 행동의 원인과 결과를 알 수 있도록 하는 사건표집법을 고안해 내었는데 이 방법은 관찰하고자 하는 사건이나 행동이 일어나기 전에 상황(Antecedent Event: A)과 사건이나 행동 그 자체

7) 이정환, 박은혜, 앞의 책, p. 47.

(Behavior: B), 사건이나 행동이 일어난 후의 결과(Consequence: C)를 순서대로 기록하는 방법이다.[8)]

우는 행동을 ABC 서술식 사건표집법을 사용하여 관찰할 경우 유아가 울음을 터트리기 전에 어떤 일이 일어났고(사건 전, A), 울게 되었을 때의 이유(사건, B), 울고난 다음 유아의 반응이 어떠했는가(사건 후, C)를 순서대로 기록하면 된다.

2) 빈도 사건표집법

빈도 사건표집법은 도표를 가지고 미리 정해진 범주의 행동이 일어날 때마다 기록하는 방법이다. 즉, 도표를 가지고 미리 정해진 범주의 행동이 일어날 때마다 기록을 하는 것이다. 시간표집법과 마찬가지로 빈도 사건표집법은 어떤 행동을 대표하는 '표집'을 기록하는 것이다. 빈도 사건표집법은 선별된 행동이나 상황이 얼마나 자주 일어나는가를 알아보는 관찰방법이다.

서술식 사건표집법은 행동의 원인을 아는 질적인 정보를 제공해 주지만 빈도 사건표집법은 행동의 양적인 정보를 제공해 준다.

그러므로 빈도 사건표집법은 교사가 어떤 선별된 행동이나 사건이 얼마나 자주 일어나는지를 알아보고자 할 때 가장 유용하게 쓰일 수 있는 방법이다.[9)]

빈도 사건표집법을 사용하면 교사는 유아들에 대한 정보를 쉽고 빠르게 얻을 수 있고 이 관찰을 토대로 하여 수업활동을 계획하거나 교수전략을 짤 수 있으며 유아 개인의 발달에 관해서도 잘 알 수 있으므로 관찰기록지만 쉽게, 편리하게 잘 짜여져 있다면 언제든지 유아들의 어떤 행동이든지 쉽게 관찰할 수 있는 방법이라 하겠다.

사건표집법에서는 관찰자가 미리 정해진 범주의 행동이 나타날 때까지 기다렸다가 체크 표시를 하면 된다. 예를 들면, 미술영역에서 분류행동을 표집할 때 같은 색깔끼리 분류를 할 수 있게 되면 동일성에 V표를 하고 같은 색깔끼리 분류

---

8) D. R. Bell, and R. M. Low (1977). *Observing and recording children's behavior*, Richland, WA: Performance Associates. 이정환. 박은혜, 앞의 책, pp. 47~48 재인용.

9) 이정환, 박은혜, 앞의 책, p. 53.

를 할 수 없을 때는 동일성(실수)에 V표시하면 된다. 또한 동일한 모양을 분류한 후 다시 재분류를 해보라고 했을 때 동그라미는 동그라미대로 네모는 네모대로 세모는 세모대로 재분류를 할 수 있었다면 재분류에 V표시하고 동그라미는 재분류할 수 있었으나 세모는 실패했을 때 재분류(실수)에 V표시하면 된다.

4. 사건표집법의 장점과 단점

1) 서술식 사건표집법의 장점과 단점

서술식 사건표집법의 장점과 단점을 정리하면 다음과 같다.[10)]

(1) 장점

첫째, 서술식 사건표집법은 사건이 포함된 전후 관계가 그대로 기록되고 그 행동의 배경을 알 수 있게 해 준다. 단순히 행동의 출현 여부만 알려주는 것이 아니라 어떤 상황에서 그런 행동이 출현되는가를 관찰 가능하게 해 준다.

둘째, 서술식 사건표집법은 정기적으로 자주 일어나지 않는 행동을 연구할 수 있다. 서술식 사건표집법은 대부분 여러 종류의 행동이나 사건을 관찰할 수 있으므로 종류가 다양하고 행동의 범위는 제한이 없다.

셋째, 서술식 사건표집법은 유아들의 어떤 행동이나 사건이 일어나게 된 경위와 결과를 자연스러운 상황에서 관찰할 수 있다.

넷째, 서술식 사건표집법은 관찰대상 유아를 개별적으로 관찰할 수 있으므로 개개인의 교수전략을 짜는데 도움이 된다.

다섯째, 서술식 사건표집법은 유아 개인의 질적인 정보를 제공해 준다.

---

10) 이은해, 앞의 책, p. 179 참조.
이정환, 박은해, 앞의 책. p. 49 참조.
홍순정, 앞의 책, p. 127 참조.

여섯째, 관찰상황을 행동과 상황의 자연적인 단위로 구성시켜 준다. 따라서 인과관계를 분석하고 그 행동이 어떠하며 왜 나타났는지에 대한 정보를 제공해 준다.

일곱째, 자료 수집에 걸리는 시간을 절약할 수 있다.

여덟째, 사건표집법은 특정 사건이 발생할 때에만 주의를 요하므로 관찰자의 시간이 절약될 수 있다.

(2) 단점

첫째, 서술식 사건표집법은 다른 서술식 관찰방법과 마찬가지로 시간과 노력이 많이 든다.

둘째, 서술식 사건표집법은 뚜렷한 관찰의 초점을 가지고 유아의 행동을 보게 되므로 교사가 마음 속으로 어떤 결론을 내리고 관찰하게 되면 교사의 주관적인 관점이 내포될 수 있다.

셋째, 서술식 사건표집법은 수량화할 수 없을 가능성이 있다.

시간표집법에서는 자료가 빈도로 표시되므로 수량화하여 통계적 분석이 가능하나 사건표집법은 반드시 그렇지는 않다.

넷째, 수량화되지 않은 자료에 대해서는 신뢰도를 측정하기 어려우므로 자료의 신뢰도 면에서 의문이 제기될 수 있다.

다섯째, 사건표집법은 시간표집법보다는 사건의 전체를 알 수 있으나. 표본식 기술에 비하면 사건이 일어난 전후의 연속성이 단절되기 쉽다.

2) 빈도 사건표집법의 장점과 단점

빈도 사건표집법의 장점과 단점을 정리하면 다음과 같다.[11]

11) 이정환, 박은혜, 앞의 책, p. 56.

(1) 장점

첫째, 빈도 사건표집법의 가장 큰 장점은 편리함과 단순함이다. 관찰지도 매우 간단하고 기록하는 데 시간도 많이 걸리지 않는다. 빈도 사건표집법은 서술식 관찰방법에 비해 아주 간단한 방법이므로 시간과 노력이 절약될 수 있다.

둘째, 빈도 사건표집법은 자료를 쉽게 수량화하고 분석할 수 있다. 유아교육기관에서 바쁘게 하루를 보내는 교사들에게는 매우 유용하게 쓰일 수 있다.

셋째, 빈도 사건표집법은 특정한 사건이 발생할 때에만 주의를 요하므로 관찰자의 시간이 절약될 수 있다.

넷째, 빈도 사건표집법은 상당히 융통성이 있기 때문에 광범위하게 여러 가지 주제를 갖고 관찰할 수 있다.

(2) 단점

첫째, 빈도 사건표집법은 어떤 행동이나 사건이 얼마나 자주 일어나느냐에만 관심이 있기 때문에 출현행동의 원인을 알아내는 데는 적합하지 못하다.

둘째, 빈도 사건표집법은 행동이나 사건의 양적인 자료는 제공해 줄 수 있으나 유아 개인의 질적인 정보를 제공해 주기는 어렵다.

5. 사건표집법의 관찰양식

1) 서술식 사건표집법 관찰지

관찰유아 : 생년월일 : 성 별 : 남 · 여
관 찰 자 : 관 찰 일 :
관찰일 현재 유아 연령 : 년 월
관찰행동 :

시 간	사 건 전 (Antecedent Event: A)	사 건 (Behavior: B)	사 건 후 (Consequence: C)

요약 :

2) 빈도 사건표집법 관찰지

관찰유아 : 생년월일 : 성 별 : 남 · 여
관 찰 자 : 관 찰 일 :
관찰일 현재 유아 연령 : 년 월
관찰행동 :

분류	동 일 성		유 사 성		재 분 류	
성공 · 실수 영역	성 공	실 수	성 공	실 수	성 공	실 수
적 목 영 역						
미 술 영 역						
언 어 영 역						
과 학 영 역						
수 영 역						
블 록 영 역						
기 타						
계						

요약 :

지침 : ① 유아가 위의 활동영역에서 분류행동을 보였을 때 해당하는 란에 V자로 표시한다.
② 영역을 더 줄이거나 늘이거나 관찰하고 싶은 영역을 선택하여 선택적으로 관찰할 수도 있다.

6. 사건표집법의 실제

1) 서술식 사건표집법

〈사례 1〉

관찰유아 : 박규선 **생년월일** : 2010. 09. 28 **성 별** : 남 · (여)
관 찰 자 : 김정숙 **관 찰 일** : 2012. 10. 24
관찰일 현재 유아 연령 : 2년 1월
관찰행동 : 실외활동 중 자동차 타기

시 간	사 건 전 (Antecedent Event: A)	사 건 (Behavior: B)	사 건 후 (Consequence: C)
AM 11:30 ~ 11:40	주광이와 정훈이가 2인용 빨간색 자동차를 타고 놀이하고 있다. 규리는 멀리서 분홍색 자전거를 타면서 "친구들 어디 있지?"라고 혼잣말로 이야기한다. 규리는 자전거를 주차하는 공간에 주자를 하고 내린 다음 걸어서 주광이와 정훈이가 타고 있는 2인용 빨간색 자동차로 다가온다.	왼쪽 문을 열고 타고 있던 정훈이를 밀며 "내꺼야" 라고 이야기 한다. 그러나 정훈이가 "아니야" 라고 이야기하며 내리지 않으려 하자 정훈이의 옷을 잡아당긴다. 정훈이가 내리지 않자 오른쪽으로 다가가 오른쪽 문을 열고 타고 있는 주광이의 팔을 잡아당기며 "내꺼야" 라고 이야기한다. 규리가 옷과 팔을 잡아당기자 주광이는 자동차에서 떨어지고 울음을 터뜨리기 시작하고 규리는 재빨리 주광이가 내린 자리에 앉아 문을 닫는다.	교사가 울고 있는 주광이에게 다가가 주광이를 앉아주고 자동차에 타고 있는 규리에게 다가간다. 규리는 재빨리 자동차를 운전한다. 교사가 자동차를 따라가 잡고 난 뒤 규리에게 "규리야, 주광이가 타고 있었는데, 규리가 빼앗아서 주광이가 속상하데요." 라고 이야기하며 "주광이에게 미안하다고 할까?" 라고 이야기하자 규리는 차에서 내려 주광이의 볼을 만지며 "미안해"라고 이야기한다. 교사는 "규리야, 자동차 타고 싶으면 다음에는 '친구야 빌려줘' 라고 이야기하자" 라고 이야기하자 규리는 "네"라고 대답한다.

요약 : • 규리는 교사의 의견을 수렴해서 행동을 수정한다.
• 규리는 자신의 잘못을 알았을 때 친구에게 '미안해'라고 사과한다.

〈사례 2〉

관찰유아 : 박지연　　**생년월일** : 2009. 03. 09　　**성 별** : 남 · ㊛
관 찰 자 : 현연경　　**관 찰 일** : 2012. 10. 22
관찰일 현재 유아 연령 : 3년 7월
관찰행동 : 자유선택활동 중 쌓기놀이

시 간	사건전 (Antecedent Event: A)	사 건 (Behavior: B)	사건후 (Consequence: C)
AM 10:10 ~ 10:40	지연이가 벽돌블록으로 집을 만든다. 집 안에는 주형, 영현, 민서가 앉아서 놀이하고 있다. 다인이가 "똑똑똑"하며 집 안에 들어가려 하자, 앉아있던 지연이가 일어나서 다인이를 손으로 막으며 "안돼! 들어 오지마! 집이 좁으니까 다인이 너는 못 들어와"라고 말한다.	지연이가 들어오지 못하게 하자 다인이는 울먹이는 목소리로 "나도 들어가고 싶어. 들어가게 해줘. 박지연"이라고 말한다. 지연이가 "안돼!"하고 소리치자 "나 들어가게 해 주면 이따가 내가 가져온 책 보여줄게"라고 말한다. 지연이가 "그래도 안돼. 못 들어와. 김다인"하고 말한다. 다인이는 "너 나빠. 선생님한테 이를 거야"라고 말하며 교사에게 다가온다.	다인이가 교사에게 "선생님 지연이가요 다인이 못 들어오게 해요"라고 이야기하자 지연이가 교사와 다인이에게 온다. 교사가 지연이에게 "지연아, 왜 다인이를 집에 들어오지 못하게 했니?"라고 묻자 "다인이는요, 자꾸 집에 올 때마다 블록을 부숴뜨려서 속상해요. 그래서 다인이는 집에 안 들어 왔으면 좋겠어요."라고 지연이가 말한다. 다인이가 지연이의 이야기를 듣고는 "아니야, 부순 거 아니야. 들어가려고 하다가 블록이 발에 걸려서 부숴진거야. 그리고 나 이제 안 그럴거야. 미안해 박지연"하고 말한다. 지연이는 "그래? 그럼 이제 안 그럴꺼지? 약속해"하며 새끼손가락을 다인이에게 내민다. 다인이가 새끼손가락을 걸자 지연이가 "이제 우리 집에 놀러가자!"하며 다인이 손을 잡고 쌓기영역으로 간다.

요약 : • 지연이는 친구가 잘못한 행동을 했을 때, 친구의 사과를 받아준다.
• 지연이는 자기의 의사를 언어로 표현한다.

〈사례 3〉

관찰유아 : 오유성　　생년월일 : 2008. 12. 19　　성　별 : (남) · 여
관 찰 자 : 윤현주　　관 찰 일 : 2012. 10. 24
관찰일 현재 유아 연령 : 3년 10월
관찰행동 : 점심시간

시 간	사 건 전 (Antecedent Event: A)	사 건 (Behavior: B)	사 건 후 (Consequence: C)
PM 12:00 ~ 12:10	유성이가 점심 먹을 준비를 하기 위해 가방에서 도시락을 가져와 자신의 자리에서 도시락통을 꺼낸다. 뚜껑을 열어 도시락 가방에 넣고, 수저통을 열어 도시락 위에 둔다. 유성이 옆자리에 앉는 민재도 가방에서 도시락을 꺼내어 자신의 자리에 두기 시작한다.	유성이의 옆자리인 민재가 자신의 도시락을 자리에 정리하면서 도시락통의 뚜껑을 벗기고 정리하던 중에 민재의 숟가락통을 유성이 숟가락통 옆에 둔다. 유성이가 "내 자리야"라고 말하며 민재의 숟가락통을 손으로 쳐서 밀어낸다. 민재는 "내 숟가락통!"이라고 외치며 유성이를 밀친다. 유성이는 "민재이가 때렸어요"라고 교사에게 말하며 울음을 터뜨린다.	교사가 "유성아~ 민재가 널 밀친 건 잘못했지만, 그 전에 네가 민재 숟가락통을 손으로 치는 건 잘못한거야."라고 말하자 유성이는 "내 자린데, 민재가 숟가락통을 놓잖아요"라고 울먹이며 말한다. 교사는 유성이에게 "그럼 민재에게 여긴 유성이 자리라고 알려줘야지. 그냥 손으로 밀어 내면 민재가 속상하잖아. 다음엔 말로 알려줘"라고 말한다. 유성는 눈물을 덜 그친 상태에서 "민재야, 여긴 유성이 자리야"라고 말한다. 교사가 민재에게 "민재도 속상하다고 바로 친구 밀어 버리면 친구가 어떻게 되요?" 말하자, 민재는 "아파요."라고 말한다. 교사가 "민재도 친구 아프게 했으니깐 사과하자"라고 말하고 민재는 유성이에게 미안하다고 사과하며 안아준다.

요약 : • 유성이는 교사의 의견을 수렴해서 행동을 수정한다.
• 유성이는 자신의 의사를 언어로 표현할 수 있다.

〈사례 4〉

관찰유아 : 한혜연 생년월일 : 2007. 05. 21 성 별 : 남 · ⓔ
관 찰 자 : 오현정 관 찰 일 : 2012. 10. 24
관찰일 현재 유아의 연령 : 5년 5월
관찰행동 : 실외활동 중 자동차 타기

시 간	사건전 (Antecedent Event: A)	사 건 (Behavior: B)	사건후 (Consequence: C)
AM 11:30 ~ 11:40	교사가 오늘 활동에 대해 설명을 한 후 복도로 나가자 혜연이가 "어? 선생님이 없네?"하고 말한다. 예서가 "어? 진짜 없네? 몰랐는데…"하고 말을 한다.	혜연이가 갑자기 울음을 터트려서 교사가 "혜연아, 왜 울고 있어?"하고 묻자 "예서가 놀렸어요."하고 말한다. 교사가 "울면서 이야기하니까 잘 모르겠는데, 눈물 닦고 다시 이야기해 볼래요?"하고 말하자 혜연이가 "예서가… 어, 놀려서 속상해요."하고 말한다. 교사가 "그럼 예서랑 같이 이야기해 보자."하며 예서를 부르자 예서가 교사와 혜연이 쪽으로 다가와 앉는다.	교사가 예서에게 "예서야, 혜연이가 예서가 놀려서 속상하다고 하는데 혹시 무슨 말을 했는지 기억나니?"하고 말하자 "놀리지 않았는데요. 제가 어 진짜 선생님이 없다고 말했는데…"하고 말한다. 혜연이가"예서가 아까 글씨 모른다고, 놀려서 속상했어요."라고 말한다. 교사가 "예서도 그렇게 이야기한 게 아닌데 속상하게 해서 미안하다고 말해 주었잖니. 예서도 혜연이를 놀린 게 아닌데 혜연이가 우니까 깜짝 놀랐대."하고 말해 주자 2초간 교사를 바라본 후 교사에게"책 만들고 싶어요."한다. 교사가 고개를 끄덕이자 확인한 후 미술영역으로 이동한다.

요약 : • 혜연이는 자신의 의사표현을 정확히 할 수 있다.

〈사례 5〉

관찰유아 : 박민준　　　**생년월일** : 2006. 06. 23　　　**성　별** : (남) · 여
관 찰 자 : 정미현　　　**관 찰 일** : 2012. 10. 19
관찰일 현재 유아의 연령 : 6년 4월
관찰행동 : 자유선택활동 중 블록놀이

시 간	사 건 전 (Antecedent Event: A)	사 건 (Behavior: B)	사 건 후 (Consequence: C)
AM 11:30 ~ 11:40	현지와 인성이, 영은이, 현준이가 자유선택활동 이름표를 들고 블록영역으로 이동한다. 이름표를 붙이고 동물모형과 벽돌블록을 꺼낸다. 현지가 "우리 동물원 만들까?" 라고 말한다. 인성이와 영은이가 벽돌블록으로 울타리를 만든다. 그때 민준이가 자유선택활동 이름표를 들고 블록영역으로 와서 이름표를 붙이고 들어와 사자 동물 모형을 손에 집어 든다.	그러자 현지가 민준이의 동물 모형을 빼앗으며 "야!, 여기 영역에 4명 꽉 찼어~ 너가 마지막으로 들어왔으니깐 나가~ 어서!" 라고 말한다. 민준이가 "아니야, 여기 봐봐 이름표는 4개가 맞잖아, 내가 틀리지 않았어. 너가 틀렸어." 라고 큰 소리로 말한다. 옆에 있던 영은이가 "야, 인성이는 이름표를 어제 잃어 버려서 아직 못찾았대. 그래서 이름표 안붙이고 들어온 거잖아, 그러니까 4명 맞아, 너가 나가야지." 라고 큰 소리로 말한다. 민준이가 울먹이면서 "난 몰랐잖아. 너희가 그렇게 큰 소리로 말하면 내가 속상하잖아. 너네 미워!" 라고 말하며 팔짱을 끼며 고개를 오른쪽으로 돌리고 눈물을 흘린다.	교사가 민준이에게 다가가서 "민준아, 많이 속상하구나~ 울지 말고 왜 속상한지 선생님 한테 말해봐." 라고 하자 민준이가 눈물만 계속 흘린다. 그렇게 1분 정도가 지난 후 교사에게 "친구들이 그냥 말해도 되는데 자꾸 큰 소리로 말해서 속상해요. 나만 미워하나 봐요." 라고 한다. 교사가 놀이하고 있는 친구들을 불러 " 애들아, 민준이가 너희들이 설명해 줄 때에 큰 소리로 말하고 민준이만 나쁘다고 다그쳐서 속상했대, 그냥 설명해도 민준이가 블록영역을 나갈 생각이였대. 민준이에게 큰 소리로 말한거 미안하다고 사과할까?" 라고 하니 영은이가 "민준이가 안나갈 줄 알고 그랬어요. 민준아, 미안해."라고 말한다. 그리고 뒤이어 현지도 민준이에게 사과를 한다. 민준이는 팔짱을 풀며 "괜찮아, 내가 다른 영역에서 놀게." 라고 한다.

요약 : • 민준이는 자시의 의사를 언어로 표현한다.
　　• 민준이는 친구가 잘못한 행동을 했을 때, 친구의 사과를 받아 준다.

2) 빈도 사건표집법

〈사례 1〉

관찰유아 : 이준석　　**생년월일** : 2012. 01. 02　　**성　별** : 남 · ㊈

관 찰 자 : 김유영　　**관찰일자** : 2014. 05. 21

관찰일 현재 연령 : 2년 4월

관찰행동 : 분류행동

내용 \ 분류	색깔	모양	크기	속성	비 고
과일영역	V	V	V	×	딸기, 참외, 오이, 가지 분류
블록영역	V	△	V	×	고무블록과 종이벽돌블록 분류

〈과일〉
- 색깔 : 빨강, 노랑, 초록, 보라색을 구분한다.
- 모양 : 유사한 모양(긴 모양과 동그란 모양)을 구분한다.
- 크기 : 제일 큰 블록과 제일 작은 블록을 찾아서 바구니에 구분한다.
- 속성 : 부드러운 느낌(참외, 가지)과 까칠한 느낌(딸기, 오이)을 구별하지 못한다.

〈블록〉
- 색깔 : 빨강, 초록, 노랑색을 구분한다.
- 모양 : 긴 모양과 둥근 모양을 부분적으로 구분한다.
- 크기 : 큰 블록과 작은 블록을 구분한다.
- 속성 : 고무블록의 말랑한 느낌과 종이벽돌블록의 딱딱한 느낌을 구별하지 못한다.

요약 :
- 준석이는 색깔의 동일성을 알고 있다.
- 준석이는 모양의 동일성을 부분적으로 구분한다.
- 준석이는 가장 큰 것과 가장 작은 것을 잘 알고 있다.

지침 : ① 유아가 위의 활동영역에서 분류행동을 보였을 때 해당하는 란에 V자로 표시한다.
② 영역을 더 줄이거나 늘이거나 관찰하고 싶은 영역을 선택하여 선택적으로 관찰할 수도 있다.

〈사례 2〉

관찰유아 : 박수현　　　　　생년월일 : 2006. 6. 29　　　　성　　별 : 남 · (여)
관 찰 자 : 유영선　　　　　관찰일자 : 2008. 11. 25
관찰일 현재 연령 : 2년 5월
관찰행동 : 분류행동

분류 / 내용	색깔	모양	크기	속성	비　고
과일영역	V	V	V	×	딸기, 참외, 오이, 가지 분류
블록영역	V	V	V	×	고무블록과 종이벽돌블록 분류

〈과일〉
- 색깔 : 빨강, 노랑, 초록, 보라색을 구분한다.
- 모양 : 유사한 모양(긴 모양과 동그란 모양)을 구분한다.
- 크기 : 제일 큰 블록과 제일 작은 블록을 찾아서 바구니에 구분한다.
- 속성 : 부드러운 느낌(참외, 가지)과 까칠한 느낌(딸기, 오이)을 구별하지 못한다.

〈블록〉
- 색깔 : 빨강, 초록, 노랑색을 구분한다.
- 모양 : 긴 모양과 둥근 모양을 구분한다.
- 크기 : 큰 블록과 작은 블록을 구분한다.
- 속성 : 고무블록의 말랑한 느낌과 종이벽돌블록의 딱딱한 느낌을 구별하지 못한다.

요약 : • 수현이는 색깔의 동일성을 알고 있다.
• 수현이는 모양의 동일성을 알고 있다.
• 수현이는 가장 큰 것과 가장 작은 것을 잘 알고 있다.

지침 : ① 유아가 위의 활동영역에서 분류행동을 보였을 때 해당하는 란에 V자로 표시한다.
② 영역을 더 줄이거나 늘이거나 관찰하고 싶은 영역을 선택하여 선택적으로 관찰할 수도 있다.

〈사례 3〉

관찰유아 : 김기태　　**생년월일** : 2010. 02. 07　　**성 별** : (남) · 여
관 찰 자 : 정정은　　**관 찰 일** : 2012. 10. 23
관찰일 현재 연령 : 2년 8월
관찰행동 : 분류행동

분 류 / 내 용	색깔	모양	크기	속성	비 고
과 학 영 역 (낙엽놀이)	V	V	V	×	단풍잎, 은행잎, 감나무잎 분류
블 록 영 역	V	V	V	V	벽돌블록과 스펀지블록 분류

〈 과학 – 낙엽놀이 〉
* 색깔 : 빨강, 노랑, 주황색을 구분한다.
* 모양 : 단풍잎 모양, 은행잎, 모양, 감나무잎 모양을 구분한다.
* 크기 : 같은 종류의 낙엽 중 제일 큰 잎과 제일 작은 잎을 찾아서 구분한다.
* 속성 : 바짝 마른 단풍잎과 촉촉한 감나무 잎을 구별하지 못한다.

〈 블록 〉
* 색깔 : 빨강, 노랑, 초록, 파랑색을 구분한다.
* 모양 : 네모 모양, 세모 모양, 둥근 모양을 구분한다.
* 크기 : 큰 블록과 작은 블록을 구분한다.
* 속성 : 스펀지블록의 말랑한 느낌과 종이벽돌블록의 딱딱한 느낌을 구별한다.

요약 :
- 기태는 색깔의 동일성을 알고 있다.
- 기태는 모양의 동일성을 알고 있다.
- 기태는 가장 큰 것과 가장 작은 것을 알고 있다.
- 기태는 말랑한 느낌과 딱딱한 느낌을 알고 있다.

지침 : ① 유아가 위의 활동영역에서 분류행동을 보였을 때 해당하는 란에 V자로 표시한다.
② 영역을 더 줄이거나 늘이거나 관찰하고 싶은 영역을 선택하여 선택적으로 관찰할 수도 있다.

〈사례 4〉

관찰유아 : 김진혁　　　　생년월일 : 2005. 6　　　　성　별 : (남) · 여
관 찰 자 : 신지혜　　　　관찰일자 : 2008. 11
관찰일 현재 연령 : 3년 5월
관찰행동 : 분류행동

분 류	동 일 성		유 사 성		재 분 류		비 고
성공, 실수 영역	성공	실수	성공	실수	성공	실수	
적목영역	V		V		V		
미술영역	V		V		V		색종이
언어영역	V		V		V		글자카드
과학영역	V		V		V		자석
수영역	V		V		V		구슬
블록영역	V		V		V		레고블록
기타							
계	6		6		6		

요약 : • 진혁이는 블록의 이름을 정확히 알고 구분할 수 있다.
• 진혁이는 유사한 블록을 변별할 수 있다.
• 진혁이는 가장 작은 것과 가장 큰 것을 알고 있다.
• 진혁이는 분류한 것을 다시 재분류 할 때도 그 개념과 기준을 이해하고 있다.

지침 : ① 유아가 위의 활동영역에서 분류행동을 보였을 때 해당하는 란에 V자로 표시한다.
② 영역을 더 줄이거나 늘이거나 관찰하고 싶은 영역을 선택하여 선택적으로 관찰할 수도 있다.

〈사례 5〉

관찰유아 : 안준현　　생년월일 : 2009. 05. 16　　성　별 : (남) · 여
관 찰 자 : 정혜미　　관찰일자 : 2012. 12. 14
관찰일 현재 연령 : 3년 7개월
관찰행동 : 분류행동

분류 / 내용	색깔	모양	크기	속성	비 고
과일영역	V	V	V	V	감, 귤, 배, 사과 분류
블록영역	V	V	V	V	자석블록, 벽돌블록, 와플블록, 고무블록

〈과일〉
- 색깔 : 주황(감, 귤)색과 노랑(배), 빨강색(사과)을 구분한다.
- 모양 : 반으로 자른 과일의 모양과 둥근 모양의 과일을 찾아 구분한다.
- 크기 : 제일 큰 과일(배)과 제일 작은 과일(귤)을 찾아서 바구니에 구분한다.
- 속성 : 만졌을 때의 과일 껍질이 울퉁불퉁한 느낌(귤, 배)과 매끄러운 느낌(감, 사과)을 구분한다.

〈블록〉
- 색깔 : 빨강, 초록, 노랑색을 찾아 구분한다.
- 모양 : 긴 직사각형과 정사각형, 십자모양(+)을 찾아서 바구니에 구분한다.
- 크기 : 큰 블록과 작은 블록을 구분한다.
- 속성 : 블록끼리 붙는 것과 붙지 않는 것을 구분한다.

요약 :
- 준현이는 색깔의 동일성을 알고 있다.
- 준현이는 모양의 동일성을 알고 있다.
- 준현이는 속성의 동일성을 알고 있다.
- 준현이는 가장 큰 것과 가장 작은 것을 잘 알고 있다.

지침 : ① 유아가 위의 활동영역에서 분류행동을 보였을 때 해당하는 란에 V자로 표시한다.
② 영역을 더 줄이거나 늘이거나 관찰하고 싶은 영역을 선택하여 선택적으로 관찰할 수도 있다.

〈사례 6〉

관찰유아 : 최서은 생년월일 : 2004. 4. 28. 성 별 : 남 · ㊛
관 찰 자 : 이정아 관찰일자 : 2008. 11. 20.
관찰일 현재 연령 : 4년 7월
관찰행동 : 분류행동

분 류	동 일 성		유 사 성		재 분 류		비 고
성공, 실수 영역	성공	실수	성공	실수	성공	실수	
적목영역	V		V		V		다양한 모양의 적목
미술영역	V		V		V		색연필, 크레파스
언어영역	V			V		V	다양한 두께의 책
과학영역	V		V		V		다양한 곡물
수영역	V		V		V		구슬, 숫자카드
블록영역	V		V		V		와플블록, 꽃블록, 카오스블록
기타							
계	6		5	1	5	1	

요약 : • 서은이는 블록의 색깔 · 모양 · 크기 · 속성을 정확히 알고 구분할 수 있다.
• 서은이는 유사한 것을 변별할 수 있다.
• 서은이는 분류한 것을 다시 재분류 할 때도 그 개념과 기준을 이해하고 있다.
• 서은이는 언어영역에서의 책의 두께를 비교하는 것을 어려워한다.

지침 : ① 유아가 위의 활동영역에서 분류행동을 보였을 때 해당하는 란에 V자로 표시한다.
② 영역을 더 줄이거나 늘이거나 관찰하고 싶은 영역을 선택하여 선택적으로 관찰할 수도 있다.

〈사례 7〉

관찰유아 : 박희정　　생년월일 : 2008. 02. 25　　성　별 : 남 · ㊛
관 찰 자 : 윤현주　　관찰일자 : 2012. 10. 25
관찰일 현재 연령 : 4년 8월
관찰행동 : 분류행동

분류 / 내용	동일성		유사성		재분류		비 고
	성공	실수	성공	실수	성공	실수	
미술영역	V		V		V		크레파스
언어영역	V			V		V	다양한 두께의 책
과학영역	V		V		V		대추, 도토리, 콩
수영역	V		V		V		나무에 열매 붙이기 교구
블록영역	V		V		V		레고블록, 끼우기블록, 눈송이블록
음률영역	V			V		V	여러 소리의 마라카스
기타							
계	6		4	2	4	2	

요약 : • 희정는 블록의 색깔, 모양, 크기를 정확히 알고 구분할 수 있다.
• 희정는 유사한 것을 변별할 수 있다.
• 희정는 분류한 것을 다시 재분류할 때도 그 개념과 기준을 이해하고 있다.
• 희정는 언어 영역에서 책의 두께를 비교하는 것을 어려워한다.
• 희정는 음률 영역에서 마라카스의 소리를 비교하는 것을 어려워한다.

지침 : ① 유아가 위의 활동영역에서 분류행동을 보였을 때 해당하는 란에 V자로 표시한다.
② 영역을 더 줄이거나 늘이거나 관찰하고 싶은 영역을 선택하여 선택적으로 관찰할 수도 있다.

〈사례 8〉

관찰유아 : 노진이 　　　　생년월일 : 2009. 01. 15 　　　　성 　별 : 남 · (여)
관 찰 자 : 손자람 　　　　관찰일자 : 2014. 05. 21
관찰일 현재 연령 : 5년 4월
관찰행동 : 분류행동

분류 / 내용	동일성		유사성		재분류	
	성공	실수	성공	실수	성공	실수
미술영역	V		V		V	
언어영역	V		V		V	
과학영역	V		V		V	
수영역	V		V		V	
블록영역	V		V		V	
음률영역	V		V		V	
기타						
계	6		6		6	

요약 : • 진이는 블록의 이름을 정확히 알고 구분할 수 있다.
• 젓가락을 이용해서 수세기 활동의 물건을 옮길 수 있으며 수를 셀 수 있다.
• 동화책의 내용을 읽고 느낀점을 이야기해 줄 수 있다.

지침 : ① 유아가 위의 활동영역에서 분류행동을 보였을 때 해당하는 란에 V자로 표시한다.
② 영역을 더 줄이거나 늘이거나 관찰하고 싶은 영역을 선택하여 선택적으로 관찰할 수도 있다.

〈사례 9〉

관찰유아 : 최이한　　생년월일 : 2007. 04. 10　　성　별 : (남) · 여
관 찰 자 : 오현정　　관찰일자 : 2014. 10. 25
관찰일 현재 연령 : 5년 6월
관찰행동 : 분류행동

분류 / 내용	동일성		유사성		재분류		비고
	성공	실수	성공	실수	성공	실수	
쌓기영역	V		V		V		유니트블록
미술영역	V		V		V		그리기 도구(매직, 사인펜, 네임펜)
언어영역	V		V		V		자, 모음 글자
과학영역	V		V		V		고리
수영역	V		V		V		구슬
음률영역	V		V		V		리듬악기
기타							
계	6		6		6		

요약 : • 이한이는 유니트블록의 이름을 정확히 알고 구분할 수 있다.
• 이한이는 유사한 모양의 블록을 변별할 수 있다.
• 이한이는 자음고 모음을 변별할 수 있다.
• 이한이는 분류한 것을 다시 재분류할 때도 그 개념과 기준을 이해하고 있다.

지침 : ① 유아가 위의 활동영역에서 분류행동을 보였을 때 해당하는 란에 V자로 표시한다.
② 영역을 더 줄이거나 늘이거나 관찰하고 싶은 영역을 선택하여 선택적으로 관찰할 수도 있다.

〈사례 10〉

관찰유아 : 박정륜　　생년월일 : 2003. 4. 8　　성　별 : (남) · 여
관 찰 자 : 김현정　　관찰일자 : 2008. 11. 07
관찰일 현재 연령 : 5년 7월
관찰행동 : 분류행동

분 류	동 일 성		유 사 성		재 분 류		비 고
성공, 실수 영역	성공	실수	성공	실수	성공	실수	
적목영역	V		V		V		적목블록
미술영역	V		V		V		원모양, 정사각형, 양면, 단면 색종이
언어영역	V		V		V		동화의 종류
과학영역	V		V		V		물질의 성질(공의 종류)
수영역	V		V		V		10단위의 묶음
블록영역	V		V		V		벽돌블록, 와플블록
기타							
계							

요약 : • 색종이의 종류와 색깔별로 분류할 수 있다.
• 동화의 종류(전래동화, 명작동화, 위인전)에 대해 알고 있다.
• 농구공과 야구공, 축구공, 테니스공을 크기와 무게별로 나눌 수 있다.
• 물건을 10개씩 묶을 수 있으며, 다양한 방법으로 10을 만들 수 있다.

지침 : ① 유아가 위의 활동영역에서 분류행동을 보였을 때 해당하는 란에 V자로 표시한다.
② 영역을 더 줄이거나 늘이거나 관찰하고 싶은 영역을 선택하여 선택적으로 관찰할 수도 있다.

〈사례 11〉

관찰유아 : 이현아
관 찰 자 : 황지숙
관찰일 현재 연령 : 5년 8월
관찰행동 : 분류행동

생년월일 : 2003. 3. 28
관찰일자 : 2008. 11. 17

성 별 : 남 · ㊋

분 류	동 일 성		유 사 성		재 분 류	
성공, 실수 영역	성공	실수	성공	실수	성공	실수
적목영역	V		V		V	
미술영역	V		V		V	
언어영역	V		V		V	
과학영역	V		V		V	
수영역	V		V		V	
블록영역	V		V		V	
기타						
계	6		6		6	

요약 : • 현아는 블록의 이름을 정확히 알고 구분할 수 있다.
• 현아는 유사한 블록을 변별할 수 있다.
• 현아는 분류한 것을 다시 재분류할 때도 그 개념과 기준을 이해하고 있다.

지침 : ① 유아가 위의 활동영역에서 분류행동을 보였을 때 해당하는 란에 V자로 표시한다.
② 영역을 더 줄이거나 늘이거나 관찰하고 싶은 영역을 선택하여 선택적으로 관찰할 수도 있다.

〈사례 12〉

관찰유아 : 전지은　　생년월일 : 2002. 3. 4　　성　별 : 남 · ㊍
관 찰 자 : 우영희　　관찰일자 : 2008. 11. 20
관찰일 현재 연령 : 6년 8월
관찰행동 : 분류행동

분 류	동 일 성		유 사 성		재 분 류	
성공, 실수 영역	성공	실수	성공	실수	성공	실수
적목영역	V		V		V	
미술영역	V		V		V	
언어영역	V		V		V	
과학영역	V		V		V	
수영역	V		V		V	
블록영역	V		V		V	
기타						
계	6		6		6	

요약 : • 지은이는 블록의 이름을 정확히 알고 구분할 수 있다.
• 지은이는 유사한 블록을 변별할 수 있다.
• 지은이는 분류한 것을 다시 재분류할 때도 그 개념과 기준을 이해하고 있다.

지침 : ① 유아가 위의 활동영역에서 분류행동을 보였을 때 해당하는 란에 V자로 표시한다.
② 영역을 더 줄이거나 늘이거나 관찰하고 싶은 영역을 선택하여 선택적으로 관찰할 수도 있다.

제5장

평정척도법

1. 평정척도법의 정의
2. 평정척도법의 종류
3. 평정척도법을 위한 지침
4. 평정척도법의 장점과 단점
5. 평정자의 오류
6. 평정척도법의 관찰양식
7. 평정척도법의 실제

1. 평정척도법의 정의

평정척도법(rating scale method)은 관찰에서 얻은 자료를 수량화하기 위해 고안된 방법이다. 평정척도는 연속성이 있는 어떤 행동의 차원 또는 영역에 대해서 연구대상의 행동을 관찰한 후 일정한 위치에 평정하도록, 즉 수량화된 점수를 부과하도록 작성된다. 따라서 평정척도법은 관찰과 동시에 행할 수 없으며 관찰을 충분히 한 후에 그 결과를 요약하는 수단으로 사용된다. 평정척도의 대표적인 유형으로는 기술평정척, 숫자평정척, 도식평정척, 표준평정척 등이 있다.[1)]

평정척도법은 관찰대상 유아의 어떤 특성이나 신체적 특질 혹은 성격 등을 미리 정해진 범주에 따라 평가할 때 사용되는 관찰도구이므로 관찰자는 사전에 관찰하려는 행동영역에 대해 미리 알고 있어야 한다. 또한 평정척도법은 유아들의 어떤 행동의 출현 유무만을 표시하는 데 그치지 않고 행동의 질적인 특성을 알고자 할 때 유용하게 사용된다.[2)]

평정척도법은 행동목록법에서와 마찬가지로 연구자가 사전에 미리 관찰하려는 행동영역에 대해 알고 있을 때 사용된다. 그러나 이 방법은 행동목록법에서처럼 행동의 출연 유무를 표기하는 데 그치지 않고, 행동의 질적인 특성을 몇 등급으로 구분해서 기록하거나 행동 출연 빈도의 크고 작은 정도를 구분해서 기록하고자 할 때 더욱 유용하다. 그러므로 평정척도법은 행동목록법의 한계점을 보완하여 그 적용한계를 확대시킨 방법이라 할 수 있다.[3)] 유아관찰에서 유아의 행동을 일정한 기간 동안 계속적으로 관찰하고 난 후에 선정된 준거에 따라 행동의 특성을 판단하기 위해 평정척도를 이용할 수 있다. 유아들의 특정 행동이나 사건이 일어난 후 평정에 사용되는 척도의 종류는 수집하려는 자료의 성격과 관찰의 목표에 따라 다르게 결정된다.

---

1) 한국유아교육학회, 앞의 사전, p. 631.
2) 이정환, 박은혜, 앞의 책, p. 74.
3) 이은해, 앞의 책, p. 183.

2. 평정척도법의 종류

1) 기술 평정척도

기술 평정척도(category rating scale)는 행동의 한 차원을 연속성 있는 몇 개의 범주로 나누어 기술하고 관찰자로 하여금 대상의 행동을 가장 잘 나타내는 진술문을 선택하는 방법이다. 이 때 진술문은 가능한 한 행동적으로 기술되어야 하며 범주간 차이가 구별될 수 있어야 한다.[4]

한 행동에 대해 흔히 3~5개의 기술적인 범주에 따라 평정하게 된다.[5]

유아의 읽기에 대한 흥미도를 3개의 기술적인 범주에 따라 기술평정하고자 할 때 다음과 같은 예문을 만들 수 있다.

〈예 문〉

유아의 책읽기에 대한 흥미도는 어느 정도인가?

(   ) 읽기에 전혀 관심을 보이지 않는다.

(   ) 교사에게 책을 읽어 달라고 가끔 요청한다.

(   ) 거의 매일 도서영역에 가서 책을 본다.

또한 유아의 쓰기 능력 발달에 대해 5개의 기술적인 범주에 따라 기술평정하고자 할 때 다음과 같은 예문을 만들 수 있다.

〈예 문〉

유아의 쓰기 능력은 어느 정도 발달되어 있는가?

---

4) 한국유아교육학회, 앞의 사전, p. 631.
5) 이은해, 앞의 책, p. 87.

( ) 글씨를 쓰는 것에 대해 전혀 관심이나 흥미를 보이지 않는다.
( ) 긁적거리기 형태의 구불구불한 선이나 직선이 나타난다.
( ) 자신이 알고 있는 쉬운 단어를 쓴다.
( ) 자기 이름과 친구의 이름을 쓴다.
( ) 짧은 문장을 쓴다.

듣기에 대한 관심도를 4개의 기술적인 범주에 따라 기술 평정하면 다음과 같다.

〈예 문〉

유아의 듣기에 대한 관심도는 어느 정도인가?
( ) 교사의 말이나 친구의 말을 들을 때 전혀 관심이나 흥미를 보이지 않는다.
( ) 교사의 말이나 친구의 말을 들을 때 약간의 관심을 보인다.
( ) 교사나 친구의 말을 관심있게 듣는다.
( ) 교사나 친구의 말에 매우 관심을 갖고 듣는다.

2) 숫자 평정척도

숫자 평정척도(numberical rating scale)는 각 척도치에 숫자를 부여함으로써 이루어지며 숫자를 일종의 점수로써 평정된 자료를 수량화하고 통계적인 분석을 가능하게 하는 방법이다.[6]

숫자를 배정하는 일반적인 규칙은 가장 긍정적인 척도치에 가장 높은 점수를 주는 것으로 즉, 3점 척도인 경우 3, 2, 1로 배정하고 5점 척도인 경우에는 5, 4, 3, 2, 1로 배정한다.[7]

유아의 친사회적 행동에 대해 숫자 평정척도를 할 경우 다음과 같은 예문을 만들 수 있다.

6) 한국유아교육학회, 앞의 사전, p. 631.
7) 이은해, 앞의 책, pp. 187~188 참조.

〈예　문〉

유아의 친사회적 행동 숫자 평정척도

이름: 생년월일: 성별: 남 · 여
관찰자: 관찰일:
관찰일 현재 유아의 연령 년 월

지시: 유아의 친사회적 행동(Prosocial Behavior)에 대해 다음과 같이 1~5로 평정하여 해당 숫자에 ○표를 한다.

	1. 아주못함	2. 못함	3. 보통	4. 잘함	5. 아주잘함
1. 친구와 장난감을 교환하며 놀이를 한다.	1	2	3	4	5
2. 교사나 친구에게 친절하다.	1	2	3	4	5
3. 친구를 위해 간식 그릇을 치워 주거나 책상 정리를 해 준다.	1	2	3	4	5
4. 친구나 교사를 도와 준다.	1	2	3	4	5
5. 친구에게 나누어 주기를 한다.	1	2	3	4	5

3) 도식 평정척도

도식 평정척도(graphic rating scale)는 관찰자의 판단을 돕기 위해 기술적인 유목에 어떤 선을 첨가시킨 형태를 말한다. 도식 평정척에서는 일정한 직선을 제시하고 직선상의 위치에 따라 판단을 할 때 관찰자는 직선을 하나의 시각적 단서로 활용하여 관찰하는 행동의 연속성을 가정하게 된다.[8)]

선은 일반적으로 횡축선이 많이 사용된다. 선의 형태도 동간으로 나누어진 선 또는 나누어지지 않은 선, 연속선, 또는 점선 등으로 다양하다. 대체로 척도치에 따라 몇 개의 동간으로 나누어진 직선을 많이 사용한다.[9)]

유아의 사회 · 인지적 놀이에 대해 도식 평정척도를 이용한 관찰을 할 경우 다음과 같은 예문을 만들 수 있다.

---

8) 한국유아교육학회, 앞의 사전, p. 631.
9) 이은해, 앞의 책, p. 188.

〈예　문〉

도식 평정척도를 이용한 유아의 사회·인지적 놀이 관찰

이름:　　　　　　　생년월일:　　　　　　　성별: 남 · 여
관찰자:　　　　　　관찰일:
관찰일 현재 유아의 연령　　년　　월

지시: 다음 각 항목에 가장 적합한 곳에 평점을 부여한다.

1. 놀이의 형태

혼자 논다.	├───┼───┼───┼───┤	친구와 함께 논다.

2. 놀이의 방법

단순한 기능놀이 연습놀이를 한다.	├───┼───┼───┼───┤	친구와 역할놀이를 한다.

3. 놀이 시간

한곳에 오래 놀이하지 못하고 자주 이동한다.	├───┼───┼───┼───┤	다양한 대화나 놀이방법으로 오랫동안 놀이를 지속한다.

4) 표준 평정척도

표준 평정척도(standard rating scale)는 관찰자에게 평정의 대상을 다른 일반 대상과 비교할 수 있도록 구체적인 준거를 제시하는 방법이다.[10] 이 유형은 기술 평정척도에서의 범주를 보다 객관적인 유목으로 기술한 형태라 볼 수 있다.

표준 평정척도를 이용한 유아의 언어·인지능력을 평가하고자 할 때 다음과 같은 예문을 만들 수 있다.

10) 한국유아교육학회, 앞의 사전, p. 631.
이은해, 앞의책, p. 190.

〈예 문〉

표준 평정척도를 이용한 유아의 언어·인지능력 관찰

이름: 생년월일: 성별: 남 · 여
관찰자: 관찰일:
관찰일 현재 유아의 연령 년 월

지시: 다음 각 항목에 가장 적합한 곳에 평점을 부여한다.

항목	하위 5%에 속함	하위 25%에 속함	중간 50%에 속함	상위 25%에 속함	상위 5%에 속함
1. 읽기 능력					
2. 수세기 능력					
3. 의사소통 능력					
4. 언어 이해 능력					

3. 평정척도법을 위한 지침

평정척도법(rating scale method)은 관찰에서 받은 인상을 수량적으로 표시하도록 만들어진 측정도구이므로 이 방법을 사용하는 관찰자는 다음의 사항을 염두에 두어야 한다.[11]

첫째, 가능한 한 명확하고 간결하게, 짧고, 분명한 용어를 사용한다.

둘째, 단어나 단서들이 평정하는 특성과 일치하는 것이라는 것을 확신할 수

11) J. Guilford (1954), *Psychometric methods*, 2nd ed., (New York: Mc Graw-Hill), p. 268. 홍순정 (1993). 『아동연구』, 1993, pp. 141~142 재인용.

있어야 한다.

셋째, 한 척도에 특수한 단어를 사용하며 여러 척도에서 의미가 중복되지 않은 단어를 사용한다.

넷째, 평균적, 우수, 아주와 같은 일반적 용어는 사용하지 말아야 한다.

다섯째, 가치 판단적인 용어는 사용하지 말아야 한다. 좋은 행동이나 나쁜 행동을 의미하는 단어는 사용하지 말아야 한다.

여섯째, 시간표집법이나 표본식기술과 같이 보다 신뢰로운 측정법을 사용할 수 있는 경우에는 사용하지 말아야 한다.

일곱째, 평정할 특성의 예를 들 때 그 예들이 개념적으로 포함된 것이 아니라 행동에서 포함된 행동을 구분하는 것이라는 확신을 가져야 한다.

여덟째, 한 가지 특성에 대해서 모든 피험자를 평정한 후에 다음 특성을 평정한다.

아홉째, 가능하면 평정할 대상이 모르는 상태에서 평정한다.

열번째, 관찰과 평정 상황을 주의 깊게 선택한다.

평정의 타당도는 관찰 시간과 관찰 장면과 상황의 수에 따라 결정한다.

평정척도법을 이용한 관찰자가 유의해야 할 사항은 다음과 같다.[12)]

첫째, 평점을 매기기 전에 유아에 대한 의견을 물어 보지 않는다.

둘째, 평점을 매기기 전에 모든 항목을 다 읽어 본다.

셋째, 평점을 매길 때 유아에 대한 전반적인 인상이 영향을 받지 않도록 한다.

넷째, 평정척도의 맨 마지막에 유아의 발달에 요약을 간단하게 적어 놓는다.

4. 평정척도법의 장점과 단점

평정척도법의 장점과 단점을 정리하면 다음과 같다.[13)]

12) 이정환, 박은혜, 앞의 책, p. 75.
13) 김병선, 이윤옥 공저, 앞의 책, p. 165 참조.

1) 장점

첫째, 평정척도의 가장 큰 장점은 만들기 쉽고 사용하기가 편리하다는 점이다.

둘째, 평정척도는 시간이 많이 걸리지 않고 많은 발달영역을 한꺼번에 평가할 수 있다. 유아교육기관에서 교사의 업무량의 과다함을 생각해 볼 때 큰 장점이 될 수 있다.

셋째, 평정척도법은 관찰하면서 바로 적지 않고 교사가 편리한 시간에 적을 수 있다.

넷째, 평정척도법은 체크리스트와 달리 행동의 질도 평가할 수 있으므로 유아교육 현장에서 매우 유용하게 쓰일 수 있으며, 평정척도를 반복해서 사용했을 때 시간의 흐름에 따라 변화하는 유아의 행동이나 발달에 대한 정보를 얻을 수 있다.

다섯째, 평정척도법은 평정자가 특별한 훈련을 받을 필요가 없으므로 손쉽게 사용할 수 있다.

2) 단점

첫째, 평정척도는 각 행동이 관찰되는 상황설명 없이 단지 행동의 수준만을 기록하기 때문에 행동에 대한 원인이나 전후 사정을 설명해 주지 못한다.

둘째, 관찰내용을 직접 현장에서 기록하는 것이 아니라 이후에 판단해야 하므로 관찰자의 기억이나 지각적 속성에 따라 영향을 많이 받을 수 있다.

셋째, 평정척도법은 관찰자가 나타내고자 하는 것을 정확하고 객관적으로 적은 항목을 개발하는 것이 쉽지 않다. 특히 다른 사람에 의해서 만들어진 평정척도를 이용할 때 자신이 생각하고 있는 문항이 없어서 당혹하게 되는 경우도 발생할 수 있다.

홍순정, 앞의 책, pp. 139~140 참조.

이정환, 박은혜, 앞의 책, pp. 82~83 참조.

5. 평정자의 오류

평정척도법을 이용하여 관찰하는 관찰자는 다음의 오류를 주의한다.14)

1) 관대함(errer of leniency)의 오류

일반적으로 평정자들은 타인에게 관대하게 평정하는 경향이 있다.

2) 중심화 경향의 오류(error of central tendency)

평정자들은 대개 극단적으로 판단하기보다는 중간 정도로 판단하는 경향이 있다.

'후광 효과'를 조심한다. 후광 효과(halo effect)는 유아를 평가할 때 관찰 유아 주변의 어떤 요소가 평정에 작용하는 것을 말한다. 즉, 관찰 유아에 대한 사전 정보나 호감, 인성이 평정에 영향을 주어 관찰 유아를 과대 혹은 과소평가하는 것을 말한다.

3) 논리적 오류(error of logic)

논리적으로 서로 관련되어 있는 문항에 대해 같은 평정을 하게 되는 것을 말한다. 예를 들면, '주도성'과 '독립성'이 논리적으로 관계를 갖고 있다고 생각하는 평정자들은 이 문항에 대해 유사하게 평정할 수 있다.

---

14) J. Guilford (1954). *Psychometric methods*, 2nd ed., (New York: Mc Graw-Hill), p. 268. 홍순정, 앞의 책. pp. 140~141 참조.
이은해, 앞의 책, p. 191.

4) 비교의 오류(error of contrast)

평정자가 평정할 사람을 어떻게 지각하고 그 사람이 가진 특성을 어떻게 보느냐에 따라서 자신과 유사하게 또는 자신과 정반대로 평정하는 경우에 오류가 발생한다.

5) 근접성에 의한 오류(error of proximity)

평정자들이 평정척도상의 문항간의 상호 상관을 알아보았을 때 가까이 있는 문항의 상관이 멀리 떨어진 문항과의 상관보다 더 높음을 발견했다.

6. 평정척도법의 관찰양식

1) 기술 평정척도의 관찰양식

(1) 의사소통 기술 평정척도(만 1~2세용)

관찰영아 : 생년월일 : 성 별 : 남 · 여
관 찰 자 : 관 찰 일 : 관찰일 현재 연령 : 년 월

- 유아의 행동을 가장 잘 진술한 범주에 V 표시를 한다.
- 문항 내의 진술문 중 어느 하나도 현재 유아의 행동을 설명하지 못하거나 덧붙일 내용이 있으면 기타란에 적는다.
- 내용을 종합하여 요약한다.

1. 말은 어느 정도 듣고 이해하고 있는가?
   ( ) 다른 사람의 이야기에 전혀 반응이 없다.
   ( ) 다른 사람의 이야기에 조금 관심을 보이다 다른 행동을 한다.
   ( ) 다른 사람의 이야기에 관심과 반응을 보인다.
   기 타:
2. 듣기 활동에는 어느 정도 반응하고 있는가?
   ( ) 단순하고 직접적인 대화체 문장에도 전혀 반응을 하지 않는다.
   ( ) 단순하고 직접적인 대화체 문장에는 약간의 반응을 보인다.
   ( ) 단순하고 직접적인 대화체 문장에 적극 반응한다.
   기 타:
3. 교사의 지시에 어느 정도 따르고 있는가?
   ( ) 한 단계의 지시에 따른다.
   ( ) 두 단계의 지시에 따른다.
   ( ) 세 단계 지시에도 따를 수 있다.
   기 타:
4. 말하기의 능력은 어느 정도 발달되어 있는가?
   ( ) 한두 단어를 사용하여 말한다.
   ( ) 두 단어 이상 단순한 문장을 사용한다.
   ( ) 세 단어 이상을 사용하여 문장을 만들어 사용한다.
   기 타:
5. 동시, 동화, 노랫말에 어느 정도 관심을 보이고 있는가?
   ( ) 동시, 동화, 노랫말에 전혀 관심을 보이지 않는다.
   ( ) 동시, 동화, 노랫말에 약간의 반응을 보이다가 다른 행동을 한다.
   ( ) 동시, 동화, 노랫말에 적극 반응하며 관심이 많다.

기 타:

6. 유아의 읽기 능력이 어느 정도 발달되어 있는가?
( ) 아직 글자를 구별할 줄 몰라서 읽기 활동에 관심이 없다.
( ) 유아의 주변에서 익숙한 단어를 여러 개 읽을 수 있다.
( ) 읽기 활동에 관심을 보이며 쉬운 문장을 읽을 수 있다.
기 타:

7. 유아는 읽기 활동에 어느 정도 관심을 보이고 있는가?
( ) 이야기를 읽어 줄 때 흥미와 관심이 없다.
( ) 짧은 이야기를 읽어 주면 관심을 보이고 읽어 달라고 요구한다.
( ) 읽어 준 이야기에 대해 질문, 대답하거나 이야기를 한 부분을 따라할 수 있다.
기 타:

8. 책에 관한 지식은 어느 정도 관심을 보이고 있는가?
( ) 책을 바르게 놓는 방법을 아직 모르고 있으며 그냥 집어서 들고 있다.
( ) 책을 집어 들고 페이지를 차례대로 넘기면서 계속 본다.
( ) 책표지나 책 속의 그림을 보고 이야기하거나 느낌, 생각을 말한다.
기 타:

9. 유아의 책에 대한 관심은 어느 정도인가?
( ) 책에 전혀 관심이 없고 언어영역을 찾지 않는다.
( ) 가끔씩 언어영역을 이용하며 책에 대해 약간의 관심을 보인다.
( ) 자주 언어영역을 이용하거나 책에 대해 많은 관심을 보인다.
기 타:

10. 그림책을 읽는 지식은 어느 정도 발달되어 있는가?
( ) 눈동자가 글자의 방향과는 관계없이 그림만 보고 읽는다.
( ) 눈동자가 정확한 방향(왼쪽에서 오른쪽으로, 위에서 아래로)으로 움직이면서 그림책의 글자를 따라가며 읽는다.
( ) 책을 읽는 것처럼 행동을 보이거나, 실제로 그림책을 읽을 수 있다.
기 타:

11. 쓰기에 대한 관심, 흥미는 어느 정도인가?
( ) 끼적거리기에 흥미를 보이지 않는다.
( ) 끼적거리기 등 여러 개의 선을 그어 놓고 글씨를 썼다고 한다.
( ) 자주 끼적거리기에 관심, 흥미를 보인다.
기 타:

12. 쓰기에 대한 능력은 어느 정도 발달되어 있는가?
( ) 전혀 쓰기의 방법을 모르고 시도하려 하지 않는다.
( ) 꾸불꾸불한 선을 그리면서 글자처럼 표기한다.
( ) 자기 이름 등 자신에게 의미있는 글자를 베껴 쓰거나 적는다.
기 타:

(2) 의사소통 기술 평정척도(만 3세용)

관찰유아 : 생년월일 : 성 별 : 남 · 여
관 찰 자 : 관 찰 일 : 관찰일 현재 연령 : 년 월

- 유아의 행동을 가장 잘 진술한 범주에 V 표시를 한다.
- 문항 내의 진술문 중 어느 하나도 현재 유아의 행동을 설명하지 못하거나 덧붙일 내용이 있으면 기타란에 적는다.
- 내용을 종합하여 요약한다.

1. 말은 어느 정도 듣고 이해하고 있는가?
   ( ) 다른 사람의 이야기에 반응이 없다.
   ( ) 다른 사람의 이야기에 조금 관심을 보이다 다른 행동을 한다.
   ( ) 다른 사람의 이야기를 주의 깊게 듣고 이해한다.
   기 타:
2. 듣기 활동에는 어느 정도 반응하고 있는가?
   ( ) 단순하고 직접적인 대화체 문장에도 반응을 하지 않는다.
   ( ) 단순하고 직접적인 대화체 문장에는 약간의 반응을 보인다.
   ( ) 단순하고 직접적인 대화체 문장에 적극 반응을 보인다.
   기 타:
3. 교사의 지시에 어느 정도 따르고 있는가?
   ( ) 두 단계의 지시에 따를 수 있다.
   ( ) 세 단계의 지시에 따를 수 있다.
   ( ) 세 단계 이상의 지시에도 따를 수 있다.
   기 타:
4. 말하기의 능력은 어느 정도 발달되어 있는가?
   ( ) 세 단어를 사용하여 문장으로 말한다.
   ( ) 네 단어를 사용하여 문장으로 말한다.
   ( ) 4 ~ 5개의 단어를 사용하여 문장을 만들어 사용한다.
   기 타:
5. 동시, 동화, 노랫말에 어느 정도 관심을 보이고 있는가?
   ( ) 동시, 동화, 노랫말에 관심을 보이지 않는다.
   ( ) 동시, 동화, 노랫말에 반응을 보인다.
   ( ) 동시, 동화, 노랫말에 적극 반응하며 따라 한다.
   기 타:
6. 유아의 읽기 능력이 어느 정도 발달되어 있는가?
   ( ) 유아의 주변에서 익숙한 단어를 여러 개 읽을 수 있다.
   ( ) 읽기 활동에 관심을 보이며 쉬운 문장을 읽을 수 있다.
   ( ) 다양한 문장 또는 간단한 이야기 책을 읽는다.

기 타:

7. 유아는 읽기 활동에 어느 정도 관심을 보이고 있는가?
   ( ) 짧은 이야기를 읽어 주면 관심을 보이고 읽어 달라고 요구한다.
   ( ) 읽어 준 이야기에 대해 질문, 대답하거나 이야기를 한 부분을 따라할 수 있다.
   ( ) 읽기에 관심을 보이며 자주 이야기책을 읽는다.
   기 타:

8. 책에 관한 지식은 어느 정도 관심을 보이고 있는가?
   ( ) 책을 집어 들고 페이지를 차례대로 넘기면서 계속 본다.
   ( ) 책표지나 책 속의 그림을 보고 이야기하거나 느낌, 생각을 말한다.
   ( ) 책을 바르게 보며 그림책의 그림보다는 글자에 관심을 갖고 읽는다.
   기 타:

9. 유아의 책에 대한 관심은 어느 정도인가?
   ( ) 가끔씩 언어영역을 이용하며 책에 대해 약간의 관심을 보인다.
   ( ) 자주 언어영역을 이용하거나 책에 대해 많은 관심을 보인다.
   ( ) 책 보는 것을 좋아해서 자주 언어영역에서 책을 본다.
   기 타:

10. 책을 읽는 지식은 어느 정도 발달되어 있는가?
   ( ) 눈동자가 정확한 방향(왼쪽에서 오른쪽으로, 위에서 아래로)으로 움직이면서 책의 글자를 따라가며 읽는다.
   ( ) 책을 읽는 것처럼 행동을 보이거나, 실제로 책을 읽을 수 있다.
   ( ) 책 속의 내용에 관심을 갖고 책을 읽을 수 있다.
   기 타:

11. 쓰기에 대한 관심, 흥미는 어느 정도인가?
   ( ) 끼적기리기 등 여러 개의 선을 그어 놓고 글씨를 썼다고 한다.
   ( ) 반전현상이 나타나지만 글자 쓰는 것에 관심을 보인다.
   ( ) 자신의 이름을 쓰는 것에 관심을 보인다.
   기 타:

12. 쓰기에 대한 능력은 어느 정도 발달되어 있는가?
   ( ) 교사의 도움을 받아 쓸 수 있다.
   ( ) 자기 이름 등 자신에게 의미 있는 글자를 베껴 쓰거나 적는다.
   ( ) 짧은 문장을 쓸 수 있다.
   기 타:

(3) 의사소통 기술 평정척도(만 4~5세)

관찰유아 : 생년월일 : 성 별 : 남 · 여
관 찰 자 : 관 찰 일 : 관찰일 현재 연령 : 년 월

- 유아의 행동을 가장 잘 진술한 범주에 V 표시를 한다.
- 문항 내의 진술문 중 어느 하나도 현재 유아의 행동을 설명하지 못하거나 덧붙일 내용이 있으면 기타란에 적는다.
- 내용을 종합하여 요약한다.

1. 말은 어느 정도 듣고 이해하고 있는가?
   ( ) 다른 사람의 이야기에 조금 관심을 보이다 다른 행동을 한다.
   ( ) 다른 사람의 이야기에 반응을 보이고 이야기 내용을 이해한다.
   ( ) 다른 사람의 이야기의 뜻을 이해하고 궁금한 내용을 질문한다.
   기 타:
2. 듣기 활동에는 어느 정도 반응하고 있는가?
   ( ) 단순하고 직접적인 대화체 문장에는 약간의 반응을 보인다.
   ( ) 단순하고 직접적인 대화체 문장에 적극 반응한다.
   ( ) 이야기 내용에 집중하여 끝까지 주의 깊게 듣고 반응한다.
   기 타:
3. 교사의 지시에 어느 정도 따르고 있는가?
   ( ) 두 단계의 지시에 따른다.
   ( ) 세 단계의 지시에 따른다.
   ( ) 네 단계 이상 약간 복잡한 지시에도 따를 수 있다.
   기 타:
4. 말하기의 능력은 어느 정도 발달되어 있는가?
   ( ) 세 단어를 사용하여 문장으로 말한다.
   ( ) 네 단어 이상 단어를 사용하여 문장을 사용한다.
   ( ) 네, 다섯 단어 이상을 사용하여 문장을 만들어 사용한다.
   기 타:
5. 동시, 동화, 노랫말에 어느 정도 관심을 보이고 있는가?
   ( ) 동시, 동화, 노랫말에 약간의 반응을 보이다가 다른 행동을 한다.
   ( ) 동시, 동화, 노랫말에 적극 반응하며 관심이 많다.
   ( ) 동시, 동화, 노랫말에 적극 반응하며 개작하여 표현할 수 있다.
   기 타:
6. 유아의 읽기 능력이 어느 정도 발달되어 있는가?
   ( ) 읽기 활동에 관심을 보이며 쉬운 문장을 읽을 수 있다.
   ( ) 자주 페이지를 넘기면서 책을 읽거나 그 읽은 이야기를 말한다.
   ( ) 다양한 문장 또는 간단한 이야기 책의 내용을 이해하며 읽는다.

기 타:

7. 유아는 읽기 활동에 어느 정도 관심을 보이고 있는가?
( ) 읽어 준 이야기에 대해 질문, 대답하거나 이야기를 한 부분을 따라할 수 있다.
( ) 읽기에 관심을 보이며 자주 이야기책을 읽는다.
( ) 윗사람의 도움 없이 혼자 책의 내용을 이해하며 읽을 수 있다.
기 타:

8. 책에 관한 관심을 어느 정도 보이고 있는가?
( ) 읽어 주는 글이나 책에 관심을 보이지 않는다.
( ) 책표지나 책 속의 글자를 보고 이야기하거나 느낌, 생각을 말하며 읽는다.
( ) 궁금한 것을 책에서 찾아가며 관심있게 읽는다.
기 타:

9. 유아의 책에 대한 관심은 어느 정도인가?
( ) 가끔씩 언어영역을 이용하며 책에 대해 약간의 관심을 보인다.
( ) 자주 언어영역을 이용하거나 책에 대해 많은 관심을 보이고 있다.
( ) 거의 매일 언어영역을 이용하여 책을 읽는 것을 좋아한다.
기 타:

10. 책을 읽는 지식은 어느 정도 발달되어 있는가?
( ) 책 내용보다는 그림에 관심을 갖고 읽는다.
( ) 책의 그림을 단서로 이야기 내용을 이해하며 읽는다.
( ) 글자를 알고 책 내용을 이해하며 읽는다.
기 타:

11. 쓰기에 대한 관심, 흥미는 어느 정도인가?
( ) 자주 글씨를 쓰는 것에 관심, 흥미를 보인다.
( ) 동시를 따라 쓰거나 짧은 문장 쓰는 것에 흥미를 보인다.
( ) 자신의 생각과 경험을 글자로 표현하는데 흥미를 보인다.
기 타:

12. 쓰기에 대한 능력은 어느 정도 발달되어 있는가?
( ) 자기 이름 외에 몇 개의 단어와 짧은 문장을 쓴다.
( ) 다양한 쓰기 매체와 도구를 이용하여 쓴다.
( ) 자신의 생각이나 느낌, 경험을 자연스럽게 글자로 표현할 수 있다.
기 타:

2) 숫자 평정척도의 관찰양식

(1) 친사회적 행동 숫자 평정척도(만 2, 3세용)

관찰유아 : 생년월일 : 성 별 : 남 · 여
관 찰 자 : 관 찰 일 : 관찰일 현재 연령 : 년 월

• 유아의 친사회적 행동에 대해 다음과 같이 1~ 5로 평가하여 해당 숫자에 ○표를 한다.

항 목	아주 못함	못함	보통	잘함	아주 잘함
1. 또래가 울면 말이나 언어적 표현으로 위로한다.(Comforting)	1	2	3	4	5
2. 또래가 울면 신체적인 표현이나(예: 토닥거리기) 접촉을 통해 위로한다.(Comforting)	1	2	3	4	5
3. 장난감을 친구와 나누어 쓴다.(Sharng)	1	2	3	4	5
4. 간식을 친구와 함께 나누어 먹는다.(Sharing)	1	2	3	4	5
5. 놀이시간에 친구와 함께 협동하여 논다.(Cooperating)	1	2	3	4	5
6. 미술, 작업시간에 또래와 함께 협동하여 구성한다.(Cooperating)	1	2	3	4	5
7. 친구를 도와 준다.(Helping)	1	2	3	4	5
8. 교사를 도와 준다.(Helping)	1	2	3	4	5
9. 자신의 장난감이나 물건을 친구에게 그냥 준다.(Giving)	1	2	3	4	5
10. 친구가 놀다간 자리를 치워 준다.(Servicing)	1	2	3	4	5
11. 친구가 부탁하면 들어준다.	1	2	3	4	5
12. 교사가 ~ 을 달라고 요청하면 들어준다.	1	2	3	4	5
13. 또래와 놀이를 하면서 장난감을 서로 교환한다.(Exchanging)	1	2	3	4	5
14. 친구와 미술도구 등을 교환하여 사용한다.(Exchanging)	1	2	3	4	5
15. 친구가 울거나 슬퍼하면 자신도 같은 감정을 갖는다.(Sympathing)	1	2	3	4	5
16. 그림 그리기, 작업시간에 재료를 서로 나누어 쓴다.(Sharing)	1	2	3	4	5
17. 장애물이 접근하면 자신를 방어하는 행동을 보인다.(Defensing)	1	2	3	4	5

비고 : • 친사회적 행동이란? 인간이 사회생활을 해나가는 데 필요한 긍정적인 행동이다. 사회구성원이 옳다고 여기는 행동을 수행함으로써 그 사회집단의 일원이 될 수 있는 행동을 말한다.
• 타인을 이롭게 하는 행위로는 도와주기, 나눠주기, 협동하기, 주기(기부), 동정하기, 격려하기, 봉사하기, 구조하기, 위로하기, 안심시키기, 관용 베풀기, 이타성, 친절하기, 교환하기, 방어하기, 자기주장 내세우기 등이 있다.

(2) 친사회적 행동 숫자 평정척도(만 4, 5세용)

관찰유아 : 생년월일 : 성 별 : 남 · 여
관 찰 자 : 관 찰 일 : 관찰일 현재 연령 : 년 월

• 유아의 친사회적 행동에 대해 다음과 같이 1~ 5로 평가하여 해당 숫자에 ○표를 한다.

항 목	아주 못함	못함	보통	잘함	아주 잘함
1. 다른 사람의 감정을 이해한다.	1	2	3	4	5
2. 다른 사람의 감정을 이해하고 말로 위로한다.(Comforting)	1	2	3	4	5
3. 다른 사람의 감정을 이해하고 행동이나 신체적 접촉을 통해 위로한다.(Comforting)	1	2	3	4	5
4. 친구나 교사에게 나누어 주기를 한다.(Sharing)	1	2	3	4	5
5. 친구나 교사에게 양보를 한다.(Yielding)	1	2	3	4	5
6. 놀이시간이나 작업시간에 협력한다.(Cooperating)	1	2	3	4	5
7. 친구와 교사를 도와 준다.(Helping)	1	2	3	4	5
8. 자신의 것을 다른 사람에게 대가를 받지 않고 그냥 준다.(Giving)	1	2	3	4	5
9. 다른 사람의 부탁을 들어준다.	1	2	3	4	5
10. 나보다 어려운 상황에 놓여 있는 사람에게 동정심을 보인다.(Sympathing)	1	2	3	4	5
11. 친구에게 격려를 한다.(Encouragementing)	1	2	3	4	5
12. 친구를 위해 간식그릇을 치워 주거나 주변정리를 해 준다.(Servising)	1	2	3	4	5
13. 우는 친구에게 다가가서 안심시켜 준다.(Reassuring)	1	2	3	4	5
14. 자신의 생각을 다른 사람에게 주장할 수 있다.(Insisting)	1	2	3	4	5
15. 장애물이 접근했을 때 자신이나 친구를 방어한다.(Defensing)	1	2	3	4	5
16. 친구에게 어떤 일이 일어났을 때 언어나 행동으로 그 일을 인정한다.(Recognizing)	1	2	3	4	5
17. 친구와 장난감을 교환하며 놀이를 한다.(Exchanging)	1	2	3	4	5
18. 친구에게 관용을 베푼다.(Tolerancing)	1	2	3	4	5
19. 교사나 친구에게 친절하다.(Kindnessing)	1	2	3	4	5
20. 친구와 대화를 주고받으면서 언어적 교환을 한다.(Exchanging)	1	2	3	4	5

비고 : • 친사회적 행동이란: 인간이 사회생활을 해나가는 필요한 긍정적인 행동이다.
사회구성원이 옳다고 여기는 행동을 수행함으로써 그 사회집단의 일원이 될 수 있는 행동을 말한다.
• 타인을 이롭게 하는 행위로는 도와주기, 나눠주기, 협동하기, 주기(기부), 동정하기, 격려하기 봉사하기, 구조하기, 위로하기, 안심시키기, 관용베풀기, 이타성, 친절하기, 교환하기, 방어하기 자기 주장 내세우기 등이 있다.

3) 도식 평정척도의 관찰양식

(1) 사회 · 정서발달 도식 평정척도(만 1세용)

관찰유아 : 생년월일 : 성 별 : 남 · 여

관 찰 자 : 관 찰 일 : 관찰일 현재 연령 : 년 월

• 관찰 유아를 선택하고 각 항목에 알맞은 평점을 준다.

	전혀 그렇지 않다	거의 그렇지 않다	때때로 그렇다	자주 그렇다	항상 그렇다
1. 자신의 감정을 말로 표현하거나 신체적으로 표현할 수 있다.					
2. 거울 속의 자신을 보고 잘 웃는다.					
3. 친구가 울고 있으면 언어나 신체적인 표현의 반응을 보인다.					
4. 너무 큰 소리가 나거나, 갑작스런 새로운 상황 등에 두려움을 느낀다.					
5. 사소한 일에 잘 운다.					
6. 자신의 욕구를 말로 표현하거나 신체적으로 표현한다.					
7. 교사나 자신과 친숙한 성인이 가까이 오면 좋아하는 반응을 보인다.					
8. 음악소리가 나면 귀를 기울이고 관심을 갖는다.					
9. 새로운 환경에 잘 적응한다.					
10. 성격이 밝고 명랑하다.					
11. 엄마가 데리러 오면 좋아하고 웃는다.					
12. 친구가 우는 것을 보고 교사에게 어떤 반응을 보인다.					
13. 슬퍼하는 친구에게 다가가서 손을 잡으며 나랑 같이 놀자라고 말하거나 반응을 보인다.					
14. 친구가 때리면 다른 곳으로 피한다.					
15. 친구에게 장난감을 빼앗기면 달라고 언어나 신체적 표현을 한다.					
16. 교사가 안아주면 좋아하는 반응을 보인다.					
17. 예쁜 꽃이나 좋은 그림을 보여주면 좋아하는 반응을 나타낸다.					
18. 친구가 장난감을 빼앗겨서 울면 돌려 준다.					
19. 자신이 원하던 일이 달성되면 기쁨을 느낀다.					
20. 주위의 성인이나 부모, 교사에게 애정과 관심을 얻으려 한다.					

(2) 사회 · 정서발달 도식 평정척도(만 2, 3세용)

관찰유아 : 생년월일 : 성 별 : 남 · 여
관 찰 자 : 관 찰 일 : 관찰일 현재 연령 : 년 월

• 관찰 유아를 선정하고 각 항목에 알맞은 평점을 준다.

1. 여러 가지 장난감을 갖고 논다.	├──┼──┼──┼──┤	1. 여러 가지 장난감을 갖고 놀지 않는다.
2. 친구들과 함께 논다.	├──┼──┼──┼──┤	2. 혼자 논다.
3. 내 물건과 친구의 물건을 구별할 수 있다.	├──┼──┼──┼──┤	3. 내 물건, 친구 물건의 구별이 없다.
4. 교사가 친구의 이름을 부르면서 사물을 갖다 주라 하면 그 친구에게 가서 반응을 보인다.	├──┼──┼──┼──┤	4. 친구의 이름에 별 반응을 보이지 않는다.
5. 친구들의 이름을 알고 있으며 가끔 친구에 대해 말한다.	├──┼──┼──┼──┤	5. 친구의 이름이나 친구에 대해 말하지 않는다.
6. 교사가 특정 유아에게 율동을 해보라고 하면 저도 시켜 주세요.라고 언어나 신체적인 반응을 보인다.	├──┼──┼──┼──┤	6. 교사에게 언어적, 신체적 반응을 보이지 않는다.
7. 교사에게 친구가 내 물건을 가져갔다고 말한다.(문제해결을 위해 성인의 도움을 요청한다.)	├──┼──┼──┼──┤	7. 문제해결을 위해 성인의 도움을 요청하지 않는다.
8. 교사가 인사를 하면 쳐다보거나 반응을 보인다.	├──┼──┼──┼──┤	8. 교사가 인사하면 반응하지 않는다.
9. 교사가 옆에 와서 놀이를 하면 함께 논다.	├──┼──┼──┼──┤	9. 교사가 옆에서 놀아도 함께 놀지 않는다.
10. 교사가 오늘 무슨 놀이했니? 하고 물으면 말한다.	├──┼──┼──┼──┤	10. 교사의 대화에 반응하지 않는다.
11. 엄마나 친숙한 성인이 오면 달려 가서 안기거나 반응을 한다.	├──┼──┼──┼──┤	11. 친숙한 성인이 와도 반응하지 않는다.
12. 교사의 손을 잡고 그림책을 읽어 달라고 한다.	├──┼──┼──┼──┤	12. 교사에게 책을 읽어 달라 하지 않는다.
13. 교사에게 놀이를 하자고 말하거나 신체적 반응을 보인다.	├──┼──┼──┼──┤	13. 교사에게 놀이를 제의하거나 신체적 반응을 보이지 않는다.
14. 교사에게 자기 집에 있는 장난감에 대해 이야기한다.	├──┼──┼──┼──┤	14. 교사에게 자기 집에 있는 장난감에 대해 말하지 않는다.
15. 또래와 놀이를 하면서 장난감을 교환하거나 대화한다.	├──┼──┼──┼──┤	15. 또래와 장난감교환 대화교환이 없다.
16. 옆에 있는 또래와 이야기하면서 간식을 먹는다.	├──┼──┼──┼──┤	16. 혼자서 간식을 먹는다.
17. 물건을 건네 받으면 고마워라고 말을 하거나 표현한다.	├──┼──┼──┼──┤	17. 고마워라는 말을 하지 않는다.
18. 친하게 지내는 또래가 있다.	├──┼──┼──┼──┤	18. 친하게 지내는 또래가 없다.
19. 새로운 장난감이나 환경구성에 흥미를 보인다.	├──┼──┼──┼──┤	19. 새로운 환경에 흥미를 보이지 않는다.
20. 자기보다 약한 동생을 도와 준다.	├──┼──┼──┼──┤	20. 동생을 도와 주지 않는다.

(3) 사회 · 정서발달 도식 평정척도(만 4, 5세용)

관찰유아 : 생년월일 : 성 별 : 남 · 여

관 찰 자 : 관 찰 일 : 관찰일 현재 연령 : 년 월

• 관찰 유아를 선택하고 각 항목에 알맞은 평점을 준다.

	전혀 그렇지 않다	거의 그렇지 않다	때때로 그렇다	자주 그렇다	항상 그렇다
1. 자신의 감정을 말로 표현할 수 있다.					
2. 친구들과 사이가 좋으며 잘 웃고 다닌다.					
3. 친구가 다쳤거나 울고 있으면 관심을 갖고 반응한다					
4. 사소한 일에는 거의 울지 않는다.					
5. 겁이 없는 편이다. (웬만한 일로 공포를 느끼지 않는다.)					
6. 성격이 쾌활하고 명랑하다.					
7. 생각이 독창적이고 활동에 참여하려는 의욕이 강하다.					
8. 자신의 감정을 행동이나 말로 표현한다.					
9. 자신이 갖고 놀던 장난감을 빼앗기자 친구에게 자신의 감정을 말로 표현하고 다시 돌려받는다.					
10. 다른 사람을 배려하여 행동한다.					
11. 다른 사람의 감정이 어떤지를 알고 자신의 감정을 표현한다.					
12. 다른 사람의 감정에 공감한다.					
13. 친구와 갈등을 긍정적으로 해결한다.					
14. 친구의 의견을 존중한다.					
15. 교사의 지시에 잘 따르고 순종한다.					
16. 지금 당장 하고 싶은 것이 있어도 참고 인내한다.					
17. 새로운 환경에 잘 적응한다					
18. 자신의 감정이나 행동을 상황에 맞게 조절한다.					
19. 자신의 생각과 느낌을 자유롭게 표현한다.					
20. 자신이 하고자 하는 일에 방해를 받거나 요구가 거절되었을 때 분노를 느낀다.					

(4) 사회 · 정서발달 도식 평정척도(만 5세용)

관찰유아 :　　　　　생년월일 :　　　　　성　별 : 남 · 여
관 찰 자 :　　　　　관 찰 일 :　　　　　관찰일 현재 연령 :　년　　월

• 관찰 유아를 선택하고 각 항목에 알맞은 평점을 준다.

	전혀 그렇지 않다	거의 그렇지 않다	때때로 그렇다	자주 그렇다	항상 그렇다
1 .자연의 소리나 주변의 다양한 소리에 관심을 갖고 탐색한다.					
2. 자연의 아름다움이나 색깔을 보고 아름다움을 느낀다.					
3. 자연의 색과 모양에 관심을 갖고 탐색한다.					
4. 노래로 자신의 생각과 느낌을 표현할 수 있다.					
5. 전래동요 부르기를 좋아하고 즐겨 부른다.					
6. 리듬악기 연주를 좋아하고 자주 연주한다.					
7. 즉흥적으로 리듬과 노래를 만들어 볼 수 있다.					
8. 음악으로 자신의 정서를 표현할 수 있다.					
9. 신체를 이용하여 주변의 움직임을 다양하게 표현할 수 있다.					
10. 다양한 도구를 활용하여 창의적으로 신체표현을 할 수 있다.					
11. 신체로 자신의 정서를 표현할 수 있다.					
12. 다양한 미술 활동으로 자신의 생각과 느낌을 표현한다.					
13. 다양한 재료와 도구를 이용하여 미술 활동을 즐긴다.					
14. 자연물을 이용하여 미술 활동을 즐긴다.					
15. 경험이나 이야기를 극놀이로 표현할 수 있다.					
16. 여러 명의 친구들과 역할놀이를 즐긴다.					
17. 극놀이로 자신의 정서를 표현할 수 있다.					
18. 창의적으로 예술 표현 활동을 할 수 있다.					
19. 다양한 음악 듣기를 좋아한다.					
20. 미술작품 감상하기를 좋아한다.					
21. 다양한 예술 감상을 즐긴다.					
22. 우리나라 전통음악에 관심을 갖고 듣는 것을 즐긴다.					
23. 우리나라 전통미술에 관심을 갖고 보는 것을 즐긴다.					
24. 우리나라 전통극놀이에 관심을 갖고 보는 것을 즐긴다.					
25. 전통예술 감상을 즐긴다.					

4) 표준 평정척도의 관찰양식

(1) 인지발달 표준 평정척도(만 2~3세용)

관찰유아 : 생년월일 : 성 별 : 남 · 여
관 찰 자 : 관 찰 일 : 관찰일 현재 연령 : 년 월

- 유아의 인지발달에 대해 다음과 같이 평가하여 해당 란에 V표시한다.
- 내용을 종합하여 요약한다.

	하위 5%에 속함	하위 25%에 속함	중간 50%에 속함	상위 25%에 속함	상위 5%에 속함
1. 사물을 1~10까지 셀 수 있다.					
2. 어제, 오늘, 내일을 이해한다.					
3. '더 많다', '더 적다'와 같은 비교를 이해한다.					
4. 일곱가지 정도의 색깔 이름을 안다.					
5. 도형 뒤집기, 찾기 등을 할 수 있다.					
6. 위, 아래, 앞, 뒤, 옆 등의 공간 개념을 이해한다.					
7. 10조각 정도의 퍼즐을 맞출 수 있다.					
8. 기본 도형으로 여러 가지 모양을 구성할 수 있다.					
9. 길이, 무게, 크기 등을 측정할 수 있다.					
10. 3~5가지 기준에 따라 사물을 서열화할 수 있다.					
11. 구체물을 1 : 1로 대응할 수 있다.					
12. 같은 모양과 색깔끼리 분류할 수 있다.					
13. 두 사물을 비교할 수 있다.					
14. 비슷한 것끼리 짝을 지을 수 있다.					
15. 주변 환경과 사물에 대해 관심을 보인다.					
16. 관심있는 사물을 반복하여 탐색한다.					
17. 사물의 차이점을 이해한다.					
18. 물체를 변화시켜 보는 것에 관심이 많다.					
19. 사람의 출생에 관한 질문을 하고 관심을 갖는다.					
20. 동물 이름을 5가지 이상 알고 있다.					
21. 자신의 신체 구조에 관심을 갖는다.					
22. 낮과 밤의 규칙성을 이해한다.					
23. 계절의 변화를 안다.					
24. 주변의 단순한 기계와 도구를 조작할 수 있다.					

(2) 인지발달 표준 평정척도(만 4~5세용)

관찰유아 : 생년월일 : 성 별 : 남 · 여
관 찰 자 : 관 찰 일 : 관찰일 현재 연령 : 년 월

- 유아의 인지발달에 대해 다음과 같이 평가하여 해당 란에 V표시한다.
- 내용을 종합하여 요약한다.

	하위 5%에 속함	하위 25%에 속함	중간 50%에 속함	상위 25%에 속함	상위 5%에 속함
1. 1 ~ 20이상의 숫자를 셀 수 있다.					
2. 수 세기 단위를 알고 사용할 수 있다.					
3. 현재, 과거, 미래의 시제를 알고 알맞게 사용한다.					
4. 하루의 일과를 순서대로 말하고 이해할 수 있다.					
5. 15조각 정도의 퍼즐을 맞출 수 있다.					
6. 방향과 위치에 관한 개념을 이해한다.					
7. 기본 도형과 입체 도형을 이해한다.					
8. 사물의 길이, 무게, 둘레, 높이를 측정하고 비교할 수 있다.					
9. 사물을 측정하고 비교하여 순서를 지을 수 있다.					
10. 사물을 크기별로 1~10 순위로 서열화할 수 있다.					
11. 사물을 규칙대로 10가지 정도 패턴을 만들 수 있다.					
12. 사물의 모양, 크기, 색깔 별로 분류하고 재분류를 할 수 있다.					
13. 사물의 특성과 공통적인 특성을 벤다이어그램으로 나타낼 수 있다.					
14. 그래프를 이용하여 표현할 수 있다.					
15. 궁금한 점이 있으면 알아보려고 탐구활동에 참여한다.					
16. 사물을 탐색하거나 관찰한다.					
17. 관찰한 사물을 토대로 다른 것을 예측해 본다.					
18. 예측한 것을 토대로 가설을 만들어 볼 수 있다.					
19. 여러 가지 물체와 물질을 변화시켜 볼 수 있다.					
20. 나의 출생과 성장에 관심을 갖고 질문한다.					
21. 생태계 변화에 관심이 많다.					
22. 자연 친화적인 활동에 관심을 갖고 참여한다.					
23. 텃밭 가꾸기, 식물 채집 등 활동에 관심을 갖고 참여한다.					
24. 날씨 변화와 기후 변화에 관심을 갖는다.					
25. 자연 현상에 관심을 갖고 이해한다.					
26. 계절의 변화에 따른 자연의 변화를 이해한다.					
27. 계절의 규칙성을 이해한다.					
28. 생활 속의 간단한 기계와 도구를 활용한다.					

(3) 신체발달 표준 평정척도(만 2~3세용)

관찰유아 :　　　　생년월일 :　　　　성　별 : 남 · 여
관 찰 자 :　　　　관 찰 일 :　　　　관찰일 현재 연령 :　　년　　월

- 유아의 신체발달에 대해 다음과 같이 평가하여 해당란에 V표시한다.
- 내용을 종합하여 요약한다.

	하위 5%에 속함	하위 25%에 속함	중간 50%에 속함	상위 25%에 속함	상위 5%에 속함
1. 가위로 선을 따라 오릴 수 있다.					
2. 옷을 스스로 입고 벗을 수 있다.					
3. 큰 구슬을 꿸 수 있다.					
4. 10조각 이하의 퍼즐을 쉽게 맞출 수 있다.					
5. 크레파스나 사인펜을 쥐고 그릴 수 있다.					
6. 숙련된 기술로 단추 열기를 할 수 있다.					
7. 공을 잡고 던질 수 있다.					
8. 한 손이나 두 손으로 사물을 능숙하게 들어 올릴 수 있다.					
9. 한 발 뛰기를 할 수 있다.					
10. 세발자전거를 탈 수 있다.					
11. 두 발 모아 20cm 정도 점프할 수 있다.					
12. 발을 교대로 계단을 오를 수 있다.					
13. 달리기 속도를 조절하여 달릴 수 있다.					
14. 손으로 귀를 잡고 뛸 수 있다.					
15. 뜀뛰기를 할 수 있다.					
16. 한 발로 균형을 잡을 수 있다.					
17. 한 발을 들고 잠시 서 있을 수 있다.					
18. 팔 다리를 뻗어 스트레칭을 할 수 있다.					
19. 구령에 맞춰 멈추기를 할 수 있다.					
20. 두 팔을 뻗어 몸의 균형을 잡을 수 있다.					

(4) 신체발달 표준 평정척도(만 4~5세용)

관찰유아 : 생년월일 : 성 별 : 남 · 여
관 찰 자 : 관 찰 일 : 관찰일 현재 연령 : 년 월

- 유아의 신체발달에 대해 다음과 같이 평가하여 해당란에 V표시한다.
- 내용을 종합하여 요약한다.

	하위 5%에 속함	하위 25%에 속함	중간 50%에 속함	상위 25%에 속함	상위 5%에 속함
1. 선을 따라 도형이나 무늬를 가위로 오릴 수 있다.					
2. 작은 퍼즐이나 작은 블록을 잘 맞출 수 있다.					
3. 3차원의 블록 구조물을 만들 수 있다.					
4. 작은 구슬을 혼자 꿸 수 있다.					
5. 신발 끈을 묶을 수 있다.					
6. 공이나 사물을 능숙하게 받을 수 있다.					
7. 공이나 사물을 목표점을 향해 차기를 할 수 있다.					
8. 튀긴 공을 잡을 수 있다.					
9. 빠른 속도로 걸을 수 있다.					
10. 높은 곳에서 점프를 할 수 있다.					
11. 말처럼 달리기를 할 수 있다.					
12. 한 발로 깡총뛰기를 잘 할 수 있다.					
13. 발을 바꾸어 가며 스키핑을 할 수 있다.					
14. 평균대 위에서 균형을 잡으며 걸을 수 있다.					
15. 목표를 향해 빨리 달리기를 할 수 있다.					
16. 사물 건너 뛰어넘기를 할 수 있다.					
17. 허리를 자유롭게 구부리기를 할 수 있다.					
18. 빠른 속도로 앉고 서기를 할 수 있다.					
19. 음악이나 신호에 맞춰 멈추기를 할 수 있다.					
20. 공이나 사물을 피할 수 있다.					
21. 신체 부위에 사물을 올려놓고 몸의 균형을 잡을 수 있다.					
22. 팔 다리를 능숙하게 뻗을 수 있다.					
23. 뜀틀뛰기를 3 ~ 4계단 뛸 수 있다.					
24. 두발자전거 타기를 할 수 있다.					

7. 평정척도법의 실제

1) 기술 평정척도의 사례

(1) 의사소통 기술 평정척도(만 1~2세용)

관찰영아 : 최이슬　　생년월일 : 2012. 05. 27　　성　별 : 남
관 찰 자 : 김정숙　　관 찰 일 : 2014. 05. 08　　관찰일 현재 연령 : 1년 11월

- 유아의 행동을 가장 잘 진술한 범주에 V 표시를 한다.
- 문항 내의 진술문 중 어느 하나도 현재 유아의 행동을 설명하지 못하거나 덧붙일 내용이 있으면 기타란에 적는다.
- 내용을 종합하여 요약한다.

1. 말은 어느 정도 듣고 이해하고 있는가?
   (　) 다른 사람의 이야기에 전혀 반응이 없다.
   (V) 다른 사람의 이야기에 조금 관심을 보이다 다른 행동을 한다.
   (　) 다른 사람의 이야기에 관심과 반응을 보인다.
   기 타:
2. 듣기 활동에는 어느 정도 반응하고 있는가?
   (　) 단순하고 직접적인 대화체 문장에도 전혀 반응을 하지 않는다.
   (V) 단순하고 직접적인 대화체 문장에는 약간의 반응을 보인다.
   (　) 단순하고 직접적인 대화체 문장에 적극 반응한다.
   기 타:
3. 교사의 지시에 어느 정도 따르고 있는가?
   (V) 한 단계의 지시에 따른다.
   (　) 두 단계의 지시에 따른다.
   (　) 세 단계 지시에도 따를 수 있다.
   기 타:
4. 말하기의 능력은 어느 정도 발달되어 있는가?
   (V) 한 두 단어를 사용하여 말한다.
   (　) 두 단어 이상 단순한 문장을 사용한다.
   (　) 세 단어 이상을 사용하여 문장을 만들어 사용한다.
   기 타:
5. 동시, 동화, 노랫말에 어느 정도 관심을 보이고 있는가?
   (　) 동시, 동화, 노랫말에 전혀 관심을 보이지 않는다.
   (V) 동시, 동화, 노랫말에 약간의 반응을 보이다가 다른 행동을 한다.
   (　) 동시, 동화, 노랫말에 적극 반응하며 관심이 많다.

기 타:

6. 유아의 읽기 능력이 어느 정도 발달되어 있는가?
   (V) 아직 글자를 구별할 줄 몰라서 읽기 활동에 관심이 없다.
   ( ) 유아의 주변에서 익숙한 단어를 여러 개 읽을 수 있다.
   ( ) 읽기 활동에 관심을 보이며 쉬운 문장을 읽을 수 있다.
   기 타:

7. 유아는 읽기 활동에 어느 정도 관심을 보이고 있는가?
   ( ) 이야기를 읽어 줄 때 흥미와 관심이 없다.
   (V) 짧은 이야기를 읽어 주면 관심을 보이고 읽어 달라고 요구한다.
   ( ) 읽어 준 이야기에 대해 질문, 대답하거나 이야기를 한 부분을 따라할 수 있다.
   기 타:

8. 책에 관한 지식은 어느 정도 관심을 보이고 있는가?
   ( ) 책을 바르게 놓는 방법을 아직 모르고 있으며 그냥 집어서 들고 있다.
   (V) 책을 집어 들고 페이지를 차례대로 넘기면서 계속 본다.
   ( ) 책표지나 책 속의 그림을 보고 이야기하거나 느낌, 생각을 말한다.
   기 타:

9. 유아의 책에 대한 관심은 어느 정도인가?
   ( ) 책에 전혀 관심이 없고 언어영역을 찾지 않는다.
   (V) 가끔씩 언어영역을 이용하며 책에 대해 약간의 관심을 보인다.
   ( ) 자주 언어영역을 이용하거나 책에 대해 많은 관심을 보인다.
   기 타:

10. 그림책을 읽는 지식은 어느 정도 발달되어 있는가?
   (V) 눈동자가 글자의 방향과는 관계없이 그림만 보고 읽는다.
   ( ) 눈동자기 정확한 방향(왼쪽에서 오른쪽으로, 위에서 아래로)으로 움직이면서 그림책의 글자를 따라가며 읽는다.
   ( ) 책을 읽는 것처럼 행동을 보이거나, 실제로 그림책을 읽을 수 있다.
   기 타:

11. 쓰기에 대한 관심, 흥미는 어느 정도인가?
   ( ) 끼적거리기에 흥미를 보이지 않는다.
   ( ) 끼적거리기 등 여러 개의 선을 그어 놓고 글씨를 썼다고 한다.
   (V) 자주 끼적거리기에 관심, 흥미를 보인다.
   기 타:

12. 쓰기에 대한 능력은 어느 정도 발달되어 있는가?
   (V) 전혀 쓰기의 방법을 모르고 시도하려 하지 않는다.
   ( ) 꾸불 꾸불한 선을 그리면서 글자처럼 표기한다.
   ( ) 자기 이름 등 자신에게 의미있는 글자를 베껴 쓰거나 적는다.
   기 타:

요약	이솔이는 그림책에 관심을 보이며 짧은 한두 단어를 구사할 수 있다.

(2) 의사소통 기술 평정척도(만 1~2세용)

관찰영아 : 김태연　　**생년월일** : 2012. 01. 03　　**성 별** : 남 · 여
관 찰 자 : 권현욱　　**관 찰 일** : 2014. 5. 21　　**관찰일 현재 연령** : 2년 4월

- 유아의 행동을 가장 잘 진술한 범주에 V 표시를 한다.
- 문항 내의 진술문 중 어느 하나도 현재 유아의 행동을 설명하지 못하거나 덧붙일 내용이 있으면 기타란에 적는다.
- 내용을 종합하여 요약한다.

1. 말은 어느 정도 듣고 이해하고 있는가?
   ( ) 다른 사람의 이야기에 전혀 반응이 없다.
   ( ) 다른 사람의 이야기에 조금 관심을 보이다 다른 행동을 한다.
   (V) 다른 사람의 이야기에 관심과 반응을 보인다.
   기 타:
2. 듣기 활동에는 어느 정도 반응하고 있는가?
   ( ) 단순하고 직접적인 대화체 문장에도 전혀 반응을 하지 않는다.
   ( ) 단순하고 직접적인 대화체 문장에는 약간의 반응을 보인다.
   (V) 단순하고 직접적인 대화체 문장에 적극 반응한다.
   기 타:
3. 교사의 지시에 어느 정도 따르고 있는가?
   ( ) 한 단계의 지시에 따른다.
   (V) 두 단계의 지시에 따른다.
   ( ) 세 단계 지시에도 따를 수 있다.
   기 타:
4. 말하기의 능력은 어느 정도 발달되어 있는가?
   ( ) 한두 단어를 사용하여 말한다.
   ( ) 두 단어 이상 단순한 문장을 사용한다.
   (V) 세 단어 이상을 사용하여 문장을 만들어 사용한다.
   기 타:
5. 동시, 동화, 노랫말에 어느 정도 관심을 보이고 있는가?
   ( ) 동시, 동화, 노랫말에 전혀 관심을 보이지 않는다.
   ( ) 동시, 동화, 노랫말에 약간의 반응을 보이다가 다른 행동을 한다.
   (V) 동시, 동화, 노랫말에 적극 반응하며 관심이 많다.
   기 타:
6. 유아의 읽기 능력이 어느 정도 발달되어 있는가?
   ( ) 아직 글자를 구별할 줄 몰라서 읽기 활동에 관심이 없다.
   (V) 유아의 주변에서 익숙한 단어를 여러 개 읽을 수 있다.
   ( ) 읽기 활동에 관심을 보이며 쉬운 문장을 읽을 수 있다.

기 타:

7. 유아는 읽기 활동에 어느 정도 관심을 보이고 있는가?
( ) 이야기를 읽어 줄 때 흥미와 관심이 없다.
(V) 짧은 이야기를 읽어 주면 관심을 보이고 읽어 달라고 요구한다.
( ) 읽어 준 이야기에 대해 질문, 대답하거나 이야기를 한 부분을 따라할 수 있다.
기 타:

8. 책에 관한 지식은 어느 정도 관심을 보이고 있는가?
( ) 책을 바르게 놓는 방법을 아직 모르고 있으며 그냥 집어서 들고 있다.
(V) 책을 집어 들고 페이지를 차례대로 넘기면서 계속 본다.
( ) 책표지나 책 속의 그림을 보고 이야기하거나 느낌, 생각을 말한다.
기 타:

9. 유아의 책에 대한 관심은 어느 정도인가?
( ) 책에 전혀 관심이 없고 언어영역을 찾지 않는다.
( ) 가끔씩 언어영역을 이용하며 책에 대해 약간의 관심을 보인다.
(V) 자주 언어영역을 이용하거나 책에 대해 많은 관심을 보인다.
기 타:

10. 그림책을 읽는 지식은 어느 정도 발달되어 있는가?
( ) 눈동자가 글자의 방향과는 관계없이 그림만 보고 읽는다.
(V) 눈동자가 정확한 방향(왼쪽에서 오른쪽으로, 위에서 아래로)으로 움직이면서 그림책의 글자를 따라가며 읽는다.
( ) 책을 읽는 것처럼 행동을 보이거나, 실제로 그림책을 읽을 수 있다.
기 타:

11. 쓰기에 대한 관심, 흥미는 어느 정도인가?
( ) 끼적거리기에 흥미를 보이지 않는다.
(V) 끼적거리기 등 여러 개의 선을 그어 놓고 글씨를 썼다고 한다.
( ) 자주 끼적거리기에 관심, 흥미를 보인다.
기 타:

12. 쓰기에 대한 능력은 어느 정도 발달되어 있는가?
( ) 전혀 쓰기의 방법을 모르고 시도하려 하지 않는다.
(V) 꾸불 꾸불한 선을 그리면서 글자처럼 표기한다.
( ) 자기 이름 등 자신에게 의미있는 글자를 베껴 쓰거나 적는다.
기 타:

(3) 의사소통 기술 평정척도(만 3세용)

관찰유아 : 서준우 생년월일 : 2011. 6. 3 성 별 : 남 · 여
관 찰 자 : 유효신 관 찰 일 : 2014. 5. 21 관찰일 현재 연령 : 3년 월

- 유아의 행동을 가장 잘 진술한 범주에 V 표시를 한다.
- 문항 내의 진술문 중 어느 하나도 현재 유아의 행동을 설명하지 못하거나 덧붙일 내용이 있으면 기타란에 적는다.
- 내용을 종합하여 요약한다.

1. 말은 어느 정도 듣고 이해하고 있는가?
   ( ) 다른 사람의 이야기에 반응이 없다.
   ( ) 다른 사람의 이야기에 조금 관심을 보이다 다른 행동을 한다.
   (V) 다른 사람의 이야기를 주의 깊게 듣고 이해한다.
   기 타:
2. 듣기 활동에는 어느 정도 반응하고 있는가?
   ( ) 단순하고 직접적인 대화체 문장에도 반응을 하지 않는다.
   ( ) 단순하고 직접적인 대화체 문장에는 약간의 반응을 보인다.
   (V) 단순하고 직접적인 대화체 문장에 적극 반응을 보인다.
   기 타:
3. 교사의 지시에 어느 정도 따르고 있는가?
   ( ) 두 단계의 지시에 따를 수 있다.
   (V) 세 단계의 지시에 따를 수 있다.
   ( ) 세 단계 이상의 지시에도 따를 수 있다.
   기 타:
4. 말하기의 능력은 어느 정도 발달되어 있는가?
   (V) 세 단어를 사용하여 문장으로 말한다.
   ( ) 네 단어를 사용하여 문장으로 말한다.
   ( ) 4 ~ 5개의 단어를 사용하여 문장을 만들어 사용한다.
   기 타:
5. 동시, 동화, 노랫말에 어느 정도 관심을 보이고 있는가?
   ( ) 동시, 동화, 노랫말에 관심을 보이지 않는다.
   (V) 동시, 동화, 노랫말에 반응을 보인다.
   ( ) 동시, 동화, 노랫말에 적극 반응하며 따라 한다.
   기 타:
6. 유아의 읽기 능력이 어느 정도 발달되어 있는가?
   (V) 유아의 주변에서 익숙한 단어를 여러 개 읽을 수 있다.
   ( ) 읽기 활동에 관심을 보이며 쉬운 문장을 읽을 수 있다.
   ( ) 다양한 문장 또는 간단한 이야기책을 읽는다.
   기 타:

7. 유아는 읽기 활동에 어느 정도 관심을 보이고 있는가?
(V) 짧은 이야기를 읽어 주면 관심을 보이고 읽어 달라고 요구한다.
(   ) 읽어 준 이야기에 대해 질문, 대답하거나 이야기를 한 부분을 따라할 수 있다.
(   ) 읽기에 관심을 보이며 자주 이야기책을 읽는다.
기 타:

8. 책에 관한 지식은 어느 정도 관심을 보이고 있는가?
(V) 책을 집어 들고 페이지를 차례대로 넘기면서 계속 본다.
(   ) 책표지나 책 속의 그림을 보고 이야기하거나 느낌, 생각을 말한다.
(   ) 책을 바르게 보며 그림책의 그림보다는 글자에 관심을 갖고 읽는다.
기 타:

9. 유아의 책에 대한 관심은 어느 정도인가?
(V) 가끔씩 언어영역을 이용하며 책에 대해 약간의 관심을 보인다.
(   ) 자주 언어영역을 이용하거나 책에 대해 많은 관심을 보인다.
(   ) 책보는 것을 좋아해서 자주 언어영역에서 책을 본다.
기 타:

10. 책을 읽는 지식은 어느 정도 발달되어 있는가?
(V) 눈동자가 정확한 방향(왼쪽에서 오른쪽으로, 위에서 아래로)으로 움직이면서 책의 글자를 따라가며 읽는다.
(   ) 책을 읽는 것처럼 행동을 보이거나, 실제로 책을 읽을 수 있다.
(   ) 책 속의 내용에 관심을 갖고 책을 읽을 수 있다.
기 타:

11. 쓰기에 대한 관심, 흥미는 어느 정도인가?
(V) 끼적거리기 등 여러 개의 선을 그어 놓고 글씨를 썼다고 한다.
(   ) 반전현상이 나타나지만 글자 쓰는 것에 관심을 보인다.
(   ) 자신의 이름을 쓰는 것에 관심을 보인다.
기 타:

12. 쓰기에 대한 능력은 어느 정도 발달되어 있는가?
(V) 교사의 도움을 받아 쓸 수 있다.
(   ) 자기 이름 등 자신에게 의미 있는 글자를 베껴 쓰거나 적는다.
(   ) 짧은 문장을 쓸 수 있다.
기 타:

(4) 의사소통 기술 평정척도(만 4~5세)

관찰유아 : 최세령 **생년월일** : 2009. 03. 06 **성 별** : 남 · 여
관 찰 자 : 오수미 **관 찰 일** : 2013. 05. 21 **관찰일 현재 연령** : 4년

- 유아의 행동을 가장 잘 진술한 범주에 V 표시를 한다.
- 문항 내의 진술문 중 어느 하나도 현재 유아의 행동을 설명하지 못하거나 덧붙일 내용이 있으면 기타란에 적는다.
- 내용을 종합하여 요약한다.

1. 말은 어느 정도 듣고 이해하고 있는가?
   ( ) 다른 사람의 이야기에 조금 관심을 보이다 다른 행동을 한다.
   ( ) 다른 사람의 이야기에 반응을 보이고 이야기 내용을 이해한다.
   (V) 다른 사람의 이야기의 뜻을 이해하고 궁금한 내용을 질문한다.
   기 타:
2. 듣기 활동에는 어느 정도 반응하고 있는가?
   ( ) 단순하고 직접적인 대화체 문장에는 약간의 반응을 보인다.
   (V) 단순하고 직접적인 대화체 문장에 적극 반응한다.
   ( ) 이야기 내용에 집중하여 끝까지 주의 깊게 듣고 반응한다.
   기 타:
3. 교사의 지시에 어느 정도 따르고 있는가?
   ( ) 두 단계의 지시에 따른다.
   (V) 세 단계의 지시에 따른다.
   ( ) 네 단계 이상 약간 복잡한 지시에도 따를 수 있다.
   기 타:
4. 말하기의 능력은 어느 정도 발달되어 있는가?
   ( ) 세 단어를 사용하여 문장으로 말한다.
   (V) 네 단어 이상 단어를 사용하여 문장을 사용한다.
   ( ) 네, 다섯 단어 이상을 사용하여 문장을 만들어 사용한다.
   기 타:
5. 동시, 동화, 노랫말에 어느 정도 관심을 보이고 있는가?
   ( ) 동시, 동화, 노랫말에 약간의 반응을 보이다가 다른 행동을 한다.
   (V) 동시, 동화, 노랫말에 적극 반응하며 관심이 많다.
   ( ) 동시, 동화, 노랫말에 적극 반응하며 개작하여 표현할 수 있다.
   기 타:
6. 유아의 읽기 능력이 어느 정도 발달되어 있는가?
   (V) 읽기 활동에 관심을 보이며 쉬운 문장을 읽을 수 있다.
   ( ) 자주 페이지를 넘기면서 책을 읽거나 그 읽은 이야기를 말한다.
   ( ) 다양한 문장 또는 간단한 이야기 책의 내용을 이해하며 읽는다.
   기 타:

7. 유아는 읽기 활동에 어느 정도 관심을 보이고 있는가?
(V) 읽어 준 이야기에 대해 질문, 대답하거나 이야기를 한 부분을 따라할 수 있다.
( ) 읽기에 관심을 보이며 자주 이야기책을 읽는다.
( ) 윗 사람의 도움 없이 혼자 책의 내용을 이해하며 읽을 수 있다.
기 타:
8. 책에 관한 관심을 어느 정도 보이고 있는가?
( ) 읽어 주는 글이나 책에 관심을 보이지 않는다.
(V) 책표지나 책 속의 글자를 보고 이야기하거나 느낌, 생각을 말하며 읽는다.
( ) 궁금한 것을 책에서 찾아가며 관심있게 읽는다.
기 타:
9. 유아의 책에 대한 관심은 어느 정도인가?
( ) 가끔씩 언어영역을 이용하며 책에 대해 약간의 관심을 보인다.
(V) 자주 언어영역을 이용하거나 책에 대해 많은 관심을 보이고 있다.
( ) 거의 매일 언어영역을 이용하여 책을 읽는 것을 좋아한다.
기 타:
10. 책을 읽는 지식은 어느 정도 발달되어 있는가?
(V) 책 내용보다는 그림에 관심을 갖고 읽는다.
( ) 책의 그림을 단서로 이야기 내용을 이해하며 읽는다.
( ) 글자를 알고 책 내용을 이해하며 읽는다.
기 타:
11. 쓰기에 대한 관심, 흥미는 어느 정도인가?
(V) 자주 글씨를 쓰는 것에 관심, 흥미를 보인다.
( ) 동시를 따라 쓰거나 짧은 문장 쓰는 것에 흥미를 보인다.
( ) 자신의 생각과 경험을 글자로 표현하는데 흥미를 보인다.
기 타:
12. 쓰기에 대한 능력은 어느 정도 발달되어 있는가?
( ) 자기 이름 외에 몇 개의 단어와 짧은 문장을 쓴다.
(V) 다양한 쓰기 매체와 도구를 이용하여 쓴다.
( ) 자신의 생각이나 느낌, 경험을 자연스럽게 글자로 표현할 수 있다.
기 타:

(5) 의사소통 기술 평정척도(만 3세용)

관찰유아 : 이아진　생년월일 : 2010. 04. 14　성　별 : 여
관 찰 자 : 윤현주　관 찰 일 : 2014. 05. 09　관찰일 현재 연령 : 4년 1월

- 유아의 행동을 가장 잘 진술한 범주에 V 표시를 한다.
- 문항 내의 진술문 중 어느 하나도 현재 유아의 행동을 설명하지 못하거나 덧붙일 내용이 있으면 기타란에 적는다.
- 내용을 종합하여 요약한다.

1. 말은 어느 정도 듣고 이해하고 있는가?
   (　) 다른 사람의 이야기에 반응이 없다.
   (　) 다른 사람의 이야기에 조금 관심을 보이다 다른 행동을 한다.
   (V) 다른 사람의 이야기를 주의 깊게 듣고 이해한다.
   기 타:
2. 듣기 활동에는 어느 정도 반응하고 있는가?
   (　) 단순하고 직접적인 대화체 문장에도 반응을 하지 않는다.
   (　) 단순하고 직접적인 대화체 문장에는 약간의 반응을 보인다.
   (V) 단순하고 직접적인 대화체 문장에 적극 반응을 보인다.
   기 타:
3. 교사의 지시에 어느 정도 따르고 있는가?
   (　) 두 단계의 지시에 따를 수 있다.
   (　) 세 단계의 지시에 따를 수 있다.
   (V) 세 단계 이상의 지시에도 따를 수 있다.
   기 타:
4. 말하기의 능력은 어느 정도 발달되어 있는가?
   (　) 세 단어를 사용하여 문장으로 말한다.
   (　) 네 단어를 사용하여 문장으로 말한다.
   (V) 4 ~ 5개의 단어를 사용하여 문장을 만들어 사용한다.
   기 타:
5. 동시, 동화, 노랫말에 어느 정도 관심을 보이고 있는가?
   (　) 동시, 동화, 노랫말에 관심을 보이지 않는다.
   (　) 동시, 동화, 노랫말에 반응을 보인다.
   (V) 동시, 동화, 노랫말에 적극 반응하며 따라 한다.
   기 타:
6. 유아의 읽기 능력이 어느 정도 발달되어 있는가?
   (V) 유아의 주변에서 익숙한 단어를 여러 개 읽을 수 있다.
   (　) 읽기 활동에 관심을 보이며 쉬운 문장을 읽을 수 있다.
   (　) 다양한 문장 또는 간단한 이야기책을 읽는다.

기 타:

7. 유아는 읽기 활동에 어느 정도 관심을 보이고 있는가?
( ) 짧은 이야기를 읽어 주면 관심을 보이고 읽어 달라고 요구한다.
( ) 읽어 준 이야기에 대해 질문, 대답하거나 이야기를 한 부분을 따라할 수 있다.
(V) 읽기에 관심을 보이며 자주 이야기 책을 읽는다.
기 타:

8. 책에 관한 지식은 어느 정도 관심을 보이고 있는가?
( ) 책을 집어 들고 페이지를 차례대로 넘기면서 계속 본다.
(V) 책표지나 책 속의 그림을 보고 이야기하거나 느낌, 생각을 말한다.
( ) 책을 바르게 보며 그림책의 그림보다는 글자에 관심을 갖고 읽는다.
기 타:

9. 유아의 책에 대한 관심은 어느 정도인가?
( ) 가끔씩 언어영역을 이용하며 책에 대해 약간의 관심을 보인다.
( ) 자주 언어영역을 이용하거나 책에 대해 많은 관심을 보인다.
(V) 책 보는 것을 좋아해서 자주 언어영역에서 책을 본다.
기 타:

10. 책을 읽는 지식은 어느 정도 발달되어 있는가?
(V) 눈동자가 정확한 방향(왼쪽에서 오른쪽으로, 위에서 아래로)으로 움직이면서 책의 글자를 따라가며 읽는다.
( ) 책을 읽는 것처럼 행동을 보이거나, 실제로 책을 읽을 수 있다.
( ) 책 속의 내용에 관심을 갖고 책을 읽을 수 있다.
기 타:

11. 쓰기에 대한 관심, 흥미는 어느 정도인가?
(V) 끼적거리기 등 여러 개의 선을 그어 놓고 글씨를 썼다고 한다.
( ) 반전현상이 나타나지만 글자 쓰는 것에 관심을 보인다.
( ) 자신의 이름을 쓰는 것에 관심을 보인다.
기 타:

12. 쓰기에 대한 능력은 어느 정도 발달되어 있는가?
(V) 교사의 도움을 받아 쓸 수 있다.
( ) 자기 이름 등 자신에게 의미 있는 글자를 베껴 쓰거나 적는다.
( ) 짧은 문장을 쓸 수 있다.
기 타:

요약	• cd를 들으며 동화책 읽기에 집중하며 들리는 부분과 책의 부분을 정확히 일치시키며, 책의 내용을 이해하는 등 언어활동에 관심이 많고 자주 활동하며 언어적으로 발달 되어 있다.

(6) 의사소통 기술 평정척도(만 4~5세)

관찰유아 : 김기태 생년월일 : 2010. 2. 7 성 별 : 남 · 여
관 찰 자 : 홍옥주 관 찰 일 : 2014. 5. 21 관찰일 현재 연령 : 4년 3월

- 유아의 행동을 가장 잘 진술한 범주에 V 표시를 한다.
- 문항 내의 진술문 중 어느 하나도 현재 유아의 행동을 설명하지 못하거나 덧붙일 내용이 있으면 기타란에 적는다.
- 내용을 종합하여 요약한다.

1. 말은 어느 정도 듣고 이해하고 있는가?
   ( ) 다른 사람의 이야기에 조금 관심을 보이다 다른 행동을 한다.
   ( ) 다른 사람의 이야기에 반응을 보이고 이야기 내용을 이해한다.
   (V) 다른 사람의 이야기의 뜻을 이해하고 궁금한 내용을 질문한다.
   기 타:
2. 듣기 활동에는 어느 정도 반응하고 있는가?
   ( ) 단순하고 직접적인 대화체 문장에는 약간의 반응을 보인다.
   (V) 단순하고 직접적인 대화체 문장에 적극 반응한다.
   ( ) 이야기 내용에 집중하여 끝까지 주의 깊게 듣고 반응한다.
   기 타:
3. 교사의 지시에 어느 정도 따르고 있는가?
   (V) 두 단계의 지시에 따른다.
   ( ) 세 단계의 지시에 따른다.
   ( ) 네 단계 이상 약간 복잡한 지시에도 따를 수 있다.
   기 타:
4. 말하기의 능력은 어느 정도 발달되어 있는가?
   ( ) 세 단어를 사용하여 문장으로 말한다.
   ( ) 네 단어 이상 단어를 사용하여 문장을 사용한다.
   (V) 네, 다섯 단어 이상을 사용하여 문장을 만들어 사용한다.
   기 타:
5. 동시, 동화, 노랫말에 어느 정도 관심을 보이고 있는가?
   ( ) 동시, 동화, 노랫말에 약간의 반응을 보이다가 다른 행동을 한다.
   (V) 동시, 동화, 노랫말에 적극 반응하며 관심이 많다.
   ( ) 동시, 동화, 노랫말에 적극 반응하며 개작하여 표현할 수 있다.
   기 타:
6. 유아의 읽기 능력이 어느 정도 발달되어 있는가?
   ( ) 읽기 활동에 관심을 보이며 쉬운 문장을 읽을 수 있다.
   ( ) 자주 페이지를 넘기면서 책을 읽거나 그 읽은 이야기를 말한다.
   (V) 다양한 문장 또는 간단한 이야기책의 내용을 이해하며 읽는다.

기 타:

7. 유아는 읽기 활동에 어느 정도 관심을 보이고 있는가?
   (　) 읽어 준 이야기에 대해 질문, 대답하거나 이야기를 한 부분을 따라할 수 있다.
   (V) 읽기에 관심을 보이며 자주 이야기 책을 읽는다.
   (　) 윗사람의 도움 없이 혼자 책의 내용을 이해하며 읽을 수 있다.
   기 타:

8. 책에 관한 관심을 어느 정도 보이고 있는가?
   (　) 읽어 주는 글이나 책에 관심을 보이지 않는다.
   (V) 책표지나 책 속의 글자를 보고 이야기하거나 느낌, 생각을 말하며 읽는다.
   (　) 궁금한 것을 책에서 찾아가며 관심있게 읽는다.
   기 타:

9. 유아의 책에 대한 관심은 어느 정도인가?
   (　) 가끔씩 언어영역을 이용하며 책에 대해 약간의 관심을 보인다.
   (V) 자주 언어영역을 이용하거나 책에 대해 많은 관심을 보이고 있다.
   (　) 거의 매일 언어영역을 이용하여 책을 읽는 것을 좋아한다.
   기 타:

10. 책을 읽는 지식은 어느 정도 발달되어 있는가?
   (　) 책 내용보다는 그림에 관심을 갖고 읽는다.
   (V) 책의 그림을 단서로 이야기 내용을 이해하며 읽는다.
   (　) 글자를 알고 책 내용을 이해하며 읽는다.
   기 타:

11. 쓰기에 대한 관심, 흥미는 어느 정도인가?
   (　) 자주 글씨를 쓰는 것에 관심, 흥미를 보인다.
   (V) 동시를 따라 쓰거나 짧은 문장 쓰는 것에 흥미를 보인다.
   (　) 자신의 생각과 경험을 글자로 표현하는데 흥미를 보인다.
   기 타:

12. 쓰기에 대한 능력은 어느 정도 발달되어 있는가?
   (　) 자기 이름 외에 몇 개의 단어와 짧은 문장을 쓴다.
   (V) 다양한 쓰기 매체와 도구를 이용하여 쓴다.
   (　) 자신의 생각이나 느낌, 경험을 자연스럽게 글자로 표현할 수 있다.
   기 타:

(7) 의사소통 기술 평정척도(만 4~5세)

관찰유아 : 김다현 생년월일 : 2008. 12. 5 성 별 : 여
관 찰 자 : 장지현 관 찰 일 : 2014. 5. 21 현재 연령 : 5년 5월

- 유아의 행동을 가장 잘 진술한 범주에 V 표시를 한다.
- 문항 내의 진술문 중 어느 하나도 현재 유아의 행동을 설명하지 못하거나 덧붙일 내용이 있으면 기타란에 적는다.
- 내용을 종합하여 요약한다.

1. 말은 어느 정도 듣고 이해하고 있는가?
( ) 다른 사람의 이야기에 조금 관심을 보이다 다른 행동을 한다.
(V) 다른 사람의 이야기에 반응을 보이고 이야기 내용을 이해한다.
( ) 다른 사람의 이야기의 뜻을 이해하고 궁금한 내용을 질문한다.
기 타:

2. 듣기 활동에는 어느 정도 반응하고 있는가?
( ) 단순하고 직접적인 대화체 문장에는 약간의 반응을 보인다.
(V) 단순하고 직접적인 대화체 문장에 적극 반응한다.
( ) 이야기 내용에 집중하여 끝까지 주의 깊게 듣고 반응한다.
기 타:

3. 교사의 지시에 어느 정도 따르고 있는가?
(V) 두 단계의 지시에 따른다.
( ) 세 단계의 지시에 따른다.
( ) 네 단계 이상 약간 복잡한 지시에도 따를 수 있다.
기 타:

4. 말하기의 능력은 어느 정도 발달되어 있는가?
( ) 세 단어를 사용하여 문장으로 말한다.
(V) 네 단어 이상 단어를 사용하여 문장을 사용한다.
( ) 네, 다섯 단어 이상을 사용하여 문장을 만들어 사용한다.
기 타:

5. 동시, 동화, 노랫말에 어느 정도 관심을 보이고 있는가?
( ) 동시, 동화, 노랫말에 약간의 반응을 보이다가 다른 행동을 한다.
( ) 동시, 동화, 노랫말에 적극 반응하며 관심이 많다.
(V) 동시, 동화, 노랫말에 적극 반응하며 개작하여 표현할 수 있다.
기 타:

6. 유아의 읽기 능력이 어느 정도 발달되어 있는가?
(V) 읽기 활동에 관심을 보이며 쉬운 문장을 읽을 수 있다.
( ) 자주 페이지를 넘기면서 책을 읽거나 그 읽은 이야기를 말한다.
( ) 다양한 문장 또는 간단한 이야기책의 내용을 이해하며 읽는다.

기 타:

7. 유아는 읽기 활동에 어느 정도 관심을 보이고 있는가?
   (V) 읽어 준 이야기에 대해 질문, 대답하거나 이야기를 한 부분을 따라할 수 있다.
   (　) 읽기에 관심을 보이며 자주 이야기책을 읽는다.
   (　) 윗사람의 도움 없이 혼자 책의 내용을 이해하며 읽을 수 있다.
   기 타:
8. 책에 관한 관심을 어느 정도 보이고 있는가?
   (　) 읽어 주는 글이나 책에 관심을 보이지 않는다.
   (V) 책표지나 책 속의 글자를 보고 이야기하거나 느낌, 생각을 말하며 읽는다.
   (　) 궁금한 것을 책에서 찾아가며 관심있게 읽는다.
   기 타:
9. 유아의 책에 대한 관심은 어느 정도인가?
   (V) 가끔씩 언어영역을 이용하며 책에 대해 약간의 관심을 보인다.
   (　) 자주 언어영역을 이용하거나 책에 대해 많은 관심을 보이고 있다.
   (　) 거의 매일 언어영역을 이용하여 책을 읽는 것을 좋아한다.
   기 타:
10. 책을 읽는 지식은 어느 정도 발달되어 있는가?
   (　) 책 내용보다는 그림에 관심을 갖고 읽는다.
   (V) 책의 그림을 단서로 이야기 내용을 이해하며 읽는다.
   (　) 글자를 알고 책 내용을 이해하며 읽는다.
   기 타:
11. 쓰기에 대한 관심, 흥미는 어느 정도인가?
   (V) 자주 글씨를 쓰는 것에 관심, 흥미를 보인다.
   (　) 동시를 따라 쓰거나 짧은 문장 쓰는 것에 흥미를 보인다.
   (　) 자신의 생각과 경험을 글자로 표현하는데 흥미를 보인다.
   기 타:
12. 쓰기에 대한 능력은 어느 정도 발달되어 있는가?
   (V) 자기 이름 외에 몇 개의 단어와 짧은 문장을 쓴다.
   (　) 다양한 쓰기 매체와 도구를 이용하여 쓴다.
   (　) 자신의 생각이나 느낌, 경험을 자연스럽게 글자로 표현할 수 있다.
   기 타:

(8) 의사소통 기술 평정척도(만 4~5세)

관찰유아 : 최민지　　**생년월일** : 2008. 04. 05　　**성　별** : 여
관 찰 자 : 김선희　　**관 찰 일** : 2014. 05. 12　　**관찰일 현재 연령** : 6년 1월

• 유아의 행동을 가장 잘 진술한 범주에 V 표시를 한다.
• 문항 내의 진술문 중 어느 하나도 현재 유아의 행동을 설명하지 못하거나 덧붙일 내용이 있으면 기타란에 적는다.
• 내용을 종합하여 요약한다.

1. 말은 어느 정도 듣고 이해하고 있는가?
 (　) 다른 사람의 이야기에 조금 관심을 보이다 다른 행동을 한다.
 (　) 다른 사람의 이야기에 반응을 보이고 이야기 내용을 이해한다.
 (V) 다른 사람의 이야기의 뜻을 이해하고 궁금한 내용을 질문한다.
 기 타:
2. 듣기 활동에는 어느 정도 반응하고 있는가?
 (　) 단순하고 직접적인 대화체 문장에는 약간의 반응을 보인다.
 (V) 단순하고 직접적인 대화체 문장에 적극 반응한다.
 (　) 이야기 내용에 집중하여 끝까지 주의 깊게 듣고 반응한다.
 기 타:
3. 교사의 지시에 어느 정도 따르고 있는가?
 (　) 두 단계의 지시에 따른다.
 (V) 세 단계의 지시에 따른다.
 (　) 네 단계 이상 약간 복잡한 지시에도 따를 수 있다.
 기 타:
4. 말하기의 능력은 어느 정도 발달되어 있는가?
 (　) 세 단어를 사용하여 문장으로 말한다.
 (V) 네 단어 이상 단어를 사용하여 문장을 사용한다.
 (　) 네, 다섯 단어 이상을 사용하여 문장을 만들어 사용한다.
 기 타:
5. 동시, 동화, 노랫말에 어느 정도 관심을 보이고 있는가?
 (　) 동시, 동화, 노랫말에 약간의 반응을 보이다가 다른 행동을 한다.
 (V) 동시, 동화, 노랫말에 적극 반응하며 관심이 많다.
 (　) 동시, 동화, 노랫말에 적극 반응하며 개작하여 표현할 수 있다.
 기 타:
6. 유아의 읽기 능력이 어느 정도 발달되어 있는가?
 (V) 읽기 활동에 관심을 보이며 쉬운 문장을 읽을 수 있다.
 (　) 자주 페이지를 넘기면서 책을 읽거나 그 읽은 이야기를 말한다.
 (　) 다양한 문장 또는 간단한 이야기책의 내용을 이해하며 읽는다.

기 타:

7. 유아는 읽기 활동에 어느 정도 관심을 보이고 있는가?

(V) 읽어 준 이야기에 대해 질문, 대답하거나 이야기를 한 부분을 따라할 수 있다.
(　) 읽기에 관심을 보이며 자주 이야기 책을 읽는다.
(　) 윗사람의 도움 없이 혼자 책의 내용을 이해하며 읽을 수 있다.
기 타:

8. 책에 관한 관심을 어느 정도 보이고 있는가?

(　) 읽어 주는 글이나 책에 관심을 보이지 않는다.
(V) 책표지나 책 속의 글자를 보고 이야기하거나 느낌, 생각을 말하며 읽는다.
(　) 궁금한 것을 책에서 찾아가며 관심있게 읽는다.
기 타:

9. 유아의 책에 대한 관심은 어느 정도인가?

(　) 가끔씩 언어영역을 이용하며 책에 대해 약간의 관심을 보인다.
(V) 자주 언어영역을 이용하거나 책에 대해 많은 관심을 보이고 있다.
(　) 거의 매일 언어영역을 이용하여 책을 읽는 것을 좋아한다.
기 타:

10. 책을 읽는 지식은 어느 정도 발달되어 있는가?

(　) 책 내용보다는 그림에 관심을 갖고 읽는다.
(V) 책의 그림을 단서로 이야기 내용을 이해하며 읽는다.
(　) 글자를 알고 책 내용을 이해하며 읽는다.
기 타:

11. 쓰기에 대한 관심, 흥미는 어느 정도인가?

(　) 자주 글씨를 쓰는 것에 관심, 흥미를 보인다.
(V) 동시를 따라 쓰거나 짧은 문장 쓰는 것에 흥미를 보인다.
(　) 자신의 생각과 경험을 글자로 표현하는데 흥미를 보인다.
기 타:

12. 쓰기에 대한 능력은 어느 정도 발달되어 있는가?

(V) 자기 이름 외에 몇 개의 단어와 짧은 문장을 쓴다.
(　) 다양한 쓰기 매체와 도구를 이용하여 쓴다.
(　) 자신의 생각이나 느낌, 경험을 자연스럽게 글자로 표현할 수 있다.
기 타:

요약	• 자신의 느낌, 생각, 경험을 적절한 낱말과 문장으로 말한다. 다양한 낱말과 문장을 듣고 뜻을 이해하며 이야기를 듣고 궁금한 것에 대해 질문을 할 수 있다. • 일상생활에서 일어나는 일들을 다양한 문장으로 말하기에는 익숙하나 글자를 능숙하게 읽거나 쓰지는 못하지만, 친숙한 글자를 쓰고 쓰기 도구의 바른 사용법을 알고 있다.

2) 숫자 평정척도의 사례

(1) 친사회적 행동 숫자 평정척도(만 2, 3세용)

관찰유아 : 이민주 **생년월일** : 2011. 06. 08 **성 별** : 여
관 찰 자 : 노서연 **관 찰 일** : 2014. 05. 02 **관찰일 현재 연령** : 2년 11월

• 유아의 친사회적 행동에 대해 다음과 같이 1~ 5로 평가하여 해당 숫자에 ○표를 한다.

항 목	아주 못함	못함	보통	잘함	아주 잘함
1. 또래가 울면 말이나 언어적 표현으로 위로한다.(Comforting)	1	②	3	4	5
2. 또래가 울면 신체적인 표현이나(예: 토닥거리기) 접촉을 통해 위로한다.(Comforting)	1	②	3	4	5
3. 장난감을 친구와 나누어 쓴다.(Sharng)	1	2	③	4	5
4. 간식을 친구와 함께 나누어 먹는다.(Sharing)	1	2	③	4	5
5. 놀이시간에 친구와 함께 협동하여 논다.(Cooperating)	1	2	③	4	5
6. 미술, 작업시간에 또래와 함께 협동하여 구성한다.(Cooperating)	1	②	3	4	5
7. 친구를 도와 준다.(Helping)	1	②	3	4	5
8. 교사를 도와 준다.(Helping)	1	2	③	4	5
9. 자신의 장난감이나 물건을 친구에게 그냥 준다.(Giving)	1	2	③	4	5
10. 친구가 놀다간 자리를 치워 준다.(Servicing)	1	②	3	4	5
11. 친구가 부탁하면 들어준다.	1	2	3	④	5
12. 교사가 ~ 을 달라고 요청하면 들어준다.	1	2	3	④	5
13. 또래와 놀이를 하면서 장난감을 서로 교환한다.(Exchanging)	1	②	3	4	5
14. 친구와 미술도구 등을 교환하여 사용한다.(Exchanging)	1	②	3	4	5
15. 친구가 울거나 슬퍼하면 자신도 같은 감정을 갖는다.(Sympathing)	1	②	3	4	5
16. 그림 그리기, 작업시간에 재료를 서로 나누어 쓴다.(Sharing)	1	2	③	4	5
17. 장애물이 접근하면 자신를 방어하는 행동을 보인다.(Defensing)	1	2	3	④	5

비고 : • 친사회적 행동이란? 인간이 사회생활을 해나가는 데 필요한 긍정적인 행동이다. 사회구성원이 옳다고 여기는 행동을 수행함으로써 그 사회집단의 일원이 될 수 있는 행동을 말한다.
• 타인을 이롭게 하는 행위로는: 도와주기, 나눠주기, 협동하기, 주기(기부), 동정하기, 격려하기, 봉사하기, 구조하기, 위로하기, 안심시키기, 관용 베풀기, 이타성, 친절하기, 교환하기, 방어하기, 자기주장 내세우기 등이 있다.

요약	• 또래의 부탁을 수용하는 등 약간의 친사회적 행동이 나타나지만, 아직은 자기 중심적 행동이 더 많이 나타난다.

(2) 친사회적 행동 숫자 평정척도(만 2, 3세용)

관찰유아 : 서준혁　　**생년월일** : 2011. 06. 03　　**성　별** : 남 · 여
관 찰 자 : 유효신　　**관 찰 일** : 2014. 05. 21　　**관찰일 현재 연령** : 3년 7월

• 유아의 친사회적 행동에 대해 다음과 같이 1~ 5로 평가하여 해당 숫자에 ○표를 한다.

항 목	아주 못함	못함	보통	잘함	아주 잘함
1. 또래가 울면 말이나 언어적 표현으로 위로한다.(Comforting)	①	2	3	4	5
2. 또래가 울면 신체적인 표현이나(예: 토닥거리기) 접촉을 통해 위로한다.(Comforting)	①	2	3	4	5
3. 장난감을 친구와 나누어 쓴다.(Sharng)	1	②	3	4	5
4. 간식을 친구와 함께 나누어 먹는다.(Sharing)	1	②	3	4	5
5. 놀이시간에 친구와 함께 협동하여 논다.(Cooperating)	1	2	③	4	5
6. 미술, 작업시간에 또래와 함께 협동하여 구성한다.(Cooperating)	1	2	③	4	5
7. 친구를 도와 준다.(Helping)	1	②	3	4	5
8. 교사를 도와 준다.(Helping)	1	2	③	4	5
9. 자신의 장난감이나 물건을 친구에게 그냥 준다.(Giving)	1	2	③	4	5
10. 친구가 놀다간 자리를 치워 준다.(Servicing)	1	②	3	4	5
11. 친구가 부탁하면 들어준다.	1	②	3	4	5
12. 교사가 ~ 을 달라고 요청하면 들어준다.	1	2	③	4	5
13. 또래와 놀이를 하면서 장난감을 서로 교환한다.(Exchanging)	1	2	③	4	5
14. 친구와 미술도구 등을 교환하여　사용한다.(Exchanging)	1	②	3	4	5
15. 친구가 울거나 슬퍼하면 자신도 같은 감정을 갖는다.(Sympathing)	1	2	③	4	5
16. 그림 그리기, 작업시간에 재료를 서로 나누어 쓴다.(Sharing)	1	②	3	4	5
17. 장애물이 접근하면 자신를 방어하는 행동을 보인다.(Defensing)	1	2	3	④	5

비고 : • 친사회적 행동이란? 인간이 사회생활을 해나가는 데 필요한 긍정적인 행동이다. 사회구성원이 옳다고 여기는 행동을 수행함으로써 그 사회집단의 일원이 될 수 있는 행동을 말한다.
• 타인을 이롭게 하는 행위로는: 도와주기, 나눠주기, 협동하기, 주기(기부), 동정하기, 격려하기, 봉사하기, 구조하기, 위로하기, 안심시키기, 관용 베풀기, 이타성, 친절하기, 교환하기, 방어하기, 자기주장 내세우기 등이 있다.

(3) 친사회적 행동 숫자 평정척도(만 4, 5세용)

관찰유아 : 최세령 **생년월일** : 2009. 03. 06 **성 별** : 남 · 여
관 찰 자 : 오수미 **관 찰 일** : 2013. 05. 21 **관찰일 현재 연령** : 4년

• 유아의 친사회적 행동에 대해 다음과 같이 1~ 5로 평가하여 해당 숫자에 ○표를 한다.

항 목	아주 못함	못함	보통	잘함	아주 잘함
1. 다른 사람의 감정을 이해한다.	1	2	③	4	5
2. 다른 사람의 감정을 이해하고 말로 위로한다.(Comforting)	1	2	③	4	5
3. 다른 사람의 감정을 이해하고 행동이나 신체적 접촉을 통해 위로한다.(Comforting)	1	2	③	4	5
4. 친구나 교사에게 나누어 주기를 한다.(Sharing)	1	2	③	4	5
5. 친구나 교사에게 양보를 한다.(Yielding)	1	2	③	4	5
6. 놀이시간이나 작업시간에 협력한다.(Cooperating)	1	2	3	④	5
7. 친구와 교사를 도와 준다.(Helping)	1	2	3	④	5
8. 자신의 것을 다른 사람에게 대가를 받지 않고 그냥 준다.(Giving)	1	2	③	4	5
9. 다른 사람의 부탁을 들어준다.	1	2	3	④	5
10. 나보다 어려운 상황에 놓여 있는 사람에게 동정심을 보인다.(Sympathing)	1	2	③	4	5
11. 친구에게 격려를 한다.(Encouragementing)	1	2	③	4	5
12. 친구를 위해 간식그릇을 치워 주거나 주변정리를 해 준다.(Servising)	1	②	3	4	5
13. 우는 친구에게 다가가서 안심시켜 준다.(Reassuring)	1	②	3	4	5
14. 자신의 생각을 다른사람에게 주장할 수 있다.(Insisting)	1	2	3	4	⑤
15. 장애물이 접근했을 때 자신이나 친구를 방어한다.(Defensing)	1	2	③	4	5
16. 친구에게 어떤 일이 일어났을 때 언어나 행동으로 그 일을 인정한다.(Recognizing)	1	2	3	④	5
17. 친구와 장난감을 교환하며 놀이를 한다.(Exchanging)	1	2	3	④	5
18. 친구에게 관용을 배푼다.(Tolerancing)	1	2	③	4	5
19. 교사나 친구에게 친절하다.(Kindnessing)	1	2	③	4	5
20. 친구와 대화를 주고 받으면서 언어적 교환을 한다.(Exchanging)	1	2	3	4	⑤

비고 : • 친사회적 행동이란: 인간이 사회생활을 해나가는 필요한 긍정적인 행동이다.
사회구성원이 옳다고 여기는 행동을 수행함으로써 그 사회집단의 일원이 될 수 있는 행동을 말한다.
• 타인을 이롭게 하는 행위로는: 도와주기, 나눠주기, 협동하기, 주기(기부), 동정하기, 격려하기 봉사하기, 구조하기, 위로하기, 안심시키기, 관용베풀기, 이타성, 친절하기, 교환하기, 방어하기 자기 주장 내세우기 등이 있다.

(4) 친사회적 행동 숫자 평정척도(만 4, 5세용)

관찰유아 : 김기태　　생년월일 : 2010.2.7　　성　별 : 남 · 여
관 찰 자 :　　관 찰 일 : 2014.5.21　　관찰일 현재연령 : 4년 3월

• 유아의 친사회적 행동에 대해 다음과 같이 1~ 5로 평가하여 해당 숫자에 ○표를 한다.

항 목	아주 못함	못함	보통	잘함	아주 잘함
1. 다른 사람의 감정을 이해한다.	1	2	3	④	5
2. 다른 사람의 감정을 이해하고 말로 위로한다.(Comforting)	1	2	③	4	5
3. 다른 사람의 감정을 이해하고 행동이나 신체적 접촉을 통해 위로한다.(Comforting)	1	2	③	4	5
4. 친구나 교사에게 나누어 주기를 한다.(Sharing)	1	2	③	4	5
5. 친구나 교사에게 양보를 한다.(Yielding)	1	2	③	4	5
6. 놀이시간이나 작업시간에 협력한다.(Cooperating)	1	2	3	④	5
7. 친구와 교사를 도와준다.(Helping)	1	2	3	④	5
8. 자신의 것을 다른 사람에게 대가를 받지 않고 그냥 준다.(Giving)	1	2	③	4	5
9. 다른 사람의 부탁을 들어준다.	1	2	3	④	5
10. 나보다 어려운 상황에 놓여 있는 사람에게 동정심을 보인다. (Sympathing)	1	2	③	4	5
11. 친구에게 격려를 한다.(Encouragementing)	1	2	3	④	5
12. 친구를 위해 간식그릇을 치워 주거나 주변정리를 해 준다.(Servising)	1	2	③	4	5
13. 우는 친구에게 다가가서 안심시켜 준다.(Reassuring)	1	2	③	4	5
14. 자신의 생각을 다른사람에게 주장할 수 있다.(Insisting)	1	2	3	④	5
15. 장애물이 접근했을 때 자신이나 친구를 방어한다.(Defensing)	1	2	3	④	5
16. 친구에게 어떤 일이 일어났을 때 언어나 행동으로 그 일을 인정한다.(Recognizing)	1	2	3	④	5
17. 친구와 장난감을 교환하며 놀이를 한다.(Exchanging)	1	2	③	4	5
18. 친구에게 관용을 배푼다.(Tolerancing)	1	2	③	4	5
19. 교사나 친구에게 친절하다.(Kindnessing)	1	2	3	④	5
20. 친구와 대화를 주고 받으면서 언어적 교환을 한다.(Exchanging)	1	2	3	④	5

비고 : • 친사회적 행동이란: 인간이 사회생활을 해나가는 필요한 긍정적인 행동이다.
사회구성원이 옳다고 여기는 행동을 수행함으로써 그 사회집단의 일원이 될 수 있는 행동을 말한다.
• 타인을 이롭게 하는 행위로는: 도와주기, 나눠주기, 협동하기, 주기(기부), 동정하기, 격려하기 봉사하기, 구조하기, 위로하기, 안심시키기, 관용베풀기, 이타성, 친절하기, 교환하기, 방어하기 자기 주장 내세우기 등이 있다.

(5) 친사회적 행동 숫자 평정척도(만 4, 5세용)

관찰유아 : 최현우　　**생년월일** : 2009. 01. 08　　**성 별** : 남
관 찰 자 : 손자람　　**관 찰 일** : 2014. 05. 08　　**관찰일 현재 연령** : 5년 4월

• 유아의 친사회적 행동에 대해 다음과 같이 1~ 5로 평가하여 해당 숫자에 ○표를 한다.

항 목	아주 못함	못함	보통	잘함	아주 잘함
1. 다른 사람의 감정을 이해한다.	1	2	3	④	5
2. 다른 사람의 감정을 이해하고 말로 위로한다.(Comforting)	1	2	3	④	5
3. 다른 사람의 감정을 이해하고 행동이나 신체적 접촉을 통해 위로한다.(Comforting)	1	2	3	④	5
4. 친구나 교사에게 나누어 주기를 한다.(Sharing)	1	2	③	4	5
5. 친구나 교사에게 양보를 한다.(Yielding)	1	2	③	4	5
6. 놀이시간이나 작업시간에 협력한다.(Cooperating)	1	2	3	④	5
7. 친구와 교사를 도와 준다.(Helping)	1	2	3	④	5
8. 자신의 것을 다른 사람에게 대가를 받지 않고 그냥 준다.(Giving)	1	2	③	4	5
9. 다른 사람의 부탁을 들어준다.	1	2	3	④	5
10. 나보다 어려운 상황에 놓여 있는 사람에게 동정심을 보인다.(Sympathing)	1	2	3	④	5
11. 친구에게 격려를 한다.(Encouragementing)	1	2	3	④	5
12. 친구를 위해 간식그릇을 치워 주거나 주변정리를 해 준다.(Servising)	1	2	③	4	5
13. 우는 친구에게 다가가서 안심시켜 준다.(Reassuring)	1	2	3	④	5
14. 자신의 생각을 다른사람에게 주장할 수 있다.(Insisting)	1	2	3	4	⑤
15. 장애물이 접근했을 때 자신이나 친구를 방어한다.(Defensing)	1	2	3	4	⑤
16. 친구에게 어떤 일이 일어났을 때 언어나 행동으로 그 일을 인정한다.(Recognizing)	1	2	3	④	5
17. 친구와 장난감을 교환하며 놀이를 한다.(Exchanging)	1	2	③	4	5
18. 친구에게 관용을 배푼다.(Tolerancing)	1	2	③	4	5
19. 교사나 친구에게 친절하다.(Kindnessing)	1	2	3	④	5
20. 친구와 대화를 주고 받으면서 언어적 교환을 한다.(Exchanging)	1	2	3	④	5

비고 : • 친사회적 행동이란: 인간이 사회생활을 해나가는 필요한 긍정적인 행동이다. 사회구성원이 옳다고 여기는 행동을 수행함으로써 그 사회집단의 일원이 될 수 있는 행동을 말한다.
• 타인을 이롭게 하는 행위로는: 도와주기, 나눠주기, 협동하기, 주기(기부), 동정하기, 격려하기 봉사하기, 구조하기, 위로하기, 안심시키기, 관용베풀기, 이타성, 친절하기, 교환하기, 방어하기 자기 주장 내세우기 등이 있다.

(6) 친사회적 행동 숫자 평정척도(만 4, 5세용)

관찰유아 : 김다현　　생년월일 : 2008. 12. 05　　성　별 : 여
관 찰 자 : 장지현　　관 찰 일 : 2014. 05. 21　　관찰일 현재 연령 : 5년 5월

• 유아의 친사회적 행동에 대해 다음과 같이 1~ 5로 평가하여 해당 숫자에 ○표를 한다.

항 목	아주 못함	못함	보통	잘함	아주 잘함
1. 다른 사람의 감정을 이해한다.	1	2	③	4	5
2. 다른 사람의 감정을 이해하고 말로 위로한다.(Comforting)	1	2	③	4	5
3. 다른 사람의 감정을 이해하고 행동이나 신체적 접촉을 통해 위로한다.(Comforting)	1	2	3	④	5
4. 친구나 교사에게 나누어 주기를 한다.(Sharing)	1	2	③	4	5
5. 친구나 교사에게 양보를 한다.(Yielding)	1	2	③	4	5
6. 놀이시간이나 작업시간에 협력한다.(Cooperating)	1	②	3	4	5
7. 친구와 교사를 도와 준다.(Helping)	1	2	③	4	5
8. 자신의 것을 다른 사람에게 대가를 받지 않고 그냥 준다.(Giving)	1	②	3	4	5
9. 다른 사람의 부탁을 들어준다.	1	②	3	4	5
10. 나보다 어려운 상황에 놓여 있는 사람에게 동정심을 보인다.(Sympathing)	1	②	3	4	5
11. 친구에게 격려를 한다.(Encouragementing)	1	②	3	4	5
12. 친구를 위해 간식그릇을 치워 주거나 주변정리를 해 준다.(Servising)	1	②	3	4	5
13. 우는 친구에게 다가가서 안심시켜 준다.(Reassuring)	1	②	3	4	5
14. 자신의 생각을 다른사람에게 주장할 수 있다.(Insisting)	1	2	3	4	⑤
15. 장애물이 접근했을 때 자신이나 친구를 방어한다.(Defensing)	1	2	3	④	5
16. 친구에게 어떤 일이 일어났을 때 언어나 행동으로 그 일을 인정한다.(Recognizing)	1	2	3	④	5
17. 친구와 장난감을 교환하며 놀이를 한다.(Exchanging)	1	②	3	4	5
18. 친구에게 관용을 배푼다.(Tolerancing)	1	②	3	4	5
19. 교사나 친구에게 친절하다.(Kindnessing)	1	2	③	4	5
20. 친구와 대화를 주고 받으면서 언어적 교환을 한다.(Exchanging)	1	2	③	4	5

비고 : • 친사회적 행동이란: 인간이 사회생활을 해나가는 필요한 긍정적인 행동이다. 사회구성원이 옳다고 여기는 행동을 수행함으로써 그 사회집단의 일원이 될 수 있는 행동을 말한다.
• 타인을 이롭게 하는 행위로는: 도와주기, 나눠주기, 협동하기, 주기(기부), 동정하기, 격려하기 봉사하기, 구조하기, 위로하기, 안심시키기, 관용베풀기, 이타성, 친절하기, 교환하기, 방어하기 자기 주장 내세우기 등이 있다.

3) 도식 평정척도의 사례

(1) 사회 · 정서발달 도식 평정척도(만 1세용)

관찰유아 : 서민정　　생년월일 : 2012. 10. 09　　성　별 : 여
관 찰 자 : 김유영　　관 찰 일 : 2014. 05. 12　　관찰일 현재 연령 : 1년 7월

• 관찰 유아를 선택하고 각 항목에 알맞은 평점을 준다.

항목	전혀 그렇지 않다	거의 그렇지 않다	때때로 그렇다	자주 그렇다	항상 그렇다
1. 자신의 감정을 말로 표현하거나 신체적으로 표현할 수 있다.			⊕		
2. 거울 속의 자신을 보고 잘 웃는다.			⊕		
3. 친구가 울고 있으면 언어나 신체적인 표현의 반응을 보인다.		⊕			
4. 너무 큰 소리가 나거나, 갑작스런 새로운 상황 등에 두려움을 느낀다.				⊕	
5. 사소한 일에 잘 운다.				⊕	
6. 자신의 욕구를 말로 표현하거나 신체적으로 표현한다.		⊕			
7. 교사나 자신과 친숙한 성인이 가까이 오면 좋아하는 반응을 보인다.				⊕	
8. 음악소리가 나면 귀를 기울이고 관심을 갖는다.			⊕		
9. 새로운 환경에 잘 적응한다.		⊕			
10. 성격이 밝고 명랑하다.		⊕			
11. 엄마가 데리러 오면 좋아하고 웃는다.				⊕	
12. 친구가 우는 것을 보고 교사에게 어떤 반응을 보인다.		⊕			
13. 슬퍼하는 친구에게 다가가서 손을 잡으며 나랑 같이 놀자라고 말하거나 반응을 보인다.		⊕			
14. 친구가 때리면 다른 곳으로 피한다.				⊕	
15. 친구에게 장난감을 빼앗기면 달라고 언어나 신체적 표현을 한다.				⊕	
16. 교사가 안아주면 좋아하는 반응을 보인다.				⊕	
17. 예쁜 꽃이나 좋은 그림을 보여주면 좋아하는 반응을 나타낸다.			⊕		
18. 친구가 장난감을 빼앗겨서 울면 돌려준다.		⊕			
19. 자신이 원하던 일이 달성되면 기쁨을 느낀다.			⊕		
20. 주위의 성인이나 부모, 교사에게 애정과 관심을 얻으려 한다.				⊕	

(2) 사회 · 정서발달 도식 평정척도(만 2, 3세용)

관찰유아 : 김민진　　**생년월일** : 2011. 01. 03　　**성　별** : 여
관 찰 자 : 허주연　　**관 찰 일** : 2014. 04. 28　　**관찰일 현재 연령** : 3년 4월

• 관찰 유아를 선정하고 각 항목에 알맞은 평점을 준다.

	평정	
1. 여러 가지 장난감을 갖고 논다.	├──┼──⊕──┼──┤	1. 여러 가지 장난감을 갖고 놀지 않는다.
2. 친구들과 함께 논다.	├──┼──⊕──┼──┤	2. 혼자 논다.
3. 내 물건과 친구의 물건을 구별할 수 있다.	├──⊕──┼──┼──┤	3. 내 물건, 친구 물건의 구별이 없다.
4. 교사가 친구의 이름을 부르면서 사물을 갖다 주라 하면 그 친구에게 가서 반응을 보인다.	├──⊕──┼──┼──┤	4. 친구의 이름에 별 반응을 보이지 않는다.
5. 친구들의 이름을 알고 있으며 가끔 친구에 대해 말한다.	⊕──┼──┼──┼──┤	5. 친구의 이름이나 친구에 대해 말하지 않는다.
6. 교사가 특정 유아에게 율동을 해보라고 하면 저도 시켜 주세요.라고 언어나 신체적인 반응을 보인다.	├──┼──⊕──┼──┤	6. 교사에게 언어적, 신체적 반응을 보이지 않는다.
7. 교사에게 친구가 내 물건을 가져갔다고 말한다.(문제해결을 위해 성인의 도움을 요청한다.)	├──⊕──┼──┼──┤	7. 문제해결을 위해 성인의 도움을 요청하지 않는다.
8. 교사가 인사를 하면 쳐다보거나 반응을 보인다.	├──⊕──┼──┼──┤	8. 교사가 인사하면 반응하지 않는다.
9. 교사가 옆에 와서 놀이를 하면 함께 논다.	├──┼──⊕──┼──┤	9. 교사가 옆에서 놀아도 함께 놀지 않는다.
10. 교사가 오늘 무슨 놀이했니? 하고 물으면 말한다.	├──⊕──┼──┼──┤	10. 교사의 대화에 반응하지 않는다.
11. 엄마나 친숙한 성인이 오면 달려 가서 안기거나 반응을 한다.	├──⊕──┼──┼──┤	11. 친숙한 성인이 와도 반응하지 않는다.
12. 교사의 손을 잡고 그림책을 읽어 달라고 한다.	├──⊕──┼──┼──┤	12. 교사에게 책을 읽어 달라 하지 않는다.
13. 교사에게 놀이를 하자고 말하거나 신체적 반응을 보인다.	├──┼──⊕──┼──┤	13. 교사에게 놀이를 제의하거나 신체적 반응을 보이지 않는다.
14. 교사에게 자기 집에 있는 장난감에 대해 이야기한다.	⊕──┼──┼──┼──┤	14. 교사에게 자기 집에 있는 장난감에 대해 말하지 않는다.
15. 또래와 놀이를 하면서 장난감을 교환하거나 대화한다.	├──⊕──┼──┼──┤	15. 또래와 장난감교환 대화교환이 없다.
16. 옆에 있는 또래와 이야기하면서 간식을 먹는다.	├──⊕──┼──┼──┤	16. 혼자서 간식을 먹는다.
17. 물건을 건네 받으면 고마워라고 말을 하거나 표현한다.	├──⊕──┼──┼──┤	17. 고마워라는 말을 하지 않는다.
18. 친하게 지내는 또래가 있다.	├──┼──⊕──┼──┤	18. 친하게 지내는 또래가 없다.
19. 새로운 장난감이나 환경구성에 흥미를 보인다.	├──┼──⊕──┼──┤	19. 새로운 환경에 흥미를 보이지 않는다.
20. 자기보다 약한 동생을 도와준다.	⊕──┼──┼──┼──┤	20. 동생을 도와 주지 않는다.

(3) 사회 · 정서발달 도식 평정척도(만 2, 3세용)

관찰유아 : 서준혁　　**생년월일** : 2011. 06. 03　　**성　별** : 남 · 여
관 찰 자 : 유효신　　**관 찰 일** : 2014. 05. 21　　**관찰일 현재 연령** : 3년 7월

• 관찰 유아를 선정하고 각 항목에 알맞은 평점을 준다.

항목	평정	항목
1. 여러 가지 장난감을 갖고 논다.	2	1. 여러 가지 장난감을 갖고 놀지 않는다.
2. 친구들과 함께 논다.	2	2. 혼자 논다.
3. 내 물건과 친구의 물건을 구별할 수 있다.	1	3. 내 물건, 친구 물건의 구별이 없다.
4. 교사가 친구의 이름을 부르면서 사물을 갖다 주라 하면 그 친구에게 가서 반응을 보인다.	1	4. 친구의 이름에 별 반응을 보이지 않는다.
5. 친구들의 이름을 알고 있으며 가끔 친구에 대해 말한다.	1	5. 친구의 이름이나 친구에 대해 말하지 않는다.
6. 교사가 특정 유아에게 율동을 해보라고 하면 저도 시켜 주세요.라고 언어나 신체적인 반응을 보인다.	3	6. 교사에게 언어적, 신체적 반응을 보이지 않는다.
7. 교사에게 친구가 내 물건을 가져갔다고 말한다.(문제해결을 위해 성인의 도움을 요청한다.)	2	7. 문제해결을 위해 성인의 도움을 요청하지 않는다.
8. 교사가 인사를 하면 쳐다보거나 반응을 보인다.	1	8. 교사가 인사하면 반응하지 않는다.
9. 교사가 옆에 와서 놀이를 하면 함께 논다.	1	9. 교사가 옆에서 놀아도 함께 놀지 않는다.
10. 교사가 오늘 무슨 놀이했니? 하고 물으면 말한다.	4	10. 교사의 대화에 반응하지 않는다.
11. 엄마나 친숙한 성인이 오면 달려 가서 안기거나 반응을 한다.	1	11. 친숙한 성인이 와도 반응하지 않는다.
12. 교사의 손을 잡고 그림책을 읽어 달라고 한다.	3	12. 교사에게 책을 읽어 달라 하지 않는다.
13. 교사에게 놀이를 하자고 말하거나 신체적 반응을 보인다.	3	13. 교사에게 놀이를 제의하거나 신체적 반응을 보이지 않는다.
14. 교사에게 자기 집에 있는 장난감에 대해 이야기한다.	3	14. 교사에게 자기 집에 있는 장난감에 대해 말하지 않는다.
15. 또래와 놀이를 하면서 장난감을 교환하거나 대화한다.	3	15. 또래와 장난감교환 대화교환이 없다.
16. 옆에 있는 또래와 이야기하면서 간식을 먹는다.	2	16. 혼자서 간식을 먹는다.
17. 물건을 건네 받으면 고마워라고 말을 하거나 표현한다.	3	17. 고마워라는 말을 하지 않는다.
18. 친하게 지내는 또래가 있다.	1	18. 친하게 지내는 또래가 없다.
19. 새로운 장난감이나 환경구성에 흥미를 보인다.	1	19. 새로운 환경에 흥미를 보이지 않는다.
20. 자기보다 약한 동생을 도와 준다.	1	20. 동생을 도와 주지 않는다.

(4) 사회 · 정서발달 도식 평정척도(만 4, 5세용)

관찰유아 : 최세령 **생년월일** : 2009. 03. 06 **성 별** : 남 · 여
관 찰 자 : 오수미 **관 찰 일** : 2013. 05. 21 **관찰일 현재 연령** : 4년

• 관찰 유아를 선택하고 각 항목에 알맞은 평점을 준다.

항목	전혀 그렇지 않다	거의 그렇지 않다	때때로 그렇다	자주 그렇다	항상 그렇다
1. 자신의 감정을 말로 표현할 수 있다.				✓	
2. 친구들과 사이가 좋으며 잘 웃고 다닌다.				✓	
3. 친구가 다쳤거나 울고 있으면 관심을 갖고 반응한다				✓	
4. 사소한 일에는 거의 울지 않는다.			✓		
5. 겁이 없는 편이다.(웬만한 일로 공포를 느끼지 않는다.)			✓		
6. 성격이 쾌활하고 명랑하다.				✓	
7. 생각이 독창적이고 활동에 참여하려는 의욕이 강하다.			✓		
8. 자신의 감정을 행동이나 말로 표현한다.					✓
9. 자신이 갖고 놀던 장난감을 빼앗기자 친구에게 자신의 감정을 말로 표현하고 다시 돌려받는다.				✓	
10. 다른 사람을 배려하여 행동한다.			✓		
11. 다른 사람의 감정이 어떤지를 알고 자신의 감정을 표현한다.				✓	
12. 다른 사람의 감정에 공감한다.				✓	
13. 친구와 갈등을 긍정적으로 해결한다.		✓			
14. 친구의 의견을 존중한다.			✓		
15. 교사의 지시에 잘 따르고 순종한다.					✓
16. 지금 당장 하고 싶은 것이 있어도 참고 인내한다.			✓		
17. 새로운 환경에 잘 적응한다				✓	
18. 자신의 감정이나 행동을 상황에 맞게 조절한다.			✓		
19. 자신의 생각과 느낌을 자유롭게 표현한다.				✓	
20. 자신이 하고자 하는 일에 방해를 받거나 요구가 거절되었을 때 분노를 느낀다.			✓		

(5) 사회 · 정서발달 도식 평정척도(만 4, 5세용)

관찰유아 : 김기태　　생년월일 : 2010. 02. 07　　성 별 : 남 · 여

관 찰 자 : 홍옥주　　관 찰 일 : 2014. 05. 21　　관찰일 현재 연령 : 4년 3월

• 관찰 유아를 선택하고 각 항목에 알맞은 평점을 준다.

항목	전혀 그렇지 않다	거의 그렇지 않다	때때로 그렇다	자주 그렇다	항상 그렇다
1. 자신의 감정을 말로 표현할 수 있다.					○
2. 친구들과 사이가 좋으며 잘 웃고 다닌다.				○	
3. 친구가 다쳤거나 울고 있으면 관심을 갖고 반응한다			○		
4. 사소한 일에는 거의 울지 않는다.		○			
5. 겁이 없는 편이다.(웬만한 일로 공포를 느끼지 않는다.)			○		
6. 성격이 쾌활하고 명랑하다.				○	
7. 생각이 독창적이고 활동에 참여하려는 의욕이 강하다.				○	
8. 자신의 감정을 행동이나 말로 표현한다.					○
9. 자신이 갖고 놀던 장난감을 빼앗기자 친구에게 자신의 감정을 말로 표현하고 다시 돌려받는다.				○	
10. 다른 사람을 배려하여 행동한다.			○		
11. 다른 사람의 감정이 어떤지를 알고 자신의 감정을 표현한다.				○	
12. 다른 사람의 감정에 공감한다.				○	
13. 친구와 갈등을 긍정적으로 해결한다.			○		
14. 친구의 의견을 존중한다.			○		
15. 교사의 지시에 잘 따르고 순종한다.			○		
16. 지금 당장 하고 싶은 것이 있어도 참고 인내한다.			○		
17. 새로운 환경에 잘 적응한다				○	
18. 자신의 감정이나 행동을 상황에 맞게 조절한다.				○	
19. 자신의 생각과 느낌을 자유롭게 표현한다.				○	
20. 자신이 하고자 하는 일에 방해를 받거나 요구가 거절되었을 때 분노를 느낀다.				○	

(6) 사회 · 정서발달 도식 평정척도(만 4, 5세용)

관찰유아 : 이영아　　생년월일 : 2009. 10. 27　　성　별 : 여
관 찰 자 : 손자람　　관 찰 일 : 2014. 05. 02　　관찰일 현재 연령 : 4년 7월

• 관찰 유아를 선택하고 각 항목에 알맞은 평점을 준다.

항목	전혀 그렇지 않다	거의 그렇지 않다	때때로 그렇다	자주 그렇다	항상 그렇다
1. 자신의 감정을 말로 표현할 수 있다.				○	
2. 친구들과 사이가 좋으며 잘 웃고 다닌다.					○
3. 친구가 다쳤거나 울고 있으면 관심을 갖고 반응한다					○
4. 사소한 일에는 거의 울지 않는다.					○
5. 겁이 없는 편이다.(웬만한 일로 공포를 느끼지 않는다.)		○			
6. 성격이 쾌활하고 명랑하다.					○
7. 생각이 독창적이고 활동에 참여하려는 의욕이 강하다.				○	
8. 자신의 감정을 행동이나 말로 표현한다.				○	
9. 자신이 갖고 놀던 장난감을 빼앗기자 친구에게 자신의 감정을 말로 표현하고 다시 돌려받는다.				○	
10. 다른 사람을 배려하여 행동한다.				○	
11. 다른 사람의 감정이 어떤지를 알고 자신의 감정을 표현한다.				○	
12. 다른 사람의 감정에 공감한다.				○	
13. 친구와 갈등을 긍정적으로 해결한다.				○	
14. 친구의 의견을 존중한다.				○	
15. 교사의 지시에 잘 따르고 순종한다.			○		
16. 지금 당장 하고 싶은 것이 있어도 참고 인내한다.			○		
17. 새로운 환경에 잘 적응한다.					○
18. 자신의 감정이나 행동을 상황에 맞게 조절한다.				○	
19. 자신의 생각과 느낌을 자유롭게 표현한다.				○	
20. 자신이 하고자 하는 일에 방해를 받거나 요구가 거절되었을 때 분노를 느낀다.			○		

(7) 사회 · 정서발달 도식 평정척도(만 4, 5세용)

관찰유아 : 김다현　　**생년월일** : 2008. 12. 05　　**성　별** : 여
관 찰 자 : 장지현　　**관 찰 일** : 2014. 05. 21　　**관찰일 현재 연령** : 5년 5월

• 관찰 유아를 선택하고 각 항목에 알맞은 평점을 준다.

항목	전혀 그렇지 않다	거의 그렇지 않다	때때로 그렇다	자주 그렇다	항상 그렇다
1. 자신의 감정을 말로 표현할 수 있다.				○	
2. 친구들과 사이가 좋으며 잘 웃고 다닌다.			○		
3. 친구가 다쳤거나 울고 있으면 관심을 갖고 반응한다			○		
4. 사소한 일에는 거의 울지 않는다.			○		
5. 겁이 없는 편이다.(웬만한 일로 공포를 느끼지 않는다.)	○				
6. 성격이 쾌활하고 명랑하다.				○	
7. 생각이 독창적이고 활동에 참여하려는 의욕이 강하다.			○		
8. 자신의 감정을 행동이나 말로 표현한다.			○		
9. 자신이 갖고 놀던 장난감을 빼앗기자 친구에게 자신의 감정을 말로 표현하고 다시 돌려받는다.				○	
10. 다른 사람을 배려하여 행동한다.			○		
11. 다른 사람의 감정이 어떤지를 알고 자신의 감정을 표현한다.			○		
12. 다른 사람의 감정에 공감한다.		○			
13. 친구와 갈등을 긍정적으로 해결한다.			○		
14. 친구의 의견을 존중한다.			○		
15. 교사의 지시에 잘 따르고 순종한다.		○			
16. 지금 당장 하고 싶은 것이 있어도 참고 인내한다.			○		
17. 새로운 환경에 잘 적응한다.				○	
18. 자신의 감정이나 행동을 상황에 맞게 조절한다.					
19. 자신의 생각과 느낌을 자유롭게 표현한다.				○	
20. 자신이 하고자 하는 일에 방해를 받거나 요구가 거절되었을 때 분노를 느낀다.				○	

(8) 사회 · 정서발달 도식 평정척도(만 5세용)

관찰유아 : 김다현 **생년월일** : 2008. 12. 05 **성 별** : 여
관 찰 자 : 장지현 **관 찰 일** : 2014. 05. 21 **관찰일 현재 연령** : 5년 5월

• 관찰 유아를 선택하고 각 항목에 알맞은 평점을 준다.

항목	전혀 그렇지 않다	거의 그렇지 않다	때때로 그렇다	자주 그렇다	항상 그렇다
1. 자연의 소리나 주변의 다양한 소리에 관심을 갖고 탐색한다.			⊕		
2. 자연의 아름다움이나 색깔을 보고 아름다움을 느낀다.				⊕	
3. 자연의 색과 모양에 관심을 갖고 탐색한다.				⊕	
4. 노래로 자신의 생각과 느낌을 표현할 수 있다.				⊕	
5. 전래동요 부르기를 좋아하고 즐겨 부른다.				⊕	
6. 리듬악기 연주를 좋아하고 자주 연주한다.			⊕		
7. 즉흥적으로 리듬과 노래를 만들어 볼 수 있다.			⊕		
8. 음악으로 자신의 정서를 표현할 수 있다.		⊕			
9. 신체를 이용하여 주변의 움직임을 다양하게 표현할 수 있다.		⊕			
10. 다양한 도구를 활용하여 창의적으로 신체표현을 할 수 있다.			⊕		
11. 신체로 자신의 정서를 표현할 수 있다.			⊕		
12. 다양한 미술 활동으로 자신의 생각과 느낌을 표현한다.				⊕	
13. 다양한 재료와 도구를 이용하여 미술 활동을 즐긴다.				⊕	
14. 자연물을 이용하여 미술 활동을 즐긴다.			⊕		
15. 경험이나 이야기를 극놀이로 표현할 수 있다.		⊕			
16. 여러 명의 친구들과 역할놀이를 즐긴다.		⊕			
17. 극놀이로 자신의 정서를 표현할 수 있다.		⊕			
18. 창의적으로 예술 표현 활동을 할 수 있다.			⊕		
19. 다양한 음악듣기를 좋아한다.			⊕		
20. 미술작품 감상하기를 좋아한다.		⊕			
21. 다양한 예술 감상을 즐긴다.			⊕		
22. 우리나라 전통음악에 관심을 갖고 듣는 것을 즐긴다.				⊕	
23. 우리나라 전통미술에 관심을 갖고 보는 것을 즐긴다.		⊕			
24. 우리나라 전통극놀이에 관심을 갖고 보는 것을 즐긴다.		⊕			
25. 전통예술 감상을 즐긴다.			⊕		

(9) 사회 · 정서발달 도식 평정척도(만 5세용)

관찰유아 : 김민지　　생년월일 : 2008. 06. 06　　성　별 : 여
관 찰 자 : 김선희　　관 찰 일 : 2014. 05. 07　　관찰일 현재 연령 : 5년 11월

• 관찰 유아를 선택하고 각 항목에 알맞은 평점을 준다.

항목	전혀 그렇지 않다	거의 그렇지 않다	때때로 그렇다	자주 그렇다	항상 그렇다
1 .자연의 소리나 주변의 다양한 소리에 관심을 갖고 탐색한다.				○	
2. 자연의 아름다움이나 색깔을 보고 아름다움을 느낀다.				○	
3. 자연의 색과 모양에 관심을 갖고 탐색한다.				○	
4. 노래로 자신의 생각과 느낌을 표현할 수 있다.			○		
5. 전래동요 부르기를 좋아하고 즐겨 부른다.			○		
6. 리듬악기 연주를 좋아하고 자주 연주한다.				○	
7. 즉흥적으로 리듬과 노래를 만들어 볼 수 있다.		○			
8. 음악으로 자신의 정서를 표현할 수 있다.			○		
9. 신체를 이용하여 주변의 움직임을 다양하게 표현할 수 있다.				○	
10. 다양한 도구를 활용하여 창의적으로 신체표현을 할 수 있다.				○	
11. 신체로 자신의 정서를 표현할 수 있다.				○	
12. 다양한 미술 활동으로 자신의 생각과 느낌을 표현한다.			○		
13. 다양한 재료와 도구를 이용하여 미술 활동을 즐긴다.			○		
14. 자연물을 이용하여 미술 활동을 즐긴다.				○	
15. 경험이나 이야기를 극놀이로 표현할 수 있다.			○		
16. 여러 명의 친구들과 역할놀이를 즐긴다.			○		
17. 극놀이로 자신의 정서를 표현할 수 있다.			○		
18. 창의적으로 예술 표현 활동을 할 수 있다.			○		
19. 다양한 음악듣기를 좋아한다.				○	
20. 미술작품 감상하기를 좋아한다.				○	
21. 다양한 예술 감상을 즐긴다.				○	
22. 우리나라 전통음악에 관심을 갖고 듣는 것을 즐긴다.			○		
23. 우리나라 전통미술에 관심을 갖고 보는 것을 즐긴다.				○	
24. 우리나라 전통극놀이에 관심을 갖고 보는 것을 즐긴다.				○	
25. 전통예술 감상을 즐긴다.				○	

4) 표준 평정척도의 사례

(1) 인지발달 표준 평정척도(만 2~3세용)

관찰유아 : 천주현　　생년월일 : 2011. 01. 06　　성　별 : 남 · 여
관 찰 자 : 허주연　　관 찰 일 : 2014. 05. 07　　관찰일 현재 연령 : 3년 4월

• 유아의 인지발달에 대해 다음과 같이 평가하여 해당란에 ○표시한다.
• 내용을 종합하여 요약한다.

문항	하위 5%에 속함	하위 25%에 속함	중간 50%에 속함	상위 25%에 속함	상위 5%에 속함
1. 사물을 1~10까지 셀 수 있다.					○
2. 어제, 오늘, 내일을 이해한다.				○	
3. '더 많다', '더 적다'와 같은 비교를 이해한다.					○
4. 일곱가지 정도의 색깔 이름을 안다.				○	
5. 도형 뒤집기, 찾기 등을 할 수 있다.					○
6. 위, 아래, 앞, 뒤, 옆 등의 공간 개념을 이해한다.				○	
7. 10조각 정도의 퍼즐을 맞출 수 있다.				○	
8. 기본 도형으로 여러 가지 모양을 구성할 수 있다.				○	
9. 길이, 무게, 크기 등을 측정할 수 있다.				○	
10. 3~5가지 기준에 따라 사물을 서열화할 수 있다.			○		
11. 구체물을 1:1로 대응할 수 있다.				○	
12. 같은 모양과 색깔끼리 분류할 수 있다.				○	
13. 두 사물을 비교할 수 있다.				○	
14. 비슷한 것끼리 짝을 지을 수 있다.				○	
15. 주변 환경과 사물에 대해 관심을 보인다.				○	
16. 관심있는 사물을 반복하여 탐색한다.				○	
17. 사물의 차이점을 이해한다.			○		
18. 물체를 변화시켜 보는 것에 관심이 많다.			○		
19. 사람의 출생에 관한 질문을 하고 관심을 갖는다.				○	
20. 동물 이름을 5가지 이상 알고 있다.			○		
21. 자신의 신체 구조에 관심을 갖는다.			○		
22. 낮과 밤의 규칙성을 이해한다.				○	
23. 계절의 변화를 안다.			○		
24. 주변의 단순한 기계와 도구를 조작할 수 있다.			○		

(2) 인지발달 표준 평정척도(만 2~3세용)

관찰유아 : 서준혁　　**생년월일** : 2011. 06. 03　　**성　별** : 남 · 여
관 찰 자 : 유효신　　**관 찰 일** : 2014. 05. 21　　**관찰일 현재연령** : 3년 7월

- 유아의 인지발달에 대해 다음과 같이 평가하여 해당란에 V표시한다.
- 내용을 종합하여 요약한다.

문항	하위 5%에 속함	하위 25%에 속함	중간 50%에 속함	상위 25%에 속함	상위 5%에 속함
1. 사물을 1~10까지 셀 수 있다.	○				
2. 어제, 오늘, 내일을 이해한다.	○				
3. '더 많다', '더 적다'와 같은 비교를 이해한다.		○			
4. 일곱가지 정도의 색깔 이름을 안다.	○				
5. 도형 뒤집기, 찾기 등을 할 수 있다.			○		
6. 위, 아래, 앞, 뒤, 옆 등의 공간 개념을 이해한다.			○		
7. 10조각 정도의 퍼즐을 맞출 수 있다.		○			
8. 기본 도형으로 여러 가지 모양을 구성할 수 있다.		○			
9. 길이, 무게, 크기 등을 측정할 수 있다.	○				
10. 3~5가지 기준에 따라 사물을 서열화할 수 있다.	○				
11. 구체물을 1:1로 대응할 수 있다.			○		
12. 같은 모양과 색깔끼리 분류할 수 있다.		○			
13. 두 사물을 비교할 수 있다.			○		
14. 비슷한 것끼리 짝을 지을 수 있다.			○		
15. 주변 환경과 사물에 대해 관심을 보인다.			○		
16. 관심있는 사물을 반복하여 탐색한다.			○		
17. 사물의 차이점을 이해한다.		○			
18. 물체를 변화시켜 보는 것에 관심이 많다.		○			
19. 사람의 출생에 관한 질문을 하고 관심을 갖는다.	○				
20. 동물 이름을 5가지 이상 알고 있다.		○			
21. 자신의 신체 구조에 관심을 갖는다.	○				
22. 낮과 밤의 규칙성을 이해한다.		○			
23. 계절의 변화를 안다.	○				
24. 주변의 단순한 기계와 도구를 조작할 수 있다.	○				

(3) 인지발달 표준 평정척도(만 4~5세용)

관찰유아 : 최세령　**생년월일** : 2009. 03. 06　**성　별** : 남 · 여
관 찰 자 : 오수미　**관 찰 일** : 2013. 05. 21　**관찰일 현재 연령** : 4년

- 유아의 인지발달에 대해 다음과 같이 평가하여 해당란에 V표시한다.
- 내용을 종합하여 요약한다.

문항	하위 5%에 속함	하위 25%에 속함	중간 50%에 속함	상위 25%에 속함	상위 5%에 속함
1. 1 ~ 20 이상의 숫자를 셀 수 있다.					V
2. 수 세기 단위를 알고 사용할 수 있다.	V				
3. 현재, 과거, 미래의 시제를 알고 알맞게 사용한다.		V			
4. 하루의 일과를 순서대로 말하고 이해할 수 있다.				V	
5. 15조각 정도의 퍼즐을 맞출 수 있다.					V
6. 방향과 위치에 관한 개념을 이해한다.				V	
7. 기본 도형과 입체 도형을 이해한다.		V			
8. 사물의 길이, 무게, 둘레, 높이를 측정하고 비교할 수 있다.		V			
9. 사물을 측정하고 비교하여 순서를 지을 수 있다.				V	
10. 사물을 크기별로 1~10 순위로 서열화할 수 있다.				V	
11. 사물을 규칙대로 10가지 정도 패턴을 만들 수 있다.		V			
12. 사물의 모양, 크기, 색깔 별로 분류하고 재분류를 할 수 있다.				V	
13. 사물의 특성과 공통적인 특성을 벤다이어그램으로 나타낼 수 있다.	V				
14. 그래프를 이용하여 표현할 수 있다.	V				
15. 궁금한 점이 있으면 알아보려고 탐구활동에 참여한다.		V			
16. 사물을 탐색하거나 관찰한다.				V	
17. 관찰한 사물을 토대로 다른 것을 예측해 본다.			V		
18. 예측한 것을 토대로 가설을 만들어 볼 수 있다.		V			
19. 여러 가지 물체와 물질을 변화시켜 볼 수 있다.			V		
20. 나의 출생과 성장에 관심을 갖고 질문한다.			V		
21. 생태계 변화에 관심이 많다.			V		
22. 자연 친화적인 활동에 관심을 갖고 참여한다.				V	
23. 텃밭 가꾸기, 식물 채집 등 활동에 관심을 갖고 참여한다.				V	
24. 날씨 변화와 기후 변화에 관심을 갖는다.			V		
25. 자연 현상에 관심을 갖고 이해한다.				V	
26. 계절의 변화에 따른 자연의 변화를 이해한다.			V		
27. 계절의 규칙성을 이해한다.				V	
28. 생활 속의 간단한 기계와 도구를 활용한다.			V		

(4) 인지발달 표준 평정척도(만 4~5세용)

관찰유아 : 김기태　　생년월일 : 2012. 02. 07　　성　별 : 남 · 여
관 찰 자 : 홍옥주　　관 찰 일 : 2014. 05. 21　　관찰일 현재 연령 : 4년 3월

- 유아의 인지발달에 대해 다음과 같이 평가하여 해당란에 ○ 표시한다.
- 내용을 종합하여 요약한다.

문항	하위 5%에 속함	하위 25%에 속함	중간 50%에 속함	상위 25%에 속함	상위 5%에 속함
1. 1 ~ 20 이상의 숫자를 셀 수 있다.				○	
2. 수 세기 단위를 알고 사용할 수 있다.			○		
3. 현재, 과거, 미래의 시제를 알고 알맞게 사용한다.			○		
4. 하루의 일과를 순서대로 말하고 이해할 수 있다.			○		
5. 15조각 정도의 퍼즐을 맞출 수 있다.		○			
6. 방향과 위치에 관한 개념을 이해한다.				○	
7. 기본 도형과 입체 도형을 이해한다.				○	
8. 사물의 길이, 무게, 둘레, 높이를 측정하고 비교할 수 있다.			○		
9. 사물을 측정하고 비교하여 순서를 지을 수 있다.				○	
10. 사물을 크기별로 1~10 순위로 서열화할 수 있다.				○	
11. 사물을 규칙대로 10가지 정도 패턴을 만들 수 있다.			○		
12. 사물의 모양, 크기, 색깔 별로 분류하고 재분류를 할 수 있다.				○	
13. 사물의 특성과 공통적인 특성을 벤다이어그램으로 나타낼 수 있다.		○			
14. 그래프를 이용하여 표현할 수 있다.	○				
15. 궁금한 점이 있으면 알아보려고 탐구활동에 참여한다.			○		
16. 사물을 탐색하거나 관찰한다.			○		
17. 관찰한 사물을 토대로 다른 것을 예측해 본다.			○		
18. 예측한 것을 토대로 가설을 만들어 볼 수 있다.		○			
19. 여러 가지 물체와 물질을 변화시켜 볼 수 있다.			○		
20. 나의 출생과 성장에 관심을 갖고 질문한다.			○		
21. 생태계 변화에 관심이 많다.				○	
22. 자연 친화적인 활동에 관심을 갖고 참여한다.				○	
23. 텃밭 가꾸기, 식물 채집 등 활동에 관심을 갖고 참여한다.				○	
24. 날씨 변화와 기후 변화에 관심을 갖는다.				○	
25. 자연 현상에 관심을 갖고 이해한다.				○	
26. 계절의 변화에 따른 자연의 변화를 이해한다.				○	
27. 계절의 규칙성을 이해한다.			○		
28. 생활 속의 간단한 기계와 도구를 활용한다.				○	

(5) 인지발달 표준 평정척도(만 4~5세용)

관찰유아 : 김다현　　생년월일 : 2008. 12. 05　　성　별 : 여
관 찰 자 : 장지현　　관 찰 일 : 2014. 12. 05　　관찰일 현재 연령 : 5년 5월

- 유아의 인지발달에 대해 다음과 같이 평가하여 해당란에 V표시한다.
- 내용을 종합하여 요약한다.

문항	하위 5%에 속함	하위 25%에 속함	중간 50%에 속함	상위 25%에 속함	상위 5%에 속함
1. 1 ~ 20 이상의 숫자를 셀 수 있다.				○	
2. 수 세기 단위를 알고 사용할 수 있다.			○		
3. 현재, 과거, 미래의 시제를 알고 알맞게 사용한다.			○		
4. 하루의 일과를 순서대로 말하고 이해할 수 있다.				○	
5. 15조각 정도의 퍼즐을 맞출 수 있다.			○		
6. 방향과 위치에 관한 개념을 이해한다.				○	
7. 기본 도형과 입체 도형을 이해한다.				○	
8. 사물의 길이, 무게, 둘레, 높이를 측정하고 비교할 수 있다.		○			
9. 사물을 측정하고 비교하여 순서를 지을 수 있다.			○		
10. 사물을 크기별로 1~10 순위로 서열화할 수 있다.			○		
11. 사물을 규칙대로 10가지 정도 패턴을 만들 수 있다.		○			
12. 사물의 모양, 크기, 색깔 별로 분류하고 재분류를 할 수 있다.		○			
13. 사물의 특성과 공통적인 특성을 벤다이어그램으로 나타낼 수 있다.		○			
14. 그래프를 이용하여 표현할 수 있다.		○			
15. 궁금한 점이 있으면 알아보려고 탐구활동에 참여한다.		○			
16. 사물을 탐색하거나 관찰한다.		○			
17. 관찰한 사물을 토대로 다른 것을 예측해 본다.		○			
18. 예측한 것을 토대로 가설을 만들어 볼 수 있다.		○			
19. 여러 가지 물체와 물질을 변화시켜 볼 수 있다.		○			
20. 나의 출생과 성장에 관심을 갖고 질문한다.			○		
21. 생태계 변화에 관심이 많다.				○	
22. 자연 친화적인 활동에 관심을 갖고 참여한다.				○	
23. 텃밭 가꾸기, 식물 채집 등 활동에 관심을 갖고 참여한다.				○	
24. 날씨 변화와 기후 변화에 관심을 갖는다.			○		
25. 자연 현상에 관심을 갖고 이해한다.		○			
26. 계절의 변화에 따른 자연의 변화를 이해한다.			○		
27. 계절의 규칙성을 이해한다.			○		
28. 생활 속의 간단한 기계와 도구를 활용한다.			○		

(6) 인지발달 표준 평정척도(만 4~5세용)

관찰유아 : 김병수 **생년월일** : 2008. 01. 25 **성 별** : 여
관 찰 자 : 김선희 **관 찰 일** : 2014. 05. 09 **관찰일 현재 연령** : 6년 3월

• 유아의 인지발달에 대해 다음과 같이 평가하여 해당란에 ○표시한다.
• 내용을 종합하여 요약한다.

문항	하위 5%에 속함	하위 25%에 속함	중간 50%에 속함	상위 25%에 속함	상위 5%에 속함
1. 1 ~ 20 이상의 숫자를 셀 수 있다.				○	
2. 수 세기 단위를 알고 사용할 수 있다.			○		
3. 현재, 과거, 미래의 시제를 알고 알맞게 사용한다.			○		
4. 하루의 일과를 순서대로 말하고 이해할 수 있다.				○	
5. 15조각 정도의 퍼즐을 맞출 수 있다.				○	
6. 방향과 위치에 관한 개념을 이해한다.				○	
7. 기본 도형과 입체 도형을 이해한다.				○	
8. 사물의 길이, 무게, 둘레, 높이를 측정하고 비교할 수 있다.				○	
9. 사물을 측정하고 비교하여 순서를 지을 수 있다.				○	
10. 사물을 크기별로 1~10 순위로 서열화할 수 있다.				○	
11. 사물을 규칙대로 10가지 정도 패턴을 만들 수 있다.				○	
12. 사물의 모양, 크기, 색깔 별로 분류하고 재분류를 할 수 있다.				○	
13. 사물의 특성과 공통적인 특성을 벤다이어그램으로 나타낼 수 있다.			○		
14. 그래프를 이용하여 표현할 수 있다.				○	
15. 궁금한 점이 있으면 알아보려고 탐구활동에 참여한다.					○
16. 사물을 탐색하거나 관찰한다.					○
17. 관찰한 사물을 토대로 다른 것을 예측해 본다.				○	
18. 예측한 것을 토대로 가설을 만들어 볼 수 있다.				○	
19. 여러 가지 물체와 물질을 변화시켜 볼 수 있다.					○
20. 나의 출생과 성장에 관심을 갖고 질문한다.				○	
21. 생태계 변화에 관심이 많다.					○
22. 자연 친화적인 활동에 관심을 갖고 참여한다.					○
23. 텃밭 가꾸기, 식물 채집 등 활동에 관심을 갖고 참여한다.					○
24. 날씨 변화와 기후 변화에 관심을 갖는다.				○	
25. 자연 현상에 관심을 갖고 이해한다.				○	
26. 계절의 변화에 따른 자연의 변화를 이해한다.				○	
27. 계절의 규칙성을 이해한다.				○	
28. 생활 속의 간단한 기계와 도구를 활용한다.				○	

■ **관찰내용요약** : 주변사물과 자연세계에 대해 지속적으로 호기심을 갖고 알고자 하며 일상생활의 문제를 해결하는 과정에서 탐색, 관찰, 비교, 예측등의 탐구 기술을 활용해 본다.

(7) 신체발달 표준 평정척도(만 2~3세용)

관찰유아 : 천주현 **생년월일** : 2011. 01. 06 **성 별** : 여

관 찰 자 : 노서연 **관 찰 일** : 2014. 05. 07 **관찰일 현재 연령** : 3년 4월

- 유아의 신체발달에 대해 다음과 같이 평가하여 해당란에 ○표시한다.
- 내용을 종합하여 요약한다.

	하위 5%에 속함	하위 25%에 속함	중간 50%에 속함	상위 25%에 속함	상위 5%에 속함
1. 가위로 선을 따라 오릴 수 있다.				○	
2. 옷을 스스로 입고 벗을 수 있다.				○	
3. 큰 구슬을 꿸 수 있다.				○	
4. 10조각 이하의 퍼즐을 쉽게 맞출 수 있다.			○		
5. 크레파스나 사인펜을 쥐고 그릴 수 있다.				○	
6. 숙련된 기술로 단추 열기를 할 수 있다.			○		
7. 공을 잡고 던질 수 있다.			○		
8. 한 손이나 두 손으로 사물을 능숙하게 들어 올릴 수 있다.				○	
9. 한 발 뛰기를 할 수 있다.			○		
10. 세발자전거를 탈 수 있다.		○			
11. 두 발 모아 20cm 정도 점프할 수 있다.			○		
12. 발을 교대로 계단을 오를 수 있다.			○		
13. 달리기 속도를 조절하여 달릴 수 있다.			○		
14. 손으로 귀를 잡고 뛸 수 있다.			○		
15. 뜀뛰기를 할 수 있다.		○			
16. 한 발로 균형을 잡을 수 있다.				○	
17. 한 발을 들고 잠시 서 있을 수 있다.				○	
18. 팔 다리를 뻗어 스트레칭을 할 수 있다.				○	
19. 구령에 맞춰 멈추기를 할 수 있다.			○		
20. 두 팔을 뻗어 몸의 균형을 잡을 수 있다.			○		

■ **관찰내용요약** : 눈과 손의 협응력과 소근육이 발달되어 소근육을 사용하는 활동은 잘 이루어지지만, 대근육을 사용한 신체활동은 다소 부족한 면이 있다.

(8) 신체발달 표준 평정척도(만 2~3세용)

관찰영아 : 서준우　　생년월일 : 2011. 06. 03　　성별 : 남 · 여
관 찰 자 : 유효신　　관 찰 일 : 2014. 05. 21　　관찰일 현재연령 : 3년 7월

- 유아의 신체발달에 대해 다음과 같이 평가하여 해당란에 V표시한다.
- 내용을 종합하여 요약한다.

문항	하위 5%에 속함	하위 25%에 속함	중간 50%에 속함	상위 25%에 속함	상위 5%에 속함
1. 가위로 선을 따라 오릴 수 있다.	○				
2. 옷을 스스로 입고 벗을 수 있다.			○		
3. 큰 구슬을 꿸 수 있다.			○		
4. 10조각 이하의 퍼즐을 쉽게 맞출 수 있다.		○			
5. 크레파스나 사인펜을 쥐고 그릴 수 있다.			○		
6. 숙련된 기술로 단추 열기를 할 수 있다.	○				
7. 공을 잡고 던질 수 있다.				○	
8. 한 손이나 두 손으로 사물을 능숙하게 들어 올릴 수 있다.				○	
9. 한 발 뛰기를 할 수 있다.			○		
10. 세발자전거를 탈 수 있다.		○			
11. 두 발 모아 20cm 정도 점프 할 수 있다.	○				
12. 발을 교대로 계단을 오를 수 있다.				○	
13. 달리기 속도를 조절하여 달릴 수 있다.				○	
14. 손으로 귀를 잡고 뛸 수 있다.		○			
15. 뜀뛰기를 할 수 있다.	○				
16. 한 발로 균형을 잡을 수 있다.	○				
17. 한 발을 들고 잠시 서 있을 수 있다.		○			
18. 팔 다리를 뻗어 스트레칭을 할 수 있다.		○			
19. 구령에 맞춰 멈추기를 할 수 있다.			○		
20. 두 팔을 뻗어 몸의 균형을 잡을 수 있다.		○			

(9) 신체발달 표준 평정척도(만 4~5세용)

관찰유아 : 최세령　　생년월일 : 2009. 03. 06　　성　별 : 남 · 여
관 찰 자 : 오수미　　관 찰 일 : 2013. 05. 21　　관찰일 현재 연령 : 4년

- 유아의 신체발달에 대해 다음과 같이 평가하여 해당란에 V표시한다.
- 내용을 종합하여 요약한다.

문항	하위 5%에 속함	하위 25%에 속함	중간 50%에 속함	상위 25%에 속함	상위 5%에 속함
1. 선을 따라 도형이나 무늬를 가위로 오릴 수 있다.					V
2. 작은 퍼즐이나 작은 블록을 잘 맞출 수 있다.				V	
3. 3차원의 블록 구조물을 만들 수 있다.				V	
4. 작은 구슬을 혼자 꿸 수 있다.				V	
5. 신발 끈을 묶을 수 있다.		V			
6. 공이나 사물을 능숙하게 받을 수 있다.		V			
7. 공이나 사물을 목표점을 향해 차기를 할 수 있다.		V			
8. 튀긴 공을 잡을 수 있다.			V		
9. 빠른 속도로 걸을 수 있다.				V	
10. 높은 곳에서 점프를 할 수 있다.					V
11. 말처럼 달리기를 할 수 있다.				V	
12. 한 발로 깡총뛰기를 잘 할 수 있다.			V		
13. 발을 바꾸어 가며 스키핑을 할 수 있다.			V		
14. 평균대 위에서 균형을 잡으며 걸을 수 있다.				V	
15. 목표를 향해 빨리 달리기를 할 수 있다.				V	
16. 사물 건너 뛰어넘기를 할 수 있다.				V	
17. 허리를 자유롭게 구부리기를 할 수 있다.				V	
18. 빠른 속도로 앉고 서기를 할 수 있다.				V	
19. 음악이나 신호에 맞춰 멈추기를 할 수 있다.				V	
20. 공이나 사물을 피할 수 있다.			V		
21. 신체 부위에 사물을 올려놓고 몸의 균형을 잡을 수 있다.			V		
22. 팔 다리를 능숙하게 뻗을 수 있다.				V	
23. 뜀틀뛰기를 3 ~ 4계단 뛸 수 있다.	V				
24. 두발자전거 타기를 할 수 있다.	V				

(10) 신체발달 표준 평정척도(만 4~5세용)

관찰유아 : 김기태　　생년월일 : 2012. 02. 07　　성　별 : 남 · 여
관 찰 자 : 홍옥주　　관 찰 일 : 2014. 05. 21　　관찰일 현재 연령 : 4년 3월

- 유아의 신체발달에 대해 다음과 같이 평가하여 해당란에 V표시한다.
- 내용을 종합하여 요약한다.

	하위 5%에 속함	하위 25%에 속함	중간 50%에 속함	상위 25%에 속함	상위 5%에 속함
1. 선을 따라 도형이나 무늬를 가위로 오릴 수 있다.				○	
2. 작은 퍼즐이나 작은 블록을 잘 맞출 수 있다.				○	
3. 3차원의 블록 구조물을 만들 수 있다.				○	
4. 작은 구슬을 혼자 꿸 수 있다.				○	
5. 신발 끈을 묶을 수 있다.			○		
6. 공이나 사물을 능숙하게 받을 수 있다.				○	
7. 공이나 사물을 목표점을 향해 차기를 할 수 있다.				○	
8. 튀긴 공을 잡을 수 있다.				○	
9. 빠른 속도로 걸을 수 있다.					○
10. 높은 곳에서 점프를 할 수 있다.				○	
11. 말처럼 달리기를 할 수 있다.				○	
12. 한 발로 깡총뛰기를 잘 할 수 있다.				○	
13. 발을 바꾸어 가며 스키핑을 할 수 있다.			○		
14. 평균대 위에서 균형을 잡으며 걸을 수 있다.			○		
15. 목표를 향해 빨리 달리기를 할 수 있다.				○	
16. 사물 건너 뛰어넘기를 할 수 있다.				○	
17. 허리를 자유롭게 구부리기를 할 수 있다.				○	
18. 빠른 속도로 앉고 서기를 할 수 있다.					○
19. 음악이나 신호에 맞춰 멈추기를 할 수 있다.					○
20. 공이나 사물을 피할 수 있다.				○	
21. 신체 부위에 사물을 올려놓고 몸의 균형을 잡을 수 있다.				○	
22. 팔 다리를 능숙하게 뻗을 수 있다.				○	
23. 뜀틀뛰기를 3 ~ 4계단 뛸 수 있다.			○		
24. 두발자전거 타기를 할 수 있다.			○		

(11) 신체발달 표준 평정척도(만 4~5세용)

관찰유아 : 이예진 **생년월일** : 2009. 05. 25 **성 별** : 여
관 찰 자 : 손자람 **관 찰 일** : 2014. 05. 09 **관찰일 현재 연령** : 4년 11월

- 유아의 신체발달에 대해 다음과 같이 평가하여 해당란에 ○표시한다.
- 내용을 종합하여 요약한다.

	하위 5%에 속함	하위 25%에 속함	중간 50%에 속함	상위 25%에 속함	상위 5%에 속함
1. 선을 따라 도형이나 무늬를 가위로 오릴 수 있다.				○	
2. 작은 퍼즐이나 작은 블록을 잘 맞출 수 있다.				○	
3. 3차원의 블록 구조물을 만들 수 있다.				○	
4. 작은 구슬을 혼자 뀔 수 있다.					○
5. 신발끈을 묶을 수 있다.				○	
6. 공이나 사물을 능숙하게 받을 수 있다.				○	
7. 공이나 사물을 목표점을 향해 차기를 할 수 있다.					○
8. 튀긴 공을 잡을 수 있다.					○
9. 빠른 속도로 걸을 수 있다.					○
10. 높은 곳에서 점프를 할 수 있다.				○	
11. 말처럼 달리기를 할 수 있다.				○	
12. 한 발로 깡총뛰기를 잘 할 수 있다.				○	
13. 발을 바꾸어 가며 스키핑을 할 수 있다.				○	
14. 평균대 위에서 균형을 잡으며 걸을 수 있다.				○	
15. 목표를 향해 빨리 달리기를 할 수 있다.				○	
16. 사물 건너 뛰어넘기를 할 수 있다.				○	
17. 허리를 자유롭게 구부리기를 할 수 있다.					○
18. 빠른 속도로 앉고 서기를 할 수 있다.				○	
19. 음악이나 신호에 맞춰 멈추기를 할 수 있다.					○
20. 공이나 사물을 피할 수 있다.				○	
21. 신체 부위에 사물을 올려놓고 몸의 균형을 잡을 수 있다.					○
22. 팔 다리를 능숙하게 뻗을 수 있다.					○
23. 뜀틀뛰기를 3 ~ 4계단 뛸 수 있다.				○	
24. 두발자전거 타기를 할 수 있다.		○			

(12) 신체발달 표준 평정척도(만 4~5세용)

관찰유아 : 김다현 **생년월일** : 2008. 12. 05 **성 별** : 여
관 찰 자 : 장지현 **관 찰 일** : 2014. 05. 20 **현재 연령** : 5년 5월

- 유아의 신체발달에 대해 다음과 같이 평가하여 해당란에 V표시한다.
- 내용을 종합하여 요약한다.

	하위 5%에 속함	하위 25%에 속함	중간 50%에 속함	상위 25%에 속함	상위 5%에 속함
1. 선을 따라 도형이나 무늬를 가위로 오릴 수 있다.				○	
2. 작은 퍼즐이나 작은 블록을 잘 맞출 수 있다.			○		
3. 3차원의 블록 구조물을 만들 수 있다.		○			
4. 작은 구슬을 혼자 꿸 수 있다.			○		
5. 신발끈을 묶을 수 있다.		○			
6. 공이나 사물을 능숙하게 받을 수 있다.			○		
7. 공이나 사물을 목표점을 향해 차기를 할 수 있다.		○			
8. 튀긴 공을 잡을 수 있다.			○		
9. 빠른 속도로 걸을 수 있다.				○	
10. 높은 곳에서 점프를 할 수 있다.			○		
11. 말처럼 달리기를 할 수 있다.				○	
12. 한 발로 깡총뛰기를 잘 할 수 있다.				○	
13. 발을 바꾸어 가며 스키핑을 할 수 있다.			○		
14. 평균대 위에서 균형을 잡으며 걸을 수 있다.		○			
15. 목표를 향해 빨리 달리기를 할 수 있다.				○	
16. 사물 건너 뛰어넘기를 할 수 있다.			○		
17. 허리를 자유롭게 구부리기를 할 수 있다.			○		
18. 빠른 속도로 앉고 서기를 할 수 있다.			○		
19. 음악이나 신호에 맞춰 멈추기를 할 수 있다.		○			
20. 공이나 사물을 피할 수 있다.			○		
21. 신체 부위에 사물을 올려놓고 몸의 균형을 잡을 수 있다.		○			
22. 팔 다리를 능숙하게 뻗을 수 있다.		○			
23. 뜀틀뛰기를 3 ~ 4계단 뛸 수 있다.		○			
24. 두발자전거 타기를 할 수 있다.		○			

제6장

행동목록법

1. 행동목록법의 정의
2. 행동목록법 작성을 위한 지침
3. 행동목록법의 장점과 단점
4. 행동목록법의 관찰양식
5. 행동목록법의 실제
6. 연령별 유아의 발달과업

1. 행동목록법의 정의

행동목록법(behavior checklist)이란 관찰할 행동의 목록을 사전에 만들어 놓고 관찰하면서 해당되는 행동이 나타날 때마다 체크(∨)로 표기하는 방법이다. 이 방법은 관찰시간이 절약되고 유아의 행동을 쉽게 관찰할 수 있으며 그 결과를 학습계획 및 유아의 행동평가 등에 간편하게 적용할 수 있다.1)

관찰 시 사용되는 기록양식을 행동목록 또는 행동목록표(behavior checklist)라고 한다. 체크리스트(checklist)는 단순한 행동 리스트이며 기본적인 목적은 중요하게 생각하는 행동 유무를 확인하는 데 있다.2)

그러나 체크리스트는 행동 유무를 결정하는 효율적인 방법이지만 그 행동의 빈도, 지속시간, 특성 등에 대한 정보는 제공하지 못하고 자세하게 행동을 설명해 주지도 못한다.

체크리스트는 교사나 관찰자가 관찰대상 유아의 단순한 어떤 기술이나 행동 또는 발달 특성을 알아보는 데 쓰이는 관찰방법이므로 관찰자는 관찰대상 유아로부터 행동 유무를 확인해 보고 싶은 행동목록 기록지를 사전에 준비해 놓고 관찰 표기하도록 한다.

체크리스트를 사용하는 목적은 다음과 같다.3)

첫째, 관찰하고자 하는 대상의 현재 상태를 평가하고자 할 때 사용된다. 체크리스트는 어느 한 시점에서 어떤 행동의 출현 유무에 주로 관심이 있을 때 사용하게 되고 기록양식은 관찰이 되면 '예', 관찰이 되지 않으면 '아니오'로 표시한다.

둘째, 체크리스트는 시간에 따른 발달의 변화를 알고자 할 때도 사용된다. 예를 들면, 학기 초에 유아의 기본생활 습관형성 정도를 알아보기 위해 체크리스트로 관찰한 후 학기 말에 다시 체크리스트를 이용하여 유아의 기본 생활습관

1) 한국유아교육학회, 앞의 사전, p. 663.
2) 홍순정, 앞의 책, p. 132.
3) 이정환. 박은혜, 앞의 책, p. 86.

을 관찰해 봄으로써 유아의 기본생활 습관형성이 어느 정도 변하였는가를 알 수 있을 것이다.

2. 행동목록법 작성을 위한 지침

체크리스트는 사용하기 전에 무엇을 관찰하고자 하는지에 관해 숙고해 보아야 한다. 예를 들어, 5세 된 유아의 인지능력을 관찰해 보고자 할 때 관찰자는 5세 유아의 발달과업을 사전에 잘 알고 있어야 하며 5세 유아의 인지발달 영역에 내포될 수 있는 문항을 조직적이고 논리적으로 작성하여 관찰기록지를 만들어 놓은 다음 한 문장씩 체크해 가면 된다.

다음은 관찰자가 행동목록법를 작성하는 데 있어서 유의할 점이다.[4)]

첫째, 체크리스트는 관찰하기 전에 준비되어 있어야 한다.

둘째, 체크리스트에 포함된 문항은 가능한 한 관찰 가능한 구체적 행동을 나타내는 것이어야 한다. 예를 들어, '시간 개념을 안다'라는 문항이 있다고 하면 이 문항을 갖고 유아의 행동을 관찰한다면 너무 포괄적이고 모호하여 판단하기가 어려울 것이다. 그러므로 오늘을 이해하고 있다, 어제와 오늘을 구별할 수 있다, 내일의 뜻을 알고 있다, 하루의 일과를 이해하고 있다, 낮과 밤을 구별할 수 있다. 등으로 분리하여 구체적으로 기술해야 한다.

셋째, 행동목록의 문장은 포괄적이고 대표적인 목록으로 구성되어야 하며 문항 간 서로 중복이 없어야 한다. 많은 행동의 목록 가운데 특정 영역을 대표하면서 그 영역에 속한 하위 영역을 골고루 포함시킬 수 있는 문항들로 구성되어야 한다.

넷째, 행동목록의 문항은 일정한 체계에 맞게 논리적으로 조직되어야 하다.

다섯째, 체크리스트가 관찰목적에 맞도록 구성되어야 한다는 것이다.

---

4) 홍순정, 앞의 책, pp. 132~133.

3. 행동목록법의 장점과 단점

행동목록법의 장점과 단점은 다음과 같다.[5]

1) 장점

첫째, 체크리스트는 관찰자로 하여금 관찰대상 유아의 행동 유무를 아주 빨리 그리고 효율적으로 기록할 수 있도록 해 준다는 점이다. 이 방법은 노력이 적게 드는데 그 이유는 부분적으로 평가방법이 단순하기 때문이고 또한 체크리스트를 만들 때 이미 계획을 마쳤기 때문이다.

둘째, 체크리스트는 유아의 행동을 계속적으로, 누가적으로 작성, 사용함으로써 행동 발달단계 및 유아의 개인적인 발달을 기록하고 관찰하는 데 도움이 된다.

셋째, 체크리스트를 이용한 관찰은 특별한 훈련 없이도 관찰할 수 있는 가장 단순한 방법이다.

2) 단점

첫째, 체크리스트의 단점은 유아 행동의 출현 유무는 알 수 있지만 출현행동의 빈도나 질적 수준에 대한 정보를 얻을 수 없다는 것이다. '어떻게' 그 행동이 일어났는지에 대해서는 전혀 알 수가 없다.

예를 들어, 3세 유아의 계단 오르기에 대한 항목이 있었다고 할 때 '양 발을 바꾸어 가며 계단을 오를 수 있다'라는 항목에 '아니오'라고 체크가 되었다면 이 유아는 양 발을 바꾸어 가면서 계단을 오를 수 없다는 것인지 아니면 계단을 오르기는 했지만 손을 짚고 두 발을 모두 사용했기 때문에 '아니오'에 체크가 되었는지를 알 수가 없다는 것이다.

5) 홍순정, 앞의 책, p. 133.
김병선, 이윤옥 공저, 앞의 책, p. 167.
이은해, 앞의 책, p. 183.

둘째, 행동목록표 사용하기에는 용이하나 이를 작성하기 위해서는 시간과 노력이 많이 들고 관찰자의 연구 경험에 따라 그 융통성이 결정된다는 것이다.

셋째, 행동목록표는 특별한 훈련 없이도 비교적 쉽게 만들 수 있는 기록양식이기는 하나 자료로서의 유용성을 높이기 위해서는 기록양식이 체계적으로, 분명한 행동적 지표를 가지고 기술되어야 한다.

4. 행동목록법의 관찰양식

1) 언어발달 체크리스트

언어발달 체크리스트(만 1 세용)

관찰영아 : 생년월일 : 성 별 : 남 · 여
관 찰 자 : 관 찰 일 : 관찰일 현재 연령 : 년 월

- 관찰할 영아를 선택한 후 체크리스트에 있는 행동이 나타나면 V로 표시한다.
- 관찰 결과를 요약 정리한다.

	예	아니오	비고
1. 교사나 엄마가 지시한 말을 이해한다.			
2. 간단한 심부름을 할 수 있다.			
3. 성인의 한두 단계의 지시를 듣고 따를 수 있다.			
4. 이야기 듣는 것을 좋아한다.			
5. 다른 사람이 말하는 사물을 지적할 수 있다.			
6. 두세 단어를 사용하여 말한다.			
7. 전치사, 수사, 대명사를 사용하여 말한다.			
8. 사회적인 단어를 말할 수 있다.			
9. 사용하는 어휘 수가 50단어 이상이다.			
10. 자신의 욕구와 관련된 단어를 말할 수 있다.			
11. "이게 뭐야" 라는 질문을 한다.			
12. 두세 단어를 조합하여 문장으로 말한다.			
13. 소유와 관련된 말을 사용한다.			
14. 사물의 이름을 질문한다.			
15. 타인에게 지시하는 언어를 사용한다.			
16. 그림책에 관심을 갖고 그림책 보는 것을 좋아한다.			
17. 그림책에 있는 사물의 이름을 알고 말할 수 있다.			
18. 그림책에 있는 글자를 보고 읽는 흉내를 낸다.			
19. 쓰기 도구를 사용하여 끼적거리기를 할 수 있다.			
20. 글자 형태를 보고 끼적거리기를 한다.			

언어발달 체크리스트(만 2~3세용)

관찰유아 : 생년월일 : 성 별 : 남 · 여

관 찰 자 : 관 찰 일 : 관찰일 현재 연령 : 년 월

- 관찰할 유아를 선택한 후 체크리스트에 있는 행동이 나타나면 V로 표시한다.
- 관찰 결과를 요약 정리한다.

	예	아니오	비고
1. 기초적인 낱말의 문장을 듣고 이해한다.			
2. 두세 가지 지시를 듣고 수행할 수 있다.			
3. 낱말과 발음에 관심을 갖고 듣는다.			
4. 호기심이 많아 질문을 많이 한다.			
5. 두 가지 사물을 비교하여 말할 수 있다.			
6. 4 ~ 5개의 단어를 사용하여 말할 수 있다.			
7. 문법에 맞는 문장을 사용하여 말할 수 있다.			
8. 자신의 의견을 말로 표현할 수 있다.			
9. 또래와 대화를 주고받을 수 있다.			
10. 상황에 알맞은 말을 할 수 있다.			
11. 이야기를 듣고 기억해 내서 말할 수 있다.			
12. 읽어 준 글의 내용을 순서대로 말할 수 있다.			
13. '왜', '만약에'라는 단어를 사용하여 말할 수 있다.			
14. 자신의 도움이나 요구를 말로 능숙하게 표현할 수 있다.			
15. 손유희나 운율이 반복되는 노래를 좋아한다.			
16. 글자 읽는 것에 관심을 보인다.			
17. 간단한 낱말을 읽는다.			
18. 어른의 도움 없이 혼자 그림책을 읽는다.			
19. 책 보는 것을 좋아한다.			
20. 자음과 모음에 관심을 보인다.			
21. 자신의 이름을 쓸 수 있다.			
22. 교사의 도움 없이 간단한 단어를 쓸 수 있다.			
23. 글자의 반전 현상이 나타난다.			
24. 그림 편지를 쓸 수 있다.			
25. 바른 자세로 앉아서 쓸 수 있다.			

언어발달 체크리스트(만 4 ~ 5세용)

관찰유아 : 생년월일 : 성 별 : 남 · 여
관 찰 자 : 관 찰 일 : 관찰일 현재 연령 : 년 월

- 관찰할 유아를 선택한 후 체크리스트에 있는 행동이 나타나면 V로 표시한다.
- 관찰 결과를 요약 정리한다.

	예	아니오	비고
1. 비슷한 발음을 듣고 구별할 수 있다.			
2. 낱말과 문장을 듣고 이해한다.			
3. 사물의 이름이나 뜻을 이해한다.			
4. 다른 사람의 이야기를 듣고 이해한다.			
5. 이야기를 듣고 궁금한 것을 질문한다.			
6. 세 가지 이상의 지시를 듣고 알맞게 행동할 수 있다.			
7. 다른 사람의 이야기를 끝까지 주의 깊게 듣는다.			
8. 6~8개의 단어로 된 문장을 말할 수 있다.			
9. 다양한 낱말을 사용하여 상황에 맞게 말할 수 있다.			
10. 일상 생활에서 일어나는 일들을 다양한 문장으로 말한다.			
11. 문법에 맞는 문장으로 말할 수 있다.			
12. 시제에 맞는 문장으로 말할 수 있다.			
13. 자신의 느낌이나 생각을 적절한 문장으로 말할 수 있다.			
14. 두세 가지 사물을 비교해서 말할 수 있다.			
15. 자신의 경험을 비교해서 말할 수 있다.			
16. 주제를 선정하여 함께 이야기 나눌 수 있다.			
17. 이야기를 지어서 말할 수 있다.			
18. 이야기를 들은 후 내용을 조직하여 다시 말할 수 있다.			
19. 자신의 감정을 적절한 말로 표현할 수 있다.			
20. 그림이나 그림카드를 보며 이야기를 꾸며 말할 수 있다.			
21. 그리고(and), 그러나(but) 등의 접속사를 사용하여 말할 수 있다.			
22. 들은 이야기를 시간의 순서에 따라 설명할 수 있다.			
23. 주변에 친숙한 글자를 찾아 읽는다.			
24. 편지나 보고서, 동시 등을 읽을 수 있다.			
25. 책의 내용을 이해하며 읽을 수 있다.			
26. 말이나 생각을 글로 나타낼 수 있다.			
27. 동시 따라 쓰기를 하거나 동시를 지어서 쓸 수 있다.			
28. 다양한 쓰기 매체와 도구를 사용하여 쓸 수 있다.			

2) 인지발달 체크리스트

인지발달 체크리스트(만 1 세용)

관찰영아 : 생년월일 : 성 별 : 남 · 여
관 찰 자 : 관 찰 일 : 관찰일 현재 연령 : 년 월

- 관찰할 영아를 선택한 후 체크리스트에 있는 행동이 나타나면 V로 표시한다.
- 관찰 결과를 요약 정리한다.

	예	아니오	비고
1. 사물을 1~3까지 셀 수 있다.			
2. '한 개'와 '여러 개'를 구별할 수 있다.			
3. '크다', '작다'와 같은 수 개념을 이해한다.			
4. 세 가지 정도의 색 이름을 안다.			
5. 기본 도형의 이름을 안다.			
6. 사물과 그림을 짝지을 수 있다.			
7. 감추는 것을 보지 못한 물건도 찾을 수 있다.			
8. 정신적으로 사물을 기억하고 찾을 수 있다.			
9. 기본 도형을 알고 같은 도형을 찾을 수 있다.			
10. 3~5조각의 퍼즐을 맞출 수 있다.			
11. '더 작다', '더 크다'의 개념을 이해한다.			
12. '더 높다', '더 낮다'의 개념을 이해한다.			
13. '더 가볍다', '더 무겁다'의 개념을 이해한다.			
14. 두세 가지 사물을 반복하여 패턴을 만들 수 있다.			
15. 두세 가지 기준에 따라 사물을 서열화할 수 있다.			
16. 인과관계를 이해한다.			
17. 주변 동식물의 모양에 관심을 갖는다.			
18. 3~6개의 신체 부위를 식별할 수 있다.			
19. 동물과 동물이 내는 소리를 짝지을 수 있다.			
20. 주변의 사물이나 자연물의 냄새를 맡을 수 있다.			
21. 여러 가지 맛에 관심을 갖고 맛을 느낄 수 있다.			
22. 도구를 사용하여 음식을 먹는다.			
23. 여러 가지 생활 도구를 탐색하고 관심을 갖는다.			

인지발달 체크리스트(만 2~3세용)

관찰유아 : 생년월일 : 성 별 : 남 · 여
관 찰 자 : 관 찰 일 : 관찰일 현재 연령 : 년 월

• 관찰할 유아를 선택한 후 체크리스트에 있는 행동이 나타나면 V로 표시한다.
• 관찰 결과를 요약 정리한다.

	예	아니오	비고
1. 사물을 1~10까지 셀 수 있다.			
2. 비교급의 단어를 사용하여 수 개념을 이해한다.			
3. 과거, 현재, 미래의 시간 개념을 이해한다.			
4. 다섯 번째까지 서수를 안다.			
5. '더 많다', '더 적다' 등의 수 개념을 이해한다.			
6. 일곱 가지 정도의 색깔 이름을 안다.			
7. 같은 도형 뒤집기, 찾기 등을 할 수 있다.			
8. 위, 아래, 앞, 뒤, 옆 등의 공간개념을 이해한다.			
9. 10조각 이하의 퍼즐을 맞출 수 있다.			
10. 3~4개의 고리를 크기에 따라 끼워 넣을 수 있다.			
11. 위치와 방향과 관련된 어휘를 이해할 수 있다.			
12. 기본 도형으로 여러 가지 모양을 구성할 수 있다.			
13. 길이, 크기, 무게를 측정할 수 있다.			
14. 측정한 것을 비교하여 순서를 매길 수 있다.			
15. 임의 측정 단위로 측정할 수 있다.			
16. 사건의 순서를 이해한다.			
17. 기준에 따라 3~5가지 사물을 늘어놓을 수 있다.			
18. 반복되는 규칙성을 이해하고 3~4가지 정도 패턴을 만들 수 있다.			
19. 사물을 같은 모양과 크기, 색깔별로 분류할 수 있다.			
20. 비슷한 것끼리 짝을 지을 수 있다.			
21. 친숙한 물체와 사물을 적극적으로 탐색한다.			
22. 사물의 공통점과 차이점을 이해한다.			
23. 사람의 출생에 관한 질문을 하고 관심을 갖는다.			
24. 5가지 이상 동물의 이름을 알고 있다.			
25. 자신의 신체 구조에 대해 관심을 갖는다.			
26. 낮과 밤의 규칙성을 이해한다.			
27. 계절의 변화를 안다.			
28. 일상생활에 사용되어지는 기계와 도구에 관심을 갖고 활용할 수 있다.			

인지발달 체크리스트(만 4 ~ 5세용)

관찰유아 :　　　생년월일 :　　　성　별 : 남 · 여
관 찰 자 :　　　관 찰 일 :　　　관찰일 현재 연령 :　　년　　월

- 관찰할 유아를 선택한 후 체크리스트에 있는 행동이 나타나면 ∨로 표시한다.
- 관찰 결과를 요약 정리한다.

	예	아니오	비고
1. 1~20 그 이상의 수를 셀 수 있다.			
2. 수 세기를 한 후 한 자리 수 숫자만큼 더하기, 빼기를 할 수 있다.			
3. 하루 일과를 순서대로 말하고 이해할 수 있다.			
4. 15조각 정도의 퍼즐을 맞출 수 있다.			
5. 기본 도형과 입체 도형을 안다.			
6. 사물이나 자연물로 도형을 구성할 수 있다.			
7. 칠교를 사용하여 모양을 구성할 수 있다.			
8. 사물의 길이, 무게, 둘레 등을 측정할 수 있다.			
9. 양팔 저울로 사물의 무게를 측정하고 비교할 수 있다.			
10. 사물을 측정하고 비교하여 순서지어 보기를 할 수 있다.			
11. 사물의 크기를 1~10순위로 서열화할 수 있다.			
12. 사물과 숫자를 서로 연결하여 1:1 대응을 할 수 있다.			
13. 일의 순서를 알고 순서대로 놓아볼 수 있다.			
14. 5가지 이상 기준에 따라 규칙성을 만들어 볼 수 있다.			
15. 사물의 공통적인 특성에 따라 분류/재분류할 수 있다.			
16. 사물의 특성과 공통적인 특성을 벤다이어그램으로 나타낼 수 있다.			
17. 그래프를 이용하여 표현할 수 있다.			
18. 관찰한 사물을 서로 비교할 수 있다.			
19. 관찰한 사물을 토대로 다른 것을 예측할 수 있다.			
20. 관찰한 사물을 토대로 다른 가설을 만들 수 있다.			
21. 나와 다른 사람의 출생과 성장에 대해 관심을 갖는다.			
22. 생태계 변화에 관심을 갖는다.			
23. 자연 친화적인 활동에 관심을 갖는다.			
24. 날씨 변화와 기후 변화에 관심을 갖는다.			
25. 계절의 변화와 자연물의 변화를 이해한다.			
26. 생활 속에 사용하는 기계와 도구를 활용한다.			

3) 신체발달 체크리스트

신체발달 체크리스트(만 1 세용)

관찰영아 : 생년월일 : 성 별 : 남 · 여
관 찰 자 : 관 찰 일 : 관찰일 현재 연령 : 년 월

- 관찰할 영아를 선택한 후 체크리스트에 있는 행동이 나타나면 V로 표시한다.
- 관찰 결과를 요약 정리한다.

	예	아니오	비고
1. 한 손으로 물건을 쥐고 다른 손으로 조작할 수 있다.			
2. 손가락으로 막대 구멍에 꽂을 수 있다.			
3. 탑 쌓기를 할 수 있다.			
4. 기본 도형을 맞출 수 있다.			
5. 크레파스나 펜으로 그리기를 할 수 있다.			
6. 지퍼를 잡아당길 수 있다.			
7. 동그라미를 보고 따라 그릴 수 있다.			
8. 움직이는 장난감을 작동할 수 있다.			
9. 물건을 굴리고 잡을 수 있다.			
10. 정확하게 손을 뻗쳐 잡을 수 있다.			
11. 공을 차고 던질 수 있다.			
12. 혼자 옷을 벗을 수 있다.			
13. 문을 열고 닫을 수 있다.			
14. 혼자 걸을 수 있다.			
15. 손을 짚고 계단을 기어서 오를 수 있다.			
16. 물건을 당기고 밀 수 있다.			
17. 자전거 페달을 밟을 수 있다.			
18. 두 발로 점프할 수 있다.			
19. 앞, 뒤, 옆으로 걸을 수 있다.			
20. 두 발을 한 계단에 디디면서 계단을 오를 수 있다.			
21. 두 발 모아 제자리에서 뛸 수 있다.			
22. 난간을 잡고 계단을 오를 수 있다.			
23. 똑바로 앉아 몸의 균형을 잡을 수 있다.			
24. 똑바로 서서 물체를 잡고 균형을 잡을 수 있다.			

신체발달 체크리스트(만 2~3세용)

관찰유아 : 생년월일 : 성 별 : 남 · 여
관 찰 자 : 관 찰 일 : 관찰일 현재 연령 : 년 월

- 관찰할 유아를 선택한 후 체크리스트에 있는 행동이 나타나면 ∨로 표시한다.
- 관찰 결과를 요약 정리한다.

	예	아니오	비고
1. 가위로 선을 따라 오릴 수 있다.			
2. 숟가락이나 포크로 흘리지 않고 음식을 떠 먹을 수 있다.			
3. 옷을 스스로 입고 벗을 수 있다.			
4. 물을 흘리지 않고 따를 수 있다.			
5. 10조각 이하의 퍼즐을 쉽게 맞출 수 있다.			
6. 단추 열기와 달기를 할 수 있다.			
7. 둥근 선과 직선, 사선을 그릴 수 있다.			
8. 큰 공을 잡고 던질 수 있다.			
9. 공을 굴리고 차고 던질 수 있다.			
10. 손으로 공치기를 할 수 있다.			
11. 매트에서 구를 수 있다.			
12. 목표를 향해 공을 던질 수 있다.			
13. 한 손이나 두 손으로 사물을 능숙하게 들어 올릴 수 있다.			
14. 한 발로 뛸 수 있다.			
15. 세발자전거를 탈 수 있다.			
16. 두 발 모아 20cm 정도 점프할 수 있다.			
17. 발을 교대로 계단을 오를 수 있다.			
18. 달리기 속도를 조절하여 달릴 수 있다.			
19. 뜀뛰기를 할 수 있다.			
20. 손으로 귀를 잡고 뛸 수 있다.			
21. 한 발로 몸의 균형을 잡을 수 있다.			
22. 팔 다리를 뻗어 스트레칭을 할 수 있다.			
23. 구령에 맞춰 멈추기를 할 수 있다.			
24. 두 팔을 뻗어 몸의 균형을 잡을 수 있다.			
25. 신체에 사물을 올려놓고 균형을 잡을 수 있다.			

신체발달 체크리스트(만 4 ~ 5세용)

관찰유아 : 생년월일 : 성 별 : 남 · 여

관 찰 자 : 관 찰 일 : 관찰일 현재 연령 : 년 월

- 관찰할 유아를 선택한 후 체크리스트에 있는 행동이 나타나면 V로 표시한다.
- 관찰 결과를 요약 정리한다.

	예	아니오	비고
1. 선을 따라 도형이나 무늬를 가위로 오릴 수 있다.			
2. 선 밖으로 나오지 않게 색칠할 수 있다.			
3. 작은 퍼즐이나 작은 블록으로 구성물을 만들 수 있다.			
4. 3차원의 블록 구조물을 만들 수 있다.			
5. 작은 구슬을 혼자 꿸 수 있다.			
6. 신발끈을 묶을 수 있다.			
7. 공 · 오자미 등을 능숙하게 던질 수 있다.			
8. 공이나 사물을 목표점을 향해 찰 수 있다.			
9. 튀긴 공을 잡을 수 있다.			
10. 사물을 능숙하게 들어올릴 수 있다.			
11. 빠른 속도로 걷기를 할 수 있다.			
12. 높은 곳에서 점프를 할 수 있다.			
13. 양 발을 바꾸어 가며 계단을 쉽게 오르내릴 수 있다.			
14. 스키핑(skipping)을 할 수 있다.			
15. 말처럼 달리기(galloping) 를 할 수 있다.			
16. 한 발로 깡총뛰기를 할 수 있다.			
17. 평균대 위에서 걸을 수 있다.			
18. 뜀틀뛰기를 3 ~ 4계단 뛸 수 있다.			
19. 목표를 향해 멀리 뛰기를 할 수 있다.			
20. 사물을 건너 뛰어넘기를 할 수 있다.			
21. 목표를 향해 빨리 뛰기를 할 수 있다.			
22. 허리나 신체를 유연하게 굽힐 수 있다.			
23. 팔 다리를 능숙하게 뻗기를 할 수 있다.			
24. 공이나 사물을 피할 수 있다.			
25. 신체 부위에 사물을 올려놓고 몸의 균형을 잡을 수 있다.			

4) 사회 · 정서발달 체크리스트

사회 · 정서발달 체크리스트(만 1 세용)

관찰영아 : 생년월일 : 성 별 : 남 · 여
관 찰 자 : 관 찰 일 : 관찰일 현재 연령 : 년 월

- 관찰할 영아를 선택한 후 체크리스트에 있는 행동이 나타나면 V로 표시한다.
- 관찰 결과를 요약 정리한다.

	예	아니오	비고
1. 거울 속의 자신을 알아보고 반응한다.			
2. 자기 물건을 안다.			
3. 자신을 나타내기 위해 자기 이름을 사용한다.			
4. 부정적인 정서를 숨길 수 있다. (당황, 수치, 죄책감, 분노 등)			
5. 자신의 욕구와 감정을 나타낸다.			
6. 다른 사람이 나타내는 여러 가지 감정에 주의를 기울인다.			
7. 웃음과 울음으로 타인의 행동에 반응한다.			
8. 낯선 사람에게 두려움을 나타낸다.			
9. 환상적인 두려움을 나타낸다.			
10. 감정의 굴곡이 나타난다.			
11. 성인들의 인정을 받고 싶어한다.			
12. 주의를 끌기 위해 여러 가지 행동을 한다.			
13. 자신의 행동과 타인의 행동을 모방한다.			
14. 성 유형화된 놀잇감을 사용한다.			
15. '옳고', '그름'을 안다.			
16. 나누어 쓰기를 시도한다.			
17. 도움을 받아 장난감을 정리한다.			
18. 주변 사람들에게 인사를 한다.			
19. 주변에서 나는 소리와 리듬에 관심을 갖는다.			
20. 자연물의 색깔과 모양에 관심을 갖는다.			
21. 손과 발, 신체를 이용하여 움직임으로 반응한다.			
22. 크레파스로 끼적거리기를 한다.			
23. 둥근 원 형태를 그릴 수 있다.			
24. 변화에 저항한다.			
25. 상징놀이를 한다.			

사회 · 정서발달 체크리스트(만 2~3세용)

관찰유아 : 생년월일 : 성 별 : 남 · 여

관 찰 자 : 관 찰 일 : 관찰일 현재 연령 : 년 월

- 관찰할 유아를 선택한 후 체크리스트에 있는 행동이 나타나면 V로 표시한다.
- 관찰 결과를 요약 정리한다.

	예	아니오	비고
1. 자신의 물건에 대한 소유 의식이 있다.			
2. 자신과 다른 사람의 같은 점과 다른 점을 인식한다.			
3. 범주적 자아 개념을 사용한다.			
4. 독립심이 나타나기 시작하여 자신이 하고 싶은 일을 한다.			
5. 스스로 해 보려고 노력한다.			
6. 자신의 정서와 느낌을 강하게 표현한다.			
7. 다른 사람에게 관심을 끌려고 애쓴다.			
8. 다른 사람에게 자신의 감정을 표현한다.			
9. 다른 사람의 감정에 공감할 수 있다.			
10. 자신의 정서를 조절하려고 노력한다.			
11. 다른 사람을 돕는다.			
12. 친구와 함께 연합놀이를 한다.			
13. 간식을 친구와 함께 나누어 먹는다.			
14. 친구가 울면 신체나 언어로 위로한다.			
15. 함께 정한 약속과 규칙을 지킬 수 있다.			
16. 차례를 지킬 수 있다.			
17. 예의를 지킬 수 있다.			
18. 공공장소에서 지켜야 할 약속을 지킬 수 있다.			
19. 우리 동네에 대해 관심을 갖는다.			
20. 우리나라 풍습에 관심을 갖는다.			
21. 주변의 색, 모양, 질감 등에 관심을 갖고 탐색한다.			
22. 자신의 생각과 느낌을 노래로 표현할 수 있다.			
23. 노랫말을 바꾸어서 노래할 수 있다.			
24. 도구를 활용하여 여러 가지 움직임을 표현할 수 있다.			
25. 다른 사람의 움직임을 모방하여 표현할 수 있다.			
26. 다른 사람과 협동하여 미술활동을 할 수 있다.			
27. 부모를 동일시 하여 흉내놀이를 한다.			
28. 여러 가지 재료, 음악, 소품을 활용하여 극놀이를 할 수 있다.			
29. 우리나라 전통음악과 그림에 관심을 갖는다.			

사회 · 정서발달 체크리스트(만 4 ~ 5세용)

관찰유아 : 생년월일 : 성 별 : 남 · 여
관 찰 자 : 관 찰 일 : 관찰일 현재 연령 : 년 월

• 관찰할 유아를 선택한 후 체크리스트에 있는 행동이 나타나면 V로 표시한다.
• 관찰 결과를 요약 정리한다.

	예	아니오	비고
1. 긍정적인 자아 개념을 갖고 있다.			
2. 자신의 감정을 알고 표현할 수 있다.			
3. 다른 사람의 감정을 알고 공감할 수 있다.			
4. 자신의 감정을 상황에 맞게 조절할 수 있다.			
5. 다른 사람과 서로 돕고 협력한다.			
6. 또래와 협동하여 놀이한다.			
7. 장난감을 서로 나누고 교환하여 놀이할 수 있다.			
8. 친구의 의견을 존중한다.			
9. 친구의 물건을 사용할 때 허락을 구한다.			
10. 다른 사람에게 자신의 것을 그저 줄 수 있다.			
11. 주변 사람들과 화목하게 지낸다.			
12. 친하게 지내는 친구가 많이 있다.			
13. 다른 사람을 배려하여 행동한다.			
14. 다른 사람에게 예의 바르게 행동한다.			
15. 다른 사람과 한 약속을 지킨다.			
16. 공공장소에서 약속된 규칙을 지킨다.			
17. 질서를 잘 지킨다.			
18. 교사의 지시에 잘 따르고 순종한다.			
19. 인내심과 자제력이 있다.			
20. 자신에게 주어진 책임을 다하려고 노력한다.			
21. '옳고', '그름'을 알고 옳은 일을 선택하여 행동할 수 있다.			
22. 다양한 직업에 대해 관심을 갖는다.			
23. 우리나라를 상징하는 것을 알고 예절을 지킨다.			
24. 우리나라에 대해 자부심을 갖는다.			
25. 다문화 가정의 친구들을 존중한다.			
26. 자연의 아름다움을 보고 정서를 표현할 수 있다.			
27. 음악으로 자신의 정서를 표현할 수 있다.			
28. 움직임과 춤으로 자신의 정서를 표현할 수 있다.			
29. 미술활동으로 자신의 정서를 표현할 수 있다.			
30. 역할놀이에서 자신의 역할을 잘 해낸다.			
31. 주제를 주면 창의적으로 신체 표현 활동을 한다.			

5. 행동목록법의 실제

1) 언어발달 체크리스트

언어발달 체크리스트(만 1 세용)

관찰영아 : 이준성	**생년월일** : 2012. 01. 02	**성 별** : (남) · 여
관 찰 자 : 김유영	**관 찰 일** : 2014. 05. 08	**관찰일 현재 연령** : 2년 4월

- 관찰할 영아를 선택한 후 체크리스트에 있는 행동이 나타나면 V로 표시한다.
- 관찰 결과를 요약 정리한다.
- 준성이는 성인이 하는 말을 듣고 내용을 이해할 수 있으며 자신의 의사를 몸짓, 표정, 말로 표현할 수 있다.

문항	예	아니오	비고
1. 교사나 엄마가 지시한 말을 이해한다.	V		
2. 간단한 심부름을 할 수 있다.	V		
3. 성인의 한 두 단계의 지시를 듣고 따를 수 있다.	V		
4. 이야기 듣는 것을 좋아한다.	V		
5. 다른 사람이 말하는 사물을 지적할 수 있다.	V		
6. 두세 단어를 사용하여 말한다.	V		
7. 전치사, 수사, 대명사를 사용하여 말한다.	V		
8. 사회적인 단어를 말할 수 있다.	V		
9. 사용하는 어휘 수가 50단어 이상이다.		V	
10. 자신의 욕구와 관련된 단어를 말할 수 있다.	V		
11. "이게 뭐야" 라는 질문을 한다.	V		
12. 두세 단어를 조합하여 문장으로 말한다.	V		
13. 소유와 관련된 말을 사용한다.	V		
14. 사물의 이름을 질문한다.	V		
15. 타인에게 지시하는 언어를 사용한다.	V		
16. 그림책에 관심을 갖고 그림책 보는 것을 좋아한다.	V		
17. 그림책에 있는 사물의 이름을 알고 말할 수 있다.	V		
18. 그림책에 있는 글자를 보고 읽는 흉내를 낸다.		V	
19. 쓰기 도구를 사용하여 끼적거리기를 할 수 있다.	V		
20. 글자 형태를 보고 끼적거리기를 한다.		V	

언어발달 체크리스트(만 2~3세용)

관찰유아 : 홍유섭　　생년월일 : 2011. 01. 05　　성　별 : (남) · 여
관 찰 자 : 허주연　　관 찰 일 : 2014. 05. 08　　관찰일 현재 연령 : 3년 4월

- 관찰할 유아를 선택한 후 체크리스트에 있는 행동이 나타나면 V로 표시한다.
- 관찰 결과를 요약 정리한다.
- 호기심이 많으며 특히 책읽기와 언어활동에 흥미를 많이 보이며 집중하여 10분 정도를 지속한다.

	예	아니오	비고
1. 기초적인 낱말의 문장을 듣고 이해한다.	V		
2. 두세 가지 지시를 듣고 수행할 수 있다.	V		
3. 낱말과 발음에 관심을 갖고 듣는다.	V		
4. 호기심이 많아 질문을 많이 한다.	V		
5. 두 가지 사물을 비교하여 말할 수 있다.	V		
6. 4 ~ 5개의 단어를 사용하여 말할 수 있다.	V		
7. 문법에 맞는 문장을 사용하여 말할 수 있다.		V	
8. 자신의 의견을 말로 표현할 수 있다.	V		
9. 또래와 대화를 주고받을 수 있다.		V	
10. 상황에 알맞은 말을 할 수 있다.	V		
11. 이야기를 듣고 기억해 내서 말할 수 있다.	V		
12. 읽어 준 글의 내용을 순서대로 말할 수 있다.	V		
13. '왜', '만약에' 라는 단어를 사용하여 말할 수 있다.	V		
14. 자신의 도움이나 요구를 말로 능숙하게 표현할 수 있다.		V	
15. 손유희나 운율이 반복되는 노래를 좋아한다.	V		
16. 글자 읽는 것에 관심을 보인다.	V		
17. 간단한 낱말을 읽는다.		V	
18. 어른의 도움 없이 혼자 그림책을 읽는다.	V		
19. 책 보는 것을 좋아한다.	V		
20. 자음과 모음에 관심을 보인다.		V	
21. 자신의 이름을 쓸 수 있다.		V	
22. 교사의 도움 없이 간단한 단어를 쓸 수 있다.		V	
23. 글자의 반전 현상이 나타난다.	V		
24. 그림 편지를 쓸 수 있다.	V		
25. 바른 자세로 앉아서 쓸 수 있다.	V		

언어발달 체크리스트(만 2~3세용)

관찰유아 : 서준우 **생년월일** : 2011. 06. 03 **성 별** : (남) · 여
관 찰 자 : 유효신 **관 찰 일** : 2014. 05. 21 **관찰일 현재 연령** : 3년 7월

- 관찰할 유아를 선택한 후 체크리스트에 있는 행동이 나타나면 V로 표시한다.
- 관찰 결과를 요약 정리한다.

	예	아니오	비고
1. 기초적인 낱말의 문장을 듣고 이해한다.	V		
2. 두세 가지 지시를 듣고 수행할 수 있다.	V		
3. 낱말과 발음에 관심을 갖고 듣는다.	V		
4. 호기심이 많아 질문을 많이 한다.	V		
5. 두 가지 사물을 비교하여 말할 수 있다.		V	
6. 4 ~ 5개의 단어를 사용하여 말할 수 있다.		V	
7. 문법에 맞는 문장을 사용하여 말할 수 있다.		V	
8. 자신의 의견을 말로 표현할 수 있다.	V		
9. 또래와 대화를 주고받을 수 있다.		V	
10. 상황에 알맞은 말을 할 수 있다.		V	
11. 이야기를 듣고 기억해 내서 말할 수 있다.		V	
12. 읽어 준 글의 내용을 순서대로 말할 수 있다.		V	
13. '왜', '만약에' 라는 단어를 사용하여 말할 수 있다.		V	
14. 자신의 도움이나 요구를 말로 능숙하게 표현할 수 있다.		V	
15. 손유희나 운율이 반복되는 노래를 좋아한다.	V		
16. 글자 읽는 것에 관심을 보인다.	V		
17. 간단한 낱말을 읽는다.		V	
18. 어른의 도움 없이 혼자 그림책을 읽는다.		V	
19. 책 보는 것을 좋아한다.		V	
20. 자음과 모음에 관심을 보인다.		V	
21. 자신의 이름을 쓸 수 있다.		V	
22. 교사의 도움 없이 간단한 단어를 쓸 수 있다.		V	
23. 글자의 반전 현상이 나타난다.		V	
24. 그림 편지를 쓸 수 있다.		V	
25. 바른 자세로 앉아서 쓸 수 있다.	V		

언어발달 체크리스트(만 4 ~ 5세용)

관찰유아 : 최세령　　**생년월일** : 2009. 03. 06　　**성　별** : 남 · ㉾
관 찰 자 : 오수미　　**관 찰 일** : 2013. 05. 21　　**관찰일 현재 연령** : 4년

- 관찰할 유아를 선택한 후 체크리스트에 있는 행동이 나타나면 V로 표시한다.
- 관찰 결과를 요약 정리한다.

	예	아니오	비고
1. 비슷한 발음을 듣고 구별할 수 있다.	V		
2. 낱말과 문장을 듣고 이해한다.	V		
3. 사물의 이름이나 뜻을 이해한다.	V		
4. 다른 사람의 이야기를 듣고 이해한다.	V		
5. 이야기를 듣고 궁금한 것을 질문한다.	V		
6. 세 가지 이상의 지시를 듣고 알맞게 행동할 수 있다.		V	
7. 다른 사람의 이야기를 끝까지 주의 깊게 듣는다.	V		
8. 6~8개의 단어로 된 문장을 말할 수 있다.		V	
9. 다양한 낱말을 사용하여 상황에 맞게 말할 수 있다.	V		
10. 일상 생활에서 일어나는 일들을 다양한 문장으로 말한다.	V		
11. 문법에 맞는 문장으로 말할 수 있다.	V		
12. 시제에 맞는 문장으로 말할 수 있다.	V		
13. 자신의 느낌이나 생각을 적절한 문장으로 말할 수 있다.	V		
14. 두세 가지 사물을 비교해서 말할 수 있다.	V		
15. 자신의 경험을 비교해서 말할 수 있다.	V		
16. 주제를 선정하여 함께 이야기 나눌 수 있다.	V		
17. 이야기를 지어서 말할 수 있다.	V		
18. 이야기를 들은 후 내용을 조직하여 다시 말할 수 있다.		V	
19. 자신의 감정을 적절한 말로 표현할 수 있다.	V		
20. 그림이나 그림카드를 보며 이야기를 꾸며 말할 수 있다.		V	
21. 그리고(and), 그러나(but) 등의 접속사를 사용하여 말할 수 있다.		V	
22. 들은 이야기를 시간의 순서에 따라 설명할 수 있다.		V	
23. 주변에 친숙한 글자를 찾아 읽는다.	V		
24. 편지나 보고서, 동시 등을 읽을 수 있다.	V		
25. 책의 내용을 이해하며 읽을 수 있다.	V		
26. 말이나 생각을 글로 나타낼 수 있다.		V	
27. 동시 따라 쓰기를 하거나 동시를 지어서 쓸 수 있다.		V	
28. 다양한 쓰기 매체와 도구를 사용하여 쓸 수 있다.	V		

언어발달 체크리스트(만 4 ~ 5세용)

관찰유아 : 김기태　　생년월일 : 2010. 02. 07　　성　별 : (남) · 여
관 찰 자 : 홍옥주　　관 찰 일 : 2014. 05. 21　　관찰일 현재 연령 : 4년 3월

- 관찰할 유아를 선택한 후 체크리스트에 있는 행동이 나타나면 V로 표시한다.
- 관찰 결과를 요약 정리한다.

	예	아니오	비고
1. 비슷한 발음을 듣고 구별할 수 있다.	V		
2. 낱말과 문장을 듣고 이해한다.	V		
3. 사물의 이름이나 뜻을 이해한다.	V		
4. 다른 사람의 이야기를 듣고 이해한다.	V		
5. 이야기를 듣고 궁금한 것을 질문한다.	V		
6. 세 가지 이상의 지시를 듣고 알맞게 행동할 수 있다.	V		
7. 다른 사람의 이야기를 끝까지 주의 깊게 듣는다.	V		
8. 6~8개의 단어로 된 문장을 말할 수 있다.		V	
9. 다양한 낱말을 사용하여 상황에 맞게 말할 수 있다.	V		
10. 일상 생활에서 일어나는 일들을 다양한 문장으로 말한다.	V		
11. 문법에 맞는 문장으로 말할 수 있다.	V		
12. 시제에 맞는 문장으로 말할 수 있다.		V	
13. 자신의 느낌이나 생각을 적절한 문장으로 말할 수 있다.	V		
14. 두세 가지 사물을 비교해서 말할 수 있다.		V	
15. 자신의 경험을 비교해서 말할 수 있다.	V		
16. 주제를 선정하여 함께 이야기 나눌 수 있다.		V	
17. 이야기를 지어서 말할 수 있다.		V	
18. 이야기를 들은 후 내용을 조직하여 다시 말할 수 있다.		V	
19. 자신의 감정을 적절한 말로 표현할 수 있다.	V		
20. 그림이나 그림카드를 보며 이야기를 꾸며 말할 수 있다.	V		
21. 그리고(and), 그러나(but) 등의 접속사를 사용하여 말할 수 있다.		V	
22. 들은 이야기를 시간의 순서에 따라 설명할 수 있다.		V	
23. 주변에 친숙한 글자를 찾아 읽는다.		V	
24. 편지나 보고서, 동시 등을 읽을 수 있다.		V	
25. 책의 내용을 이해하며 읽을 수 있다.		V	
26. 말이나 생각을 글로 나타낼 수 있다.		V	
27. 동시 따라 쓰기를 하거나 동시를 지어서 쓸 수 있다.		V	
28. 다양한 쓰기 매체와 도구를 사용하여 쓸 수 있다.		V	

언어발달 체크리스트(만 4 ~ 5세용)

관찰유아 : 김다현 **생년월일** : 2008. 12. 05 **성 별** : 남 · ㉾

관 찰 자 : 장지현 **관 찰 일** : 2014. 05. 21 **관찰일 현재 연령** : 5년 5월

- 관찰할 유아를 선택한 후 체크리스트에 있는 행동이 나타나면 V로 표시한다.
- 관찰 결과를 요약 정리한다.

	예	아니오	비고
1. 비슷한 발음을 듣고 구별할 수 있다.		V	
2. 낱말과 문장을 듣고 이해한다.	V		
3. 사물의 이름이나 뜻을 이해한다.	V		
4. 다른 사람의 이야기를 듣고 이해한다.	V		
5. 이야기를 듣고 궁금한 것을 질문한다.	V		
6. 세 가지 이상의 지시를 듣고 알맞게 행동할 수 있다.		V	
7. 다른 사람의 이야기를 끝까지 주의 깊게 듣는다.	V		
8. 6~8개의 단어로 된 문장을 말할 수 있다.	V		
9. 다양한 낱말을 사용하여 상황에 맞게 말할 수 있다.	V		
10. 일상 생활에서 일어나는 일들을 다양한 문장으로 말한다.	V		
11. 문법에 맞는 문장으로 말할 수 있다.	V		
12. 시제에 맞는 문장으로 말할 수 있다.	V		
13. 자신의 느낌이나 생각을 적절한 문장으로 말할 수 있다.	V		
14. 두세 가지 사물을 비교해서 말할 수 있다.	V		
15. 자신의 경험을 비교해서 말할 수 있다.	V		
16. 주제를 선정하여 함께 이야기 나눌 수 있다.		V	
17. 이야기를 지어서 말할 수 있다.	V		
18. 이야기를 들은 후 내용을 조직하여 다시 말할 수 있다.		V	
19. 자신의 감정을 적절한 말로 표현할 수 있다.	V		
20. 그림이나 그림카드를 보며 이야기를 꾸며 말할 수 있다.	V		
21. 그리고(and), 그러나(but) 등의 접속사를 사용하여 말할 수 있다.	V		
22. 들은 이야기를 시간의 순서에 따라 설명할 수 있다.	V		
23. 주변에 친숙한 글자를 찾아 읽는다.	V		
24. 편지나 보고서, 동시 등을 읽을 수 있다.		V	
25. 책의 내용을 이해하며 읽을 수 있다.		V	
26. 말이나 생각을 글로 나타낼 수 있다.		V	
27. 동시 따라 쓰기를 하거나 동시를 지어서 쓸 수 있다.		V	
28. 다양한 쓰기 매체와 도구를 사용하여 쓸 수 있다.		V	

언어발달 체크리스트(만 4 ~ 5세용)

관찰유아 : 김서영 **생년월일** : 2008. 04 **성 별** : (남) · 여

관 찰 자 : 김선희 **관 찰 일** : 2014. 05. 08 **관찰일 현재 연령** : 6년 1월

- 관찰할 유아를 선택한 후 체크리스트에 있는 행동이 나타나면 V로 표시한다.
- 관찰 결과를 요약 정리한다.
- 이야기를 듣고 이해하는 것이나, 자신의 일상적 경험 말하기는 익숙하나 시제의 개념 및 생각하며 말하기(말짓기)는 다소 어려움을 보인다.

	예	아니오	비고
1. 비슷한 발음을 듣고 구별할 수 있다.	V		
2. 낱말과 문장을 듣고 이해한다.	V		
3. 사물의 이름이나 뜻을 이해한다.	V		
4. 다른 사람의 이야기를 듣고 이해한다.	V		
5. 이야기를 듣고 궁금한 것을 질문한다.	V		
6. 세 가지 이상의 지시를 듣고 알맞게 행동할 수 있다.	V		
7. 다른 사람의 이야기를 끝까지 주의 깊게 듣는다.		V	
8. 6~8개의 단어로 된 문장을 말할 수 있다.	V		
9. 다양한 낱말을 사용하여 상황에 맞게 말할 수 있다.	V		
10. 일상 생활에서 일어나는 일들을 다양한 문장으로 말한다.	V		
11. 문법에 맞는 문장으로 말할 수 있다.	V		
12. 시제에 맞는 문장으로 말할 수 있다.		V	
13. 자신의 느낌이나 생각을 적절한 문장으로 말할 수 있다.	V		
14. 두세 가지 사물을 비교해서 말할 수 있다.	V		
15. 자신의 경험을 비교해서 말할 수 있다.	V		
16. 주제를 선정하여 함께 이야기 나눌 수 있다.	V		
17. 이야기를 지어서 말할 수 있다.		V	
18. 이야기를 들은 후 내용을 조직하여 다시 말할 수 있다.	V		
19. 자신의 감정을 적절한 말로 표현할 수 있다.	V		
20. 그림이나 그림카드를 보며 이야기를 꾸며 말할 수 있다.	V		
21. 그리고(and), 그러나(but) 등의 접속사를 사용하여 말할 수 있다.		V	
22. 들은 이야기를 시간의 순서에 따라 설명할 수 있다.	V		
23. 주변에 친숙한 글자를 찾아 읽는다.	V		
24. 편지나 보고서, 동시 등을 읽을 수 있다.	V		
25. 책의 내용을 이해하며 읽을 수 있다.	V		
26. 말이나 생각을 글로 나타낼 수 있다.	V		
27. 동시 따라 쓰기를 하거나 동시를 지어서 쓸 수 있다.		V	
28. 다양한 쓰기 매체와 도구를 사용하여 쓸 수 있다.	V		

2) 인지발달 체크리스트

인지발달 체크리스트(만 1 세용)

관찰영아 : 이준성　　**생년월일** : 2012. 01. 02　　**성　별** : (남) · 여
관 찰 자 : 김유영　　**관 찰 일** : 2014. 05. 08　　**관찰일 현재 연령** : 2년 4월

- 관찰할 영아를 선택한 후 체크리스트에 있는 행동이 나타나면 V로 표시한다.
- 관찰 결과를 요약 정리한다.

	예	아니오	비고
1. 사물을 1~3까지 셀 수 있다.	V		
2. '한 개'와 '여러 개'를 구별할 수 있다.	V		
3. '크다', '작다' 와 같은 수 개념을 이해한다.	V		
4. 세 가지 정도의 색 이름을 안다.		V	
5. 기본 도형의 이름을 안다.		V	
6. 사물과 그림을 짝지을 수 있다.		V	
7. 감추는 것을 보지 못한 물건도 찾을 수 있다.	V		
8. 정신적으로 사물을 기억하고 찾을 수 있다.	V		
9. 기본 도형을 알고 같은 도형을 찾을 수 있다.		V	
10. 3~5조각의 퍼즐을 맞출 수 있다.		V	
11. '더 작다', '더 크다'의 개념을 이해한다.	V		
12. '더 높다', '더 낮다'의 개념을 이해한다.	V		
13. '더 가볍다', '더 무겁다'의 개념을 이해한다.	V		
14. 두세 가지 사물을 반복하여 패턴을 만들 수 있다.		V	
15. 두세 가지 기준에 따라 사물을 서열화할 수 있다.		V	
16. 인과관계를 이해한다.		V	
17. 주변 동식물의 모양에 관심을 갖는다.	V		
18. 3~6개의 신체 부위를 식별할 수 있다.	V		
19. 동물과 동물이 내는 소리를 짝지을 수 있다.	V		
20. 주변의 사물이나 자연물의 냄새를 맡을 수 있다.		V	
21. 여러 가지 맛에 관심을 갖고 맛을 느낄 수 있다.		V	
22. 도구를 사용하여 음식을 먹는다.	V		
23. 여러 가지 생활 도구를 탐색하고 관심을 갖는다.	V		

인지발달 체크리스트(만 2~3세용)

관찰유아 : 김시현 **생년월일** : 2011. 02 **성 별** : 남 · ㊐

관 찰 자 : 노서연 **관 찰 일** : 2014. 05. 08 **관찰일 현재 연령** : 3년 3월

- 관찰할 유아를 선택한 후 체크리스트에 있는 행동이 나타나면 V로 표시한다.
- 관찰 결과를 요약 정리한다.
- 기수를 알고 기수를 사용할 수 있으며 많고 적음을 구별하는 것이 가능하다.

	예	아니오	비고
1. 사물을 1~10까지 셀 수 있다.	V		
2. 비교급의 단어를 사용하여 수 개념을 이해한다.	V		
3. 과거, 현재, 미래의 시간 개념을 이해한다.	V		
4. 다섯 번째까지 서수를 안다.		V	
5. '더 많다', '더 적다' 등의 수 개념을 이해한다.	V		
6. 일곱 가지 정도의 색깔 이름을 안다.	V		
7. 같은 도형 뒤집기, 찾기 등을 할 수 있다.	V		
8. 위, 아래, 앞, 뒤, 옆 등의 공간개념을 이해한다.	V		
9. 10조각 이하의 퍼즐을 맞출 수 있다.	V		
10. 3~4개의 고리를 크기에 따라 끼워 넣을 수 있다.	V		
11. 위치와 방향과 관련된 어휘를 이해할 수 있다.	V		
12. 기본 도형으로 여러 가지 모양을 구성할 수 있다.	V		
13. 길이, 크기, 무게를 측정할 수 있다.		V	
14. 측정한 것을 비교하여 순서를 매길 수 있다.		V	
15. 임의 측정 단위로 측정할 수 있다.		V	
16. 사건의 순서를 이해한다.	V		
17. 기준에 따라 3~5가지 사물을 늘어놓을 수 있다.	V		
18. 반복되는 규칙성을 이해하고 3~4가지 정도 패턴을 만들 수 있다.	V		
19. 사물을 같은 모양과 크기, 색깔별로 분류할 수 있다.	V		
20. 비슷한 것끼리 짝을 지을 수 있다.	V		
21. 친숙한 물체와 사물을 적극적으로 탐색한다.	V		
22. 사물의 공통점과 차이점을 이해한다.	V		
23. 사람의 출생에 관한 질문을 하고 관심을 갖는다.		V	
24. 5가지 이상 동물의 이름을 알고 있다.	V		
25. 자신의 신체 구조에 대해 관심을 갖는다.	V		
26. 낮과 밤의 규칙성을 이해한다.	V		
27. 계절의 변화를 안다.	V		
28. 일상생활에 사용되어지는 기계와 도구에 관심을 갖고 활용할 수 있다.	V		

인지발달 체크리스트(만 2~3세용)

관찰유아 : 서준우 **생년월일** : 2011. 06. 03 **성 별** : (남) · 여

관 찰 자 : 유효신 **관 찰 일** : 2014. 05. 21 **관찰일 현재 연령** : 3년 7월

• 관찰할 유아를 선택한 후 체크리스트에 있는 행동이 나타나면 V로 표시한다.
• 관찰 결과를 요약 정리한다.

	예	아니오	비고
1. 사물을 1~10까지 셀 수 있다.		V	
2. 비교급의 단어를 사용하여 수 개념을 이해한다.		V	
3. 과거, 현재, 미래의 시간 개념을 이해한다.		V	
4. 다섯 번째까지 서수를 안다.	V		
5. '더 많다', '더 적다' 등의 수 개념을 이해한다.	V		
6. 일곱 가지 정도의 색깔 이름을 안다.	V		
7. 같은 도형 뒤집기, 찾기 등을 할 수 있다.	V		
8. 위, 아래, 앞, 뒤, 옆 등의 공간개념을 이해한다.	V		
9. 10조각 이하의 퍼즐을 맞출 수 있다.	V		
10. 3~4개의 고리를 크기에 따라 끼워 넣을 수 있다.	V		
11. 위치와 방향과 관련된 어휘를 이해할 수 있다.	V		
12. 기본 도형으로 여러 가지 모양을 구성할 수 있다.	V		
13. 길이, 크기, 무게를 측정할 수 있다.		V	
14. 측정한 것을 비교하여 순서를 매길 수 있다.		V	
15. 임의 측정 단위로 측정할 수 있다.		V	
16. 사건의 순서를 이해한다.	V		
17. 기준에 따라 3~5가지 사물을 늘어놓을 수 있다.		V	
18. 반복되는 규칙성을 이해하고 3~4가지 정도 패턴을 만들 수 있다.		V	
19. 사물을 같은 모양과 크기, 색깔별로 분류할 수 있다.	V		
20. 비슷한 것끼리 짝을 지을 수 있다.	V		
21. 친숙한 물체와 사물을 적극적으로 탐색한다.	V		
22. 사물의 공통점과 차이점을 이해한다.		V	
23. 사람의 출생에 관한 질문을 하고 관심을 갖는다.		V	
24. 5가지 이상 동물의 이름을 알고 있다.	V		
25. 자신의 신체 구조에 대해 관심을 갖는다.	V		
26. 낮과 밤의 규칙성을 이해한다.		V	
27. 계절의 변화를 안다.		V	
28. 일상생활에 사용되어지는 기계와 도구에 관심을 갖고 활용할 수 있다.		V	

인지발달 체크리스트(만 4 ~ 5세용)

관찰유아 : 최세령　　**생년월일** : 2009. 03. 06　　**성　별** : 남 · ㉾
관 찰 자 : 오수미　　**관 찰 일** : 2013. 05. 21　　**관찰일 현재 연령** : 4년 2개월

- 관찰할 유아를 선택한 후 체크리스트에 있는 행동이 나타나면 V로 표시한다.
- 관찰 결과를 요약 정리한다.

	예	아니오	비고
1. 1~20 그 이상의 수를 셀 수 있다.	V		
2. 수 세기를 한 후 한 자리 수 숫자만큼 더하기, 빼기를 할 수 있다.		V	
3. 하루 일과를 순서대로 말하고 이해할 수 있다.	V		
4. 15조각 정도의 퍼즐을 맞출 수 있다.	V		
5. 기본 도형과 입체 도형을 안다.		V	
6. 사물이나 자연물로 도형을 구성할 수 있다.	V		
7. 칠교를 사용하여 모양을 구성할 수 있다.	V		
8. 사물의 길이, 무게, 둘레 등을 측정할 수 있다.		V	
9. 양팔 저울로 사물의 무게를 측정하고 비교할 수 있다.	V		
10. 사물을 측정하고 비교하여 순서지어 보기를 할 수 있다.	V		
11. 사물의 크기를 1~10순위로 서열화할 수 있다.	V		
12. 사물과 숫자를 서로 연결하여 1 : 1 대응을 할 수 있다.	V		
13. 일의 순서를 알고 순서대로 놓아볼 수 있다.	V		
14. 5가지 이상 기준에 따라 규칙성을 만들어 볼 수 있다.		V	
15. 사물의 공통적인 특성에 따라 분류/재분류할 수 있다.	V		
16. 사물의 특성과 공통적인 특성을 벤다이어그램으로 나타낼 수 있다.		V	
17. 그래프를 이용하여 표현할 수 있다.		V	
18. 관찰한 사물을 서로 비교할 수 있다.	V		
19. 관찰한 사물을 토대로 다른 것을 예측할 수 있다.	V		
20. 관찰한 사물을 토대로 다른 가설을 만들 수 있다.		V	
21. 나와 다른 사람의 출생과 성장에 대해 관심을 갖는다.	V		
22. 생태계 변화에 관심을 갖는다.	V		
23. 자연 친화적인 활동에 관심을 갖는다.	V		
24. 날씨 변화와 기후 변화에 관심을 갖는다.	V		
25. 계절의 변화와 자연물의 변화를 이해한다.	V		
26. 생활 속에 사용하는 기계와 도구를 활용한다.	V		

인지발달 체크리스트(만 4 ~ 5세용)

관찰유아 : 김기태　　생년월일 : 2010. 02. 07　　성　별 : (남) · 여
관 찰 자 : 홍옥주　　관 찰 일 : 2014. 05. 21　　관찰일 현재 연령 : 4년 3월

- 관찰할 유아를 선택한 후 체크리스트에 있는 행동이 나타나면 V로 표시한다.
- 관찰 결과를 요약 정리한다.

문항	예	아니오	비고
1. 1~20 그 이상의 수를 셀 수 있다.		V	
2. 수 세기를 한 후 한 자리 수 숫자만큼 더하기, 빼기를 할 수 있다.		V	
3. 하루 일과를 순서대로 말하고 이해할 수 있다.	V		
4. 15조각 정도의 퍼즐을 맞출 수 있다.	V		
5. 기본 도형과 입체 도형을 안다.		V	
6. 사물이나 자연물로 도형을 구성할 수 있다.	V		
7. 칠교를 사용하여 모양을 구성할 수 있다.	V		
8. 사물의 길이, 무게, 둘레 등을 측정할 수 있다.		V	
9. 양팔 저울로 사물의 무게를 측정하고 비교할 수 있다.		V	
10. 사물을 측정하고 비교하여 순서지어 보기를 할 수 있다.		V	
11. 사물의 크기를 1~10순위로 서열화할 수 있다.	V		
12. 사물과 숫자를 서로 연결하여 1 : 1 대응을 할 수 있다.	V		
13. 일의 순서를 알고 순서대로 놓아볼 수 있다.	V		
14. 5가지 이상 기준에 따라 규칙성을 만들어 볼 수 있다.		V	
15. 사물의 공통적인 특성에 따라 분류/재분류할 수 있다.	V		
16. 사물의 특성과 공통적인 특성을 벤다이어그램으로 나타낼 수 있다.		V	
17. 그래프를 이용하여 표현할 수 있다.		V	
18. 관찰한 사물을 서로 비교할 수 있다.	V		
19. 관찰한 사물을 토대로 다른 것을 예측할 수 있다.		V	
20. 관찰한 사물을 토대로 다른 가설을 만들 수 있다.		V	
21. 나와 다른 사람의 출생과 성장에 대해 관심을 갖는다.		V	
22. 생태계 변화에 관심을 갖는다.		V	
23. 자연 친화적인 활동에 관심을 갖는다.		V	
24. 날씨 변화와 기후 변화에 관심을 갖는다.	V		
25. 계절의 변화와 자연물의 변화를 이해한다.	V		
26. 생활 속에 사용하는 기계와 도구를 활용한다.	V		

인지발달 체크리스트(만 4 ~ 5세용)

관찰유아 : 김다현 **생년월일** : 2008. 12. 05 **성 별** : 남 · ㊍

관 찰 자 : 장지현 **관 찰 일** : 2014. 05. 21 **현재 연령** : 5년 5월

- 관찰할 유아를 선택한 후 체크리스트에 있는 행동이 나타나면 V로 표시한다.
- 관찰 결과를 요약 정리한다.

	예	아니오	비고
1. 1~20 그 이상의 수를 셀 수 있다.	V		
2. 수 세기를 한 후 한 자리 수 숫자만큼 더하기, 빼기를 할 수 있다.	V		
3. 하루 일과를 순서대로 말하고 이해할 수 있다.	V		
4. 15조각 정도의 퍼즐을 맞출 수 있다.	V		
5. 기본 도형과 입체 도형을 안다.	V		
6. 사물이나 자연물로 도형을 구성할 수 있다.	V		
7. 칠교를 사용하여 모양을 구성할 수 있다.	V		
8. 사물의 길이, 무게, 둘레 등을 측정할 수 있다.		V	
9. 양팔 저울로 사물의 무게를 측정하고 비교할 수 있다.	V		
10. 사물을 측정하고 비교하여 순서지어 보기를 할 수 있다.	V		
11. 사물의 크기를 1~10순위로 서열화할 수 있다.	V		
12. 사물과 숫자를 서로 연결하여 1 : 1 대응을 할 수 있다.	V		
13. 일의 순서를 알고 순서대로 놓아볼 수 있다.	V		
14. 5가지 이상 기준에 따라 규칙성을 만들어 볼 수 있다.		V	
15. 사물의 공통적인 특성에 따라 분류/재분류할 수 있다.		V	
16. 사물의 특성과 공통적인 특성을 벤다이어그램으로 나타낼 수 있다.		V	
17. 그래프를 이용하여 표현할 수 있다.		V	
18. 관찰한 사물을 서로 비교할 수 있다.	V		
19. 관찰한 사물을 토대로 다른 것을 예측할 수 있다.		V	
20. 관찰한 사물을 토대로 다른 가설을 만들 수 있다.		V	
21. 나와 다른 사람의 출생과 성장에 대해 관심을 갖는다.	V		
22. 생태계 변화에 관심을 갖는다.	V		
23. 자연 친화적인 활동에 관심을 갖는다.	V		
24. 날씨 변화와 기후 변화에 관심을 갖는다.	V		
25. 계절의 변화와 자연물의 변화를 이해한다.	V		
26. 생활 속에 사용하는 기계와 도구를 활용한다.	V		

인지발달 체크리스트(만 4 ~ 5세용)

관찰유아 : 오유환 **생년월일** : 2008. 08 **성 별** : (남) · 여

관 찰 자 : 김선희 **관 찰 일** : 2014. 05. 08 **관찰일 현재 연령** : 5년 9월

- 관찰할 유아를 선택한 후 체크리스트에 있는 행동이 나타나면 V로 표시한다.
- 관찰 결과를 요약 정리한다.
- 스무 개의 구체물을 세어 보고 수량을 알고 있으며, 자연현상에 관심이 많으나, 세 가지 이상의 기준에 따라 규칙성을 만드는 것에는 어려움이 있다.

	예	아니오	비고
1. 1~20 그 이상의 수를 셀 수 있다.	V		
2. 수 세기를 한 후 한 자리 수 숫자만큼 더하기, 빼기를 할 수 있다.		V	
3. 하루 일과를 순서대로 말하고 이해할 수 있다.	V		
4. 15조각 정도의 퍼즐을 맞출 수 있다.	V		
5. 기본 도형과 입체 도형을 안다.		V	
6. 사물이나 자연물로 도형을 구성할 수 있다.	V		
7. 칠교를 사용하여 모양을 구성할 수 있다.	V		
8. 사물의 길이, 무게, 둘레 등을 측정할 수 있다.	V		
9. 양팔 저울로 사물의 무게를 측정하고 비교할 수 있다.	V		
10. 사물을 측정하고 비교하여 순서지어 보기를 할 수 있다.		V	
11. 사물의 크기를 1~10순위로 서열화할 수 있다.	V		
12. 사물과 숫자를 서로 연결하여 1 : 1 대응을 할 수 있다.	V		
13. 일의 순서를 알고 순서대로 놓아볼 수 있다.	V		
14. 5가지 이상 기준에 따라 규칙성을 만들어 볼 수 있다.		V	
15. 사물의 공통적인 특성에 따라 분류/재분류 할 수 있다.	V		
16. 사물의 특성과 공통적인 특성을 벤다이어그램으로 나타낼 수 있다.	V		
17. 그래프를 이용하여 표현할 수 있다.	V		
18. 관찰한 사물을 서로 비교할 수 있다.	V		
19. 관찰한 사물을 토대로 다른 것을 예측할 수 있다.	V		
20. 관찰한 사물을 토대로 다른 가설을 만들 수 있다.	V		
21. 나와 다른 사람의 출생과 성장에 대해 관심을 갖는다.	V		
22. 생태계 변화에 관심을 갖는다.	V		
23. 자연 친화적인 활동에 관심을 갖는다.	V		
24. 날씨 변화와 기후 변화에 관심을 갖는다.	V		
25. 계절의 변화와 자연물의 변화를 이해한다.	V		
26. 생활 속에 사용하는 기계와 도구를 활용한다.	V		

3) 신체발달 체크리스트

신체발달 체크리스트(만 1 세용)

관찰영아 : 정유상 **생년월일** : 2012. 04. 12 **성 별** : (남) · 여
관 찰 자 : 김정숙 **관 찰 일** : 2014. 05. 08 **관찰일 현재 연령** : 1년 11월

- 관찰할 영아를 선택한 후 체크리스트에 있는 행동이 나타나면 V로 표시한다.
- 관찰 결과를 요약 정리한다.
- 유상이는 손과 눈의 협응을 이용하여 잡기, 굴리기, 밀기 등의 활동을 할 수 있으며 공을 차거나 계단을 오르는 등 대근육 활동이 가능하다.

	예	아니오	비고
1. 한 손으로 물건을 쥐고 다른 손으로 조작할 수 있다.	V		
2. 손가락으로 막대 구멍에 꽂을 수 있다.		V	
3. 탑 쌓기를 할 수 있다.	V		
4. 기본 도형을 맞출 수 있다.		V	
5. 크레파스나 펜으로 그리기를 할 수 있다.	V		
6. 지퍼를 잡아당길 수 있다.	V		
7. 동그라미를 보고 따라 그릴 수 있다.	V		
8. 움직이는 장난감을 작동할 수 있다.	V		
9. 물건을 굴리고 잡을 수 있다.	V		
10. 정확하게 손을 뻗쳐 잡을 수 있다.	V		
11. 공을 차고 던질 수 있다.	V		
12. 혼자 옷을 벗을 수 있다.		V	
13. 문을 열고 닫을 수 있다.	V		
14. 혼자 걸을 수 있다.	V		
15. 손을 짚고 계단을 기어서 오를 수 있다.	V		
16. 물건을 당기고 밀 수 있다.	V		
17. 자전거 페달을 밟을 수 있다.		V	
18. 두 발로 점프할 수 있다.	V		
19. 앞, 뒤, 옆으로 걸을 수 있다.		V	
20. 두 발을 한 계단에 디디면서 계단을 오를 수 있다.	V		
21. 두 발 모아 제자리에서 뛸 수 있다.		V	
22. 난간을 잡고 계단을 오를 수 있다.	V		
23. 똑바로 앉아 몸의 균형을 잡을 수 있다.	V		
24. 똑바로 서서 물체를 잡고 균형을 잡을 수 있다.		V	

신체발달 체크리스트(만 2~3세용)

관찰유아 : 서준우 **생년월일** : 2011. 06. 03 **성 별** : (남) · 여
관 찰 자 : 유효신 **관 찰 일** : 2014. 05. 21 **관찰일 현재 연령** : 3년 7월

- 관찰할 유아를 선택한 후 체크리스트에 있는 행동이 나타나면 V로 표시한다.
- 관찰 결과를 요약 정리한다.

	예	아니오	비고
1. 가위로 선을 따라 오릴 수 있다.		V	
2. 숟가락이나 포크로 흘리지 않고 음식을 떠 먹을 수 있다.	V		
3. 옷을 스스로 입고 벗을 수 있다.	V		
4. 물을 흘리지 않고 따를 수 있다.	V		
5. 10조각 이하의 퍼즐을 쉽게 맞출 수 있다.		V	
6. 단추 열기와 달기를 할 수 있다.		V	
7. 둥근 선과 직선, 사선을 그릴 수 있다.		V	
8. 큰 공을 잡고 던질 수 있다.	V		
9. 공을 굴리고 차고 던질 수 있다.	V		
10. 손으로 공치기를 할 수 있다.		V	
11. 매트에서 구를 수 있다.		V	
12. 목표를 향해 공을 던질 수 있다.	V		
13. 한 손이나 두 손으로 사물을 능숙하게 들어 올릴 수 있다.	V		
14. 한 발로 뛸 수 있다.	V		
15. 세발자전거를 탈 수 있다.	V		
16. 두 발 모아 20cm 정도 점프할 수 있다.		V	
17. 발을 교대로 계단을 오를 수 있다.	V		
18. 달리기 속도를 조절하여 달릴 수 있다.	V		
19. 뜀뛰기를 할 수 있다.	V		
20. 손으로 귀를 잡고 뛸 수 있다.		V	
21. 한 발로 몸의 균형을 잡을 수 있다.		V	
22. 팔 다리를 뻗어 스트레칭을 할 수 있다.	V		
23. 구령에 맞춰 멈추기를 할 수 있다.	V		
24. 두 팔을 뻗어 몸의 균형을 잡을 수 있다.		V	
25. 신체에 사물을 올려놓고 균형을 잡을 수 있다.		V	

신체발달 체크리스트(만 2~3세용)

관찰유아 : 최민우　**생년월일** : 2010. 07. 27　**성　별** : (남) · 여
관 찰 자 : 윤현주　**관 찰 일** : 2014. 05. 08　**관찰일 현재 연령** : 3년 10월

- 관찰할 유아를 선택한 후 체크리스트에 있는 행동이 나타나면 V로 표시한다.
- 관찰 결과를 요약 정리한다.
- 민우는 대근육을 이용하여 신체를 움직이는 데에 능숙하게 활동 할 수 있다.
- 인지발달이 잘 되어 있어 스스로 옷의 앞뒤를 구분하여 입고 벗을 수 있으며 손을 움직여 퍼즐을 넓게 맞추지만, 소근육을 이용하는 활동들은 경우에 따라 좀 더 연습을 통해 발달을 도울 필요성이 있다.

	예	아니오	비고
1. 가위로 선을 따라 오릴 수 있다.		V	
2. 숟가락이나 포크로 흘리지 않고 음식을 떠 먹을 수 있다.	V		
3. 옷을 스스로 입고 벗을 수 있다.	V		
4. 물을 흘리지 않고 따를 수 있다.		V	
5. 10조각 이하의 퍼즐을 쉽게 맞출 수 있다.	V		
6. 단추 열기와 닫기를 할 수 있다.	V		
7. 둥근 선과 직선, 사선을 그릴 수 있다.	V		
8. 큰 공을 잡고 던질 수 있다.	V		
9. 공을 굴리고 차고 던질 수 있다.	V		
10. 손으로 공치기를 할 수 있다.		V	
11. 매트에서 구를 수 있다.	V		
12. 목표를 향해 공을 던질 수 있다.	V		
13. 한 손이나 두 손으로 사물을 능숙하게 들어 올릴 수 있다.	V		
14. 한 발로 뛸 수 있다.	V		
15. 세발자전거를 탈 수 있다.	V		
16. 두 발 모아 20cm 정도 점프할 수 있다.	V		
17. 발을 교대로 계단을 오를 수 있다.	V		
18. 달리기 속도를 조절하여 달릴 수 있다.	V		
19. 뜀뛰기를 할 수 있다.	V		
20. 손으로 귀를 잡고 뛸 수 있다.	V		
21. 한 발로 몸의 균형을 잡을 수 있다.	V		
22. 팔 다리를 뻗어 스트레칭을 할 수 있다.	V		
23. 구령에 맞춰 멈추기를 할 수 있다.	V		
24. 두 팔을 뻗어 몸의 균형을 잡을 수 있다.	V		
25. 신체에 사물을 올려놓고 균형을 잡을 수 있다.	V		

신체발달 체크리스트(만 4 ~ 5세용)

관찰유아 : 최세령 **생년월일** : 2009. 03. 06 **성 별** : 남 · ㉾
관 찰 자 : 오수미 **관 찰 일** : 2013. 05. 21 **관찰일 현재 연령** : 4년

- 관찰할 유아를 선택한 후 체크리스트에 있는 행동이 나타나면 V로 표시한다.
- 관찰 결과를 요약 정리한다.

	예	아니오	비고
1. 선을 따라 도형이나 무늬를 가위로 오릴 수 있다.	V		
2. 선 밖으로 나오지 않게 색칠할 수 있다.	V		
3. 작은 퍼즐이나 작은 블록으로 구성물을 만들 수 있다.	V		
4. 3차원의 블록 구조물을 만들 수 있다.	V		
5. 작은 구슬을 혼자 꿸 수 있다.	V		
6. 신발끈을 묶을 수 있다.		V	
7. 공 · 오자미 등을 능숙하게 던질 수 있다.	V		
8. 공이나 사물을 목표점을 향해 찰 수 있다.	V		
9. 튀긴 공을 잡을 수 있다.		V	
10. 사물을 능숙하게 들어 올릴 수 있다.	V		
11. 빠른 속도로 걷기를 할 수 있다.	V		
12. 높은 곳에서 점프를 할 수 있다.	V		
13. 양 발을 바꾸어 가며 계단을 쉽게 오르내릴 수 있다.	V		
14. 스키핑(skipping)을 할 수 있다.	V		
15. 말처럼 달리기(galloping)를 할 수 있다.	V		
16. 한 발로 깡총뛰기를 할 수 있다.	V		
17. 평균대 위에서 걸을 수 있다.	V		
18. 뜀틀뛰기를 3 ~ 4계단 뛸 수 있다.		V	
19. 목표를 향해 멀리뛰기를 할 수 있다.	V		
20. 사물을 건너 뛰어넘기를 할 수 있다.	V		
21. 목표를 향해 빨리 뛰기를 할 수 있다.	V		
22. 허리나 신체를 유연하게 굽힐 수 있다.	V		
23. 팔 다리를 능숙하게 뻗기를 할 수 있다.	V		
24. 공이나 사물을 피할 수 있다.		V	
25. 신체 부위에 사물을 올려놓고 몸의 균형을 잡을 수 있다.	V		

신체발달 체크리스트(만 4 ~ 5세용)

관찰유아 : 김기태　　생년월일 : 2010. 02 . 07　　성　별 : (남) · 여

관 찰 자 : 홍옥주　　관 찰 일 : 2014. 05. 21　　관찰일 현재 연령 : 4년 3월

- 관찰할 유아를 선택한 후 체크리스트에 있는 행동이 나타나면 V로 표시한다.
- 관찰 결과를 요약 정리한다.

	예	아니오	비고
1. 선을 따라 도형이나 무늬를 가위로 오릴 수 있다.		V	
2. 선 밖으로 나오지 않게 색칠할 수 있다.	V		
3. 작은 퍼즐이나 작은 블록으로 구성물을 만들 수 있다.	V		
4. 3차원의 블록 구조물을 만들 수 있다.		V	
5. 작은 구슬을 혼자 뀔 수 있다.	V		
6. 신발끈을 묶을 수 있다.		V	
7. 공 · 오자미 등을 능숙하게 던질 수 있다.	V		
8. 공이나 사물을 목표점을 향해 찰 수 있다.	V		
9. 튀긴 공을 잡을 수 있다.	V		
10. 사물을 능숙하게 들어 올릴 수 있다.	V		
11. 빠른 속도로 걷기를 할 수 있다.	V		
12. 높은 곳에서 점프를 할 수 있다.	V		
13. 양 발을 바꾸어 가며 계단을 쉽게 오르내릴 수 있다.	V		
14. 스키핑(skipping)을 할 수 있다.	V		
15. 말처럼 달리기(galloping) 를 할 수 있다.	V		
16. 한 발로 깡총뛰기를 할 수 있다.	V		
17. 평균대 위에서 걸을 수 있다.		V	
18. 뜀틀뛰기를 3~4계단 뛸 수 있다.		V	
19. 목표를 향해 멀리뛰기를 할 수 있다.	V		
20. 사물을 건너 뛰어넘기를 할 수 있다.	V		
21. 목표를 향해 빨리 뛰기를 할 수 있다.	V		
22. 허리나 신체를 유연하게 굽힐 수 있다.	V		
23. 팔 다리를 능숙하게 뻗기를 할 수 있다.	V		
24. 공이나 사물을 피할 수 있다.	V		
25. 신체 부위에 사물을 올려놓고 몸의 균형을 잡을 수 있다.		V	

신체발달 체크리스트(만 4 ~ 5세용)

관찰유아 : 장진선 **생년월일** : 2009. 07. 11 **성 별** : 남 · ㊒

관 찰 자 : 손자람 **관 찰 일** : 2014. 05. 08 **관찰일 현재 연령** : 4년 10월

- 관찰할 유아를 선택한 후 체크리스트에 있는 행동이 나타나면 V로 표시한다.
- 관찰 결과를 요약 정리한다.
- 신체 각부분의 특성을 알고 이해하며 활용하여 움직인다.
- 자발적으로 신체활동에 참여하고 자신과 다른 사람의 차이를 이해한다.

	예	아니오	비고
1. 선을 따라 도형이나 무늬를 가위로 오릴 수 있다.	V		
2. 선 밖으로 나오지 않게 색칠할 수 있다.	V		
3. 작은 퍼즐이나 작은 블록으로 구성물을 만들 수 있다.	V		
4. 3차원의 블록 구조물을 만들 수 있다.		V	
5. 작은 구슬을 혼자 꿸 수 있다.	V		
6. 신발끈을 묶을 수 있다.		V	
7. 공 · 오자미 등을 능숙하게 던질 수 있다.	V		
8. 공이나 사물을 목표점을 향해 찰 수 있다.	V		
9. 튀긴 공을 잡을 수 있다.		V	
10. 사물을 능숙하게 들어 올릴 수 있다.	V		
11. 빠른 속도로 걷기를 할 수 있다.	V		
12. 높은 곳에서 점프를 할 수 있다.	V		
13. 양 발을 바꾸어 가며 계단을 쉽게 오르내릴 수 있다.	V		
14. 스키핑(skipping)을 할 수 있다.	V		
15. 말처럼 달리기(galloping)를 할 수 있다.	V		
16. 한 발로 깡총뛰기를 할 수 있다.	V		
17. 평균대 위에서 걸을 수 있다.	V		
18. 뜀틀뛰기를 3~4계단 뛸 수 있다.		V	
19. 목표를 향해 멀리뛰기를 할 수 있다.	V		
20. 사물을 건너 뛰어넘기를 할 수 있다.	V		
21. 목표를 향해 빨리 뛰기를 할 수 있다.	V		
22. 허리나 신체를 유연하게 굽힐 수 있다.	V		
23. 팔 다리를 능숙하게 뻗기를 할 수 있다.	V		
24. 공이나 사물을 피할 수 있다.	V		
25. 신체 부위에 사물을 올려놓고 몸의 균형을 잡을 수 있다.	V		

신체발달 체크리스트(만 4 ~ 5세용)

관찰유아 : 김다현　　**생년월일** : 2008. 12. 05　　**성 별** : 남 · ㊛
관 찰 자 : 장지현　　**관 찰 일** : 2014. 05. 21　　**관찰일 현재 연령** : 5년 5월

- 관찰할 유아를 선택한 후 체크리스트에 있는 행동이 나타나면 V로 표시한다.
- 관찰 결과를 요약 정리한다.

	예	아니오	비고
1. 선을 따라 도형이나 무늬를 가위로 오릴 수 있다.	V		
2. 선 밖으로 나오지 않게 색칠할 수 있다.	V		
3. 작은 퍼즐이나 작은 블록으로 구성물을 만들 수 있다.	V		
4. 3차원의 블록 구조물을 만들 수 있다.		V	
5. 작은 구슬을 혼자 뀔 수 있다.	V		
6. 신발끈을 묶을 수 있다.		V	
7. 공 · 오자미 등을 능숙하게 던질 수 있다.	V		
8. 공이나 사물을 목표점을 향해 찰 수 있다.		V	
9. 튀긴 공을 잡을 수 있다.	V		
10. 사물을 능숙하게 들어 올릴 수 있다.		V	
11. 빠른 속도로 걷기를 할 수 있다.	V		
12. 높은 곳에서 점프를 할 수 있다.	V		
13. 양 발을 바꾸어 가며 계단을 쉽게 오르내릴 수 있다.		V	
14. 스키핑(skipping)을 할 수 있다.	V		
15. 말처럼 달리기(galloping)를 할 수 있다.	V		
16. 한 발로 깡총뛰기를 할 수 있다.	V		
17. 평균대 위에서 걸을 수 있다.	V		
18. 뜀틀뛰기를 3~4계단 뛸 수 있다.		V	
19. 목표를 향해 멀리뛰기를 할 수 있다.		V	
20. 사물을 건너 뛰어넘기를 할 수 있다.	V		
21. 목표를 향해 빨리 뛰기를 할 수 있다.	V		
22. 허리나 신체를 유연하게 굽힐 수 있다.	V		
23. 팔 다리를 능숙하게 뻗기를 할 수 있다.	V		
24. 공이나 사물을 피할 수 있다.	V		
25. 신체 부위에 사물을 올려놓고 몸의 균형을 잡을 수 있다.	V		

4) 사회 · 정서발달 체크리스트

사회 · 정서발달 체크리스트(만 1 세용)

관찰영아 : 정유상 생년월일 : 2012. 04. 12 성 별 : (남) · 여
관 찰 자 : 김정숙 관 찰 일 : 2014. 05. 08 관찰일 현재 연령 : 1년 11월

- 관찰할 영아를 선택한 후 체크리스트에 있는 행동이 나타나면 V로 표시한다.
- 관찰 결과를 요약 정리한다.
- 유상이는 자신을 인식할 수 있으며 자신의 감정과 욕구를 표현할 수 있다.
- 인사를 하거나 정리를 하는 친사회적 모습을 보인다.

	예	아니오	비고
1. 거울 속의 자신을 알아보고 반응한다.	V		
2. 자기 물건을 안다.	V		
3. 자신을 나타내기 위해 자기 이름을 사용한다.		V	
4. 부정적인 정서를 숨길 수 있다. (당황, 수치, 죄책감, 분노 등)		V	
5. 자신의 욕구와 감정을 나타낸다.	V		
6. 다른 사람이 나타내는 여러 가지 감정에 주의를 기울인다.	V		
7. 웃음과 울음으로 타인의 행동에 반응한다.	V		
8. 낯선 사람에게 두려움을 나타낸다.	V		
9. 환상적인 두려움을 나타낸다.		V	
10. 감정의 굴곡이 나타난다.	V		
11. 성인들의 인정을 받고 싶어한다.	V		
12. 주의를 끌기 위해 여러 가지 행동을 한다.	V		
13. 자신의 행동과 타인의 행동을 모방한다.	V		
14. 성 유형화된 놀잇감을 사용한다.		V	
15. '옳고', '그름'을 안다.	V		
16. 나누어 쓰기를 시도한다.	V		
17. 도움을 받아 장난감을 정리한다.	V		
18. 주변 사람들에게 인사를 한다.	V		
19. 주변에서 나는 소리와 리듬에 관심을 갖는다.	V		
20. 자연물의 색깔과 모양에 관심을 갖는다.		V	
21. 손과 발, 신체를 이용하여 움직임으로 반응한다.	V		
22. 크레파스로 끼적거리기를 한다.	V		
23. 둥근 원 형태를 그릴 수 있다.		V	
24. 변화에 저항한다.	V		
25. 상징놀이를 한다.	V		

사회 · 정서발달 체크리스트(만 2~3세용)

관찰유아 : 임은호　　생년월일 : 2011. 05. 09　　성 별 : (남) · 여
관 찰 자 : 노서연　　관 찰 일 : 2014. 05. 08　　관찰일 현재 연령 : 3년 월

- 관찰할 유아를 선택한 후 체크리스트에 있는 행동이 나타나면 V로 표시한다.
- 관찰 결과를 요약 정리한다.
- 자신의 것에 대한 소유개념과 독립심이 나타나며 자신의 감정을 타인에게 언어로 표현이 가능하지만 다소 강하게 표현한다.

문항	예	아니오	비고
1. 자신의 물건에 대한 소유 의식이 있다.	V		
2. 자신과 다른 사람의 같은 점과 다른 점을 인식한다.	V		
3. 범주적 자아 개념을 사용한다.	V		
4. 독립심이 나타나기 시작하여 자신이 하고 싶은 일을 한다.	V		
5. 스스로 해 보려고 노력한다.	V		
6. 자신의 정서와 느낌을 강하게 표현한다.	V		
7. 다른 사람에게 관심을 끌려고 애쓴다.		V	
8. 다른 사람에게 자신의 감정을 표현한다.	V		
9. 다른 사람의 감정에 공감할 수 있다.		V	
10. 자신의 정서를 조절하려고 노력한다.		V	
11. 다른 사람을 돕는다.		V	
12. 친구와 함께 연합놀이를 한다.	V		
13. 간식을 친구와 함께 나누어 먹는다.		V	
14. 친구가 울면 신체나 언어로 위로한다.		V	
15. 함께 정한 약속과 규칙을 지킬 수 있다.	V		
16. 차례를 지킬 수 있다.	V		
17. 예의를 지킬 수 있다.	V		
18. 공공장소에서 지켜야 할 약속을 지킬 수 있다.		V	
19. 우리 동네에 대해 관심을 갖는다.		V	
20. 우리나라 풍습에 관심을 갖는다.		V	
21. 주변의 색, 모양, 질감 등에 관심을 갖고 탐색한다.	V		
22. 자신의 생각과 느낌을 노래로 표현할 수 있다.	V		
23. 노랫말을 바꾸어서 노래할 수 있다.		V	
24. 도구를 활용하여 여러 가지 움직임을 표현할 수 있다.	V		
25. 다른 사람의 움직임을 모방하여 표현할 수 있다.	V		
26. 다른 사람과 협동하여 미술활동을 할 수 있다.		V	
27. 부모를 동일시 하여 흉내놀이를 한다.	V		
28. 여러 가지 재료, 음악, 소품을 활용하여 극 놀이를 할 수 있다.	V		
29. 우리나라 전통 음악과 그림에 관심을 갖는다.		V	

사회 · 정서발달 체크리스트(만 2~3세용)

관찰유아 : 서준우 **생년월일** : 2011. 06. 03 **성 별** : (남) · 여
관 찰 자 : 유효신 **관 찰 일** : 2014. 05. 21 **관찰일 현재 연령** : 3년 7월

- 관찰할 유아를 선택한 후 체크리스트에 있는 행동이 나타나면 V로 표시한다.
- 관찰 결과를 요약 정리한다.

	예	아니오	비고
1. 자신의 물건에 대한 소유 의식이 있다.	V		
2. 자신과 다른 사람의 같은 점과 다른 점을 인식한다.	V		
3. 범주적 자아 개념을 사용한다.	V		
4. 독립심이 나타나기 시작하여 자신이 하고 싶은 일을 한다.	V		
5. 스스로 해 보려고 노력한다.	V		
6. 자신의 정서와 느낌을 강하게 표현한다.	V		
7. 다른 사람에게 관심을 끌려고 애쓴다.		V	
8. 다른 사람에게 자신의 감정을 표현한다.	V		
9. 다른 사람의 감정에 공감할 수 있다.		V	
10. 자신의 정서를 조절하려고 노력한다.	V		
11. 다른 사람을 돕는다.	V		
12. 친구와 함께 연합놀이를 한다.	V		
13. 간식을 친구와 함께 나누어 먹는다.	V		
14. 친구가 울면 신체나 언어로 위로한다.		V	
15. 함께 정한 약속과 규칙을 지킬 수 있다.	V		
16. 차례를 지킬 수 있다.	V		
17. 예의를 지킬 수 있다.	V		
18. 공공장소에서 지켜야 할 약속을 지킬 수 있다.	V		
19. 우리 동네에 대해 관심을 갖는다.		V	
20. 우리나라 풍습에 관심을 갖는다.		V	
21. 주변의 색, 모양, 질감 등에 관심을 갖고 탐색한다.	V		
22. 자신의 생각과 느낌을 노래로 표현할 수 있다.		V	
23. 노랫말을 바꾸어서 노래할 수 있다.		V	
24. 도구를 활용하여 여러 가지 움직임을 표현할 수 있다.	V		
25. 다른 사람의 움직임을 모방하여 표현할 수 있다.	V		
26. 다른 사람과 협동하여 미술활동을 할 수 있다.	V		
27. 부모를 동일시 하여 흉내놀이를 한다.		V	
28. 여러 가지 재료, 음악, 소품을 활용하여 극 놀이를 할 수 있다.	V		
29. 우리나라 전통음악과 그림에 관심을 갖는다.		V	

사회 · 정서발달 체크리스트(만 4 ~ 5세용)

관찰유아 : 최세령 **생년월일** : 2009. 03. 06 **성 별** : 남 · (여)
관 찰 자 : 오수미 **관 찰 일** : 2013. 05. 21 **관찰일 현재 연령** : 4년

• 관찰할 유아를 선택한 후 체크리스트에 있는 행동이 나타나면 V로 표시한다.
• 관찰 결과를 요약 정리한다.

	예	아니오	비고
1. 긍정적인 자아 개념을 갖고 있다.	V		
2. 자신의 감정을 알고 표현할 수 있다.	V		
3. 다른 사람의 감정을 알고 공감할 수 있다.	V		
4. 자신의 감정을 상황에 맞게 조절할 수 있다.	V		
5. 다른 사람과 서로 돕고 협력한다.	V		
6. 또래와 협동하여 놀이한다.	V		
7. 장난감을 서로 나누고 교환하여 놀이할 수 있다.	V		
8. 친구의 의견을 존중한다.	V		
9. 친구의 물건을 사용할 때 허락을 구한다.		V	
10. 다른 사람에게 자신의 것을 그저 줄 수 있다.		V	
11. 주변 사람들과 화목하게 지낸다.	V		
12. 친하게 지내는 친구가 많이 있다.	V		
13. 다른 사람을 배려하여 행동한다.	V		
14. 다른 사람에게 예의 바르게 행동한다.	V		
15. 다른 사람과 한 약속을 지킨다.	V		
16. 공공장소에서 약속된 규칙을 지킨다.	V		
17. 질서를 잘 지킨다.	V		
18. 교사의 지시에 잘 따르고 순종한다.	V		
19. 인내심과 자제력이 있다.	V		
20. 자신에게 주어진 책임을 다하려고 노력한다.	V		
21. '옳고', '그름'을 알고 옳은 일을 선택하여 행동할 수 있다.	V		
22. 다양한 직업에 대해 관심을 갖는다.	V		
23. 우리나라를 상징하는 것을 알고 예절을 지킨다.	V		
24. 우리나라에 대해 자부심을 갖는다.		V	
25. 다문화 가정의 친구들을 존중한다.		V	
26. 자연의 아름다움을 보고 정서를 표현할 수 있다.	V		
27. 음악으로 자신의 정서를 표현할 수 있다.		V	
28. 움직임과 춤으로 자신의 정서를 표현할 수 있다.		V	
29. 미술활동으로 자신의 정서를 표현할 수 있다.		V	
30. 역할놀이에서 자신의 역할을 잘 해낸다.	V		
31. 주제를 주면 창의적으로 신체 표현 활동을 한다.		V	

사회 · 정서발달 체크리스트(만 4 ~ 5세용)

관찰유아 : 김기태 **생년월일** : 2010. 02. 07 **성 별** : (남) · 여
관 찰 자 : 홍옥주 **관 찰 일** : 2014. 05. 21 **관찰일 현재 연령** : 4년 3월

- 관찰할 유아를 선택한 후 체크리스트에 있는 행동이 나타나면 V로 표시한다.
- 관찰 결과를 요약 정리한다.

	예	아니오	비고
1. 긍정적인 자아 개념을 갖고 있다.	V		
2. 자신의 감정을 알고 표현할 수 있다.	V		
3. 다른 사람의 감정을 알고 공감할 수 있다.	V		
4. 자신의 감정을 상황에 맞게 조절할 수 있다.	V		
5. 다른 사람과 서로 돕고 협력한다.	V		
6. 또래와 협동하여 놀이한다.	V		
7. 장난감을 서로 나누고 교환하여 놀이할 수 있다.	V		
8. 친구의 의견을 존중한다.	V		
9. 친구의 물건을 사용할 때 허락을 구한다.	V		
10. 다른 사람에게 자신의 것을 그저 줄 수 있다.	V		
11. 주변 사람들과 화목하게 지낸다.	V		
12. 친하게 지내는 친구가 많이 있다.	V		
13. 다른 사람을 배려하여 행동한다.	V		
14. 다른 사람에게 예의 바르게 행동한다.	V		
15. 다른 사람과 한 약속을 지킨다.	V		
16. 공공장소에서 약속된 규칙을 지킨다.	V		
17. 질서를 잘 지킨다.	V		
18. 교사의 지시에 잘 따르고 순종한다.	V		
19. 인내심과 자제력이 있다.	V		
20. 자신에게 주어진 책임을 다하려고 노력한다.	V		
21. '옳고', '그름'을 알고 옳은 일을 선택하여 행동할 수 있다.	V		
22. 다양한 직업에 대해 관심을 갖는다.		V	
23. 우리나라를 상징하는 것을 알고 예절을 지킨다.		V	
24. 우리나라에 대해 자부심을 갖는다.		V	
25. 다문화 가정의 친구들을 존중한다.		V	
26. 자연의 아름다움을 보고 정서를 표현할 수 있다.	V		
27. 음악으로 자신의 정서를 표현할 수 있다.	V		
28. 움직임과 춤으로 자신의 정서를 표현할 수 있다.	V		
29. 미술활동으로 자신의 정서를 표현할 수 있다.	V		
30. 역할놀이에서 자신의 역할을 잘 해낸다.	V		
31. 주제를 주면 창의적으로 신체 표현 활동을 한다.	V		

사회 · 정서발달 체크리스트(만 4 ~ 5세용)

관찰유아 : 이지아　　**생년월일** : 2009. 03. 05　　**성　별** : 남 · (여)

관 찰 자 : 손자람　　**관 찰 일** : 2014. 05. 08　　**관찰일 현재 연령** : 5년 2월

- 관찰할 유아를 선택한 후 체크리스트에 있는 행동이 나타나면 V로 표시한다.
- 관찰 결과를 요약 정리한다.
- 다른 사람의 감정을 알고 공감할 줄 알며 자신의 감정을 상황에 맞게 조절한다.
- 교사및 주변 사람과 화목하게 지내며 다른사람을 배려하며 행동한다.

항목	예	아니오	비고
1. 긍정적인 자아 개념을 갖고 있다.	V		
2. 자신의 감정을 알고 표현할 수 있다.	V		
3. 다른 사람의 감정을 알고 공감할 수 있다.	V		
4. 자신의 감정을 상황에 맞게 조절할 수 있다.	V		
5. 다른 사람과 서로 돕고 협력한다.	V		
6. 또래와 협동하여 놀이한다.	V		
7. 장난감을 서로 나누고 교환하여 놀이할 수 있다.	V		
8. 친구의 의견을 존중한다.	V		
9. 친구의 물건을 사용할 때 허락을 구한다.		V	
10. 다른 사람에게 자신의 것을 그저 줄 수 있다.	V		
11. 주변 사람들과 화목하게 지낸다.	V		
12. 친하게 지내는 친구가 많이 있다.	V		
13. 다른 사람을 배려하여 행동한다.	V		
14. 다른 사람에게 예의 바르게 행동한다.	V		
15. 다른 사람과 한 약속을 지킨다.	V		
16. 공공장소에서 약속된 규칙을 지킨다.	V		
17. 질서를 잘 지킨다.	V		
18. 교사의 지시에 잘 따르고 순종한다.	V		
19. 인내심과 자제력이 있다.	V		
20. 자신에게 주어진 책임을 다하려고 노력한다.	V		
21. '옳고', '그름'을 알고 옳은 일을 선택하여 행동할 수 있다.	V		
22. 다양한 직업에 대해 관심을 갖는다.		V	
23. 우리나라를 상징하는 것을 알고 예절을 지킨다.	V		
24. 우리나라에 대해 자부심을 갖는다.		V	
25. 다문화 가정의 친구들을 존중한다.		V	
26. 자연의 아름다움을 보고 정서를 표현할 수 있다.	V		
27. 음악으로 자신의 정서를 표현할 수 있다.	V		
28. 움직임과 춤으로 자신의 정서를 표현할 수 있다.	V		
29. 미술활동으로 자신의 정서를 표현할 수 있다.	V		
30. 역할놀이에서 자신의 역할을 잘 해낸다.	V		
31. 주제를 주면 창의적으로 신체 표현 활동을 한다.	V		

사회 · 정서발달 체크리스트(만 4 ~ 5세용)

관찰유아 : 김 다 현 **생년월일** : 2008. 12. 05 **성 별** : 남 · ⓔ
관 찰 자 : 장 지 현 **관 찰 일** : 2014. 05. 21 **관찰일 현재 연령** : 5년 5월

• 관찰할 유아를 선택한 후 체크리스트에 있는 행동이 나타나면 V로 표시한다.
• 관찰 결과를 요약 정리한다.

	예	아니오	비고
1. 긍정적인 자아 개념을 갖고 있다.	V		
2. 자신의 감정을 알고 표현할 수 있다.	V		
3. 다른 사람의 감정을 알고 공감할 수 있다.	V		
4. 자신의 감정을 상황에 맞게 조절할 수 있다.		V	
5. 다른 사람과 서로 돕고 협력한다.		V	
6. 또래와 협동하여 놀이한다.	V		
7. 장난감을 서로 나누고 교환하여 놀이할 수 있다.	V		
8. 친구의 의견을 존중한다.		V	
9. 친구의 물건을 사용할 때 허락을 구한다.	V		
10. 다른 사람에게 자신의 것을 그저 줄 수 있다.		V	
11. 주변 사람들과 화목하게 지낸다.		V	
12. 친하게 지내는 친구가 많이 있다.		V	
13. 다른 사람을 배려하여 행동한다.		V	
14. 다른 사람에게 예의 바르게 행동한다.		V	
15. 다른 사람과 한 약속을 지킨다.		V	
16. 공공장소에서 약속된 규칙을 지킨다.	V		
17. 질서를 잘 지킨다.		V	
18. 교사의 지시에 잘 따르고 순종한다.	V		
19. 인내심과 자제력이 있다.		V	
20. 자신에게 주어진 책임을 다하려고 노력한다.		V	
21. '옳고', '그름'을 알고 옳은 일을 선택하여 행동할 수 있다.	V		
22. 다양한 직업에 대해 관심을 갖는다.		V	
23. 우리나라를 상징하는 것을 알고 예절을 지킨다.	V		
24. 우리나라에 대해 자부심을 갖는다.	V		
25. 다문화 가정의 친구들을 존중한다.	V		
26. 자연의 아름다움을 보고 정서를 표현할 수 있다.	V		
27. 음악으로 자신의 정서를 표현할 수 있다.	V		
28. 움직임과 춤으로 자신의 정서를 표현할 수 있다.		V	
29. 미술활동으로 자신의 정서를 표현할 수 있다.	V		
30. 역할놀이에서 자신의 역할을 잘 해낸다.	V		
31. 주제를 주면 창의적으로 신체 표현 활동을 한다.		V	

6. 연령별 유아의 발달과업

1) 만 0세 영아의 발달과업

(1) 만 0세 신체 발달과업

연령	발달영역	발달시기	발달과업 내용	비고
만 0세	신체발달	0 ~ 3개월	· 출생 후 1개월경 주먹을 쥐고 있다. · 반사 행동이 나타난다. · 동공 반사를 한다. · 두 눈의 협응이 일어난다. · 양 손을 가슴으로 모을 수 있다. · 시선을 중앙으로 모을 수 있다. · 물건을 입 속에 넣는다. · 움직이는 장난감을 손바닥을 이용해서 잡는다.	소근육 발달
			· 엎드려서 머리를 든다. · 어깨를 잡아 주면 고개를 든다. · 번갈아 가며 발차기를 한다. · 눈 앞에 물체가 보이면 팔을 움직인다.	대근육 발달
		4 ~ 6개월	· 고개를 움직이지 않고 시선을 움직일 수 있다. · 물건을 향해 손을 뻗고 잡을 수 있다. · 장난감을 양손으로 잡는다. (6개월) · 한 손에 든 사물을 다른 손에 옮겨 잡을 수 있다.	소근육 발달
			· 뒤집기를 할 수 있다. · 도움을 받아 앉을 수 있다. (6개월이 되면 혼자 앉는다) · 도움을 받아 옆으로 구를 수 있다. · 누워서 손과 무릎을 들 수 있다.	대근육 발달
		7 ~ 12개월	· 손바닥으로 물건을 잡고 손목을 돌릴 수 있다.	소근육 발달

만 0세	신체발달	7 ~ 12개월	· 한 번에 그림책을 여러 장 넘긴다. · 손가락으로 사물을 잡는다. · 컵을 이용해서 음료수를 마실 수 있다. · 깊이 지각이 생긴다. · 입, 눈, 손가락을 사용하여 사물의 성실을 이해하기 시작한다. · 손뼉을 칠 수 있다. · 벨을 눌러서 소리를 나게 할 수 있다. · 간단한 악기를 두드릴 수 있다. · 물건을 한 손에서 다른 손으로 옮길 수 있다. · 엄지와 검지로 물건을 잡을 수 있다. · 음식을 잡고 먹을 수 있다. · 한 손으로 물건을 잡는다. · 연필을 잡고 끼적거리기를 할 수 있다. (10개월경) · 두 개 이상의 블록으로 탑 쌓기를 한다. · 사물을 부딪쳐 소리를 낸다. · 바구니 속의 물건을 꺼낼 수 있다. · 물건 뚜껑을 열고 닫을 수 있다. · 한 손에 하나씩 양 손에 두 개의 사물을 동시에 잡는다.	소근육 발달
			· 앞으로 몸을 기울여 앉거나 자기 손을 바닥에 대고 앉을 수 있다. · 손으로 잡지 않고 기대어 앉는다. · 잡아 주지 않아도 혼자서 앉아 있는다. · 붙잡아 주면 설 수 있다. · 치아가 나기 시작한다. · 8개월 경에는 잡고 일어난다. · 8개월 경에는 기기 시작한다. · 줄을 잡아당길 수 있다. · 9개월경 까꿍놀이를 시작한다. · 10개월경 혼자 일어선다. · 바닥에 누운 상태에서 뒤집는다. · 손을 사용해서 혼자 앉고, 기고, 먹고, 주변 사물을 잡고 설 수 있다. · 10개월경에는 팔 다리를 이용해서 길 수 있다. · 12개월경에는 가구를 잡고 걸을 수 있다. · 물건을 던질 수 있다.	대근육 발달

만 0세	신체발달	7 ~ 12개월	· 통에 물건을 넣을 수 있다. (10개월경) · 무언가 짚고 혼자 일어설 수 있다. · 가구를 의지하여 옆으로 걷는다. · 잡아주지 않아도 혼자서 서 있는다. · 두 발로 걷기 시작한다. (12개월경) · 장난감을 질질 끌고 다니기를 할 수 있다.	

※ 위의 발달과업은 일반적인 영아들의 범주이며 개인의 발달에 따라 개인차가 있을 수 있다.

(2) 만 0세 언어 발달과업

연령	발달영역	발달시기	발달과업 내용	비고
만 0세	언어발달	0 ~ 3개월	· 엄마의 말을 알아듣는다. · "바" 음과 "파" 음을 구별할 수 있다. · 말하는 사람 쪽으로 고개를 돌리고 쳐다본다. · 높은 소리에 귀를 기울인다.	듣기
		4 ~ 6개월	· 이름을 부르면 고개를 돌리거나 쳐다본다. · 익숙한 소리에 관심을 갖고 쳐다본다.	듣기
		7 ~ 12개월	· 단어 전후에 대한 소리의 규칙성을 듣는다. · 약한 음절로 시작하는 단어를 알아낼 수 있다. · 고음에 대한 최고조의 반응을 한다. · 간단한 명령, 지시를 이해한다. · 장난감을 달라고 하면 건네 준다. · 빠이빠이, 안녕 등의 의미를 알고 손을 흔든다. · '안돼' 라는 말을 이해하고 잠깐 동안 행동을 멈출 수 있다.(9개월) · 모국어의 장단, 고저에 민감해진다. · 물체의 소리를 분류한다. · 단어와 물체를 연결할 수 있다. · 특정 사물이나 행동과 단어를 연결할 수 있다. · 자신의 이름에 반응한다.	듣기

만 0세	언어발달	0 ~ 3개월	· 울음을 통해 의사표현을 한다. · 1개월에는 입, 목청을 이용하여 다양한 소리를 낸다.(꾸룩 소리) · 2개월에는 입을 이용하여 모음과 비슷한 소리를 낸다.(쿠잉 소리) · 음의 고저가 발생한다. · 엄마가 말하면 옹알이로 반응하기 시작한다.	말하기
		4 ~ 6개월	· 단순한 자음 모음이 반복된 옹알이가 증가한다. · 자기 이름에 반응하기 시작하며 다양한 모음 소리를 낸다. · 혼자 옹알이를 하며 '이어', '우우', '무무' 등의 소리를 낸다. · 엄마와 이야기하듯 옹알이를 주고받는다.(두세 음절로 옹알이 하기도 하고 강도, 음량, 고저, 리듬을 사용한다.) · 엄마가 내는 소리를 모방한다. · 목울림 소리에 자음을 더하여 소리낸다.(자음소리내기) · 이야기를 하면 쳐다보고 상대방의 이야기가 끝나면 소리를 낸다. · 모국에서 사용되는 소리에 민감해진다.	말하기
		7 ~ 12개월	· 음의 고저가 생긴다. · 옹알이가 최고조에 달한다. · 옹알이로 대화가 가능하다. · 억양을 통해 의미를 파악하고 간단한 소리를 따라할 수 있다. · 마마, 다다 등의 소리를 내며 타인의 소리를 모방한다.(10개월경) · 말을 모방하기 시작한다. · 한 단어로 말하기 시작한다.(10개월경) · 낱말이나 단어에 대한 리듬감을 확장시킨다. · 단어를 사용하여 말한다. · 엄마, 아빠 또는 비슷한 말로 부모를 부른다. · 같은 음절의 반복을 즐긴다.	말하기

※ 위의 발달과업은 일반적인 영아들의 범주이며 개인의 발달에 따라 개인차가 있을 수 있다.

(3) 만 0세 인지 발달과업

연령	발달영역	발달시기	발달과업 내용	비고
만 0세	인지발달	0 ~ 3개월	· 반사를 이용하여 탐색한다. (1개월경) · 흑백을 구분한다. · 자기 손을 뚫어지게 바라본다. · 소리나는 쪽으로 고개를 돌린다. · 모빌이나 움직이는 물체를 따라 눈동자를 굴린다. · 손가락 빨기 등 행동을 반복해서 나타낸다. · 사람 목소리와 다른 목소리를 구별할 수 있다. · 좋아하는 사람이나 물건을 보면 손을 뻗는다. · 자신 앞에서 사라진 대상물을 찾으려 하지 않는다.	– Piaget 감각운동기 제1단계 반사기(출생~1개월경) 바빈스키 반사, 모로 반사, 파악 반사, 빨기 반사, 삼키기 반사, 젖찾기 반사 – Piaget 감각운동기 제2단계 · 1차 순환반응기 (1~4개월) · 대상영속성개념 1단계 (0~2개월) 시야에서 사라진 물체는 마음에서도 사라진다.
		4 ~ 6개월	· 손에 물건을 주면 무조건 입으로 가져가서 빤다. · 먼 곳의 물체를 구별할 수 있다. · 색깔을 구별한다. · 소리나는 방향을 찾아 내는 능력이 계속 향상된다. · 의도적으로 전에 획득했던 반응을 새로운 상황에 적응하려 한다. · 엄마의 목소리를 알고 민감하다. · 낯익은 목소리를 구별할 수 있다. · 가까이에 있는 물건에 손을 뻗는다. · 가지고 놀던 물건이 사라지면 사라진 쪽을 잠시 바라본다. · 차기, 잡기, 치기, 뻗기 등의 운동 기술을 이용해서 탐색한다. · 반복된 경험으로 제한된 예상을 한다.	– Piaget 감각운동기 제3단계 · 2차 순환반응기 (4~8개월) · 대상영속성개념 2단계 (2~4개월) 물체가 사라진 곳을 잠시 동안 응시하나 능동적인 탐색은 아니다. · 대상영속성개념

만 0세	인지발달	4 ~ 6개월	· 물체가 없어진 궤도 안에서 대상을 찾을 수 있다. · 물체의 일부분만 보아도 사물을 알아본다.	3단계 (4~8개월) 물체가 사라진 궤도 안에서 찾을 수 있다.
		7~12개월	· 움직이는 것에 관심을 보이며 따라 다닌다. · 사람을 기억하고 새로운 것에 집중해서 쳐다본다. · 상자나 서랍 속의 물건을 뒤지는데 관심이 많다. · 감추어진 장난감을 찾아낼 수 있다. · 보이지 않는 물건에 대한 대상영속성개념이 생긴다. · 무슨 일이 일어나려고 하는지 일상적인 일을 예측할 수 있다. · 물체의 일부분만 가려도 숨겨진 장난감을 찾을 수 있다. · 새로운 물건에 관심을 보인다. · TV 화면이나 사람 얼굴에 관심을 보인다. · 흥미 있는 행동을 반복한다. · 목적을 성취하기 위해 이미 전에 획득한 도식을 통합할 수 있다. · 주변에 대한 호기심이 나타난다. · 사물을 바라봄으로써 외부세계를 이해한다. · 자신의 신체를 이해하기 시작한다. (신체부위 알기) · 간단한 몸짓을 따라할 수 있다. · 시행착오를 반복하며 지식을 얻는다. · 장난감을 떨어뜨리고 집어 올린다. · 사물을 보면 다가가서 잡는다. · 책에 나와 있는 사진이나 그림 등에 관심을 보인다. · 장난감의 소리, 동물의 소리를 흉내낸다. · 다양한 또래의 소리를 흉내낸다. · 주 양육자의 얼굴을 식별한다. · 목적을 가지고 행동하기 시작한다. · 원인과 결과를 학습한다. · 사건에 대한 예측이 향상된다.	· 대상영속성개념 4단계 물체가 숨겨진 첫 번째 장소에서만 찾으려 한다. – Piaget 감각운동기 제4단계 2차 순환반응의 통합 (8~12개월) 인과관계 이해가능

※ 위의 발달과업은 일반적인 영아들의 범주이며 개인의 발달에 따라 개인차가 있을 수 있다.

(4) 만 0세 사회성 발달과업

연령	발달영역	발달시기	발달과업 내용	비고
만 0세	사회성 발달	0 ~ 3개월	· 엄마의 목소리를 알고 시선을 맞출 수 있다. · 사람 얼굴에 대해 특별한 관심을 갖는다. · 사회적 미소가 시작된다.(2개월경) · 성인의 얼굴 표정을 지어 반응한다. · 주변 사람들에게 흥미와 호기심을 보인다.	
		4 ~ 6개월	· 사람을 보면 미소를 짓는다. · 자신의 행동으로 기분을 표현한다. · 낯선 분위기를 알고 울거나 당황해한다. · 엄마 얼굴을 쳐다보고 엄마의 말에 반응을 한다. · 자기 이름에 대한 반응을 보이며 가까이 올 수 있다. · 친숙한 사람에게 미소 짓고 소리를 낸다. · 양육자와 같이 친숙한 사람을 따른다. · 거울에서 자신을 보고 웃기 시작한다.	
		7 ~ 12개월	· 독립심이 생긴다. · 손을 흔들어 인사할 수 있다. · 다른 사람의 말을 들을 수 있다. · 다른 영아에게 애정표현 하는 것을 좋아한다. · 혼자서 미소 짓는 것을 좋아한다. · 낯선 사람이 나타나면 울고 당황해 한다. · 가족이나 부모를 알아보고 다가간다. · 손을 내밀어 어른에게 장난감이나 물건을 건네준다. · 어른을 모방하여 손뼉 칠 수 있다. · 타인의 주의를 끌기 위한 말을 한다. · 타인의 애정을 받고자 하는 사회적 신호가 나타난다. · 타인에게 '안녕' 과 같은 말이나 몸짓으로 인사한다. · 일상적인 활동을 흉내낸다 (잠자기, 전화걸기 등) · 혼자서 사회적 놀이를 할 수 있다. · 다른 사람을 모방하여 놀이를 할 수 있다. · 해서 안 되는 것과 해도 되는 것을 안다.	

만 0세	사회성 발달	7 ~ 12개월	· 욕구를 채우려고 고집을 부린다. · 양육자에 대한 소유욕이 생겨서 주변을 떠나지 못하게 한다. · 움직임이나 소리, 미소, 울음 등으로 부모나 양육자의 주의를 끈다. · 다른 사람을 고려하지 못한다. · 다른 영아를 모방한다. · 수줍어 하거나 매달리기도 한다. · 다른 사람과 상호작용을 시작하여 반응한다. · 자아 존중감이 발달된다. · 자신의 즐거움을 채우려고 한다.	

※ 위의 발달과업은 일반적인 영아들의 범주이며 개인의 발달에 따라 개인차가 있을 수 있다.

(5) 만 0세 정서 발달과업

연령	발달영역	발달시기	발달과업 내용	비고
만 0세	정서발달	0 ~ 3개월	· 신체적 접촉을 좋아하며 안아달라고 한다. · 사람의 얼굴을 빤히 쳐다보거나 소리에 반응한다. · 배가 고프거나 몸이 불편하면 운다. · 기쁨, 흥미, 놀람, 공포, 혐오, 슬픔 과 같은 기본 정서를 표현한다. · 주변에 흥미와 호기심을 보인다.	
		4 ~ 6개월	· 화를 내고 짜증을 부린다. · 기분이 좋고 나쁨을 목소리로 표현하기도 한다. · 즐거운 표정이나 불쾌한 표정을 지을 수 있다. · 말하거나 노래 부르면서 우는 것을 중지한다. · 배가 고프면 울고 편안해지면 울음을 그친다. · 미세한 자극에도 웃거나 운다.	
		7 ~ 12개월	· 낯가림이 생긴다. · 다른 사람의 표정을 보고 기분을 안다. · 낯선 환경에서 엄마와 떨어지는 것을 불안해 한다. · 반항이나 짜증을 부린다. · 낯선 것에 반응한다. · 음악과 리듬에 즐거운 표정을 짓는다. · 기분이나 감정을 표현하면서 정서를 분명히 표현한다. · 다른 사람에 대한 애정을 표현 하는 것을 좋아 한다.(9개월경) · 친구가 울면 따라 운다. · 음악을 듣고 자신의 정서를 표현할 수 있다. · 말과 행동으로 자신의 정서를 표현한다.(12개월경) · 유머 감각이 발달한다.	

※ 위의 발달과업은 일반적인 영아들의 범주이며 개인의 발달에 따라 개인차가 있을 수 있다.

2) 만 1세 영아의 발달과업

(1) 만 1세 신체 발달과업

연령	발달영역	내용범주	발달과업 내용	비고
만 1세	신체발달	신체조절과 기본운동하기	· 한 손으로 물건을 쥐고 다른 손으로 조작할 수 있다. · 손가락으로 막대 구멍에 꽂을 수 있다. · 탑 쌓기를 할 수 있다. · 손가락으로 사물을 지적할 수 있다. · 긁적거리기를 할 수 있다. · 원이나 사각형 같은 기본 도형을 맞출 수 있다. · 컵 · 숟가락을 손가락으로 잡고 사용할 수 있다. · 크레파스나 펜으로 그리기를 할 수 있다.(18개월경) · 지퍼를 잡아당길 수 있다.(18개월경) · 수평선을 보고 비슷하게 그릴 수 있다.(18개월경) · 동그라미를 보고 따라 그릴 수 있다.(18개월경) · 작은 물건을 가득 담거나 쏟기를 할 수 있다.(18개월경) · 퍼즐 놀이를 할 수 있다.(18개월경) · 사물을 비틀고 돌릴 수 있다.(18개월경) · 움직이는 장난감을 작동할 수 있다.(18개월경)	신체조절하기 소근육 발달 (조작활동)
			· 물건을 굴리고 잡을 수 있다.(catching) · 정확하게 손을 뻗쳐 잡을 수 있다.(catching) · 공을 찰 수 있다.(kicking)(18개월경) · 물건을 던질 수 있다.(throwing)(18개월경) · 혼자 옷을 벗을 수 있다.(18개월경) · 문을 열고 닫을 수 있다.(open/closing)(18개월경)	신체조절하기 대근육 발달 (조작운동)

<table>
<tr><td rowspan="3">만 1세</td><td rowspan="3">신체발달</td><td rowspan="3">신체조절과
기본운동하기</td><td>· 공을 차고 던질 수 있으나 목표물을 정확히 맞추기는 어렵다.(18개월경)</td><td></td></tr>
<tr><td>· 혼자 걸을 수 있다.(walking)
· 손을 짚고 계단을 기어서 오를 수 있다.(climbing)
· 물건 위로 기어 올라갈 수 있다.
· 물건을 당기고 밀며 걸을 수 있다.(push & pull)(18개월경)
· 자전거 페달을 밟을 수 있다.(18개월경)
· 두 발로 점프할 수 있다.(jumping)(18개월경)
· 앞, 옆, 뒤로 걸을 수 있다.(18개월경)
· 뛰어다닐 수 있다.(leaping)(18개월경)
· 두 발을 한 계단에 모두 디디면서 계단을 오를 수 있다.(18개월경)
· 두 발 모아 제자리에서 뛸 수 있다.(18개월 이후)
· 높은 곳을 기어 오를 수 있다. (climbing)(18개월 이후)
· 난간을 잡고 계단을 오를 수 있다.(18개월 이후)</td><td>기본운동하기
대근육 발달
(이동운동)</td></tr>
<tr><td>· 한 발로 잠시 서 있을 수 있다.(standing)(18개월경)
· 제자리에 앉을 수 있다.(sitting)
· 바른 자세로 앉을 수 있다.
· 똑바로 앉아 몸의 균형을 잡을 수 있다.(balancing)
· 웅크려 앉을 수 있다.(18개월경)
· 똑바로 앉아 물체를 잡고 몸의 균형을 잡을 수 있다.(18개월경)</td><td>기본운동하기
대근육 발달
(비이동운동)</td></tr>
</table>

※ 위의 발과업은 일반적인 영아들의 범주이며 개인의 발달에 따라 개인차가 있을 수 있다.

(2) 만 1세 언어 발달과업

연령	발달영역	내용범주	발달과업 내용	비고
만 1세	언어발달	듣 기	· 엄마가 지시한 말을 이해한다. · 간단한 심부름을 알아듣고 할 수 있다. · 이야기듣는 것을 좋아한다.(18개월경) · 성인의 한 두 단계의 지시를 듣고 따를 수 있다.(18개월경) · 타인이 말하는 사물을 지적한다.(18개월경) · 이야기와 시 듣기를 할 수 있다.(18개월경)	· 주변의 소리와 말소리 듣기 · 경험과 관련된 말 알기 · 운율이 있는 말 듣기
		말하기	· 약 50개 정도의 단어를 사용할 수 있다. · 상황에 맞는 단어를 사용한다. · 문장을 중얼거리고 단어를 반복해서 말한다. · 한 단어를 문장처럼 쓰며 말한다. · 억양을 사용하여 말한다. · 옹알이로 문장을 만든다. · 타인의 소리와 사물의 소리를 모방하여 말한다. · 단어와 유사하게 말한다. · 자신이 말하지 못한 질문 · 지시에 반응할 수 있다. · 과잉 축소, 과잉 확대를 자주 사용한다. · 두세 단어를 사용하여 말할 수 있다.(18개월경) · 전치사, 수사, 대명사, 동사를 쓰며 말한다.(18개월경) · 어휘가 50~200개 정도로 늘어난다.(18개월경) · 사회적인 단어를 학습하고 말한다.(미안해, 고마워, 안녕 등)(18개월경) · 자신의 욕구 · 요구와 관련된 단어를 말할 수 있다.(18개월경) · "이게 뭐야?" 하는 질문을 사용한다.(18개월경) · 자신의 이름을 말한다.(18개월경)	· 발성과 발음으로 소리내기 · 표정 · 몸짓, 말소리로 표현하기

만 1세	언어발달	말하기	· 두 단어를 조합하여 문장을 만들 수 있다.(18개월경) · '나', '내 것', '너'와 같은 말을 사용한다.(18개월경) · 전보식 언어를 사용한다.(18개월경) · 사물의 이름을 계속해서 질문한다.(18개월경) · 타인에게 지시하는 언어를 사용한다. (18개월 경)	
		읽 기	· 친숙한 그림을 알아본다. · 글 내용보다 그림에 더 관심을 갖는다. · 그림책 보는 것을 좋아한다. · 그림에 있는 사물의 이름을 안다.(18개월경) · 그림책에 있는 글자를 보고 읽는 흉내를 낸다.(18개월경)	그림책과 환경 인쇄물에 관심 가지기
		쓰 기	· 사인펜, 분필, 크레파스를 사용한다. · 끼적거리기를 할 수 있다. · 글자 형태를 보고 끼적거리기를 시도한다.	끼적이기

※ 위의 발달과업은 일반적인 영아들의 범주이며 개인의 발달에 따라 개인차가 있을 수 있다.

(3) 만 1세 인지 발달과업

연령	발달영역	내용범주	발달과업 내용	비고
만 1세	인지발달	수학적 탐구하기	· 사물을 1~3까지 셀 수 있다. · 사물이 '있다', 와 '없다' 를 구별한다. · '한 개' 와 '여러 개' 를 구별할 수 있다. · 세 가지 정도의 색 이름을 안다. · '크다', '작다' 와 같은 수 개념을 이해한다.	수량지각하기
			· 기본 도형을 안다. · 사라진 물건 찾기가 가능해진다. · 최근에 사라진 곳에서 물건을 찾는다. · 거울 속에 비친 자신의 모습을 알 수 있다. · 사물과 그림을 짝지을 수 있다.(18개월경) · 감추는 것을 보지 못한 물건도 찾을 수 있다. (18개월경) · 정신적으로 사물을 기억하고 찾아 낸다.(18 개월 이후) · 기본 도형을 알고 같은 것을 찾을 수 있다. · 2~5조각 퍼즐을 맞출 수 있다.	주변공간 탐색하기
			· 2개의 고리를 크기에 따라 끼울 수 있다. · '더 크다', '더 작다' 의 개념을 이해한다.(18 개월경) · '더 높다', '더 낮다' 의 개념을 이해한다.(18 개월경) · '더 가볍다', '더 무겁다' 의 개념을 이해한다. (18개월경)	차이를 지각하기
			· 두 가지 기준에 따라 사물을 나열할 수 있다. · 두 가지 사물을 단순하게 반복하여 규칙성을 만들 수 있다. · 두 가지 기준에 따라 사물을 서열화 할 수 있다.	간단한 규칙성 지각하기
		탐구하는 태도 기르기	· 적극적으로 환경을 탐색한다. · 시행착오를 통한 여러 가지 탐색 활동이 나타난다.	· 사물에 관심가지기 · 탐색시도하기

만 1세	인지발달	과학적 탐구하기	· 머리 속으로 상상해 보고 문제를 해결할 수 있다. · 인과 관계를 이해한다.	· 물체와 물질 탐색하기
			· 주변 동 · 식물의 모양에 관심을 갖는다. · 주변 동 · 식물의 움직임에 관심을 갖는다. · 3~6개의 신체 부위를 식별할 수 있다.(18개월 이후) · 동물과 동물이 내는 소리를 짝 지을 수 있다.(18개월 이후)	· 주변 동식물에 관심 가지기
			· 주변의 사물이나 자연물을 시각으로 느낄 수 있다. · 주변의 사물이나 자연물의 소리를 듣고 느낄 수 있다. · 주변의 사물이나 자연물을 촉감으로 느낄 수 있다. · 주변의 사물이나 자연물의 냄새를 맡을 수 있다. · 여러 가지 맛에 관심을 갖고 맛을 알고 느낄 수 있다.	· 주변 자연에 관심 가지기
			· 도구를 사용하여 음식 먹기를 시도한다. · 여러 가지 생활 도구를 탐색하고 관심을 갖는다.	· 생활도구 탐색하기

※ 위의 발달과업은 일반적인 영아들의 범주이며 개인의 발달에 따라 개인차가 있을 수 있다.

(4) 만 1세 사회성 발달과업

연령	발달영역	내용범주	발달과업 내용	비고
만 1세	사회성 발달	나를 알고 존중하기	· 거울 속에 자신을 알아본다. · 자아 개념이 생기기 시작한다. · 자주 고집을 피운다. · 관심을 독차지 하고 싶어한다. · 친숙한 자기의 물건을 안다. · 자기 중심적이다. · 자신의 능력에 대한 자신감을 갖는다.(18개월경) · 자기 주장적 이며 독립심이 발달한다.(18개월경) · 자신을 나타내기 위해 자기 이름을 사용하기 시작한다.(18개월경) · 부정적인 정서를 숨길 수 있다.(18개월경) (당황, 수치, 죄책감, 분노 등) · 여러 가지 정서가 다양하게 분화된다.(18개월 이후)	· 나를 구별하기 · 나의 것 인식하기
		나와 다른 사람의 감정 알기	· 자신의 욕구와 감정을 나타낸다. · 감정의 지속시간이 짧다. · 다른 사람이 나타내는 여러 가지 감정에 주의를 기울인다. · 사람마다 다르게 반응한다. · 웃음과 울음으로 타인의 행동에 반응한다. · 부끄러움을 탄다. · 낯선 사람에 대한 두려움을 나타낸다.(15~18개월) · 상상력이 증가하여 환상적인 두려움이 나타난다.(15~18개월) · 자신의 감정과 타인의 감정이 다름을 안다.(18개월경) · 반항심으로 '싫어' 하는 표현을 한다.(18개월경) · 분노와 좌절의 감정을 많이 느끼고 짜증으로 나타낸다.(18개월경) · 극과 극을 나타내는 감정의 굴곡을 보인다. (18개월 경)	· 나의 감정을 나타내기 · 다른 사람에게 주의 기울이기

만 1세	사회성 발달	더불어 생활하기	· 자신을 돌보아 주는 존재를 의식한다. · 어른들의 인정을 받고 싶어한다. · 주의를 끌기 위해 여러 가지 행동을 한다. · 친근한 성인이나 형제와 함께 놀이한다. · 상징놀이를 한다. · 또래와 서로 번갈아 하는 게임에 참여하기 시작한다. · 관심을 끌기 위해 다양한 행동을 한다. · 자신의 행동과 타인의 행동을 모방한다. · 다른 사람의 행동을 모방한다. · 혼자 놀이와 평행 놀이를 한다. · 사람들의 정체감이 변한다는 것을 안다.(18개월경) · 요구하는 것과 반대로 하기를 한다.(18개월경) · 도움받기 위해 타인을 쳐다본다. (18개월경) · 성 유형화된 놀잇감을 선호하기 시작한다.(18개월경) · 평행놀이를 한다.(18개월 이후) · 다른 사람들의 차이점을 인식하고 상호작용을 조정할 수 있다.(18개월 이후) · 다른 사람에게 다양하게 행동한다.(18개월 이후)	· 안정적인 애착 형성하기 · 또래에 관심 갖기 · 자신이 속한 집단 알기
		다른 사람과 더불어 생활하기	· '옳고', '그름'을 알기 시작한다.(12~18개월) · 바람직한 행동이 증가된다.(12~18개월) · 다른 사람의 일을 도와준다.(18개월경) · 나누어 쓰기를 시도한다.(18개월경) · 도움을 받아 장난감을 정리할 수 있다. · 주변 사람들에게 인사할 수 있다.	· 사회적 가치를 알기

※ 위의 발달과업은 일반적인 영아들의 범주이며 개인의 발달에 따라 개인차가 있을 수 있다.

(5) 만 1세 정서 발달과업

연령	발달영역	내용범주	발달과업 내용	비고
만 1세	정서발달	아름다움 찾아보기	· 주변에서 나는 소리에 호기심을 갖는다. · 주변의 자연의 소리에 호기심을 갖는다. · 주변의 색깔에 호기심을 갖는다. · 주변의 모양에 호기심을 갖는다.	예술적 요소에 호기심 가지기
만 1세	정서발달	예술적 표현하기	· 리듬 있는 소리에 관심을 갖는다. · 노래를 부분적으로 따라 부를 수 있다. · 리듬과 노래에 반응을 보인다. · 리듬과 음높이에 맞추어 소리를 낸다.	리듬있는 소리로 반응하기
만 1세	정서발달	예술적 표현하기	· 손과 발, 신체를 이용하여 움직임으로 반응한다. · 간단한 도구를 활용하여 움직인다.	움직임으로 반응하기
만 1세	정서발달	예술적 표현하기	· 손가락 그림을 그릴 수 있다. · 찢어 붙이기를 할 수 있다. · 밀가루 점토로 길게 만들 수 있다. · 크레파스로 끼적거리기를 할 수 있다. · 물감 흘러내리기를 할 수 있다. · 직선, 사선 긋기를 할 수 있다. · 둥근 원 형태를 그릴 수 있다. (18개월경)	단순한 미술 경험하기
만 1세	정서발달	예술적 표현하기	· 상징놀이를 한다. · 놀이를 통해 정서를 표현한다. · 다른 사람의 행동을 모방한다. · 자신과 타인의 행동을 모방한다. · 혼자놀이와 평행 놀이를 한다. · 평행놀이를 한다.(18개월 이후) · 다른 사람에게 다양하게 행동한다. · 행동과 말로 정서를 표현한다. · 환상이 증가된다.(18개월경) · 공격성이 증가된다.(18개월경)	모방행동 즐기기

만 1세	정서발달	예술적 표현하기	· 타인의 반응을 이용하여 자신의 행동을 조절하기도 한다.(18개월경) · 변화에 저항하기도 한다.(18개월경)	
		예술 감상하기	· 자연의 소리와 리듬을 관심 있게 들을 수 있다. · 주변의 움직임에 관심을 갖고 볼 수 있다. · 그림이나 도형에 관심을 갖고 볼 수 있다. · 자연의 아름다움에 관심을 갖고 볼 수 있다.	아름다움 경험하기

※ 위의 발달과업은 일반적인 영아들의 범주이며 개인의 발달에 따라 개인차가 있을 수 있다.

3) 만 2세 영아의 발달과업

(1) 만 2세 신체 발달과업

연령	발달영역	내용범주	발달과업 내용	비고
만 2세	신체발달	신체조절과 기본운동하기	· 이닦기를 할 수 있다. · 간단한 사물을 조작할 수 있다. · 5개정도 큰 구슬꿰기를 할 수 있다. · 자신의 키만큼 블록을 쌓을 수 있다. · 7~8조각의 퍼즐을 맞출 수 있다. · 숟가락, 포크 사용을 할 수 있다. · 도움을 받아 옷을 입고 벗을 수 있다. · 큰 단추, 거는 단추 끼우기, 지퍼 올리고 내리기를 할 수 있다. · 문고리를 돌려서 문을 열 수 있다. · 책장을 한 장씩 넘길 수 있다. · 손가락을 이용해서 쓰기 도구를 쥐고 끼적거리기를 할 수 있다.	신체조절하기 소근육 발달 (조작활동)
			· 공 던지기, 팥 주머니 던지기를 할 수 있다.(throwing) · 공차기를 할 수 있다.(kicking) · 작은 사물을 두세 발짝 정도의 거리에 던질 수 있다.(throwing) · 굴러가는 공을 잡을 수 있다.(catching) · 공을 앞으로, 옆으로, 뒤로 굴릴 수 있다.(Rolling) · 목표를 보고 팔을 뻗쳐 공을 던질 수 있다.(throwing)	신체조절하기 대근육 발달 (조작운동)
			· 30cm 정도 앞으로 멀리뛰기를 할 수 있다.(leaping) · 바깥놀이 기구에 기어 오르기를 할 수 있다.(climbing) · 세발자전거 타기를 할 수 있다. · 난간을 잡고 계단을 오를 수 있다.(climbing) · 음악에 맞추어 걷고 몸을 움직일 수 있다.(walking)	기본운동하기 대근육 발달 (이동운동)

만 2세	신체발달	신체조절과 기본운동하기	· 계단에서 뛰어내릴 수 있다.(jumping) · 두 발로 함께 계단을 뛰어 오를 수 있다. · 똑바로 서서 선 따라 걸을 수 있다.(walking) · 목표물을 향해 달릴 수 있다.(running) · 앞으로 점프할 수 있다.(jumping) · 발 끝이나 발꿈치를 이용해서 걸을 수 있다.(walking) · 두 발로 점프할 수 있다.(jumping) · 한 발로 깡충뛰기를 할 수 있다.(hopping) · 안정된 자세로 걷기를 할 수 있다.(walking) · 두 발을 모아 계단을 위 아래로 오르내릴 수 있다.	
			· 허리 구부리기 (bending)를 쉽게 할 수 있다. · 정지된 상태에서 몸의 균형을 잡을 수 있다.(balancing) · 한 발로 잠시 서 있을 수 있다.(standing) · 제자리에서 10개 미만의 블록 탑을 쌓을 수 있다. · 팔과 몸통을 흔들어 볼 수 있다.(swaying) · 낮은 평균대 위에 서 있기를 할 수 있다.(standing) · 앉기(sitting), 서기(standing)를 잘 할 수 있다. · 손이나 팔, 다리 꼬기를 할 수 있다.(twisting)	기본운동하기 대근육 발달 (비이동운동)

※ 위의 발달과업은 일반적인 영아들의 범주이며 개인의 발달에 따라 개인차가 있을 수 있다.

(2) 만 2세 언어 발달과업

연령	발달영역	내용범주	발달과업 내용	비고
만 2세	언어발달	듣 기	· 단순한 이야기와 노래 듣기를 좋아한다. · 단순한 지시에 따른다. · 큰 소리, 부드러운 소리를 인식할 수 있다. · 높낮이와 세기 등 말소리의 차이를 구분한다. · 짧은 이야기와 노랫말 듣기를 즐긴다. · 선호하는 그림책 등을 읽어 주면 집중하여 듣는다.	· 말소리 구분하여 듣고 의미 알기 · 짧은 문장 듣고 알기 · 말하는 사람 주의 깊게 보기
		말하기	· 두세 단어로 사물의 이름, 특성, 사건의 반복 등을 표현한다. · 소유의 개념이 나타나며 소유격을 사용하여 말한다. · 조사를 사용하여 말한다. · 문장으로 말할 수 있다. · 세 단어 이상을 사용하여 말할 수 있다. · 언어의 규칙성을 적용하여 말하려고 시도한다. · 1,000개 정도의 어휘를 사용하여 말할 수 있다. · 전보문처럼 3~4개의 단어를 이어서 말한다. · 의문문과 부정문을 사용하여 말할 수 있다. · 속성을 사용하여 말할 수 있다. · 반복적으로 말하는 것을 좋아한다. · 3~4개의 단어로 일어났던 일을 묘사한다. · 노래, 운율, 손유희 등을 부분적으로 반복한다. · 단순한 생각을 나타내는 짧은 문장을 사용한다. · 시제가 혼란되어 나타난다. · 글자를 읽는 흉내를 낸다. · 바른 발음으로 말하기를 시도한다.	· 낱말과 간단한 문장으로 말하기 · 자신이 원하는 것을 말하기 · 상대방을 바라보며 말하기

만 2세	언어발달	말하기	· 원하는 것을 말로 요구한다. · 행동에 맞는 말(먹는다, 잔다)을 한다. · 상황에 맞는 말(고마워, 반가워)을 한다.	
		읽 기	· 책보기를 좋아한다. · 동화책 · 그림책을 읽는다. · 그림책에 있는 그림과 내용에 관심을 보인다. · 그림에 있는 사물의 이름을 부르며 읽는다. · 친숙한 그림과 환경 인쇄물을 보고 읽는 흉내를 낸다.	그림책과 환경 인쇄물에 흥미 가지기
		쓰 기	· 선긋기를 할 수 있다. · 끼적거리기가 조절된다. · 글자의 기초가 되는 모양을 구분한다. · 의도적으로 끼적거리기를 한다. · 여러 가지 쓰기 도구를 가지고 끼적거리기를 한다. · 글자의 형태로 끼적거린다.	끼적이며 즐기기

※ 위의 발달과업은 일반적인 영아들의 범주이며 개인의 발달에 따라 개인차가 있을 수 있다.

(3) 만 2세 인지 발달과업

연령	발달영역	내용범주	발달과업 내용	비고
만 2세	인지발달	수학적 탐구하기	· 사물을 1~10까지 셀 수 있다. · 더 많다, 더 크다, 약간, 조금 등과 같은 수 개념을 이해한다. · 전, 후의 개념을 이해한다. · 과거, 현재, 미래의 개념을 이해한다. · 시간에 대한 개념이 생긴다. · 다섯가지 이상의 색 이름을 안다. · 단순한 순서를 인식한다. · 세 번째 까지의 서수를 알 수 있다.	수량인식하기
			· 같은 도형 찾기를 할 수 있다. · 2~8조각의 퍼즐을 맞출 수 있다. · 기본 도형을 구별하고 이해한다. · 익숙한 위치와 장소를 안다. · 위치와 방향에 관한 어휘를 사용한다. · 물체의 모양에 따라 특성을 인식한다. · 기본 도형으로 모양을 구성할 수 있다.	공간과 도형에 관심 가지기
			· 3개의 고리를 크기에 따라 끼울 수 있다. · 두 물체의 크기를 비교할 수 있다. · 두 물체의 길이를 측정하고 비교할 수 있다. · 두 물체의 무게를 측정하고 비교할 수 있다. · 두 물체의 둘레를 측정하고 비교할 수 있다.	차이에 관심 가지기
			· 일정한 기준에 따라 사물을 나열할 수 있다. · 구체물을 1:1로 대응할 수 있다. · 주변에서 단순하게 반복되는 규칙성에 관심을 갖는다. · 2~3가지 기준에 따라 사물을 크기별로 서열화할 수 있다. · 사물이나 사진 등을 이용하여 단순한 패턴을 만들 수 있다.	단순한 규칙성에 관심 가지기

만 2세	인지발달	수학적 탐구하기	· 한 가지 속성에 초점을 맞추어 분류할 수 있다. · 크기가 같은 것을 함께 모을 수 있다. · 사물의 공통점과 차이점을 안다. · 비슷한 것끼리 짝을 지을 수 있다.	구분하기
		탐구하는 태도 기르기	· 주위 환경에 호기심을 보인다. · 주변 사물에 호기심을 갖는다.	호기심 가지기
			· 관심 있는 사물을 반복하여 탐색한다. · 거울로 탐색하는 것을 즐긴다.	반복적 탐색 즐기기
		과학적 탐구하기	· 단단하고 부드러운 것을 이해한다. · 뜨겁고 차갑고 미지근한 것을 이해한다. · 물체와 물질에 대해 적극적으로 탐색을 시도한다. · 친숙한 물체나 물질을 능동적으로 탐색한다.	물체와 물질 탐색하기
			· 동물의 이름을 세 가지~다섯가지 정도 안다. · 친숙한 사물과 단어를 연결시킬 수 있다. · 주변의 애완동물의 특성을 지각한다. · 주변의 곤충의 특성을 지각한다. · 익숙한 동물의 기본 특성에 관심을 보인다. · 자신의 신체 부분의 특성을 안다.	주변 동식물에 관심 가지기
			· 비, 구름, 해를 알고 있다. · 낮과 밤을 구별한다. · 여름과 겨울을 구별한다. · 눈, 비, 구름, 해 등 자연 현상을 인식한다. · 날씨를 감각적으로 느낀다. · 춥고 더움을 이해한다.	자연을 탐색하기
			· 도구를 사용하여 스스로 먹을 수 있다. · 생활 주변의 간단한 도구에 관심을 갖는다.	생활도구 사용하기

※ 위의 발달과업은 일반적인 영아들의 범주이며 개인의 발달에 따라 개인차가 있을 수 있다.

(4) 만 2세 사회성 발달과업

연령	발달영역	내용범주	발달과업 내용	비고
만 2세	사회성 발달	나를 알고 존중하기	· 자신과 다른 사람의 모습을 구별할 수 있다. · 독립심을 보이며 행동하려고 한다. · 자신의 것과 다른 사람의 것을 이해하고 나눌 수 있다. · 소유욕이 강한 행동을 한다. · 범주적 자아로 말한다. · 사진속에 자신을 인식한다. · 나의 물건을 소중히 여긴다. · 자아 개념이 발달하기 시작한다.	나를 구별하기
			· 도움을 받지 않고 겉옷을 입고 벗을 수 있다. · 흘리지 않고 숟가락으로 음식을 먹을 수 있다. · 컵을 집어 올려 마시고 다시 식탁에 놓을 수 있다. · 청소에 대한 것을 이해하기 시작한다. · 성인에게 관심을 끌며 기쁘게 하려고 한다.	좋아하는 것 해보기
		나와 다른 사람의 감정 알기	· 다른 사람에게 자신의 감정을 나타낸다. · 자신의 정서를 적절하게 표현하려고 한다. · 자신의 정서와 욕구를 인식한다.	나의 감정을 나타내기
			· 다른 사람의 정서에 관심을 갖는다. · 다른 사람의 감정을 인식하고 반응을 보인다. · 다른 사람이 자신을 부를 때 반응한다.	다른 사람의 감정에 반응하기

만 2세	사회성 발달	더불어 생활하기	· 내 가족에게 애정을 표현한다. · 부모를 동일시하고 부모 흉내를 내면서 배운다. · 자신의 가족 구성원을 안다.	내 가족 알기
			· 정리하는 것을 돕는다 · 다른 사람을 도울 수 있다. · 평행놀이를 한다. · 다른 사람과 협동한다. · 도구적인 공격성을 보인다. · 성 유형화된 사고를 하고 행동한다. · 다른 사람에게 도움을 청한다. · 상징놀이를 한다.	또래와 관계하기
			· 또래의 모습과 행동을 모방한다. · 자신이 속한 집단의 사람들을 도와줄 수 있다. · 우리 반 친구와 교사를 안다.	자신이 속한 집단 알기
		다른 사람과 더불어 생활하기	· 차례를 지킬 수 있다. · 다른 사람과 사물을 나누고 공유할 수 있다. · 도움을 받아 물건을 정리할 수 있다. · 자기 순서를 안다. · 바른 태도로 인사할 수 있다. · 간단한 약속을 지킨다. · 기본적인 예절 교육이 가능하다.	사회적 가치를 알기

※ 위의 발달과업은 일반적인 영아들의 범주이며 개인의 발달에 따라 개인차가 있을 수 있다.

(5) 만 2세 정서 발달과업

연령	발달영역	내용범주	발달과업 내용	비고
만 2세	정서발달	아름다움 찾아보기	· 주변 환경에서 나는 다양한 소리를 탐색한다. · 주변 환경에서 볼 수 있는 다양한 움직임을 탐색한다. · 주변 환경에서 볼 수 있는 다양한 색을 탐색한다. · 주변 환경에서 볼 수 있는 다양한 모양을 탐색한다.	예술적 요소 탐색하기
		예술적 표현하기	· 친근한 노래를 따라 부를 수 있다. · 자신의 생각을 노래로 표현할 수 있다. · 리듬 악기 연주를 할 수 있다. · 반복되는 운율이 있는 노래를 좋아한다. · 신체나 사물을 이용하여 간단한 리듬과 소리를 만들 수 있다.	리듬있는 소리와 노래로 표현하기
			· 자신의 정서를 동작으로 표현할 수 있다. · 다른 사람의 움직임을 모방하여 신체로 표현할 수 있다. · 간단한 도구를 활용하여 몸으로 표현할 수 있다.	움직임으로 표현하기
			· 자신의 생각과 느낌을 그림으로 끼적거리기를 할 수 있다. · 다른 사람과 협동하여 미술 활동을 할 수 있다. · 자연물을 이용하여 미술 활동을 할 수 있다. · 간단한 도구를 이용하여 미술 활동을 할 수 있다. · 자발적으로 그리기를 할 수 있다. · 자발적으로 만들기를 할 수 있다. · 밀가루 점토를 이용하여 미술활동을 할 수 있다.	자발적으로 미술활동하기

만 2세	정서발달	예술적 표현하기	· 손가락 그림을 그릴 수 있다.	
			· 평행놀이를 한다. · 상상놀이를 한다. · 사물을 대치하여 상징놀이를 할 수 있다. · 다른 사람을 모방하여 놀이한다. · 흉내놀이를 할 수 있다.	모방과 상상놀이 하기
		예술 감상하기	· 자연의 소리나 생활의 소리를 들을 수 있다. · 자연의 움직임을 관심 있게 볼 수 있다. · 친근한 음악을 관심 있게 들을 수 있다. · 자연의 아름다움을 감상할 수 있다. · 주변 사람이 표현한 춤을 관심갖고 볼 수 있다. · 주변 사람이 표현한 노래를 관심갖고 들을 수 있다. · 다른 사람의 미술품을 관심 갖고 볼 수 있다.	아름다움 즐기기

※ 위의 발달과업은 일반적인 영아들의 범주이며 개인의 발달에 따라 개인차가 있을 수 있다.

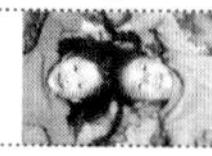

4) 만 3세 유아의 발달과업

(1) 만 3세 신체 발달과업

연령	발달영역	내용범주	발달과업 내용	비고
만 3세	신체발달	신체조절과 기본운동하기	· 엄지와 집게 손가락으로 물건을 능숙하게 집을 수 있다. · 가위로 선을 따라 오릴 수 있다. · 숟가락으로 정확하게, 쉽게 음식을 떠 먹을 수 있다. · 옷을 스스로 입고 벗을 수 있다. · 못 박기판 놀이에 큰 못을 박을 수 있다. · 큰 구슬을 꿸 수 있다. · 물을 따를 수 있다. · 블록 탑 쌓기를 할 수 있다. · 10조각 이하의 퍼즐을 쉽게 맞출 수 있다. · 원과 도형을 잘 그릴 수 있다. · 집이나 형체를 갖춘 그림을 그릴 수 있다. · 손가락으로 크레용, 사인펜을 쥐고 그릴 수 있다. · 단추 열기를 숙련된 기술로 할 수 있다. · 천천히 단추 잠그기를 할 수 있다. · 둥근 선과 직선, 사선을 그릴 수 있다.	신체조절하기 소근육 발달 (조작활동)
			· 큰 공을 잡을 수 있다.(catching) · 공을 손으로 던질 수 있다.(throwing) · 공을 발로 찰 수 있다.(kicking) · 방향이나 목표를 정하지 않고 쉽게 공을 던질 수 있다. · 매트에서 구를 수 있다. · 공 굴리기를 능숙하게 할 수 있다.(rolling) · 손으로 공치기를 할 수 있다.(striking) · 한 손이나 두 손으로 사물을 능숙하게 들어 올릴 수 있다.(lifting)	신체조절하기 대근육 발달 (조작운동)

만 3세	신체발달	신체조절과 기본운동하기	· 한 발로 뛸 수 있다.(hopping) · 세발자전거를 탈 수 있다. · 능숙하게 자전거나 자동차의 페달을 밟을 수 있다. · 그네를 탈 수 있다. · 계단을 오르내릴 수 있다. · 두 발 모아 20cm 정도 점프 할 수 있다.(jumping) · 발을 교대로 계단을 오를 수 있다.(climb-ing) · 짧게 앵금질할 수 있다.(hopping) · 발 뒤꿈치를 들고 걸을 수 있다.(walking) · 옆이나 뒤로 걸을 수 있다.(walking) · 달리기를 할 수 있다. · 달리는 속도를 나름대로 조절할 수 있다. · 뜀뛰기를 할 수 있다. · 손으로 귀를 잡고 뛸 수 있다. · 갤로핑(galloping) 동작을 모방하여 유사하게 나타낼 수 있다.	기본운동하기 대근육 발달 (이동운동)
			· 한 발로 균형을 잡을 수 있다.(balancing) · 한 발을 들고 잠시 서 있을 수 있다.(standing) · 팔 다리 뻗기(stretching)를 할 수 있다. · 앉기(siting), 서기(standing)를 능숙하게 할 수 있다. · 구령에 맞춰 멈추기(stopping)를 할 수 있다. · 두 팔을 뻗어 몸의 균형을 잡을 수 있다.(balancing)	기본운동하기 대근육 발달 (비이동운동)

※ 위의 발달과업은 일반적인 유아들의 범주이며 개인의 발달에 따라 개인차가 있을 수 있다.

(2) 만 3세 언어 발달과업

연령	발달영역	내용범주	발달과업 내용	비고
만 3세	언어발달	듣 기	· 다른 사람의 말을 주의 깊게 들을 수 있다. · 기초적인 낱말의 문장을 듣고 이해한다. · 두세 가지 지시를 듣고 실행할 수 있다. · 다른 사람의 이야기를 관심있게 듣는다. · 낱말의 발음에 관심을 가지고 듣는다. · 말하는 사람을 바라보며 듣는다.	낱말 · 문장 이야기듣고 이해하기
		말하기	· 호기심이 많아 질문을 많이 한다. · 사용하는 어휘수가 많고 다양하다. · 두 가지 사물을 비교하여 말할 수 있다. · 4~5개의 단어를 사용하여 말할 수 있다. · 문법적인 문장을 사용하기 시작한다. · 분명한 발음으로 말할 수 있다. · 자신의 의견을 말할 수 있다. · 또래와 대화를 주고받을 수 있다. · 상황에 알맞게 말할 수 있다. · 이야기를 듣고 기억해 내서 말할 수 있다. · 읽어준 동화나 글을 이해하여 순서대로 말할 수 있다. · '왜, 만약에' 등으로 시작하는 질문을 한다. · 과잉 일반화 현상이 나타난다. · 자신의 도움이나 요구를 말로 능숙하게 표현한다. · 대화의 주제가 빨리 바뀐다. · 간단한 손유희나 운율이 반복되는 노래를 좋아한다. · 네 문장으로 된 짧은 이야기를 자신의 말로 재현할 수 있다.	낱말 · 문장 느낌 · 생각 , 경험으로 말하기
		읽 기	· 글자 읽는 것에 관심을 보인다. · 간단한 낱말을 읽는다. · 어른의 도움 없이 혼자 그림책을 읽는다. · 책 보는 것을 좋아한다. · 새로 내 놓은 책에 관심을 갖는다. · 자음과 모음에 관심을 보인다.	읽기에 흥미 가지기, 책 읽기에 관심 가지기

만 3세	언어발달	쓰 기	· 끼적거리기 단계의 쓰기 현상이 나타난다. · 자신의 이름을 쓸 수 있다. · 바르게 앉아서 쓴다. · 연필, 필기도구를 바로 잡고 쓴다. · 교사의 도움 없이 혼자 간단한 단어를 쓸 수 있다. · 글자의 반전현상이 나타난다. · 그림 편지를 쓸 수 있다.	쓰기에 관심 가지기

※ 위의 발달과업은 일반적인 유아들의 범주이며 개인의 발달에 따라 개인차가 있을 수 있다.

(3) 만 3세 인지 발달과업

연령	발달영역	내용범주	발달과업 내용	비고
만 3세	인지발달	수학적 탐구하기	· 사물을 1~10까지 셀 수 있다. · 비교급의 단어를 사용하여 수 개념을 이해한다. · 지금, 곧, 어제 · 오늘 · 내일과 같은 시간 개념을 이해한다. · 다섯 번째까지 서수를 알 수 있다. · 주의집중 시간이 5~10분 정도 된다. · 더 많다, 더 적다, 약간, 조금, 더 큰 것 등의 수 개념을 이해한다. · 일상생활에 사용하는 수 세기를 단위를 이해한다. · 일곱가지 정도의 색깔 이름을 안다.	수와 연산의 기초개념 알아보기
			· 도형 뒤집기, 같은 도형 찾기 등을 할 수 있다. · 위 · 아래, 앞 · 뒤, 밑, ~넘어 와 같은 공간개념을 이해한다. · 10조각 이하의 퍼즐을 맞출 수 있다. · 3~4개의 고리를 크기에 따라 끼워 놓을 수 있다. · 위치와 방향과 관련된 어휘를 이해할 수 있다. · 기본 도형을 안다. · 기본 도형으로 여러 가지 모양을 구성할 수 있다.	공간과 도형의 기초개념 알아보기

만 3세	인지발달	수학적 탐구하기	· 길이, 크기, 무게를 측정할 수 있다. · 측정한 것을 비교하여 순서를 매길 수 있다. · 사건의 순서를 이해한다. · 양팔 저울을 이용하여 무게를 측정할 수 있다. · 임의 측정 단위로 측정할 수 있다.	기초적인 측정하기
			· 기준에 따라 3~5가지 사물을 늘어놓을 수 있다. · 구체물을 1:1로 대응할 수 있다. · 반복되는 규칙성을 이해하고 3~4가지 정도 패턴을 만들 수 있다. · 사물의 크기에 따라 1~4 순위로 서열화 할 수 있다.	규칙성 이해하기
			· 같은 모양끼리 분류할 수 있다. · 같은 크기끼리 분류할 수 있다. · 같은 색깔끼리 분류할 수 있다. · 두 사물을 비교할 수 있다. · 형태에 근거하여 분류할 수 있다. · 한두 가지 속성에 맞추어 분류할 수 있다. · 두세 물체의 크기와 길이를 비교할 수 있다. · 비슷한 것끼리 짝을 지을 수 있다.	기초적인 자료수집과 결과 나타내기
		탐구하는 태도 기르기	· 주위 환경에 호기심과 관심을 보인다. · 주변 사물에 대해 호기심을 갖고 궁금해한다.	호기심 유지하고 확장하기
			· 관심 있는 사물을 반복하여 탐색하는 것을 좋아한다. · 친숙한 물체와 사물을 적극적으로 탐색한다.	탐구과정 즐기기
		과학적 탐구하기	· 부드럽고 단단하고, 거친 것들을 이해한다. · 사물의 공통점과 차이점을 이해한다. · 다섯 가지 이상의 색 이름을 기억한다. · 물체와 물질에 대한 탐색을 적극적으로 시도한다. · 친숙한 물체의 특성을 알아본다. · 물체와 물질을 변화시켜 보는 것에 관심을 갖는다.	물체와 물질 알아보기
			· 사람의 출생에 관한 질문을 하고 관심을 갖는다. · 동물 이름을 5가지 이상 알고 있다. · 정확한 사물을 보고 이름을 알고 단어와 연결시킬 수 있다.	생명체와 자연환경 알아보기

만 3세	인지발달	과학적 탐구하기	· 주변의 애완동물이나 동물들의 특성을 지각한다. · 주변의 작은 곤충 등의 특성을 지각한다. · 익숙한 동물의 기본 특성을 알고 있다. · 자신의 신체구조와 특성에 대해 안다.	
			· 비, 구름, 해, 바람 등을 알고 있다. · 낮과 밤의 규칙성을 이해한다. · 날씨를 감각적으로 느낄 수 있다. · 계절의 변화를 안다.	자연현상 알아보기
			· 주변의 단순한 기계와 도구를 조작할 수 있다. · 일상생활에 사용하는 간단한 도구에 관심을 갖는다. · 도구를 사용하여 스스로 먹을 수 있다. · 자석, 확대경 등을 이용하여 탐색 활동을 한다. · 일상생활에 사용되어지는 기계와 도구에 관심을 갖고 활용할 수 있다.	간단한 기계와 도구 활용하기

※ 위의 발달과업은 일반적인 유아들의 범주이며 개인의 발달에 따라 개인차가 있을 수 있다.

(4) 만 3세 사회성 발달과업

연령	발달영역	내용범주	발달과업 내용	비고
만 3세	사회성 발달	나를 알고 존중하기	· 나에 대해 관심을 갖는다. · 자기 물건에 대한 소유 의식이 생긴다. · 자신에 대한 긍정적, 부정적 개념이 발달한다. · 자신과 다른 사람의 같은 점과 다른 점을 인식한다. · 나를 소중히 생각한다. · 자아 개념이 생기기 시작한다.	나를 알고 소중히 여기기
			· 독립심이 나타나기 시작한다. · 자신이 하고 싶은 일을 한다. · 스스로 해 보려는 자립심이 생긴다. · 내가 하고 싶은 일을 선택해서 하려고 한다.	나의 일 스스로 하기
		나와 다른 사람의 감정 알고 조절하기	· 자신의 정서와 느낌을 강하게 표현한다. · 다른 사람에게 관심을 끌며 기쁘게 하려고 행동한다. · 다른 사람에게 자신의 감정을 나타낸다. · 다른 사람의 정서에 관심을 갖는다. · 다른 사람의 감정을 인식한다. · 자신에게 여러 가지 감정이 있음을 안다. · 친구가 슬퍼하거나 울면 자신도 같은 감정을 갖는다.	나와 다른 사람의 감정 알고 표현하기
			· 나와 친구의 의견 차이가 있음을 안다. · 자신의 정서를 조절 하려고 노력한다. · 기분의 변화가 심하다. · 자신의 감정을 조절할 수 있다.	나의 감정 조절하기

만 3세	사회성 발달	가족을 소중히 여기기	· 가족의 소중함을 안다. · 가족 구성원을 안다.	가족과 화목하게 지내기
			· 가족을 위해 내가 할 수 있는 일을 안다. · 가족의 역할을 이해한다.	가족과 협력하기
		다른 사람과 더불어 생활하기	· 또래를 도와 준다. · 친구와 함께 연합놀이를 한다. · 간식을 친구와 함께 나누어 먹는다. · 협동놀이가 가능하다. · 모래와 장난감을 서로 나누어 사용하려고 한다. · 또래가 울면 신체적인 표현이나 접촉을 통해 위로하려고 한다.	친구와 사이좋게 지내기
			· 다른 사람의 소유물을 존중한다. · 간식 나르기 등 간단한 과제를 수행하며 즐거워한다. · 사회적 상호 작용이 활발해진다. · 교사와 주변 사람과 화목하게 지낸다. · 교사를 도와 준다.	공동체에서 화목하게 지내기
			· 약속과 규칙을 지켜야 함을 안다. · 차례를 지킬 수 있다. · 예의를 지킬 수 있다. · 친구와 한 약속을 알고 지킨다. · 나의 것과 다른 사람의 것을 구별한다. · 공공 장소에서 지켜야 할 약속을 지킬 수 있다.	사회적 가치를 알고 지키기
		사회에 관심 갖기	· 우리 동네의 이름을 안다. · 우리 동네 사람들에 대해 관심을 갖는다. · 우리 동네 기관에 대해 관심을 갖는다.	지역사회에 관심 갖고 이해하기
			· 우리나라를 상징하는 것에 관심을 갖는다.	우리나라에 관심 갖고

만 3세	사회성 발달	사회에 관심 갖기	· 우리나라의 전통놀이에 관심을 갖는다. · 우리나라의 풍습에 관심을 갖는다. · 우리나라의 명절에 대해 안다.	이해하기

※ 위의 발달과업은 일반적인 유아들의 범주이며 개인의 발달에 따라 개인차가 있을 수 있다.

(5) 만 3세 정서 발달과업

연령	발달영역	내용범주	발달과업 내용	비고
만 3세	정서발달	아름다움 찾아보기	· 주변의 소리와 리듬에 관심을 갖는다. · 사람, 사물의 움직임에 관심을 갖고 탐색한다. · 자연의 색, 모양, 질감 등에 관심을 갖고 탐색한다.	음악, 움직임 · 춤, 미술적 요소 찾아보기
		예술적 표현하기	· 노래를 듣고 따라 부를 수 있다. · 자신의 생각과 느낌을 노래로 표현할 수 있다. · 노래에 맞추어 리듬 악기를 간단히 연주할 수 있다. · 반복되는 운율이 있는 노래 부르기를 좋아한다. · 노랫말을 바꾸어서 노래를 만들어 볼 수 있다.	음악으로 표현하기
			· 자신의 정서를 동작과 언어로 표현한다. · 도구를 활용하여 여러 가지 움직임을 표현할 수 있다. · 다른 사람의 움직임을 모방하여 표현할 수 있다.	움직임과 춤으로 표현하기
			· 자신의 생각과 느낌을 그림으로 표현하려고 한다. · 다른 사람과 협동하여 미술 활동을 할 수 있다.	미술 활동으로 표현하기

<table>
<tr><td rowspan="5">만 3세</td><td rowspan="5">정서발달</td><td rowspan="3">예술적 표현하기</td><td>· 다양한 미술 재료를 사용할 수 있다.
· 주변 사물을 이용하여 미술 활동을 할 수 있다.
· 자연물을 이용하여 만들기를 할 수 있다.
· 간단한 종이 접기를 할 수 있다.</td><td></td></tr>
<tr><td>· 상징놀이를 자극한다.
· 부모를 동일시하여 흉내놀이를 한다.
· 협동 · 연합놀이를 한다.
· 환상과 놀이에서 성인과 동일시 한다.</td><td>극놀이로 표현하기</td></tr>
<tr><td>· 여러 가지 재료, 음악, 소품, 의상을 활용하여 극놀이를 할 수 있다.
· 인형극 · 극놀이 활동을 즐긴다.</td><td>통합적으로 표현하기</td></tr>
<tr><td rowspan="2">예술 감상하기</td><td>· 여러 종류의 음악 듣기를 즐긴다.
· 여러 종류의 미술작품 보는 것을 즐긴다.
· 여러 종류의 극놀이, 인형극 관람을 즐긴다.</td><td>다양한 예술 감상하기</td></tr>
<tr><td>· 우리나라 전통 그림에 관심을 갖는다.
· 우리나라 전통 음악에 관심을 갖는다.</td><td>전통예술 감상하기</td></tr>
</table>

※ 위의 발달과업은 일반적인 유아들의 범주이며 개인의 발달에 따라 개인차가 있을 수 있다.

5) 만 4세 유아의 발달과업

(1) 만 4세 신체 발달과업

연령	발달영역	내용범주	발달과업 내용	비고
만 4세	신체발달	· 신체조절과 기본운동하기	· 한 손으로 책장을 넘길 수 있다. · 다양한 모양과 크기의 단추를 채울 수 있다. · 지퍼를 열고 잠글 수 있다. · 다양한 종류와 크기의 똑딱 단추를 잠그고 열 수 있다. · 주전자에 물을 흘리지 않고 따를 수 있다. · 다양한 구슬꿰기를 할 수 있다. · 12조각 이상의 퍼즐 맞추기를 할 수 있다. · 복합적인 입체 구조물을 만들 수 있다. · 사람의 얼굴 형태를 그릴 수 있다. · 신발끈을 맬 수 있다.	신체조절하기 소근육 발달 (조작활동)
			· 자기가 원하는 방향으로 공을 던질 수 있다.(throwing) · 두 손으로 공을 받을 수 있다.(catching) · 목표물을 향해 공이나 사물을 찰 수 있다.(kicking) · 머리 위로 공을 던질 수 있다.(throwing) · 다른 사람과 공 굴리기를 하며 공을 주고 받을 수 있다.(rolling) · 밀고 당기기(pulling) 게임을 할 수 있다. · 튀긴 공을 두 손으로 잡을 수 있다.(trapping)	신체조절하기 대근육발달 (조작운동)
			· 달리면서 방향 전환을 할 수 있다.(running) · 세발자전거를 이용하여 친구와 시합 할 수 있다. · 직선과 곡선 평균대 위에서 걸을 수 있다.(walking)	기본운동하기 (이동운동)

<table>
<tr>
<td rowspan="2">만 4세</td>
<td rowspan="2">신체발달</td>
<td rowspan="2">신체조절과
기본운동하기</td>
<td>· 20cm 정도의 높이에서 뛰어내릴 수 있다.(leaping)
· 높은 곳에 올라가기를 좋아한다.(climbing)
· 한 발로 깡충뛰기를 할 수 있다.(hopping)
· 좁은 선 위로 걸을 수 있다.(walking)
· 뒤로 걸을 수 있다.(walking)
· 모양을 따라 바로 걸을 수 있다.(walking)
· 친구의 도움 없이 그네를 탈 수 있다.
· 계단 오르내리기를 잘 할 수 있다.</td>
<td></td>
</tr>
<tr>
<td>· 한 발을 들고 잠시 서 있을 수 있다.(standing)
· 손을 어깨 위로 올려 돌릴 수 있다.(turning)
· 신체로 뻗기(stretching)를 할 수 있다.
· 구령에 맞춰 앉고(sitting) 서기(standing)를 할 수 있다.
· 음악에 맞춰 멈추기(stopping)를 할 수 있다.
· 물체를 손에 잡고 몸의 균형을 잡을 수 있다.(balancing)</td>
<td>기본운동하기
(비이동운동)</td>
</tr>
</table>

※ 위의 발달과업은 일반적인 유아들의 범주이며 개인의 발달에 따라 개인차가 있을 수 있다.

(2) 만 4세 언어 발달과업

연령	발달영역	내용범주	발달과업 내용	비고
만 4세	언어발달	· 듣 기	· 두세 가지 지시문을 듣고 실행할 수 있다. · 최소 10분 정도 이야기를 듣고 집중할 수 있다. · 전치사를 듣고 이해할 수 있다. · 같은 소리로 시작하는 단어들을 구별한다. · 들은 단어들의 소리와 문자를 연결할 수 있다. · 낱말의 발음에 관심을 갖고 듣는다. · 비슷한 발음의 낱말을 주의 깊게 구별하여 듣는다. · 이야기 내용을 집중하여 듣는다.	낱말 · 문장 이야기듣고 이해하기
		· 말하기	· 그림과 사진을 보며 이름을 붙여 말할 수 있다. · 다섯 문장으로 된 짧은 이야기를 자신의 말로 재현할 수 있다. · 적당한 시제와 동사를 사용하여 말할 수 있다. · 소그룹 토의에서 토의한 내용과 관련된 말을 할 수 있다. · 과장이나 유머를 사용하여 말한다. · 5~6개의 단어를 사용하여 말할 수 있다. · 의문사를 사용하여 말할 수 있다. · 질문에 적절하게 대답한다. · 인과관계 · 접속사를 사용하여 말할 수 있다. · 문장의 기본구조를 사용하여 말할 수 있다. · 말을 잇기 위해 '음', '어' 같은 무의미한 글자를 사용하여 말한다. · 과거의 경험을 말할 수 있다. · 자신의 경험을 이용하여 문장을 만들 수 있다. · 다른 사람에게 자신과 가족의 경험에 대해 이야기하는 것을 즐긴다. · 사물이나 사람을 비교하여 말할 수 있다. · 4~5단계의 지시문을 다시 말할 수 있다. · 유추하는 것을 이해한다.	낱말 · 문장 느낌 · 생각 , 경험으로 말하기

만 4세	언어발달	· 말하기	· 자음과 모음을 명확하게 발음한다. · 긴 문장을 따라 말할 수 있다. · 수수께끼 활동을 할 수 있다. · 간단한 사물의 색 · 크기 · 모양 · 구성 · 용도 등을 설명할 수 있다. · 신체의 부위와 기능에 대해 알고 말할 수 있다. · 자신의 느낌 · 생각 · 경험을 다른 사람에게 말할 수 있다. · 경험한 것을 동시나 간단한 동화로 꾸며 말한다. · 간단한 내용의 말을 듣고 다른 사람에게 내용을 전달한다. · 차례를 지켜 말할 수 있다. · 때와 장소에 따라 알맞게 말할 수 있다.	
		· 읽 기	· 일상생활에 자주 접하는 글자 읽기에 흥미를 갖고 읽는다. · 읽어 주는 글의 내용에 관심을 갖고 서로 이야기 나눌 수 있다. · 책에 흥미를 갖고 책을 자주 본다. · 자음과 모음 읽기에 관심을 갖는다. · 동시나 짧은 글을 읽을 수 있다. · 낱말 · 문장 읽기에 관심을 갖는다. · 궁금한 것이 있을 때 다른 사람과 함께 책을 찾아 본다.	읽기에 흥미 가지기, 책 읽기에 관심 가지기
		· 쓰 기	· 낱말과 문장을 글자와 비슷한 형태로 쓰거나 글자로 나타낸다. · 글자를 보고 모방하여 쓴다. · 다른 사람에게 하고 싶은 이야기를 그림이나 글자로 쓴다. · 다양한 쓰기 매체를 이용하여 글자를 쓴다. · 다양한 쓰기 도구를 이용하여 글자를 쓴다. · 말과 글의 연계성에 대해 알고 쓰기 활동에 참여한다. · 자신의 느낌, 생각을 글자와 비슷한 형태나 글자로 쓴다. · 자신의 경험을 글자와 비슷한 형태나 글자로 쓴다.	쓰기에 관심 갖기, 쓰기 도구 사용하기

※ 위의 발달과업은 일반적인 유아들의 범주이며 개인의 발달에 따라 개인차가 있을 수 있다.

(3) 만 4세 인지 발달과업

연령	발달영역	내용범주	발달과업 내용	비고
만 4세	인지발달	수학적 탐구하기	· 1~10까지 수를 세고 수량을 이해한다. · 구체물을 가지고 다섯까지 더하기를 할 수 있다. · 다섯 개 가량의 구체물에서 부분과 전체를 안다. · 구체물에서 다섯 개에서 빼기를 할 수 있다. · 약간, 대부분, 전체의 개념을 이해한다. · 다섯 번째까지 서수를 안다. · 날짜를 셀 수 있다. · 5진법으로 수를 계산할 수 있다. · 주의 집중 시간이 10분 정도 된다. · 현재 · 과거 · 미래를 이해한다. · 같다, 더 많다, 더 적다의 관계를 이해한다. · 분수(1/2, 1/4)를 이해한다.	수 연산의 기초개념
			· 12조각 정도의 퍼즐을 맞출 수 있다. · 위치와 방향 관련 어휘를 이해할 수 있다. · 기본 도형의 특성을 안다. · 기본 도형을 사용하여 여러 가지 모양을 구성할 수 있다. · 도형을 보거나 기억하여 그릴 수 있다. · 도형 옮기기, 뒤집기, 돌리기 등을 할 수 있다. · 크기와 방향이 다양한 도형의 공통점과 차이점을 안다. · 단순한 지도와 약도를 그리거나 만들 수 있다.	공간과 도형의 기초개념
			· 길이, 무게, 크기, 관련 어휘를 사용한다. · 길이, 무게, 크기에 따라 순서를 매기고 비교할 수 있다. · 사건의 순서를 이해한다. · 길이, 무게, 둘레, 크기를 측정할 수 있다. · 임의 측정단위로 어림잡아 측정할 수 있다. · 양팔저울을 이용하여 무게를 측정할 수 있다.	기초적인 측정하기
			· 반복되는 규칙성을 파악하고 다음에 올 것을 예측할 수 있다. · 규칙/패턴을 만들어 볼 수 있다. · 크기와 수에 따라 서열화할 수 있다.	규칙성 이해하기

<table>
<tr><td rowspan="7">만 4세</td><td rowspan="7">인지발달</td><td rowspan="2">수학적
탐구하기</td><td>· 사물의 크기에 따라 1~5 순위로 서열화할 수 있다.
· 서로 연관있는 것끼리 1:1 대응을 할 수 있다.</td><td></td></tr>
<tr><td>· 2가지 기준으로 자료를 분류할 수 있다.
· 구체물이나 그림, 사진을 이용하여 그래프로 나타낼 수 있다.
· 사물의 공통적인 특성에 따라 2가지 기준으로 분류하고 재분류할 수 있다.
· 사물의 특성과 공통적인 특성을 나타낼 수 있다.
· 색, 크기, 모양, 성질에 따라 사물을 분류할 수 있다.</td><td>기초적인
자료수집과
결과
나타내기</td></tr>
<tr><td rowspan="3">탐구하는
태도기르기</td><td>· 주변 사물에 대해 호기심을 갖는다.
· 주변 자연세계에 대해 호기심을 갖는다.</td><td>호기심
유지하고
확장하기</td></tr>
<tr><td>· 사물을 관찰해 본다.
· 사물에 대해 궁금한 점을 알아본다.</td><td>탐구과정
즐기기</td></tr>
<tr><td>· 사물을 관찰하고 비교해 본다.
· 관찰한 내용을 토대로 다른 것을 예측해 본다.(~는 ~일 것이다.)</td><td>탐구기술
활용하기</td></tr>
<tr><td rowspan="2">과학적
탐구하기</td><td>· 여러 가지 물체와 물질의 기본 특성을 여러 가지 방법으로 탐색해 본다.(색, 크기, 모양, 무게, 질감 등)
· 물에 뜨고 가라앉는 것을 안다.
· 주변의 여러 가지 물체와 물질의 상태를 비교한다.
· 두 사물을 비교하여 유사한 점을 찾아 낼 수 있다.
· 친숙한 물체의 특성을 알아본다.
· 물체와 물질을 여러 가지 방법으로 변화시켜 본다.
· 물체의 여러 가지 움직임을 비교한다.</td><td>물체와 물질
알아보기</td></tr>
<tr><td>· 나의 출생과 성장에 관심을 갖는다.
· 동, 식물, 곤충류의 먹이와 성장과정을 안다.
· 관심있는 동, 식물의 특성을 알아본다.</td><td>생명체와
자연환경
알아보기</td></tr>
</table>

만 4세	인지발달	과학적 탐구하기	· 자연 생태계의 균형을 안다. · 생명체를 소중히 여긴다. · 생명체가 살기 좋은 환경에 관심을 갖는다. · 계절의 변화와 규칙성을 안다.	
			· 돌, 물, 흙 등 자연물의 특성과 변화를 탐색하고 알아본다. · 낮과 밤의 차이점을 안다. · 날씨와 기후변화에 관심을 갖는다. · 계절의 변화와 규칙성을 안다.	자연현상 알아보기
			· 기계와 도구의 편리함에 관심을 갖는다. · 생활 속에서 간단한 도구와 기계를 활용할 수 있다. · 자석, 스포이드, 프리즘 등을 이용하여 탐색활동을 할 수 있다. · 너트와 볼트를 사용할 수 있다. · 모래시계나 해시계로 시간의 흐름을 관찰할 수 있다.	간단한 도구와 기계 활용하기

※ 위의 발달과업은 일반적인 유아들의 범주이며 개인의 발달에 따라 개인차가 있을 수 있다.

(4) 만 4세 사회성 발달과업

연령	발달영역	내용범주	발달과업 내용	비고
만 4세	사회성 발달	나를 알고 존중하기	· 자신에 대해 올바른 자아개념을 갖고 있다. · 자신과 다른 사람의 같은점과 다른 점을 안다. · 자신에 대해 긍정적으로 생각하고 소중함을 안다.	나를 알고 소중히 여기기
			· 자신이 할 수 있는 일을 알고 싶어 한다. · 자신이 하고 싶은 일을 계획해서 한다. · 화장실에서 뒤처리를 혼자서 할 수 있다. · 대·소변을 혼자서 볼 수 있다. · 스스로 해보려는 자립심이 있다.	나의 일 스스로 하기

<table>
<tr><td rowspan="8">만 4세</td><td rowspan="8">사회성 발달</td><td rowspan="2">나와 다른 사람의 감정 알고 조절하기</td><td>· 자신과 다른 사람이 여러 정서를 갖고 있음을 안다.
· 자신의 감정을 알고 표현할 수 있다.
· 다른 사람의 감정을 알 수 있다.
· 다른 사람의 상황을 고려하여 자신의 정서를 긍정적인 방법으로 표현한다.</td><td>나와 다른 사람의 감정 알고 표현하기</td></tr>
<tr><td>· 자신의 감정을 긍정적으로 조절할 수 있다.
· 자신의 정서가 다른 사람에게 미치는 영향을 안다.</td><td>나의 감정 조절하기</td></tr>
<tr><td rowspan="2">가족을 소중히 여기기</td><td>· 가족의 소중함을 안다.
· 가족 구성원을 안다.</td><td>가족과 화목하게 지내기</td></tr>
<tr><td>· 가족 구성원의 역할에 대해 안다.
· 가족을 위하여 내가 할 수 있는 일을 한다.</td><td>가족과 협력하기</td></tr>
<tr><td rowspan="4">다른사람과 더불어 생활하기</td><td>· 친구와 협동하여 놀이한다.
· 다양한 상황에서 친구와 놀이하는 것을 즐긴다.
· 친구와 갈등 긍정적인 방법으로 해결할 수 있다.</td><td>친구와 사이좋게 지내기</td></tr>
<tr><td>· 자신과 다른 사람의 의견 차이가 있음을 안다.
· 도움이 필요할 때 다른 사람과 도움을 주고받는다.
· 자신이 속한 집단 구성원과 소속감을 갖는다.
· 주변 사람들과 화목하게 지낸다.</td><td>공동체에서 화목하게 지내기</td></tr>
<tr><td>· 정직하게 말하고 행동한다.
· 다른 사람의 생각, 행동을 존중한다.
· 친구와 어른에게 예의바르게 행동한다.
· 다른 사람과 한 약속을 지킨다.
· 공공장소에서 지켜야 할 공공규칙을 지킨다.</td><td>사회적 가치를 알고 지키기</td></tr>
</table>

만 4세	사회성 발달	다른사람과 더불어 생활하기	· 자연과 자원을 아낀다. · 나의 소유물과 다른 사람의 소유물을 구별한다.	
		사회에 관심 갖기	· 우리 동네의 좋은점을 안다. · 우리 동네에 있는 익숙한 기관의 위치를 안다. · 우리 동네 사람들의 직업에 관심을 갖는다. · 물건을 살 때 돈이 필요함을 안다.	지역사회에 관심 갖고 이해하기
			· 우리나라를 상징하는 것을 안다. · 우리나라의 명절에 대해 안다. · 우리나라의 전통문화와 놀이에 대해 안다. · 우리나라의 풍습 · 세시풍속에 대해 안다. · 우리나라에 대해 자부심을 갖는다.	우리나라에 관심 갖고 이해하기
			· 세계 여러 나라 사람들에게 관심을 갖는다. · 세계 여러 나라의 이름과 상징에 관심을 갖는다. · 세계 여러 나라의 문화적 특징에 관심을 갖는다. · 다양한 인종과 문화에 관심을 갖는다. · 다양한 문화를 존중한다.	세계 여러 문화에 관심 가지기

※ 위의 발달과업은 일반적인 유아들의 범주이며 개인의 발달에 따라 개인차가 있을 수 있다.

(5) 만 4세 정서 발달과업

연령	발달영역	내용범주	발달과업 내용	비고
만 4세	정서발달	아름다움 찾아보기	· 음악적 요소(다양한 소리, 음악의 셈 · 여림, 빠르기, 리듬)에 관심을 갖는다. · 움직임과 춤에 관심을 갖고 탐색한다. · 자연과 사물의 색 · 모양 · 질감 등에 관심을 갖는다.	음악, 움직임 · 춤, 미술적 요소 찾아보기
		예술적 표현하기	· 노래로 자신의 생각과 느낌을 표현할 수 있다. · 노래에 맞추어 리듬악기를 연주할 수 있다. · 노래를 여러 가지 방법으로 부를 수 있다. · 전래동요를 부르며 관련된 놀이를 할 수 있다. · 즉흥적으로 간단한 리듬과 노래를 만들어 볼 수 있다.	음악으로 표현하기
			· 신체를 이용하여 주변의 움직임으로 자유롭게 표현할 수 있다. · 움직임과 춤으로 자신의 생각과 느낌을 표현할 수 있다. · 도구를 활용하여 다양한 움직임을 표현할 수 있다. · 도구를 활용하여 창의적으로 움직임을 표현할 수 있다.	움직임과 춤으로 표현하기
			· 미술활동으로 자신의 생각과 느낌을 표현 할 수 있다. · 협동적인 미술활동에 참여 할 수 있다. · 미술활동 작품을 활용하는 경험을 즐긴다. · 미술재료와 도구를 다양하게 사용한다. · 자연물을 이용하여 미술활동을 즐긴다.	미술활동으로 표현하기

만 4세	정서발달	예술적 표현하기	· 일상생활의 경험을 극놀이로 표현한다. · 일상생활의 간단한 이야기를 극놀이로 표현한다. · 소품과 배경, 의상을 사용하여 극놀이로 표현한다.	극놀이로 표현하기
			· 음악, 움직임과 춤, 미술, 극놀이를 통합하여 표현할 수 있다. · 예술활동에 참여하여 표현과정을 즐긴다.	통합적으로 표현하기
		예술 감상하기	· 다양한 음악 · 춤 등을 듣거나 보는것을 즐긴다. · 다양한 미술작품을 보는 것을 즐긴다. · 다양한 극놀이를 보는 것을 즐긴다. · 나와 다른 사람의 예술 표현을 소중히 여긴다.	다양한 예술 감상하기
			· 우리나라 전통예술에 관심을 갖는다. · 우리나라 전통예술 감상을 즐긴다.	전통예술 감상하기

※ 위의 발달과업은 일반적인 유아들의 범주이며 개인의 발달에 따라 개인차가 있을 수 있다.

6) 만 5세 유아의 발달과업

(1) 만 5세 신체 발달과업

연령	발달영역	내용범주	발달과업 내용	비고
만 5세	신체발달	신체조절과 기본운동하기	· 선을 따라 도형이나 무늬를 가위로 오릴 수 있다. · 연필이나 다양한 도구로 글을 쓸 수 있다. · 사인펜이나 색연필로 그림을 그릴 수 있다. · 선 밖으로 나오지 않게 색칠을 할 수 있다. · 색종이 뜯어 붙이기, 모자이크, 종이접기 등을 할 수 있다. · 작은 퍼즐이나 작은 블록을 잘 맞출 수 있다. · 3차원의 블록 구조물을 만들 수 있다. · 작은 구슬을 혼자 꿸 수 있다. · 윗사람의 도움 없이 양치질을 할 수 있다. · 신발끈을 묶을 수 있다. · 컴퓨터 자판을 사용할 수 있다.	신체조절하기 소근육 발달 (조작활동)
			· 망치로 못을 칠 수 있다. · 공, 오자미 등을 능숙하게 던질 수 있다.(throwing) · 공이나 사물을 능숙하게 받을 수 있다.(catching) · 공이나 사물을 목표점을 향해 차기를 할 수 있다.(striking) · 손가락으로 사물을 튕기기를 할 수 있다.(bouncing) · 공이나 사물을 능숙하게 굴리기를 할 수 있다.(rolling) · 튀긴 공을 잡을 수 있다.(trapping) · 사물이나 문을 능숙하게 밀기를 할 수 있다.(pushing) · 사물이나 문을 능숙하게 당기기를 할 수 있다.(pulling) · 사물을 위로 능숙하게 들어올릴 수 있다.(lifting)	신체조절하기 대근육발달 (조작운동)

만 5세	신체발달	신체조절과 기본운동하기	· 빠른 속도로 걷기(walking)를 할 수 있다. · 높은 곳에 오르기(climbing)를 매우 잘 할 수 있다. · 수영을 할 수 있다. · 높은 곳으로 점프(jumping)를 할 수 있다. · 세발자전거를 능숙하게 탈 수 있다. · 양 발을 바꾸어가며 계단을 쉽게 오르내릴 수 있다.(climbing) · 두발자전거 타기를 시도해 본다. · 말처럼 달리기(galloping)를 할 수 있다. · 한 발로 깡총뛰기를 잘 할 수 있다.(hopping) · 목표물을 향해 빠른 속도로 기기(crawling)를 할 수 있다. · 발을 바꾸어 가며 스키핑(skipping)을 할 수 있다. · 줄넘기를 할 수 있다. · 평균대 위를 걸을 수 있다.(walking) · 뜀틀뛰기를 3~4 계단 뛸 수 있다.(leaping) · 목표를 향해 멀리뛰기를 할 수 있다. · 목표를 향해 빨리 달리기를 할 수 있다.(running) · 사물을 건너 뛰어넘기를 할 수 있다.	기본운동하기 (이동운동)
			· 허리나 신체를 자유롭게 구부리기(bending)를 할 수 있다. · 팔, 다리를 능숙하게 뻗기(stretching)를 할 수 있다. · 신체부위나 신체를 자연스럽게 꼬기(twisting)를 할 수 있다. · 신체를 자연스럽게 돌릴(turning) 수 있다. · 팔,다리나 신체를 자연스럽게 흔들기(swaying)를 할 수 있다. · 빠른 속도로 앉고(sitting), 서기(standing)를 할 수 있다. · 지시나 신호에 맞춰 멈추기(stopping)를 할 수 있다. · 공이나 사물을 피할(dodging) 수 있다. · 신체나 신체 부위에 사물을 올려놓고 몸의 균형잡기 (balancing)를 할 수 있다.	기본운동하기 (비이동운동)

※ 위의 발달과업은 일반적인 유아들의 범주이며 개인의 발달에 따라 개인차가 있을 수 있다.

(2) 만 5세 언어 발달과업

연령	발달영역	내용범주	발달과업 내용	비고
만 5세	언어발달	듣 기	· 낱말의 발음에 관심을 갖고 비슷한 발음을 듣고 구별한다. · 낱말과 문장을 듣고 이해한다. · 사물의 이름이나 뜻을 이해한다.	낱말과 문장을 듣고 이해하기
			· 다른 사람의 이야기를 듣고 이해한다. · 이야기를 듣고 궁금한 것에 대해 질문한다. · 세 가지 이상의 지시사항을 듣고 이해하여 행동할 수 있다.	이야기듣고 이해하기
			· 동시 · 동요 · 동화를 듣고 이해한다.	동시 · 동요 동화듣고 이해하기
			· 다른 사람의 이야기를 끝까지 주의 깊게 듣는다.	바른 태도로 듣기
		말하기	· 6~8개의 단어로 된 문장을 말할 수 있다. · 정확한 발음으로 말할 수 있다. · 새로운 단어에 대해 질문할 수 있다. · 다양한 낱말을 사용하여 상황에 맞게 말한다. · 일상생활에서 일어나는 일들을 다양한 문장으로 말한다. · 문법에 맞는 문장으로 말할 수 있다. · 시제에 맞는 문장으로 말한다.	낱말과 문장으로 말하기
			· 자신의 느낌이나 생각을 적절한 낱말과 문장으로 말할 수 있다. · 두세 가지 사물을 비교하여 말할 수 있다. · 자신의 경험을 비교하여 말할 수 있다. · 주제를 선정하여 함께 이야기를 나눌 수 있다. · 주말 지낸 이야기를 친구 앞에서 발표할 수 있다. · 이야기를 지어서 말할 수 있다. · 이야기를 들은 후 내용을 잘 조직하여 다시 말할 수 있다. · 자신의 감정을 적절한 말로 표현할 수 있다.	느낌 · 생각 경험으로 말하기

만 5세	언어발달	말하기	· 그림이나 그림카드를 보며 이야기를 꾸밀 수 있다. · 성인과 유사한 문법을 구사하여 말할 수 있다.	
			· 듣는 사람의 생각과 느낌을 고려하여 말할 수 있다. · 때와 장소에 맞는 말을 사용할 수 있다. · 대상에 맞는 말을 사용할 수 있다. · 바른말 고운말을 사용한다. · 어떻게?(How)로 시작하는 질문을 할 수 있다. · 그리고(and), 그러나(but) 등의 접속사를 사용하여 말할 수 있다. · 들은 이야기를 시간 순서에 따라 설명할 수 있다.	상황에 맞게 바른 태도로 말하기
		읽 기	· 한글 철자의 이름을 안다. · 읽기에 관심을 갖고 잘 읽는다. · 주변에서 친숙한 글자를 찾아 읽는다. · 읽어 주는 글의 내용에 관심을 갖고 읽어 본다. · 편지나 보고서 등을 읽을 수 있다. · 수수께끼 · 동시 등을 읽을 수 있다.	읽기에 흥미 가지기
			· 책 보는 것을 좋아하고 책을 소중하게 다룬다. · 책의 그림을 단서로 이야기 내용을 이해한다. · 궁금한 것을 책에서 찾아볼 수 있다. · 교사나 윗사람의 도움 없이 혼자 책을 읽을 수 있다. · 책의 내용을 이해하며 읽을 수 있다.	책읽기에 관심 가지기
		쓰 기	· 말이나 생각을 글로 나타낼 수 있다. · 자신의 이름과 친구의 이름을 쓸 수 있다. · 주변의 친숙한 글자를 쓸 수 있다. · 자신의 느낌, 생각을 글자로 표현할 수 있다. · 자신의 경험을 글자로 표현할 수 있다. · 동시 따라쓰기를 하거나 동시를 지어서 쓸 수 있다. · 이야기를 지어서 쓸 수 있다.	쓰기에 관심 가지기
			· 다양한 쓰기 매체와 도구를 사용하여 쓸 수 있다. · 자연물을 이용하여 쓰기를 할 수 있다.	쓰기도구 사용하기

※ 위의 발달과업은 일반적인 유아들의 범주이며 개인의 발달에 따라 개인차가 있을 수 있다.

(3) 만 5세 인지 발달과업

연령	발달영역	내용범주	발달과업 내용	비고
만 5세	인지발달	수학적 탐구하기	· 수 세기를 1~20 그 이상을 기계적으로 잘 셀 수 있다. · 수 세기를 한 후 숫자만큼 더하기 빼기를 하고 연결할 수 있다. · 수 세기 단위를 알 수 있다.(기수, 서수, 짝수, 홀수, 10진법, 다스 등) · 현재, 과거, 미래를 이해한다. · 시간 개념에 흥미를 보인다. · 주의 집중 시간이 20~25분 정도 된다. · 수의 부분과 전체를 이해한다. · 하루의 일과를 순서대로 말하고 이해할 수 있다.	수연산의 기초개념 알아보기
			· 15조각 정도의 퍼즐을 맞출 수 있다. · 적묵을 이용하여 복잡한 건축물을 만들고 구성할 수 있다. · 왼쪽, 오른쪽의 개념이 생긴다. · 전 · 후 , 위 · 아래, 안 · 밖, 옆의 개념이 생긴다. · 기본도형과 입체도형을 이해한다. · 사물이나 자연물로 능숙하게 도형을 구성할 수 있다. · 여러 방향에서 사물을 보고 그 차이점을 비교해 본다. · 칠교를 이용하여 모양을 구성할 수 있다. · 공간의 부분과 전체를 이해한다.	공간과 도형의 기초개념 알아보기
			· 사물의 길이를 자나 임의 측정 단위로 측정할 수 있다. · 사물의 무게를 측정하고 비교할 수 있다. · 사물의 둘레를 측정하고 비교할 수 있다. · 사물의 높이를 측정하고 비교할 수 있다. · 사물의 부피를 측정하고 비교할 수 있다. · 사물의 면적을 측정하고 비교할 수 있다. · 양팔저울로 사물의 무게를 측정하고 비교할 수 있다.	기초적인 측정하기

<table>
<tr><td rowspan="6">만 5세</td><td rowspan="6">인지발달</td><td rowspan="3">수학적
탐구하기</td><td>· 사물을 측정하고 비교하여 순서 지어보기를 할 수 있다.</td><td></td></tr>
<tr><td>· 사물을 크기별로 1~10 순위로 서열화할 수 있다.
· 사물과 숫자를 서로 연결하여 1:1 대응을 할 수 있다.
· 일의 순서를 알고 순서대로 놓아볼 수 있다.
· 사물을 규칙대로 놓아볼 수 있다.(패턴)
· 이분법을 이해한다.
· 생활 주변에서 반복되는 규칙성을 알고 다음에 올 것을 예측해 볼 수 있다.
· 스스로 규칙성을 만들어 볼 수 있다.</td><td>규칙성
이해하기</td></tr>
<tr><td>· 사물의 공통적인 특성에 따라 분류 / 재분류를 할 수 있다.(모양, 색깔, 크기, 속성별 분류)
· 사물의 특성과 공통적인 특성을 알 수 있다.(벤다이어그램)
· 그래프를 이용하여 표현할 수 있다.</td><td>기초적인
자료수집과
결과
나타내기</td></tr>
<tr><td rowspan="2">탐구하는
태도기르기</td><td>· 문제 상황이 생겼을 때 다양한 방법으로 문제를 해결하려고 시도한다.
· 궁금한 점이 있으면 알아보려고 탐구활동을 시도한다.
· 궁금한 점을 알아보는 탐구 과정에 참여하고 즐긴다.
· 탐구과정에서 서로 다른 생각에 관심을 갖는다.</td><td>탐구과정
즐기기</td></tr>
<tr><td>· 사물을 탐색하거나 관찰하는데 관심을 갖는다.
· 관찰한 사물을 서로 비교해 본다.
· 관찰한 사물을 토대로 다른 것을 예측해 본다.(~는 ~일 것이다.)
· 관찰한 사물을 토대로 다른 가설을 만들어 본다.(만약 ~하면 ~일 것이다)</td><td>탐구기술
활용하기</td></tr>
<tr><td>과학적
탐구하기</td><td>· 여러 가지 물체와 물질의 기본 특성을 알아본다.
· 물체와 물질을 여러 가지 방법으로 변화 시켜 본다.</td><td>물체와 물질
알아보기</td></tr>
</table>

만 5세	인지발달	과학적 탐구하기	· 나와 다른 사람의 출생과 성장에 대해 관심을 갖고 알아본다. · 동 · 식물의 성장과정과 특성을 알아본다. · 생명체를 소중히 여긴다. · 생명체가 살기 좋은 녹색환경에 관심을 갖는다. · 생태계의 변화에 관심을 갖는다. · 자연 친화적인 활동에 관심을 갖는다. · 동 · 식물 기르기에 관심을 갖는다. · 텃밭 가꾸기 · 식물 채집 등의 활동에 참여한다.	생명체와 자연환경 알아보기
			· 날씨 변화와 기후의 변화에 관심을 갖는다. · 자연현상(비 · 바람 · 물 · 해)에 관심을 갖는다. · 4계절의 변화를 이해하고 관심을 갖는다. · 계절에 따른 자연물의 변화와 특성을 이해한다. · 계절의 변화와 규칙성을 이해한다.	자연현상 알아보기
			· 생활속에 사용하는 간단한 도구와 기계를 안다. · 생활도구를 이해하고 활용한다. · 기계나 도구의 장, 단점을 안다. · 카메라로 사진을 찍어 본다. · 확대경으로 사물을 관찰해 본다. · 실험도구를 이용하여 실험해 본다. · 현미경을 이용하여 활동해 본다. · 복사기 / 스캔을 이용하여 활동해 본다.	간단한 도구와 기계활용하 기

※ 위의 발달과업은 일반적인 유아들의 범주이며 개인의 발달에 따라 개인차가 있을 수 있다.

(4) 만 5세 사회성 발달과업

연령	발달영역	내용범주	발달과업 내용	비고
만 5세	사회성 발달	나를알고 존중하기	· 자신에 대한 올바른 자아개념을 갖고 있다. · 나와 다른 사람의 신체적 차이를 알고 존중한다. · 나와 다른 사람의 사회 · 문화적 차이를 알고 존중한다. · 나를 긍정적으로 생각하고 나를 소중히 여긴다.	나를 알고 소중히 여기기
		나와 다른사람의 감정 알고 조절하기	· 자신의 감정을 알고 표현할 수 있다. · 다른 사람의 감정을 알고 공감할 수 있다.	나와 다른 사람의 감정 알고 표현하기
			· 자신의 감정을 상황에 맞게 조절할 수 있다.	나의 감정 조절하기
		가족을 소중히 여기기	· 가족의 의미와 소중함을 안다. · 가족을 소중히 여기고 화목하게 지낸다.	가족과 화목하게 지내기
			· 다양한 가족 구조를 안다. · 가족과 서로 돕고 협력한다.	가족과 협력하기
		다른 사람과 더불어 생활하기	· 친구와 다양한 놀이에 참여한다. · 친구와 협동하여 놀이할 수 있다. · 친구와의 갈등을 긍정적인 방법으로 해결한다. · 친구와 함께 장난감을 나누고 교환하여 사용한다. · 친구의 의견을 존중한다. · 친구의 물건을 사용할 때 허락을 구한다. · 도움을 받았을 때 감사의 말을 한다. · 친구에게 자신의 것을 주고 베풀 수 있다.	친구와 사이좋게 지내기
			· 다른 사람과 도움을 주고받을 수 있다. · 다른 사람과 협력할 수 있다. · 주변 사람들과 화목하게 지낸다. · 친하게 지내는 친구가 많이 있다.	공동체에서 화목하게 지내기
			· 정직하게 말하고 행동한다.	사회적

만 5세	사회성 발달	다른 사람과 더불어 생활하기	· 다른 사람을 배려하여 행동한다. · 친구와 어른께 예의 바르게 행동한다. · 다른 사람과 한 약속을 지킨다. · 공공장소에서 약속된 공공규칙을 지킨다. · 자원을 아끼고 절약한다. · 질서를 잘 지킨다. · 다른 사람을 돕는 구제 활동에 참여한다. · 학급 내의 규칙을 지키고 준수한다. · 차례를 지키고 기다릴 수 있다. · 교사의 지시에 잘 따르고 순종한다. · 지금 당장 하고 싶은 것이 있어도 참고 인내할 수 있다. · 자신에게 주어진 일에 책임을 다한다. · 공정함을 알고 실천할 수 있다. · '옳고', '그름'을 알고 옳은 일을 선택하여 행동할 수 있다.	가치를 알고 지키기
		사회에 관심 갖기	· 우리 동네에 대해 안다. · 다양한 직업에 대해 안다. · 일상생활에서 돈의 쓰임에 대해 안다.	지역사회에 관심 갖고 이해하기
			· 우리나라를 상징하는 것을 알고 예절을이지킨다. · 우리나라의 전통, 역사, 문화에 관심을 갖는다. · 우리나라에 대해 자부심을 갖는다. · 우리나라 음식을 소중히 여기고 자부심을 갖는다.	우리나라에 관심 갖고 이해하기
			· 세계 여러 나라가 있음을 알고 세계 여러 나라에 대해 관심을 갖는다. · 세계 여러 나라의 음식에 관심을 갖고 다른 나라 음식을 소중히 여긴다. · 다양한 인종과 문화를 알고 존중한다. · 다문화 가정의 친구들과 사이좋게 지내고 존중한다.	세계 여러 문화에 관심 갖기

※ 위의 발달과업은 일반적인 유아들의 범주이며 개인의 발달에 따라 개인차가 있을 수 있다.

(5) 만 5세 정서 발달과업

연령	발달영역	내용범주	발달과업 내용	비고
만 5세	정서발달	아름다움 찾아보기	· 자연의 소리 듣기에 관심을 갖고 자연물에서 리듬을 탐색할 수 있다. · 주변의 다양한 소리에 관심을 갖고 리듬을 탐색한다 · 다양한 악기의 소리에 관심을 갖고 리듬을 탐색한다. · 자연물의 아름다움을 보고 정서를 느낄 수 있다.	음악적 요소 탐색하기
			· 사물의 움직임이나 신체의 움직임에 관심을 갖고 탐색한다. · 사물이나 신체의 움직이는 모양과 흐름을 탐색한다.	움직임과 춤 요소 탐색하기
			· 자연과 사물의 색에 관심을 갖고 탐색한다. · 자연의 모양과 사물의 모양에 관심을 갖고 탐색한다. · 자연이나 사물의 촉감, 질감 등에 관심을 갖고 탐색한다. · 자연이나 사물의 공간에 관심을 갖고 탐색한다.	미술적 요소 탐색하기
		예술적 표현하기	· 노래로 자신의 생각과 느낌을 표현할 수 있다. · 전래동요 부르기를 좋아하고 즐겨 부른다. · 리듬악기 연주를 좋아하고 자주 연주한다. · 즉흥적으로 리듬과 노래를 만들어 볼 수 있다. · 음악으로 자신의 정서를 표현할 수 있다.	음악으로 표현하기
			· 신체를 이용하여 주변의 움직임을 다양하게 표현하며 즐긴다. · 움직임과 춤으로 자신의 생각과 느낌을 표현할 수 있다. · 다양한 도구를 활용하여 창의적으로 움직인다. · 신체로 자신의 정서를 표현할 수 있다.	움직임과 춤으로 표현하기
			· 다양한 미술활동으로 자신의 생각과 느낌을 표현한다. · 협동적인 미술활동에 참여하기를 즐긴다.	미술활동으로 표현하기

만 5세	정서발달	예술적 표현하기	· 다양한 재료와 도구를 이용하여 미술활동을 즐긴다. · 미술활동으로 자신의 정서를 표현할 수 있다. · 자연물을 이용하여 미술활동을 할 수 있다.	
			· 경험이나 이야기를 극놀이로 표현할 수 있다. · 여러명의 친구와 역할놀이를 즐긴다. · 역할놀이에서 자신이 많은 역할을 잘 해낸다. · 친구와 협동놀이, 역할놀이를 즐긴다. · 극놀이로 자신의 정서를 표현할 수 있다.	극놀이로 표현하기
			· 음악 · 춤 · 미술 · 극놀이를 통합하여 동극을 꾸며 표현할 수 있다. · 창의적으로 예술 표현활동을 할 수 있다. · 주제를 주면 창의적으로 신체 표현활동을 할 수 있다.	통합적으로 표현하기
		예술 감상하기	· 다양한 음악 · 춤 등을 듣거나 보는 것을 즐긴다. · 다양한 미술 작품을 보거나 관람하는 것을 즐긴다. · 다양한 극놀이, 인형극 등을 보거나 관람하는 것을 즐긴다. · 나와 다른 사람의 예술적 표현을 소중히 여긴다. · 다양한 예술 감상을 즐긴다.	다양한 예술 감상하기
			· 우리나라 전통 음악에 관심을 갖고 듣는 것을 즐긴다. · 우리나라 전통 미술에 관심을 갖고 보는 것을 즐긴다. · 우리나라 전통 극놀이에 관심을 갖고 보는 것을 즐긴다. · 전통예술 감상을 즐긴다.	전통예술 감상하기

※ 위의 발달과업은 일반적인 유아들의 범주이며 개인의 발달에 따라 개인차가 있을 수 있다.

참고 문헌

김경중 외 공저(1998). 아동발달심리. 서울: 학지사.

김병선, 이윤옥(1998). 아동연구방법. 파주: 양서원.

김재은(1981). 교육 · 심리 · 사회연구방법. 경기: 교육과학사.

김지영(1999). "유아교육기관에서의 포트폴리오의 구성과 운영", 한국어린이 육영회 전문가연수⑦.

김희진 · 박은혜 · 이지현 공저(2000). 유아교육기관에서의 관찰. 서울: 창지사.

박은혜(1999). "유아교사를 위한 포트폴리오", 한국어린이육영회전문가연수⑦.

이만갑 · 한완상 · 김경동(1979). 한국조사방법론. 서울: 한국학습교재사.

유효순(2000). 아동발달. 서울: 창지사.

이성진 · 유효순(1989). 아동발달. 한국 방송통신대학 출판부.

이연섭 · 홍순정(1919). 유아교육개론. 한국 방송통신대학 출판부.

이연섭 외(1998). 유아교육개론. 경기: 정민사.

이은해(1995). 아동연구방법. 경기: 교문사.

이정환 · 박은혜(1995). 교사들을 위한 유아관찰 워크북. 한국어린이육영회.

이정환(1997). 교사를 위한 유아관찰 지침서. 한국어린이육영회.

전남련(1997). 극화놀이 주제에 따른 유아의 놀이 행동이 유아의 놀이에 미치는 영향. 중앙대학교 대학원 석사학위논문.

전남련 외(2012). 아동발달, 서울: 형설출판사.

전남련 외(2012). 유아관찰평가의 이론과 실제, 파주: 양서원.

지성애(1994). 유아놀이지도. 경기: 정민사.

한국유아교육학회(1996). 유아교육사전. 서울 한국사전연구사.
홍순정(1993). 아동연구. 한국방송통신대학 출판부.
황해익 외 공저(2003). 포트폴리오 평가. 서울: 창지사.

Arrington, R.(1943). Time sampling in studies of social behavior: A critical review of techniques and result with research suggestions, *Psychological Bulletin*, 40, 81-124.
Baily, K. D.(1978). *Methods of social research*. New York: The Free Press.
Bell, D. R., & Low, R. M.(1977). *Observing and recording children' s behavior*. Richland, WA: performance Associates.
Brandt, R. M.(1972). *Studying behavior in natural setting*. New York: Holt, Rinehart and Winston, Inc.
Cartwright, C. A., & Cartwright, G. P.(1974). *Developing observation skills*. New York: MCGraw-Hill Book Co., p. 131.
Cohen, L., & Manion, L.(1980). *Research methods in education*. London: Croom Helm Ltd., pp. 243-244.
Dawe, H. C.(1934). An analysis of two hundred quarrels of preschool children. *Child Development*, 5, 139-157.
Flavell, J. H.(1985). *Cognitive development*(2nd ed.). Englewood Cliffs, NJ: Prentice-Hall.
Guilford, J.(1954). Psychometric methods(2nd ed.). New York: McGraw-Hill. p. 268.
Lewin, M.(1979). *Understanding psychological research*. New York: John Wiley & Sons. p. 274.
Medinnus, G. R.(1976). *Child study and observation guide*. New York: John Wiley & Sons. p. 17.
Parten, M. B.(1932). Social participation among preschool children. *Journal of Abnormal and Psychology*, 27, 243-269.
Parten, M. B.(1933). Social participation among preschool children. *Journal of Abnormal and Social Psychology*, 28, 136-147.
Piaget, J.(1929). *The chid's conception of the world*. London: Routledge and Kagan Paul.
Sax, G.(1968). *Empirical foundation of educational research*. Englewood Cliffs, NJ: Prentice-Hall. p. 201.
Sluckin, A. M., & Smith, P. K.(1997). Two approaches to the concept of dominance in prechool children. *Child Development*, 48(3), 917-923.
Smilamsky, S.(1968). *The effect of sociodramatic play on disadvantaged school children*. New York: Wiley.
Wright, H. F.(1960). *Observational child study*. Hondbook of research methodsin child development, ed. Paul H. Mussen(New York: John Wiley & Sons, 1960). p. 98.

저자 소개

✍ 전남련

중앙대학교 대학원 유아교육학과 졸업(문학 석사)
평택대학교 대학원 사회복지학과 졸업(사회복지학 박사)
현) 한국방송통신대학교 유아교육과 강사
평택대학교 외래교수
한국원격평생교육원 전임교수
유치원1급 정교사 자격연수 프로젝트 강사
7감각 통합교육 창시자
7감각 글로벌 영유아학회 회장

✍ 김기선

숭실대 교육대학원 유아교육과 졸업(석사)
전) 평화 보육교사 교육원, 한국복지 문화 교육원, 독립문 총신 보육교사 교육원 외래교수
현) 중앙원격 평생교육원 운영교수
나눔 원격 평생교육원 운영교수
김포자이어린이집 원장
7감각 글로벌 영유아학교 연구교수
글로벌멘토링연구회 연구원
7감각 글로벌 영유아학회 이사

✍ 이은임

숭실대학교 교육대학원 유아교육과 졸업(교육학 석사)
전) 한국복지문화교육원 외래교수
현) 아이클 어린이집 원장
글로벌멘토링연구회 연구원
중앙사이버 평생교육원 운영교수
해피아이평생교육원 강사
7감각 글로벌 영유아학교 연구교수
7감각 글로벌 영유아학회 이사

✍ 남궁기순

한양대학교 대학원 사회복지학과 졸업(석사)
전) YWCA 동화구연, 스피치 강사
현) 7감각 글로벌 영유아학회 이사
글로벌멘토링연구회 연구원
7감각 글로벌 영유아학교 연구교수
어린이도서관 교사 스토리텔링 강사

✍ 성은숙

한국 성서대학원 졸업 (영유아보육전공 석사)
동덕여자대학교 대학원 (아동학과 박사과정 수료)
현) 글로벌멘토링연구회 연구원
동덕여대 평생교육원 외래교수
현대사이버 평생교육원 개발교수
7감각 글로벌 영유아학교 연구교수
7감각 글로벌 영유아학회 이사

✍ 이효수

아주대학교 대학원 사회복지과 졸업(석사)
가천대학교 대학원 유아교육과(박사과정 중)
현) 7감각 글로벌 영유아학회 이사
KACE 부모교육 강사
굿네이버스 인권 부모교육 강사
공감심리 리더십센터 소장
7감각 글로벌 영유아학교 연구교수
가천대 시설마을 교육강사
두원공대 보육복지과 외래교수

✍ 한혜선

중앙대학교 행정대학원 사회복지학(석사)
숭실대학교 대학원 정책학(박사수료)
현) 국 · 공립 로야어린이집 원장
총신대학교 아동학과 외래교수
SE사이버 평생교육원 관리교수
대한상공회의소 평생교육원 관리교수
동작구 평가인증 컨설턴트

✍ 이은기

세종대학교 대학원 졸업(사회복지학 석사)
전) 구립 상서어린이집 원장
구립 이문어린이집 원장
현) 구립 상계8동어린이집 원장

✍ 신미선

경희대학교 대학원 유아교육 전공(석사)
한국성서대학 대학원 사회복지 전공(석사)
전) 학립원(법인) 원장, 프로그램연구, 삼육대학교, 순천향 대학원, 송호대학교 외래 교수
현) 보림유치원 원장
서울기독대 부모교육 강사
7감각 글로벌 영유아학회 이사
글로벌멘토링 연구회 연구원

✍ 박은희

승실대학교 교육대학원 유아교육학과 졸업(석사)
서울기독대학교 사회복지학과 박사과정 중
전) 수정어린이집, 수정유치원 원장
현) 서울기독대학교 평생교육원 외래교수
　 배화여자대학 평생교육원 외래교수
　 아르미교육연구소 연구교수
　 7감각 글로벌 영유아학회 이사
　 글로벌멘토링 연구회 연구원

✍ 김연옥

승실대학교 교육대학원 유아교육과 졸업(석사)
상명대학교 정치경영대학원 상담심리학과 졸업(석사)
백석대학교 기독교전문대학원 사회복지과 졸업(박사)
전) 예지유치원 원장
　 예영어린이집 원장
　 고구려 대학교 보건복지과 겸임교수
현) 글로벌멘토링 연구회 연구원
　 서울사회복지대학원 대학교 전임교수

✍ 엄은옥

세종대학교 교육대학원 특수교육과 졸업(석사)
현) 성덕대학 유아교육과 외래교수
　 글로벌멘토링 연구회 연구원

아동관찰 및 행동연구

전남련
2017. 8.

초판인쇄 2014년 7월 10일
재판발행 2017년 8월 20일

저 자 전남련 · 김기선 · 이은임 · 성은숙 · 남궁기순 · 이효수
한혜선 · 이은기 · 신비선 · 박은희 · 염은옥 · 김연옥
발행인 김현태
발행처 태영출판사

주 소 (08301) 서울 구로구 구로동 104-10 동남오피스텔 201호
전 화 02 · 839-3757, 839-3752
팩 스 02 · 837-3754
등 록 2005년 5월 30일 제12-421호
홈페이지 http://www.taeyeongbook.co.kr
E-mail tys2005@hanmail.net
ISBN 978-89-6302-142-3 93370
정 가 19,000원

* 잘못 만들어진 책은 교환해 드립니다.

NAVER 태영출판사